BARÇA

바르사

리오넬 메시와 세계에서 가장 위대한 축구 클럽의 흥망성쇠

1판 1쇄 발행　2022년 11월 7일

지은이	사이먼 쿠퍼
옮긴이	서형욱

펴낸이	이민선
편집	홍성광
디자인	박은정
제작	호호히히주니 아빠
인쇄	신성토탈시스템

펴낸곳	틈새책방
등록	2016년 9월 29일 (제25100-2016-000085)
주소	08355 서울특별시 구로구 개봉로1길 170, 101-1305
전화	02-6397-9452
팩스	02-6000-9452
홈페이지	www.teumsaebooks.com
인스타그램	@teumsaebooks
페이스북	www.facebook.com/teumsaebook
네이버 포스트	m.post.naver.com/teumsaebooks
유튜브	www.youtube.com/틈새책방
전자우편	teumsaebooks@gmail.com

ISBN　979-11-88949-08-3　03690

BARÇA 바르사

사이먼 쿠퍼 지음 • 서형욱 옮김

리오넬 메시와 세계에서 가장 위대한 축구 클럽의 흥망성쇠

THE INSIDE STORY OF THE WORLD'S GREATEST FOOTBALL CLUB

틈새책방

봉쇄 기간 동안 파리의 우리 집 거실에서
이 책을 집필할 수 있도록 허락하고,
내가 스페인, 카탈루냐와 사랑에 빠진 것을 용인한
파멜라, 레일라, 조이 그리고 레오.
당신들이 없었다면 이 책은 나올 수 없었을 겁니다.

"진실은 이것이다.
오랫동안 아무런 프로젝트도,
그 어떤 계획도 없었다.
늘 하던 대로 문제를 덮고 그냥 넘어가려 한다."

— 리오넬 메시, 2020년 9월

"그가 당도하기 전까지 바르셀로나에는 축구의 대성당,
이토록 아름다운 교회가 없었다.
우리에게는 새로운 게 필요했다.
이제 여기에 존재하는 그 무언가는
요한 크루이프라는 한 남자가
직접 하나하나 쌓아 올린 것이다."

—— 펩 과르디올라

"나는 저널리스트들이 정말로 축구를 이해한다면,
저널리스트가 될 리 없다고 생각한다."

— 요한 크루이프

등장인물

● 에릭 아비달 (Eric Abidal, 1979~)

암을 이겨내고 돌아온 지 몇 달 만에 2011년 챔피언스리그 우승컵을 들어 올리며 클럽 레전드가 된 인물. 펩 과르디올라가 이끈 위대한 팀에서 레프트백 역할을 성공적으로 수행했다. 하지만 스포츠 디렉터로 일한 2018년부터 2020년 사이에 연이은 선수 영입 실패로 성공과는 거리가 먼 시기를 보냈다.

● 조르디 알바 (Jordi Alba, 1989~)

'라 마시아' 출신. 자신의 커리어를 위해 바르셀로나를 떠났다가 2012년에 돌아왔다. 레프트백을 맡고 있다. 메시의 좋은 친구이자 휴가를 같이 다녀오는 사이다.

● 티아고 알칸타라 (Thiago Alcântara, 1991~)

미드필더. 브라질의 월드컵 우승 멤버인 마지뉴(Mazinho)의 아들이다. 라 마시아 출신이지만 1군 데뷔에 실패했다. 그 뒤 바이에른 뮌헨 유니폼을 입었고, 2020년 바르셀로나를 8-2로 박살내는 데 주역이 됐다. 현재 리버풀 소속.

● 주제프 마리아 바르토메우 (Josep Maria Bartomeu, 1963~)

2014년부터 바르셀로나 회장직을 맡았고 2020년에 사임했다. 팀에 맞지 않는 선수를 영입하는 데 너무 많은 돈을 날렸다. 가족 사업 경영 중. 꽤 괜찮은 사람이다.

● **토니 브루인스 슬롯 (Tonny Bruins Slot, 1947~2020)**
요한 크루이프가 신뢰하는 코치. 암스테르담의 노동자 가정에서 크루이프
와 같은 해에 태어났다. 크루이프와 사이가 틀어지지 않은 몇 안 되는 지인
이다. 참을성 없는 크루이프가 하지 않던 상대 팀 전술 분석을 도맡았다.

● **세르지오 부스케츠 (Sergio Busquets, 1988~)**
아주 훌륭한 피보테(Pivote)* 다. 단, 질주할 필요가 없는 상황에서만 그렇다.
라 마시아 출신으로 2008년에는 바르셀로나 2군 후보 선수였지만, 2011년
모든 메이저 대회 우승 트로피를 들어 올린 선수로 거듭났다. 크루이프 감독
시절, 그리 뛰어나진 않았던 후보 골키퍼 카를레스 부스케츠(Carles Busquets)
의 아들이다.

● **알베르트 카펠라스 (Albert Capellas, 1967~)**
오랫동안 라 마시아 코디네이터를 지냈다. 덴마크 21세 이하 대표팀 감독을
비롯해서 10년간의 해외 지도자 생활을 마치고 2021년 6월 바르사로 돌아
왔다. 포제션풋볼(Possessionfootball.com)을 통해 크루이프의 사상을 전파하
고 있다. 이 책의 저자에게 핵심 어드바이저가 되어 주었다.

● **마누스 크라위프**** (Manus Cruijff, 1913~1959)**
요한 크루이프의 아버지. 아약스 팬이다. 아약스의 옛 홈구장 맞은편에서 식
료품점을 운영했다. 마누스가 심장 마비로 비교적 젊은 나이에 사망한 사건
은 아들 요한의 인격 형성에 가장 큰 영향을 미쳤다. 마누스는 이름에 절대 y
를 넣지 않았다.

● **대니 크루이프 (Danny Cruyff, 1949~)**
요한 크루이프의 미망인. 크루이프를 암스테르담에서 온 보통 사람으로 대
했다. 대중에 노출되는 것도, 축구도 좋아하지 않는다.

---

*   '축'이라는 뜻의 스페인어. 축구에서는 '수비형 미드필더'를 일컫는다.
**   아들 크루이프와 패밀리 네임 철자가 다르다.

● 요한 크루이프 (Johan Cruyff, 1947~2016)

현대 축구 클럽의 아버지. 원래 성씨는 'Cruijff'지만, 해외에서 y를 더 익숙하게 여긴다는 것을 깨닫고 'Cruyff'로 쓰기 시작했다. 현대 축구 역사에서 가장 흥미로운 인물. 1964년부터 1984년까지 화려한 선수 경력을 쌓았고, 그 뒤로는 오로지 감독으로 살았다. 1988년부터 1996년까지 바르셀로나의 감독을 맡아 이른바 '드림 팀'을 만들었고, 이후 망가지게 내버려뒀다. (지금은 다른 클럽들이 더 잘 소화하고 있는) 바르셀로나 스타일을 비롯해 당대 축구의 많은 부분을 고안해 냈다. 미친 사람 같은 구석이 있다.

● 조르디 크루이프 (Jordi Cruyff, 1974~)

요한 크루이프의 아들로 태어나 결코 쉽지만은 않은 삶을 살았을 것이다. 바르셀로나, 맨체스터 유나이티드, 네덜란드 대표팀에서 (벤치 신세도 졌지만) 많은 경기를 뛰었다. 네덜란드보다는 카탈루냐 사람에 가깝다. 2020년 8월 중국 선전 FC 감독직에 올랐다가 2021년 6월에 물러났고, 곧바로 바르사로 돌아와 해외 업무 디렉터로 영향력을 발휘하고 있다.

● 우스만 뎀벨레 (Ousmane Dembélé, 1997~)

프랑스 국적의 발 빠른 윙어. 바르셀로나 입단 후 엄격한 생활 방식에 적응하지 못하고, 부상이 잦다. 구단과 자주 마찰을 일으키기도 했다. 2020년부터 많이 나아졌지만 바르셀로나는 이 친구를 영입하기 위해 도르트문트에 1억 4,000만 유로 이상을 지급한 것을 분명히 후회하고 있을 것이다.

● 로베르트 엔케 (Robert Enke, 1977~2009)

독일 국적의 골키퍼. 2002년부터 2004년까지 바르셀로나에서 끔찍한 시기를 보냈는데, 이 시기에 바르사가 3부 리그 클럽에게 당한 컵 대회 패배의 희생양이 됐다. 2009년 자살로 생을 마감했는데, 당시 스트레스가 영향을 미쳤을지도 모른다.[*]

---

[*]   어린 딸이 불치병으로 사망한 뒤 우울증이 발병한 것으로 알려졌다.

• **사뮈엘 에토오 (Samuel Eto'o, 1981~)**
까다로운 사람이면서 매우 훌륭한 스트라이커. 과르디올라는 2008년에 결국 그를 팔지 않기로 한 결정을 두고두고 다행이라 여겼을 것이다. 카메룬 사람.

• **세스크 파브레가스 (Cesc Fàbregas, 1987~)**
라 마시아 출신으로 청소년 시절에 '베이비 드림 팀'이라 불리는 팀에서 메시, 피케와 함께 뛰었다. 16세 때 아스널에 합류했고, 24세에 바르셀로나로 복귀했다. 제때 돌아온 덕분에 바르셀로나 중흥기의 마지막을 함께할 수 있었다.

• **프란시스코 프랑코 (Francisco Franco, 1892~1975)**
갈리시아 출신의 장군. 스페인 내전(1936~1939)에서 국민진영의 리더였고, 1939년부터 1975년까지 스페인의 독재자로 군림했다. 프랑코가 내전 시기부터 저지른 '백색 테러' 때문에 사망한 스페인 국민은 어림잡아 20만 명에 이르고, 나라 밖으로 내몰린 망명자들의 수도 엄청나다. 카탈루냐 민족주의를 잔인하게 짓밟았다.

• **루이스 판 할 (Louis van Gaal, 1951~)**
크루이프에게 몹시 미움을 받았던 크루이프주의자(Cruyffian)[*]. 1997년부터 2000년까지 바르셀로나 감독을 맡았고, 2002년부터 2003년까지도 지휘봉을 잡았다. 스페인 리그 우승을 두 차례 차지했다. 하지만 바르셀로나 사람들에게는 카탈루냐 스타일과는 아주 거리가 먼 무례한 직설 화법, 암스테르담 억양이 묻어 있는 스페인어 발음으로 기억될 뿐이다.

• **주안 가스파르트 (Joan Gaspart, 1944~)**
런던 콘노트 호텔(The Connaught Hotel)[**] 웨이터 출신의 호텔리어. 2000년부

---

[*] 이 책에서는 '크루이프의 축구 철학을 따르는 사람'이라는 의미로 '크루이프주의자'로 번역했다.

[**] 영국 런던 메이페어에 위치한 특급 호텔.

터 2003년까지 바르셀로나 회장을 지냈으나 성공을 거두진 못했다. 미켈란젤로 안토니오니 감독이 바르셀로나를 무대로 찍은 1975년 작 '여행자'*에서 호텔 리셉션 직원 역을 맡아 출연했다.

● **안토니 가우디 (Antoni Gaudí, 1852~1926)**
카탈루냐의 건축가. 여전히 완성되지 않은 사그라다 파밀리아 성당 건설을 시작한 인물. 이 책의 저자는 가우디와 또 다른 천재 요한 크루이프 간의 평행 이론을 다소 과하게 그려 내고 있다.

● **앙투안 그리즈만 (Antoine Griezmann, 1991~)**
2018년 월드컵에서 우승한 프랑스 대표팀의 스타플레이어. 뛰어난 선수지만 바르셀로나에서 보낸 2년은 다소 아쉬웠다. '작은 메시' 스타일이 문제였을지도.

● **펩 과르디올라 (Pep Guardiola, 1971~)**
요한 크루이프의 수제자. 13세에 바르셀로나에 합류했다. '바르사'라는 대성당을 혁신한 크루이프주의자. 2012년 그가 감독직에서 물러난 뒤, 바르셀로나는 다시 예전으로 돌아가지 못하고 있다. 카탈루냐 민족주의자.

● **티에리 앙리 (Thierry Henry, 1977~)**
아스널에서 전성기를 보낸 프랑스의 스트라이커. 2007년부터 2010년까지 바르셀로나에서 마지막 전성기를 누렸다. 메시와 함께 뛰며 관찰한 인물.

● **즐라탄 이브라히모비치 (Zlatan Ibrahimović, 1981~)**
바르셀로나에서 두 시즌(2009~2011)을 보낸 스웨덴의 스트라이커. 메시가 자신의 중앙 침투에 걸림돌이 되는 이 스웨덴 거한과 함께 뛰는 걸 원치 않았기 때문에 즐라탄에게는 좋은 시절이 아니었다. 과르디올라를 좋아하지 않는다.

---

*   잭 니콜슨, 마리아 슈나이더 주연. 원제 'The Passenger'.

● 안드레스 이니에스타 (Andrés Iniesta, 1984~)

창백한 얼굴의 천재. 라 마시아 출신으로 바르셀로나 유니폼을 입고 모든 것을 이뤘다. 일종의 우울증을 극복한 뒤 2018년 일본의 빗셀 고베로 떠났다. 자기보다 더 위대한 존재인 메시를 도우며 뛰는 걸 행복으로 여긴 위대한 선수.

● 프렌키 데 용 (Frenkie de Jong, 1997~)

자기 수비 진영에서 드리블로 전진하는 게 꿈이라 감독들에게 걱정거리를 안겨 주는 네덜란드 미드필더. 최선의 시기라고는 할 수 없는 2019년에 바르셀로나에 입단했다.

● 로날트 쿠만 (Ronald Koeman, 1963~)

1989년부터 1995년까지 골 넣는 센터백으로 활약한 바르셀로나의 영웅. 1992년 웸블리에서 열린 챔피언스리그 결승전에서 우승 골을 넣었다. 바르셀로나 시절 요한 크루이프의 옆집에 살았다. 2021년 10월, 14개월간 불행하게 보낸 바르셀로나 감독직에서 해임됐다.

● 주안 라포르타 (Joan Laporta, 1962~)

2003년부터 2010년까지 FC 바르셀로나의 회장을 맡았고, 2021년 3월에 다시 선임됐다. 잘생긴 변호사 출신으로 카탈루냐에서 가장 카리스마 넘치는 남자지만, 계획적으로 일을 처리하기보단 즉흥적으로 하는 성향이 강하다.

● 미카엘 라우드루프 (Michael Laudrup, 1964~)

덴마크 중산층 가정에서 태어났다. 1989년부터 1994년까지 요한 크루이프의 '드림 팀'에서 '섀도 스트라이커(또는 가짜 9번)' 역할을 맡았다. 크루이프와 틀어진 뒤 레알 마드리드로 이적했다. 바르셀로나가 레알 마드리드를 5-0으로 격파하는 데 일조했지만, 그다음 시즌에는 레알 마드리드가 바르셀로나를 5-0으로 대파하는 걸 도왔다. 현재 감독으로 일하면서 스페인 와인을 덴마크에 수입하는 사업도 한다.

• 게리 리네커 (Gary Lineker, 1960~)

1986년부터 1989년까지 바르셀로나에서 뛰었던 잉글랜드 스트라이커. 바르셀로나라는 공간을 사랑해 스페인어까지 배운 인물이다. 하지만 불행히도 크루이프가 원하지 않는 선수였다. 지금은 영국에서 '매치 오브 더 데이(Match of the Day)*' 진행자로 활동하고 있다.

• 안토니아 리사라가 (Antonia Lizárraga, 연령 미상)

영양사. 건강 관리를 광적으로 신경 쓰는 과르디올라 감독이 2010년 바르셀로나 선수들에게 '잘 먹는 법'을 가르치기 위해 고용했다.

• 디에고 마라도나 (Diego Maradona, 1960~2020)

1982년부터 1984년까지 바르셀로나에서 뛰었지만 이 도시는 그에게 너무 속물적인 곳이었다. '빌바오의 도살자'로 불리는 안도니 고이코에체아(Andoni Goikoetxea) 때문에 발목이 망가졌다.**

• 리커 마르턴스 (Lieke Martens, 1992~)

바르셀로나 여자팀 공격수. 네덜란드 선수를 선호하는 구단의 영입 전통이 여전히 이어지고 있다는 걸 보여 준다. 2017년 FIFA 올해의 여자 선수상을 받았다. 하지만 측근을 데려와 거주할 정도의 수입은 여전히 벌지 못하고 있다.

• 호르헤 메시 (Jorge Messi, 1958~)

리오넬 메시의 아버지이자 에이전트. 이전까지 아르헨티나 로사리오 지역의 철강 회사에서 일했었다. 스스로를 굉장히 뛰어난 사업가로 여긴다. 2016년 아들과 함께 탈세로 유죄 판결을 받았지만 벌금을 내고 실형을 피했다. 바르셀로나 구단 재정 파탄의 주범.

---

* 〈BBC〉에서 제작, 방영하는 축구 하이라이트 토크 쇼.
** 2020년 6월, 만 60세의 나이로 사망했다.

• 리오넬 메시 (Lionel Messi, 1987~)

2021년 8월, 떠밀리듯 떠나기 전까지 바르셀로나 내부에서 가장 큰 권력을 쥐고 있던 유일무이한 인물. 13세 때 바르셀로나에 입단해 1군에서만 600골 이상을 터뜨렸지만[*], 결과는 FC 바르셀로나를 'FC 메시'로 만들어 버렸을 뿐이다. 메시가 받았던 (최종 약 1억 5.000만 유로까지 치솟은) 연봉은 바르셀로나를 주저앉히는 데 영향을 미쳤다.[**]

• 리누스 미헬스 (Rinus Michels, 1928~2005)

청각 장애 아동들을 가르치던 체육 교사였다. 아약스, 바르셀로나, 네덜란드 대표팀 그리고 마지막엔 미국 로스앤젤레스의 LA 아즈텍스까지, 감독 경력의 대부분을 요한 크루이프와 함께했다. '서로 견디기 힘들지만 성과는 대단히 좋았던' 존 레논–폴 매카트니의 관계와 비슷했다. '토털 풋볼', 즉 21세기 축구의 공동 창안자. 현대 바르셀로나 축구의 할아버지로 볼 수 있다.[***]

• 조제 무리뉴 (José Mourinho, 1963~)

포르투갈 출신 감독. 1996년부터 2000년 사이 바르셀로나에서 통역가, 전술 분석가, 수석 코치로 일하며 완성된 지도자다. 바르셀로나의 오랜 숙적이다. '축구는 공간에서 추는 춤'이라는 크루이프의 아이디어를 흡수했지만, 공간을 열어 두기보다는 걸어 잠그는 걸 선호한다.

• 네이마르 (Neymar, 1992~)

2013년 바르셀로나에 합류했고 2017년 큰 파문 속에 팀을 떠나 PSG에 입단했다. 바르셀로나는 아직도 대체자를 찾지 못하고 있다. 2010년대 축구계에서 가장 중요한 이적으로 꼽힌다. 메시는 바르셀로나에서 그와 재회하기를 원했지만, 그 바람은 파리에서 이뤄졌다.

---

[*]   2003년부터 2021년까지 778경기 672골 266도움 기록.

[**]   메시는 2021년 8월에 파리 생제르맹으로 이적했다.

[***] 1988년부터 1989년까지 독일 바이어 레버쿠젠 감독을 맡아 한국 축구 레전드 차범근과 한 시즌을 보냈다.

• 주제프 류이스 누녜스 (Josep Lluís Núñez, 1931~2018)

부동산 거물에서 FC 바르셀로나 회장에 오른 인물. 1978년부터 2000년까지 회장직을 맡았다. 요한 크루이프를 처음 고용한 인물이지만, 한순간도 좋아한 적은 없다. 바르셀로나를 위대한 팀으로 발전시켰지만, 그에 합당한 호평을 받지는 못했다. 바르셀로나의 마지막 비(非)카탈루냐인 회장이다.

• 페드로 (Pedro, 1987~)

라 마시아 출신. 2007년 바르셀로나 C팀 선수에서 2011년 가능한 거의 모든 우승컵을 들어 올린 선수가 됐다. 라 마시아를 거치며 크게 성장한 사례라는 점에서 메시에 비하면 천재과(天才科)는 아니다.

• 제라르 피케 (Gerard Piqué, 1987~)

카탈루냐의 부유한 사업가 집안 출신. 가수 샤키라의 남편이자 FC 바르셀로나의 센터백이다. 메시와 20년간 함께 뛰었다. 미래의 바르셀로나 회장이라 불리는 선수. 그럴 만한 유전자*를 갖고 있기도 하다.

• 인마 푸치 (Inma Puig, 연령 미상)

2018년까지 15년 동안 FC 바르셀로나에서 일했던 스포츠 심리학자. 이니에스타가 개인적인 위기를 겪고 있을 때 도움을 줬다. '최고 감정 경영자(Chief Emotional Officer)'로 일하며 여러 기업들에 컨설팅을 해 주고 있다.

• 카를레스 푸욜 (Carles Puyol, 1978~)

과르디올라의 위대한 바르셀로나에서 중앙 수비를 담당한 장발의 스타. 2010년에는 스페인 국가 대표팀 소속으로 월드컵 우승을 차지했다. 라 마시아를 졸업하고 1군 무대에 데뷔할 때 자기가 쓰던 침대 매트리스를 이니에스타에게 물려줬다.

---

*   피케의 할아버지인 아마도르 베르나베우는 FC 바르셀로나 부회장을 역임한 바 있다.

● 미노 라이올라 (Mino Raiola, 1967~2022)

네덜란드계 이탈리아인 '슈퍼 에이전트'. 아버지가 운영하던 피자 가게에서 사업 수완을 익혔다. 즐라탄의 에이전트였으며, 그래서 (당연히) 과르디올라의 적이었다.[*]

● 카를레스 레샤크(Carles Rexach, 1947~)

평생을 바르셀로나 홈구장 캄 노우(Camp Nou) 주위에서 보냈다. 바르셀로나에서 천부적이지만 연약하고 소심한 스타일의 윙어로 뛰었다. 선수 은퇴 후, 요한 크루이프의 친구이자 수석 코치를 포함해 클럽의 거의 모든 직책을 두루 경험했다. (나중에는) 예외 없이 크루이프와 사이가 틀어졌다.

● 프랑크 레이카르트 (Frank Rijkaard, 1962~)

네덜란드 출신의 뛰어난 축구 선수였으며, 2003년부터 2008년까지 바르셀로나 감독을 맡았다. 누구에게나 신사로 통하는 인물. 2006년 챔피언스리그 우승을 차지했지만, 감독직에 흥미를 잃어 비교적 일찍 지휘봉을 놓았다.

● 히바우두 (Rivaldo, 1972~)

1997년부터 2002년까지 바르셀로나에서 가장 창의적인 선수였다. 더 이상 윙어로 뛰지 않겠다고 팀에 이야기를 했었는데, 실제로 그렇게 되지 않은 게 다행이었다. 전성기 시절 1999년 발롱도르를 받았고(필자가 현장에서 직접 봤다), 2002년에는 브라질 대표팀을 월드컵 우승으로 이끌었다.

● 세르지 로베르토 (Sergi Roberto, 1992~)

바르셀로나 토박이로 1군에서 매우 보기 드물게 카탈루냐어를 쓰는 선수다. 이 글을 쓰는 시점에 바르셀로나의 주장단 네 명 가운데 한 명이다. 경기장 위에서보다는 라커룸에서 더 존재감이 큰 선수라고 할 수 있다.

● 호마리우 (Romário, 1966~)

1993년부터 1995년까지 요한 크루이프의 '드림 팀'에서 부동의 골잡이로 활

---

[*]   2022년 4월 30일, 54세의 나이에 사망했다.

약했다. 좋아하지 않는 것: 훈련, 달리기, 수비 가담. 좋아하는 것: 수면, 섹스. 지금은 브라질 좌익 정당 포데모스의 상원 의원이다. 1994년 브라질 대표팀을 월드컵 우승으로 이끌었다.

● 호나우지뉴 (Ronaldinho, 1980~)

브라질 출신의 창조적인 선수. 2003년 바르셀로나가 데이비드 베컴 영입에 실패한 뒤 데려왔다. 2006년 바르셀로나 소속으로 챔피언스리그 우승을 차지할 당시 단연 세계 최고의 선수였지만, 곧바로 축구에 흥미를 잃어버렸다. 메시의 영웅이자 멘토. 2020년 가짜 여권으로 입국하려 했다는 혐의로 파라과이에서 짧게 징역을 살았다.

● 크리스티아누 호날두 (Cristiano Ronaldo, 1985~)

아주 뛰어난 포르투갈 공격수. 당대 세계 최고에서 두 번째 선수다. 10대 시절 바르셀로나에 입단할 뻔한 적이 있다. 2009년부터 2018년까지 바르셀로나의 숙적 레알 마드리드의 스타플레이어였고, 그 뒤 유벤투스를 거쳐 현재는 맨체스터 유나이티드에서 뛰고 있다.

● 산드로 로셀 (Sandro Rosell, 1964~)

바르셀로나 '부르제지아(burgesia)*'의 일원이다. 오랜 동지인 주안 라포르타를 누르고 2010년부터 2014년까지 바르셀로나 회장을 지냈다. 브라질 산투스에서 네이마르를 영입하는 과정에서 불거진 법적 문제로 사임했다. 감옥에서 2년을 보냈지만, 이후 무죄 판결을 받았다. 호텔 바에서 최고의 맥주를 마시며 자축했다.

● 에우세비오 사크리스탄 (Eusebio Sacristán, 1964~)

1988년부터 1995년까지 바르셀로나를 누볐던 단신의 미드필더. 요한 크루이프는 에우세비오에게 정돈된 패스 축구의 정수를 보여 줬는데, 이는 에우세비오가 어릴 적부터 머릿속에 담고 있던 바로 그 축구였다. 나중에 레이카르트 감독의 수석 코치를 맡았다.

---

*   중세 이후 경제적 실권을 쥐게 된 카탈루냐 상인 계층. '부르주아지'와 같은 뜻.

• 파코 세이룰로 (Paco Seirul·lo, 1945~)

바르셀로나 크루이프 축구 전통의 수호자. 클럽의 핸드볼팀에서 경력을 시작한 피지컬 트레이너로 크루이프의 오른팔이 됐다. 현재 바르셀로나 대학교에서 학생들을 가르치고 있다. 하얀 갈기 머리를 한 채 파리의 철학자처럼 말한다. 클럽의 온갖 주요 이벤트들을 죄다 기억하는, 걸어 다니는 USB같은 인물이다. 바르셀로나 내부에서는 '엘 드루이다(El Druida)*'로 불린다.

• 페란 소리아노 (Ferran Soriano, 1967~)

MBA 학위를 가진 바르셀로나 토박이. 2003년부터 2008년까지 바르셀로나의 CEO로 일했다. 지금은 맨체스터 시티에서 같은 직위를 맡아 과르디올라를 영입했다. 잘 알려지지 않은 책《우연히 들어가는 공은 없다(Goal: The Ball Doesn't Go In by Chance)》는 현대 바르셀로나에 관해 놀라울 만큼 풍부한 이야깃거리를 담고 있다.

• 흐리스토 스토이치코프 (Hristo Stoichkov, 1966~)

1990년부터 1995년까지 바르셀로나 드림 팀의 스트라이커였던 불가리아 선수. 크루이프는 그의 '비열한 기질(mala leche, 나쁜 우유)'을 좋아했다. 스토이치코프는 호마리우와 사이가 틀어지기 전까지 함께 파티를 즐기는 걸 좋아했다. 유튜브에서 검색하면 크루이프가 스토이치코프에게 줄넘기를 가르치는 영상을 볼 수 있다.

• 루이스 수아레스 (Luis Suárez, 1987~)

우루과이 출신의 스트라이커. 메시의 절친한 친구이자 이웃이다. 로날트 쿠만 감독이 단 40초의 통화로 그를 필요로 하지 않는다는 이야기를 하기 전까지, 2014년부터 6년간 바르셀로나에서 뛰었다. 구단 이사진 중 누구도 바르셀로나에서 198골을 넣은 수아레스에게 고맙다는 전화 인사조차 하지 않았다. 곧바로 아틀레티코 마드리드로 이적해 맹활약을 펼치며 2021년 스페인 리그 우승을 이끌었다.

---

*   고대 켈트족의 드루이드교 사제.

● 릴리앙 튀랑 (Lilian Thuram, 1972~)

프랑스 출신의 지적인 수비수. 34세에 바르셀로나에 입단해 크루이프 축구 철학의 원리를 발견했고, 그때야 비로소 자신이 온전한 축구 선수라는 걸 느꼈다. 그때까지 자신이 해 왔던 스포츠는 대체 무엇이었을까 궁금해했다고. 현재 인종 차별 반대 운동을 벌이고 있다.

● 오리올 토르트 (Oriol Tort, 1929~1999)

바르셀로나에서 아주 오랜 시간을 무보수 스카우트 팀장으로 일했다. 원래 직업은 제약 회사 대표다. 하루에 어린 선수들 경기를 15~20경기씩 볼 때도 있었는데, 타자기로 모든 유망 선수들의 이름을 기록해 두었다고 한다. 바르셀로나에 다른 마을에서 온 재능 있는 선수들을 위한 숙소가 필요하다는 결론을 내린 인물. 1979년 라 마시아가 개관됐고, 덕분에 이니에스타를 바르셀로나로 데려올 수 있었다.

● 호르헤 발다노 (Jorge Valdano, 1955~)

마라도나와 함께 아르헨티나 대표팀에서 월드컵 우승을 차지했다. 레알 마드리드 감독과 기술 이사를 지냈다. 글도 잘 쓰며 매력적이고 친절한 인물이다. 내 개인적인 견해로는 이상적인 남성상이다. 아르헨티나가 군사 독재 치하에 있던 1975년 스페인으로 이주했고, 때마침 프랑코가 사망하고 나라가 변화하는 걸 목도했다. 크루이프주의자지만, 크루이프와 바르셀로나에 대해 비판적 관찰자이기도 하다.

● 빅토르 발데스 (Victor Valdés, 1982~)

과르디올라의 위대한 팀에서 골키퍼로 활약한 라 마시아 출신 선수. 과르디올라에게 축구를 냉철하게 분석하는 법을 배우고 나서야 축구를 제대로 즐기기 시작했다. 이니에스타의 진정한 친구.

● 에르네스토 발베르데 (Ernesto Valverde, 1964~)

1988년부터 1990년까지 크루이프가 이끌던 바르셀로나에서 후보 공격수였다. 2017년에 부임해 2020년 1월에 해임됐는데, 감독을 맡았던 두 번의 풀 시즌을 모두 리그 우승으로 이끌었다. 바르셀로나는 발베르데가 얼마나 좋은 감독인지 미처 몰랐다. 수수한 성격에 유머 감각까지 갖췄으며, 사진에 아주 열정적인 사람이다.

● 티토 빌라노바 (Tito Vilanova, 1968~2014)
1980년대 라 마시아에서 과르디올라의 10대 시절 친구였고, 2008년부터 2012년까지 1군에서 그의 수석 코치로 일했다. 과르디올라가 '엄한 역할'을 맡았고, 빌라노바는 '다정한 역할'을 맡았다. 과르디올라가 사임한 뒤 감독 자리를 이어받았는데, 과르디올라는 기뻐하지 않았다. 감독 재직 중 말기 암 판정을 받았다. 빌라노바의 아내는 과르디올라의 장례식 참석을 막았다.

● 아르센 벵거 (Arsène Wenger, 1949~)
1996년부터 2018년까지 아스널 감독이었다. 크루이프 축구의 숭배자. 이 책에서는 현대 축구의 베테랑 관찰자로 등장하는데, 그 이유는 내가 이 책을 쓰는 마지막 몇 달 동안 운 좋게도 그와 긴 인터뷰를 가졌기 때문이다. 현재 FIFA에서 일하고 있다. 알자스 출신.

● 차비 (Xavi, 1980~)
바르셀로나의 패스 축구를 '보고, 패스하고, 보고, 패스하고, 반복한다(look, pass, look, pass, repeat)'로 정의를 내린 미드필더. 팀 동료들이 '라 마키나(La Maquina)', 즉 '기계'라는 별명을 붙여 줄 만큼 실수가 없는 선수였다. 라 마시아 출신으로 1998년부터 2015년까지 1군에서 활약했다. 오랫동안 언젠가 바르셀로나 감독을 맡게 될 것이라 여겨졌던 인물. 2021년 11월, 카타르 알 사드 감독을 그만두고 마침내 바르사 지휘봉을 잡았다.

● 바우더베인 젠던 (Bouderwijn Zenden, 1976~)
팀을 자주 옮긴, 여러 나라 말에 능통한 네덜란드 윙어. 1998년부터 2001년까지 바르셀로나에서 뛰었고, 이후 첼시, 리버풀, 마르세유 등을 거쳤다. 축구의 관습적 측면에서 인류학적인 관찰자이며, 1997년 이후 종종 나의 인터뷰 대상이었다.

● **안도니 수비사레타** (Andoni Zubizarreta, 1961~)

바스크의 현인. 프로 무대에서만 거의 1,000경기를 뛰었다. 1986년부터 1994년까지 바르셀로나의 골키퍼였고, 2010년부터 2015년까지는 스포츠 디렉터를 맡았다. 네이마르와 수아레스를 영입한 인물이다. 바르토메우는 그를 절대로 해임하지 말았어야 했다.

바르셀로나 용어 사전

- **부르제지아(burgesia)**: 카탈루냐 상인 계층을 뜻하는 단어로, '부르주아지'의 카탈루냐어 버전이다. 부르제지아의 일원들이 바르사 이사회를 가득 채우고 있는데, 클럽 회장도 대개 부르제지아 출신이 맡는다. 대부분의 부르제지아들은 집에서 카탈루냐어로 말한다.

- **칸 바르사(Can Barça)**: '바르사의 집.' 하나의 기관으로 클럽을 높여 부르는 이름.

- **클라시코(Clásico)**: 1974년 2월, 크루이프의 바르셀로나가 베르나베우 원정에서 5-0 승리를 거둔 이후에야 스페인 사람들에게 최고의 빅 매치로 자리 잡은 바르셀로나와 레알 마드리드 간의 경기. 그 전까지는 레알 마드리드와 아틀레티코 마드리드의 대결이 가장 큰 경기였다. '클라시코'는 카탈루냐와 마드리드 간의 100년 넘은 긴장 관계를 드러내는 장이 되고 있다.

- **꾸레(culer, 스페인어로는 culé)**: 사전적 의미는 '엉덩이'지만 바르셀로나 팬을 일컫는 말이다. 한 세기 전, 바르셀로나가 옛 경기장을 쓰던 시절부터 내려온 별명으로 당시 거리를 지나는 사람들 눈에 경기장에 걸터앉은 관중들의 엉덩이가 돌출되어 보였기 때문에 붙은 별칭이라고.

- **엔 운 모멘토 다도(en un momento dado)**: '주어진 순간에.' 크루이프가 스페

인어 단어가 다 떨어질 때마다 자주 썼던 문구.

● **엔토르노(entorno)**: 사전적인 의미는 '환경'이지만 크루이프는 이 단어를 소
시(soci)들이라는 바르사의 특별한 배경을 뜻하는 표현으로 특정하여 사용
했다.

● **인데페(indepe)**: '인데펜덴티스테(independentiste)'의 줄임말로 카탈루냐 분리
독립을 지지하는 사람을 의미한다. 카탈루냐 인구의 절반 정도가 이에 해당
한다. 인데페들은 카탈루냐어로 말하는 걸 좋아한다.

● **마드리디티스(madriditis)**: 레알 마드리드, 넓게 보면 스페인 수도 마드리
드에 대한 과도한 집착을 의미한다.

● **마시아(Masia)**: 말 그대로 '팜하우스(farmhouse)', 즉 농장에 있는 주택을 말
한다. 원래 오래된 농가에 세워진 바르셀로나의 '마시아'는, 이제 더 이상
딱히 지역의 유스를 길러내는 아카데미가 아니다.

● **메스 케 운 클룹(més que un club)**: '클럽 그 이상'이라는 뜻으로 FC 바르셀로
나의 모토. 카탈루냐 민족주의, 크루이프식 축구, 연고지에서 길러낸 선
수들, 그리고 위엄과 가치의 일반적인 의미를 나타내는 문구로 통한다. '메
스 케 운 클룹'은 이 모든 것을 의미하는 동시에, 자조적이면서 이제는 다소

구닥다리인 마케팅 슬로건이기도 하다.

- **파 암 토마케트(pa amb tomàquet)**: 빵에 토마토를 발라 먹는 카탈루냐 지방의 주식.

- **론도(rondo)**: 원래는 중간에 있는 사람이 공을 빼앗는 게임을 말한다. 크루이프가 감독으로 부임한 이래 바르사에서 가장 즐겨하는 훈련 프로그램이 됐다. 제한된 공간에 모인 선수 몇 명이 패스를 주고받으면, 수비하는 선수들은 공을 빼앗아야 한다. 론도에는 크루이프 축구의 필수 요소인 시간, 공간, 패스, 기하학이 모두 담겨 있다.

- **소시(soci)**: 회비를 지불한 클럽 멤버. 바르셀로나의 15만여 '소시'들은—대부분 카탈루냐 지방에 거주하는데—클럽의 주인으로 여겨진다.

텍스트에 대한 메모

바르사에 관해 얘기할 때, 나는 스페인어보다는 카탈루냐어 용어를 우선 적용했다. 클럽의 공용어이기 때문이다. 예를 들어, 나는 클럽의 유료 회원들을 스페인어인 '소시오(socio)'가 아닌 '소시(soci)'라고 부른다. 스페인어와 카탈루냐어에서 같은 단어인 경우라 하더라도, 카탈루냐어는 대개 억양 표시를 뺀다. 예를 들어, 'methodology(방법론)'은 스페인어로 'metodología'인데 카탈루냐어에는 억양 표시 없이 'metodologia'다. 바르사의 유스 아카데미 이름인 'La Masia(라 마시아)' 역시 스페인어에선 i 위에 억양 표시를 넣지만 카탈루냐어에서는 뺀다.

차례

일러두기 · 이 책에 등장하는 외래어는 기본적으로 국립국어원 표기 세칙을 따랐다. 다만 카탈루냐어는 표기 세칙에 없어서 원어 발음에 가깝게 실었다. 또한 이미 굳어진 인명이나 표현은 그대로 게재했다.

· 본문 각주는 모두 옮긴이가 부연 설명한 것이고, 저자의 주석은 '저자 주'로 따로 표기했다.

· 단행본명에는 겹화살괄호(《 》)를, 신문·방송·매거진 명에는 홑화살괄호(〈 〉)를, 영화·방송 프로그램 명에는 작은따옴표(' ')를 적용했다.

대성당 내부

바르사를 알게 된다는 것

이제야 알 것 같다. 스물두 살 때 찢어진 재킷을 입고 캄 노우로 걸어 들어가던 1992년부터 나는 이 책을 위한 자료 조사를 해 온 것이었다. 당시 나는 배낭 안에 타자기를 넣은 채 현금 5,000파운드를 갖고 세계를 여행하며 첫 번째 책인《축구 전쟁의 역사》[*]를 썼다. 소매치기가 득실대는 레이알 광장의 '호스탈 카불'에 머물면서, 돈을 아끼려 점심은 거르고 매일 밤 노점에서 산 팔라펠(falafel)[**]을 먹으며 끼니를 해결했다. 오랫동안 낡고 뒤떨어진 지역으로 여겨졌던 바르셀로나는 그해 여름에 열린 올림픽을 맞아 새롭게 보수된 상태였다. 이렇게 아름다운 도

---

[*] 원제는《Football Against the Enemy》이고, 우리나라에서는《축구 전쟁의 역사》라는 이름으로 출간됐다.

[**] 병아리콩을 으깨 만든 작은 경단을 납작한 빵과 함께 먹는 중동 음식. 매우 저렴하다.

시였다는 걸 그때까진 미처 알지 못했다. 카스파로 바에서 햇살을 맞으며 형편없는 체스를 두면서 언젠가는 여기로 돌아올 것이라고 다짐했다.

당시 내가 바르셀로나에 왔던 이유는 그 지역 축구 클럽에 매료됐기 때문이었다. (이 책 여기저기에서 언급하겠지만) 네덜란드에서 자란 나는, 1973년에 선수로 바르사에 처음 입단한 네덜란드 사람 요한 크루이프를 어릴 적 영웅으로 여겼다. 1992년에 크루이프는 이 클럽의 감독이자 정신적인 리더였다. 크루이프는 위대한 축구 선수였고, 동시에 위대한 축구 철학자이기도 했다. 마치 전구와 에디슨이 한몸인 것과 같다고나 할까. 크루이프는 바르사의 축구 스타일, 즉 끊임없는 공격을 내세운, 신나는 원터치 전진 압박 축구의 아버지였다. 이 책에서 나는 크루이프가 현대 축구 그 자체의 아버지이기도 하다는 주장을 굽히지 않을 것이다.

1992년의 어느 날, 나는 《축구 전쟁의 역사》를 위해 크루이프를 인터뷰할 수 있을지 알아보려는 심산으로 지하철을 타고 캄 노우로 향했다. 친절한 언론 담당관 아나(Ana)는 내가 내민 미심쩍은 기자증과 입고 있는 찢어진 재킷을 보고는, 나이가 지긋한 바르사의 부회장 니콜라우 카사우스(Nicolau Casaus) 인터뷰를 제안했다. 돌이켜 보면, 그는 아마 바쁘게 보일 필요가 있었던 것 같다. 아나는 카사우스 부회장이 영어를 전혀 하지 못한다고 귀띔했지만, 나는 그의 사무실 앞에서 기다리는 동안 그가 몇 차례에 걸쳐 미국식 억양으로 "시드다운(siddown, 앉으세요)"*을 되풀이하는 걸 들었다. 나와의 인터뷰를 연습하고 있는 것처럼 들렸다. 사무실로 들어가니 그는 커다란 시가를 한 대 피우고 있었다. 나는 클럽 모토인 '클럽 그 이상'이 스페인에서 FC 바르셀로나가 갖는 정치적 의미를 드러내는 것인지 물었다. 카사우스 부회장은 스페인어로 "그렇지 않아요."라고 답했다. 그는 서로 다른 정당을 지지하는 사람들, 종교적 배경이 다른 사람들이 바르사를 지지한다고 말했다. 그렇다면 왜 그런 모토를 쓰는 것일까? "바르셀로니즘은 위대한 열정이죠." 그가 모호하게 대답했다. 그에게는 정치적인 이야기가 너무 민감한 주제인 것처럼 보였다. 그때 나는 카사우스 부회장이 프랑코 독재 정권 시절에 카탈루냐 운동가로 활동하다가 사형 선고까지 받았고, 감옥에서 5년이나 수감된 후 풀려난 사람이라는 사실을 알지 못한 상태였다.

나는 아나에게 크루이프 인터뷰를 할 수 있게 해 달라고 졸랐다. 하지만 카사우스 부회장의 비서인 토니 브루인스 슬롯과 함께 적당히 넘어가려 했다. 우상을 만날 수 있을 거란 생각에 사로잡혀 있던 나는 은근히 안심하고 있던 터였다.

1992년의 축구계는 지금보다 가벼운 분위기였다. 당시 바르사는 캄 노우 옆에 있는 잔디밭에서 훈련했다. 어느 날 아침, 훈

---

* 'sit down'의 어설픈 발음을 표현하기 위한 표기.

런이 시작되기 전에 나는 탈의실 입구 앞에 앉아서 브루인스 슬롯을 기다리고 있었다. 나는 그 자리에서 내 생애 하나뿐인 프로 축구 선수를 만났다고 생각한다. 탈의실에서 나온 미카엘 라우드루프가 나를 흘끗 쳐다봤다. 그 뒤 크루이프가 양팔에 축구공을 끼고 전속력으로 걸어 나왔다. ("선수들이 나와 시간 약속을 잡는 경우, 언제나 조금 늦게 나온다.") 크루이프는 탈의실 스태프 한 명과 농담을 주고받는 중이었는데, 대화에 끼고 싶어 하는 것 같은 콜롬비아 기자 한 명도 곁에 있었다. 아름다운 아침이었다. 그는 이제 곧 유럽 챔피언 팀 선수들을 훈련시킬 참이었고, 찢어진 재킷을 입은 어린 친구에게 자신이 얼마나 행복한지 알려주고 싶어 했다.

나는 2미터도 채 되지 않은 거리에서 크루이프가 나를 바라보고 있었다고 확신했다. 하지만 내가 네덜란드어로 겨우 "안녕하세요."라는 말을 꺼내자, 그는 나를 획 지나쳐 버렸다. 브루인스 슬롯이 내게 다가와 시간이 어느 정도 필요하냐고 물었다. 그는 서둘러 훈련장으로 가고 있는 상태였는데, 나는 20분이라고 답했다.

브루인스 슬롯은 분명 크루이프처럼 암스테르담 노동자 계급 출신이었다. 그는 나를 라운지로 데려가 종이컵에 블랙커피 한 잔을 내려 주고는, 두리번거리며 재떨이를 찾더니 또 다른 종이컵을 재떨이로 사용했다. 그러더니 2시간 동안 축구에 관한 논쟁으로 끌어들였다. 그날 그는 훈련장에 가지 않았다. "우리는 저작권과 특허를 갖고 있어요." 그가 말했다. "어떤 특허든 흉내 낼 수는 있겠지만, 오직 한 사람만이 마무리할 수 있는 게 있죠."

크루이프는 위대한 바르사를 창조했다. 그의 수제자인 펩 과르디올라의 말을 빌리자면, 크루이프는 대성당을 건설했다. 나아가 크루이프는 분명 현대 축구 그 자체를 창조해 낸 인물이다. 그는 축구계의 프로이트(Sigmund Freud)요, 가우디(Antoni Gaudí)이며, 축구 역사상 가장 흥미롭고 독창적인 인물이자, '짜증 유발자'다. '바르사 대성당'은 이후 과르디올라에 의해 업데이트됐고, 나락으로 떨어지기 전까진 리오넬 메시 덕분에 완성됐다.

메시는 내가 이 책을 쓰게 만든 또 다른 인물이다. 나는 메시가 그라운드에서 보여 주는 플레이를 도대체 어떻게 해내는 것인지 늘 이해하고 싶었다. 바르사 주위를 취재하기 시작했을 때 흥미를 느끼게 된 사실이 하나 있었는데, 그것은 바로 메시의 권력이었다. 이 조용한 아르헨티나 선수는 크루이프와 정반대인 사람처럼 보이지만, 사실 클럽 내에서 가장 영향력 있는 존재라는 측면에서 크루이프의 역할을 물려받은 이였다. 수년 동안 클럽 바깥 사람들은 메시의 멍한 시선이나 공개 발언을 하지 않는 모습을 성격적 결함으로 오해했다. 하지만 바르사 사람들은 오래전부터 알고 있었다. 메시가 지배하려 들고, 무서운 면을 가진 인물이라는 사실을 말이다. 시간이 흐르면서 FC 바르셀로나는 'FC 메시'로 바뀌었다.

결말은 좋지 않았다. 알고 보니 나는 바르셀로나의 쇠락을 연구하고 있었던 셈이었다. 1992년 내가 바르사에 처음 왔을 때 영광의 시기가 시작되고 있었다. 그런데 2021년 메시가 클럽을 떠나면서 좋았던 시절도 끝을 향해 갔고, 그 무렵 내 작업도 끝이 났다. 이민족들이 이미 성문 안으로 들어온 서기 400년 무렵의 로마에 대해 책을 쓰는 듯한 느낌이랄까. 내가 이 책을 쓰기 시작할 때만 해도 바르사가 어떻게 위대한 팀이 됐는가를 서술하는 작업이 될 거라 여겼다. 하지만 지금 나는 이 클럽의 쇠퇴와 몰락까지 정리하게 됐다.

★

1992년 이후 여러 해에 걸쳐 바르사를 알아 왔다. 이야깃거리를 찾아 저널리스트 신분으로 바르사를 방문한 덕택이었다. 중년에 이르면 점심을 먹고 난 뒤 졸음이 쏟아지지만 장점도 있다. 주소록이 두꺼워지고, 눈치가 생기며, 포트폴리오가 쌓인다. 내가 글을 쓰고 있는 이곳, 파리에 위치한 내 사무실에는 1998년 이후 취재해 왔던 내용이 빼곡히 적힌 노트들이 200권 넘게 꽂혀 있는 책장이 있다. 내 자리 바로 옆에 있다. 과거와 현재의 바르셀로나 선수와 감독 들, 이를테면 히바우두, 릴리앙 튀랑, 네이마르, 제라르 피케와의 인터뷰, 크루이프와 가졌던 한 번의 만남, (나중에 충격적으로 갈라섰지만) 2000년 그의 저택 거실에서 보냈던 오붓했던 저녁이 노트 안에 담겨 있다.

2008년에는 캄 노우에서 축구를 해 본 적도 있다. 2007년 나는 바르셀로나 구단에서 수여하는 '올해의 스포츠 저술 상'을 받았는데, 구단의 TV 채널 스태프는 내가 길거리 스타일의 옷을 입은 채 잔디 위에서 공을 차는 모습을 촬영하고 싶어 했다. 굵고 짧은 완벽한 잔디에서 뛰자 웃음이 터져 나왔다. 그라운드는 바르사의 공격에 유리한 공간을 만들어 내기 위해 축구장 규격을 최대한 사용했는데, 그래서 마치 광활한 잔디밭에서 뛰어 노는 아이가 된 기분이 들었다. 심지어 주위엔 소규모 관중까지 있었다. 바르사 투어에 나선 수십 명의 관광객들이었다.

나는 여기서 경기에 나선 선수라고 애써 상상하며 드리블했다. 유럽에서 가장 큰 경기장의 스탠드를 올려다보니 이런 생각이 들었다. '이상하게 친숙하단 말이지.' 한가득한 공상을 털어 내니 이곳도 우리가 공을 찼던 여느 운동장과 다를 바 없는 곳이었다. 수십 년의 세월을 돌아보면 이곳에서 데뷔했던 몇몇 선수들 역시 이런 생각을 하며 안도했을 것이다.

센터 서클 근처에서는 누군가 지켜보고 있다는 걸 거의 잊을 수 있었는데, 측면을 따라 드리블해서 내려가니 관광객들이 크게 신경 쓰였다. 거기에 있던 관중들이 나를 뚫어져라 쳐다보고 있었던 것이다. 측면에 선 선수는 골대 근처에서 움직이는 선수보다 관중과 더 가깝다. 한 명 한 명의 얼굴을 다 알아볼 수 있을 정도였다. 잠시나마 관중석에 있는 사람들과 보이지 않는 끈으로 연결되어 있다고 느꼈다.

나는 빈 골대에 몇 차례 슈팅을 날렸다. 공이 골대 안으로 들어갈 때마다 얄궂게도 관광객들은 환호성을 내질렀다. 그들이 무슨 생각을 했는지는 신만이 아시겠지.

코너킥을 차려 공을 놓고 골대 쪽을 바라보니 경기장 전체가 한눈에 들어왔다. 그것은 극적인 순간이었다. 1~2초 정도였지만 경기가 내 발에 달려 있고, 내가 배우가 되어 관중을 위해 연기하는 듯한 느낌이 들었다. 나중에 바르셀로나 구단의 심리학자에게 배운 내용인데, 최고의 선수들은 이런 느낌을 차단해 버린다고 한다. 경기를 하는 동안, 이들에게 동료 얘기는 들려도 팬들의 응원가는 들리지 않는다.

내가 이 책을 쓰게 된 결정적 계기는 2019년의 바르사 방문이었다. 내가 몸담고 있는 신문사인 〈파이낸셜 타임스〉에 낼 기사를 취재하기 위해 방문했었는데, 마침 그날은 바르셀로나 구단이 '스포츠 저술 상'을 수여하는 날이었다. 구단 관계자들은 내가 시상식장에 꼭 와서 점심까지 같이 먹어야 한다고 했다. 결국 캄 노우 구석에 마련된 테이블에 몇 시간 동안 앉아서 와인을 마시며, 주제프 마리아 바르토메우 회장을 비롯한 클럽의 여러 디렉티우스(directius)*와 이야기를 나눴다. 그때 나는 바르

---

* 　단어 그대로 '디렉터들(directors)'을 의미하지만, 실제로는 회장에게 조언을 해 주는 역할에 더 가깝다.

사가 나를 이곳 출신으로 여긴다는 걸 깨달았다. 구단 미디어 팀 사람들은 나를 위해 바르토메우 회장, 당시 감독이었던 에르네스토 발베르데, 그리고 의사, 데이터 분석관, 브랜드 매니저와 같은 구단의 평범한 직원들까지 기꺼이 인터뷰를 잡아 줬다.

축구 취재에서 가장 힘든 일이 섭외다. 이 책을 쓰기 시작할 즈음, 하부 리그의 어느 구단에 유스팀 코치 인터뷰를 요청했지만, 아무런 답을 듣지 못했다. 몇 주에 걸쳐 계속 전화도 하고, 이메일도 보냈지만, 최종적으로 "안 됩니다."라는 답변을 받았다. 요즘 빅 클럽들은 저널리스트에게 별로 해 주는 게 없다. 기껏해야 감독이 자기변명이나 늘어놓는 기자 회견장에 앉게 해 주거나, '오프더레코드(off-the-record)'*를 달고 브리핑을 해 준다든지, 아무 말도 하고 싶어 하지 않는 선수와 몇 달에 한 번 15분짜리 인터뷰 자리를 마련해 주는 게 고작이다.

취재한 내용을 기사에 담아 신문에 냈지만, 뭔가 더 전할 이야기가 남아 있다는 생각이 들었다. 크루이프와 메시를 슈퍼스타가 아닌 인간으로 이해하고 싶었다. 그리고 바르사를 꿈의 무대가 아닌, 일터의 측면에서 연구하고 싶었다. 바르사는 매일 출근해 서로 옥신각신하며 무언가를 시도하고, 또 실수를 저지르기도 하는 평범한 사람들이 만든 클럽이다. 그 과정에서 마침내 카탈루냐적이면서도 세계적인, 끝내주면서도 흠집이 많은,

---

*   비보도 조건의 취재 협조.

당대를 빛내고 또 영원히 지속될 무언가를 창조해 낸 클럽이기도 하다. 바르사 사무실에서 보내는 일상은 과연 어떨까? 클럽을 운영하는 사람들은 어떤 이들일까? 그들은 선수들보다 실제로 얼마나 큰 힘을 갖고 있는 걸까? 바르사는 뛰어난 재능을 가진 사람들을 어떻게 관리할까? 선수들의 일상은 어떤 모습일까? 어떤 음식을 먹어야 하고, 또 선수들이 그렇게 먹도록 설득할 수 있는 사람은 누구일까?

나는 클럽 내부 사람들에게 연락을 돌려 내 책을 위해 기꺼이 취재에 응해 줄 수 있는지 물었다. 그들은 그렇다고 했다. 그때나 지금이나 바르사의 그 어떤 누구도 내가 무엇을 쓰든 간섭하려고 들지 않았다. 이 책을 쓰는 조건으로 내가 뭘 제공한 것도 아니다.

2019년 봄을 시작으로 2020년 9월 팬데믹 시기에 이뤄진 아주 매혹적인 마지막 방문에 이르기까지, 바르셀로나를 정기적으로 방문하며 취재를 진행했다. 어설픈 스페인어를 쓰지 않을 수 없었고, 바르셀로나의 에어비앤비에 어떤 문제가 있는지 알게 됐으며, 오후 3시에 먹는 점심에도 익숙해졌다. (이번엔 절대로 식사를 거르지 않았다.) 〈파이낸셜 타임스〉에서 내 평상시 업무는 정치·사회 칼럼을 쓰는 것이다. 코로나바이러스, 기후 변화, 트럼프와 브렉시트(Brexit)에서 인류가 성취한 가장 위대한 분야로 글쓰기 주제를 바꾸는 건 즐거운 일이었다. 한때 나는 축구가 정치에 비해 보잘것없는 분야라고 생각한 적이 있다. 더 이상 그런 생각은 갖지 않는다.

파리에서의 생활을 좋아하지만, 가족들이 허락했다면 주저하지 않고 바르셀로나로 이사했을 것이다. 바르셀로나의 엘 보른(El Born)* 이나 그라시아(Gràcia), 또는 티비다보(Tibidabo) 산기슭에 자리한 부르주아 느낌의 거리들, 가바 마르(Gavà Mar)와 시제스(Sitges) 같은 해변 마을 근처의 모습은 유럽인들이 꿈꾸는 이상적인 공간이다. 완벽한 풍미의 음식, 아름다운 풍경, 좋은 날씨, 부유하면서도 쫓기지 않는 생활, 친절한 사람들, 산과 바다가 있는 그곳!

매번 방문을 앞두고 바르사 언론 담당자에게 인터뷰 요청 리스트를 보냈다. 1군 선수들 인터뷰는 언제나 가장 조율이 어려웠다. 구단에서도 선수들과 연락이 안 되는 경우가 있었는데, 대부분 선수 에이전트나 미디어 대리인, 그도 아니면 선수 지인 중에 훼방꾼이 있었기 때문이다. 나는 클럽 회장 세 명—그중 한 명은 막 감옥에서 출소한 상태였다—뿐만 아니라 미드필더 프렌키 데 용과 인터뷰를 했지만, 가장 많은 정보를 얻은 건 오히려 영양사, 비디오 분석관, 소셜 미디어 관리자 같은 클럽의 중진급 직원들에게서였다. 대부분 자신이 하는 일을 소개할 기회를 얻게 된 걸 기뻐하는 느낌이 들었다. 그것이 아이들을 가

---

* 바르셀로나의 고딕 지역과 시우타델라 공원 사이에 있는 동네로 도시에서 가장 힙한 곳으로 꼽힌다.

르치는 일이든, 여자 축구팀을 새로 만드는 일이든, 교외에 위치한 구단 사무실에서 근무하는 것이든 상관없었다. 구단은 이 스태프들의 이름이 책에 인용되는 것을 거의 허락하지 않을 것이다. 이 책에는 내 목소리가 담겨 있지만, 그분들에게서 들은 이야기를 바탕으로 했다. 선수들과 접촉할 기회도 여러 차례 있었지만, 매일 구단이 무사히 돌아가게끔 애쓰는 분들에게 더 많은 정보를 얻었다는 의미다.

글로벌하게 일하면서도 여전히 카탈루냐 지역색이 강한 이 일터를 이해하기 위해 최선을 다했다. 바르셀로나라는 클럽이 이 도시에서 갖는 위상은 어떤 것일까? 지난 30년간 바르사는 어떻게 스스로를 혁신하면서 카탈루냐 지역 클럽에서 유럽을 대표하는 클럽으로, 나아가 전 세계적인 클럽으로 변모했을까? 이 과정에서 바르사가 얻은 것과 잃은 것은 무엇일까? 바르사는 어떻게 누구나 인정할 만한, 역사상 가장 훌륭한 유스 아카데미와 축구팀을 창조해 냈을까? 그리고 왜 시들해졌을까? 크루이프의 축구 철학이 스며든 최근 버전은 왜 바르셀로나가 아닌 맨체스터와 뮌헨에서 구현되고 있는 걸까?

나는 지난 2017년 조용히 출범한 '바르사 이노베이션 허브(Barça Innovation Hub)'라는 일종의 내부 싱크 탱크의 존재를 알게 됐는데, 그들에게 위와 같은 질문들을 던졌다. 이 허브의 업무는 프로 축구를 재해석하는 것이다. 연구원들은 축구에 관한 모든 것을 고민한다. 가상 현실부터 비트 주스까지 말이다. 그들은 본인들도 축구가 어떻게 작동하는지 모르겠다고 답했지만, (누구도 알지 못할) 이 질문들에 대한 답을 찾으려고 적어도 노력은 시작한 상태다. 무슨 일이 벌어졌고, 또 정확히 어떻게 된 것인지를 이해하기 위한 바르사의 간절한 시도들은 (호시절에는 그저 당연하게 여겨졌던 것들이었겠지만) 적어도 나에겐 더욱더 흥미로운 도전 과제로 생각됐다.

몇몇 인터뷰들은 코로나 팬데믹 이전에 이뤄졌다. 스스로를 바르사 출신이라 여기는 조제 무리뉴는 언젠가 이렇게 비웃었다. "바르사는 당신을 함정에 빠뜨리려 할 겁니다. 자신들이 완벽한 세계에서 온 우호적이고 친절한 사람들이라고 생각하게 만들 거예요."[1] 바르사에서 마주친 미소에 많은 게 숨겨질 수도 있다는 지적이 틀린 것은 아니다. 하지만 (내가 그렇게 순진한 사람이 아니길 바라는 마음에 한마디하자면) 내가 경험한 여기 바르사 사람들은 실제로 호감형이거나 친절을 베풀어 준 경우가 많았다. 거의 30년 동안 그들은 언제나 내게 상냥하게 대했는데, 내가 오랫동안 축구계에서 경험한 바에 따르면 저널리스트들에게 친절한 사람들은 누구에게나 친절했다.

바르사에서 축구는 음식과도 아주 맛깔나게 얽혀 있었다. 바르사 사람들은 정말로 포메이션을 설명할 때 와인 잔과 설탕 상자를 이용한다. 파에야(paella)에 스페인산 화이트 와인을 곁들여 4시간 넘게 진행된 점심 식사 동안, 라 마시아 코디네이터 출신으로 당시 덴마크 21세 이하 대표팀 감독을 맡고 있던 알베르트 카펠라스가 했던 행동을 보자. 카펠라스는 후추 통과 소금 통, 올리브 오일이 담긴 병을 늘어놓아 미드필드를 만들더니, 곧이어 파 암 토마케트(pa amb tomàquet)라는, 빵 조각에 토마토를 문질러 먹는 카탈루냐 전통 음식을 어떻게 만드는지 가르쳐 주었다. 카펠라스는 내 최고의 취재원 중 한 명이었는데, 그건 음식에 대해서만이 아니었다.

나는 예전부터 전 세계에서 온 수많은 뛰어난 작가와 다큐멘터리 제작자들이 이 클럽을 연구해 왔다는 사실을 잘 알고 있었다. 그래서 2020년 봄부터 가을까지 파리가 전면 봉쇄되는 기간 동안 그들의 작업 결과물을 분석하는 데에 많은 시간을 할애했다.

'바르사'라는 화려한 이름에 현혹되기 십상이지만 그러지 않으려 애썼다. 이 책에 바르사 공식 계정에 올라올 법한 얘기들은 없다. 바르사에 대한 내 개인의 견해, 그러니까 대개는 우러러 보지만 가끔은 비판적인, 언제나 호기심 가득한 눈으로 쳐다보지만 부디 잘못 본 게 아니길 바라는 시선으로 쓴 책이다.

이 책의 초점은 일반적인 직장으로서의 바르셀로나에 쏠려 있다. 물론 크루이프, 메시, 그리고 네 명의 개인 요리사를 연달아 해고한 젊은 윙어처럼 범상치 않은 재능을 갖춘 선수들에 대한 이야기도 빼놓을 수 없을 것이다. 평범한 사람들과 천재들 사이에 흐르는 긴장감이 바로 지금의 바르사를 만든 힘이다.

Ⅰ

바르사 하우스의 사람들

바르사를 방문할 때마다 캄 노우는 며칠 동안 내 일터였다. 텅 빈 거대한 콘크리트 주변을 어슬렁거리거나 근처 타파스 바에 들러 누군가를 만난다든지, 그것도 아니면 11번 게이트 너머에 있는 구단 사무실에 드나들었다. 어느 날 나는 바르사 박물관 반대편에서 구단의 영혼을 발견했다. 바르사 직원들이 커피를 마시거나 수다를 떨기 위해 찾는, 싸구려 나무 탁자가 비치된 아이스 링크 카페가 있는데, 그 옆에 클럽 주주들인 소시(soci)들을 위한 클럽룸(clubroom)이 있었다. 여기는 나이 지긋하신 분들이 카드 게임을 하러 모이거나, 크리스마스 복권을 광고하는 포스터가 붙어 있는 곳이었다.

나는 이 '바르사 하우스(Can Barca)'에 네 개의 계급이 있다는 걸 알게 됐다. 디렉티우스와 소시들, 직원들과 선수들이 그들이다. 이런 빅 클럽에 이런 종류의 계급이 있다니 놀랄 만큼 촌스런 일이다. 바르사 사람들은 어린 시절부터 서로 쭉 알고 지내 온 경우가 많다. 산드로 로셀 전 회장, 펩 과르디올라, 카를레스 푸욜, 안드레스 이니에스타는 모두 어릴 때 캄 노우에서 볼 보 이였다. 바르사는 죽을 때까지 클럽 주위를 맴돌게 될 사람들에 의해 운영되고, 그런 사람들을 위한 클럽이다.

여기에서 비롯되는 몇 가지 특징들이 있다. 첫째, 바르사 내부 에서 맺은 개인적 관계는 대개 평생 이어지며 아주 끈끈하다. 둘 째, 바르사 사람들은 본능적으로 멀리 본다. 아이스 링크 카페에 드나드는 직원들은 13세 이하 팀에 관심이 많다. 왜냐하면 이 아 이들이 자라서 나중에 1군 선수가 될 가능성이 높기 때문이다.

즉, 바르사는 고액 연봉을 받는 임원들이 경영하는 '유한 책 임 회사'인 잉글랜드 축구 클럽들과 매우 다른 조직이다. 바르 사는 말 그대로 '클럽'이다. 지역에서 자발적으로 모인 멤버들 의 연합체다. 아주 카탈루냐다운 산물인 셈이다. 카탈루냐는 강 력한 노동조합, 협동조합, 그리고 100만 명 정도의 소시들을 보 유한 스페인에서 가장 큰 자동차 클럽 RACC(Real Automóvil Club de Cataluña)가 있는 지역이다. 스페인 정부의 영향력이 역사적으 로 약했던 지역에서 사람들은 자기들끼리 조직을 꾸리는 법을 익혔던 것이다.

바르사의 지배 계급인 디렉티우스는 카탈루냐의 상인 계급 인 '부르제지아', 즉 부르주아지 출신이다. 바르셀로나는 수 세 기 동안 지중해 지역에서 가장 활발한 경제 지역이었고, 이곳

상인들은 가장 큰 수혜자였다. 이들은 여러 세대에 걸쳐 시선을 스페인에서 바다로 옮겨 사업을 벌였다. 이 계급은 전통적으로 스스로를 아주 세계적이고 현대적이라 생각했고, 원시적이고 미개한 스페인보다는 유럽에 가깝다고 여겼다.

인구 760만 명의 카탈루냐는 독립 국가가 아니며, 대단한 귀족이 있는 것도 아니다. 그래서 부르제지아는 서열 맨 꼭대기에 자리 잡고 있다. 카탈루냐 사회의 정점은 어쩌면 FC 바르셀로나의 이사회일지도 모른다. 강조했다시피 바르사는 노동자 계층에 기반을 둔 클럽이 아니다. 스위스 출신의 이민자인 회계사 한스 감퍼(Hans Gamper)가 지역 스포츠 신문에 63개 단어로 된 광고를 내고, 신문사에서 축구 경기 일정 조율하는 일을 맡고 싶은 사람을 모집했던 1899년 이후 쭉 상인 계급 사람들이 운영해 왔다.[2]

감퍼는 '금고 닫기 운동(tancament de caixes)'이 한창 진행 중이던 1899년에 바르사를 설립했다. 이 운동은 카탈루냐 지역의 수많은 상인들이 스페인 정부에 반기를 들고, 납세를 거부하며, 영업을 중단한 사건이었다. 마드리드 중앙 정부는 당시 카탈루냐를 향해 전쟁을 선포하며 대응했는데, 실제로 군대를 보내지는 않았다.[3] 그 시절에도 마드리드와 반체제 지역 사이의 갈등은 수 세기째 이어져 오고 있었다. 바르사는 출범할 때부터 카탈루냐 민족주의인 '카탈라니즘(Catalanisme)'이 주입된 상태였다. 한스 감퍼는 현지인처럼 행동했고, 이름마저 카탈루냐식인 '주안

(Joan)'으로 바꿨다.[*]

카탈루냐 상인들은 두 차례의 세계 대전에서 한 걸음 물러나 있었다. 20세기 그들에게 남겨진 가장 큰 트라우마는 1936년부터 1939년까지 이어진 스페인 내전이었고, 승자인 파시스트 프랑코 장군이 저지른 전후 보복 역시 큰 충격으로 남았다. 역사학자 폴 프레스톤(Paul Preston)은 프랑코 정권이 저지른 '백색 테러'로 죽은 스페인 국민의 수가 20만 명에 달한다고 추정했다. 피해자 중에는 당시 38세의 나이에 바르사 회장을 맡고 있던 주제프 순욜(Josep Sunyol)도 포함된다. 1936년 순욜은 마드리드 인근에 머물던 인민전선(Republican) 부대를 방문하러 이동하던 중, 그의 운전기사가 한눈을 팔다 경계선을 넘는 바람에 국민전선(Nationalist) 지역으로 들어가 버렸다. 검문소에서 군인들이 차량을 멈춰 세웠고, 순욜과 두 명의 동승객들은 별 생각 없이 이렇게 인사를 건넸다. "비바 라 레푸블리카!(Viva la república!, 공화국 만세!)" 자신들을 멈춰 세운 병사들이 파시스트라는 걸 깨닫지 못했던 것이다. 순욜은 신원을 밝히기도 전에 뒤통수에 총을 맞았다.[4] 거의 수십 년 동안 잊힌 순욜의 이야기는 1990년대에 들어 재조명됐고, 그제야 그는 '순교한 회장'으로 바르사 신화의 일부가 됐다.

---

[*]   이후부터 이 책에서 '한스 감퍼'는 카탈루냐식 이름인 '주안 감페르'로 표기한다.

1939년 1월 프랑코 군대가 바르셀로나에 입성하자, 수십 만 명의 카탈루냐 사람들이 프랑스로 도피했고, 그중에는 걸어서 피난을 떠난 이들도 꽤 됐다고 프레스턴은 추정했다. '여자들은 길에서 아이를 낳았다. 갓난아기들은 얼어 죽었고, 아이들은 밟혀 죽었다.'[5] 가족들은 뿔뿔이 흩어지거나 아예 무너져 버렸다. 망명을 떠난 사람들 중 많은 수가 고향에 돌아오지 못했다.

파시스트들은 바르셀로나를 점령한 뒤, 포블러노우(Poblenou) 지역에 있는 캄프 델 라 보타(Camp de la Bota)에서 공개 처형을 집행했다.[6] 수십 년 뒤 시내에서 거대한 무덤 54기가 발굴됐는데, 여기에는 무려 4,000구의 시체가 묻혀 있었다.[7] 프랑코는 카탈루냐어 사용도 금지했다. 프랑코 정권은 스페인어 사용을 유도하는 '크리스천을 말하라(Speak Christian)[*]라는 문구를 거리 곳곳에 걸어 두고 카탈루냐인들을 압박했다.[8] 프랑코 정권 초기, 파시스트들은 분명히 마치 적국의 영토를 점령한 것처럼 카탈루냐를 통치했다.

니콜라우 카사우스 같은 일부 카탈루냐 자본가들이 프랑코 치하에서 고통을 겪는 동안, 대부분의 부르제지아들은 '총통(El Caudillo)[**]과 공존하며 평화로운 시절을 보냈다. 사실 많은 자본

---

[*] 스페인어로 'Háblame en cristiano'. 중세 때 이슬람교도 등 다른 언어를 쓰는 민족들에게 사용된 표현에서 유래한 일종의 숙어로 '알아들을 수 있는 언어로 말하시오'라는 의미.

[**] 프랑코를 의미.

가들은 오히려 프랑코를 반기기까지 했다. 자본가들을 벽에 줄지어 세운 뒤 그들의 집과 공장을 빼앗아 간 바르셀로나의 공산주의자들과 무정부주의자들을 '총통'이 몰아내 줬기 때문이다. 어쩌면 좌파들은 나중에 프랑코가 죽인 것보다 더 많은 사람들을 내전 이전부터 내전이 끝나는 사이에 죽였을지도 모른다.[9]

1945년 여름 무렵, 프랑코는 소련의 서쪽에 위치한 유럽 국가들 가운데 가장 많은 살인을 한 독재자가 됐다. 그때쯤 그의 통치는 부드러워졌지만, 그가 저지른 살인의 기억들 때문에 이후 수십 년간 거의 모든 카탈루냐 사람들이 침묵을 지켰다. 프랑코가 죽기 전까지 스페인에서 그 얘기를 입에 올리는 사람은 거의 없었다.

프랑코 시절에 수감 생활을 했던 카탈루냐 출신 작가 마누엘 바스케스 몬탈반(Manuel Vázquez Montalbán)은 이런 이야기를 한 적이 있다. "공산주의자들, 무정부주의자들, 분리독립주의자들에 이어 네 번째로 많은 사람들이 처형된 기관은 바로 FC 바르셀로나다."[10] '처형됐다'는 표현이 어쩌면 너무 과할 수도 있다. 하지만 파시스트들은 바르사를 꾸준히 주시했다. 1940년에는 팀명에 붙은 영어식 표기 'FC(Football Club)'를 스페인어 'CF(Club de Futbol)'로 바꾸도록 강요했다.[11] 처음엔 정권에서 클럽 회장을 정해 주기도 했다. 그러다 시간이 흐르면서 CF 바르셀로나의 부르제지아와 프랑코주의자들(franquistas)은 함께 사는 법을 익혀 나갔다. 1949년이 되자 바르사는 클럽 엠블럼에 카탈루냐

깃발을 다시 넣도록 허가를 받아내게 된다.[12]

바르셀로나의 자본가들은 프랑코 체제에서 조용히 지냈다. 가족과 사업체, 그리고 축구 클럽에 집중했다. 프랑코 정권이 쇠약해졌을 때에야 일부가 저항에 나섰을 뿐이다. 1975년 마침내 프랑코가 사망하자 그들은 시내의 모든 술이란 술은 다 비워 버렸다.[13] 일단 프랑코가 완전히 땅속에 묻히자, 모두들 반(反)프랑코 운동에 동참했다. 많은 카탈루냐 사람들은 카탈루냐 전체가 일치단결해 프랑코를 반대했고, 마드리드 사람들은 프랑코 정권을 지지했다고 믿는 그릇된 역사적 신화에 빠져 있다.

진실은 흑백으로 분명하게 나뉘지 않는다. 사실 마드리드 역시 바르셀로나처럼 스페인 내전이 벌어지는 동안 프랑코 군대에 맞서 싸운 지역이고, 레알 마드리드는 혁명을 일으킨 공산주의자들의 손에 넘어간 적이 있다.[14] 프랑코 정권은 바르셀로나뿐만 아니라 마드리드에서도 수천 명을 처형했다. 프랑코주의자들의 비중은 두 도시 모두 비슷했다. 스페인 내전은 카탈루냐 대(對) 스페인의 싸움이 아니었지만, 최근 일부 카탈루냐 민족주의자들은 그런 식으로 바꿔 말하는 걸 주저하지 않는다.[15]

'카탈루냐 대 마드리드'라는 구도는 여전히 바르사와 레알 마드리드의 경기인 엘 클라시코의 저변에 깔려 있다. 캄 노우에서 경기가 열릴 때면, 팬들은 경기를 앞두고 세상을 떠난 가족이나 친구, 축구 선수들에게 행운을 빌기 위해 인근 공동묘지에 들른다.[16] 그들에게 레알 마드리드는 반드시 꺾어야 할 숙적이다. 바르사 임원진의 생각은 조금 더 부드럽다. 그들에게 레알 마드리드는 일종의 쌍둥이 형제다. 두 팀의 임원들은 대체로 사이가 좋은 편인데, 경기 전 어울리는 자리에선 수도 없이 포옹하는 모습을 흔히 볼 수 있다. 둘의 관계에는 공범 의식과 질투심이 뒤섞여 있다. 바르사는 레알 마드리드가 편파 판정의 수혜자라고 병적으로 의심하는 반면, 레알 마드리드는 바르사가 너무 지나친 찬사를 받는다고 여긴다.

그래도 클럽은 팬들에게 여전히 의미 있는 존재다. 엘 클라시코가 열릴 때라면 더 말할 것도 없다. 바르사는 바스케스 몬탈반이 "카탈루냐의 비무장 군대"라 부른 존재가 되어 마드리드를 상대로 싸우는 불멸의 전쟁에 나선다. 지난 100년 동안 카탈라니즘(catalanisme)의 주된 분출구는 일요일의 캄 노우였다. 카탈루냐 민족은 나라를 세우는 대신 클럽을 만들었다. 카탈루냐 사람들은 바르사에 엄청난 애정과 돈을 쏟아부었고, 그 결과 스페인에서 두 번째로 큰 도시인 바르셀로나는 나라의 경제난에도 불구하고 세계에서 가장 매출이 높은 스포츠 클럽을 보유하게 됐다. (2018년 기준)[17]

바르사의 모토인 '클럽, 그 이상'은 (물론 그런 경향이 없는 것은 아니지만) 이른바 '자뻑에 빠진' 마케팅 슬로건만은 아니다. 1968년 1월, 당시 이 문구를 만든 것으로 알려진 바르사 회장 나르시스 데 카레라스는 프랑코 지지자였는데, 이런 발언을 남겼다. "바르셀로나는 축구 클럽 그 이상입니다. 우리 안에 깊숙하게 깃든 어떤 정신, 우리가 다른 모든 것들보다 더 사랑하는 색깔들을 의미하지요." 프랑코 체제였으니 좀 더 구체적으로 이야기하기에는 부담스러웠겠지만, 그가 말하고자 했던 것은 (물론 스페인어로) 카탈라니즘의 정신이었다.

'클럽, 그 이상'이란 문구의 의미는 지난 수십 년에 걸쳐 더욱더 확장됐다. 요즘은 크루이프식 축구, 홈그로운(homegrown) 선수들, 고결함과 가치를 상징하는 표현이 됐다. 이를테면, 바르사의 자선 재단이라든지, 지난 2006년 당시 회장이던 주안 라포르타가 유니폼 앞면에 스폰서명이 아닌 유니세프(UNICEF)를 새기기로 했던 결정이 대표적 사례다. 라포르타는 '클럽, 그 이상'의 의미를 '크루이프, 카탈루냐, 라 마시아, 유니세프'로 요약하기도 했다.[18]

바르사는 변화하지만, 실권은 언제나 부르제지아들이 쥐고있다. 오늘날 바르사를 지배하는 자본가들은 '평생을 카탈루냐사람으로 살아온 사람들'(Catalans de tota la vida)이다. (바르사 고위 임원 출신에게 자신이 속한 계층인 '부르제지아'를 어떻게 정의하면 좋을지 물어본 적이 있다. 그가 첫 번째로 꺼낸 조건은 이랬다. "카탈루냐 사람일 것, 최소두 세대 이상.") 그들의 가족은 레이알 클룹 더 테니스 바르셀로나(Reial Club de Tennis Barcelona)* 소속이고, 피레네 산맥에 있는 세르다냐(Cerdanya)로 휴가를 다녀오며, 리세오(Liceo) 오페라 하우스

---

*   바르셀로나에 위치한 테니스 클럽.

에서 음악을 듣는다. 그리고 캄 노우의 특석인 트리부나(tribuna)에서 바르사 경기를 관전한다. 캄 노우의 이 화려한 객석들은 임원들의 친척이나 지역 유지 들로 가득 채워지는데, 마드리드의 베르나베우(Bernabéu)[*]의 특석이 정부 관료나 재벌, 판사 들의 차지인 것과는 사뭇 다른 풍경이다.

카탈루냐인 부르제지아의 멤버들이 모두 아주 부유한 것은 아니다. 멤버 중에는 건축가나 교수 들도 있다. 부르제지아는 돈 자랑을 거의 하지 않는다. 자신의 부(富)를 노골적으로 과시하기보다는 차분한 색상의 절제된 의상으로 드러낸다. 대부분은 (가우디가 이상적으로 설계한) 아름다운 아파트에 거주하는데, 조상 대대로 물려받은 경우가 적지 않다. 여름에는 카탈루냐 교외에 있는 별장에서 시간을 보낸다. 이들은 글로벌한 삶을 산다. 아이들을 영어나 프랑스어, 독일어를 쓰는 외국인 학교에 보낸 다음, 미국의 영향을 받은 비즈니스 스쿨로 진학시킨다. 이곳에선 국제 학교를 다니는 게 일종의 특권으로 여겨지다 보니 리오넬 메시도 바르사에 머물던 시절에 아침마다 아이들을 '콜레지오 브리타니코(Colegio Británico)'[**]에 등교시켜 주곤 했다.

바르사 이사회에서는 카탈루냐어가 사용된다. 이것은 그 자체로 계층을 말해 주는 표식이 된다. 바르셀로나에 사는 프롤레

---

[*]   레알 마드리드의 홈 경기장인 산티아고 베르나베우를 의미.

[**]   스페인 여러 곳에 분교가 있는 영국계 국제 학교.

타리아 계층 대부분은 집에서 스페인어를 쓰기 때문이다. 역사적으로 바르셀로나의 노동자 계층은 안달루시아 같은 좀 더 빈곤한 스페인 다른 지역에서 이주해 온 경우가 많다. 그중 일부는 (이제는 바르셀로나 사람이면서도) 레알 마드리드를 지지하는 당혹스러운 성향을 보인다. 이주민들은 학교에서 카탈루냐어를 배우고 '파 암 토마케트'를 먹으며 바르셀로나를 지지해 바르셀로나 사회의 일원이 될 수는 있지만, 이사회까지 올라가는 경우는 거의 없다.

부르제지아의 대표적인 예는 바르셀로나의 센터백 제라르 피케의 가문이다. 피케의 할아버지는 바르사의 임원이었다. 피케의 어머니는 신경 과학자다. 서글서글한 인상의 피케 아버지는 나를 만났을 때 멋들어지게 스카프를 두른 채 영어로 자신을 "동료 작가"라고 소개했다. 사실 그는 소설가로 활동은 하지만, 본업은 건축 자재를 수출하는 가족 회사의 대표다.

제라르 피케는 태생이 부르제지아인 사람이다. '테니스 월드컵'이라 불리는 데이비스컵의 사업권을 획득했고*, 페이스북 설립자인 마크 저커버그와 친분이 두텁다. 2015년에는 미국 샌프란시스코에서 저녁을 먹는 동안, 또 다른 친구인 '일본의 아마

---

* 피케가 설립한 스포츠·미디어 전문 투자 회사 '코스모스 홀딩'의 자회사인 '코스모스 테니스'는 지난 2018년 국제테니스연맹(ITF)과 계약을 맺고, 향후 25년간 30억 달러(약 3조 3,000억 원)에 데이비스컵의 사업 권한을 인수했다.

존' 라쿠텐의 설립자 미키타니 히로시를 설득해 바르사의 메인 스폰서가 되도록 했다.[19] 가끔씩 피케가 축구를 부업으로 여긴다는 인상을 줄 때도 있다. 태어날 때부터 '소시'였던 피케는, 아들 밀란 역시 태어나자마자 '소시'에 가입시켰다. 밀란에게 자장가로 바르사 테마곡을 불러 주기도 한다. (밀란이 자라면서 디즈니의 미키 마우스 노래를 더 좋아하게 됐다지만.) 피케는 미래의 클럽 회장감이란 이미지를 잘 만들어 가는 중이다. 물론 그는 회장님이 될 유전자를 타고난 인물이다.

바르사 임원이 되기 위해서는 돈이 필요하다. 이사 자리는 무보수 명예직이다. 그 자리를 맡으려면 보통 (대개는 가업인) 본업을 몇 년씩 쉬어야 한다. 클럽이 적자로 돌아설 경우를 대비해 수백만 유로에 달하는 개인 보증서에도 사인을 해야 한다. 2022년 봄 현재, 스페인에서는 이러한 보증 제도를 없애려는 새 법안이 준비 중이지만, 그 이전까지만 해도 만일 클럽이 1억 유로의 손실을 본다면 해당 임기에 재임 중인 15명의 이사진이 1인당 거의 700만 유로(약 95억 원)씩 빚을 져야 했다. 가끔은 부유한 이사가 형편이 좋지 않은 친구들을 위해 자기 혼자 4,000만 유로를 책임지는 식으로 부담을 떠안기도 한다. 그러니 만일 바르사의 재정 형편이 엉망인 시절에 이사를 맡고 있다면 자칫 집 한 채를 날릴 수도 있는 것이다. 몇몇 이사들은 이사회에 합류하니 아내가 엄청 화를 내더라는 농담을 건네기도 했다. (이사회의 거의 모든 멤버들은 남성이다.)

바르사 이사진은 대체로 서로 친분이 있는 가문들 출신인데, 평생 동안 알고 지낸 경우가 많다. 바르셀로나 권역의 인구는 320만 명이 넘지만, 부르제지아 계층이 거주하는 바르셀로나시 인구는 160만 명 정도밖에 안 된다. 현지인들은 바르사나 바르셀로나시에 대해 이야기할 때면 '엔도가믹'(endogàmic)이라는 말을 사용하는데, '같은 혈통' 정도의 뜻이다. 2020년 나는 바르사 부회장 조르디 카르도네(Jordi Cardoner)를 인터뷰하면서, 그가 시가 연기를 내뿜던 카사우스의 손자라는 사실을 알게 됐다. 카사우스는 1992년 내가 처음으로 인터뷰했던 바르사 부회장이었다. 카르도네가 태어난 날, 카사우스는 곧장 그를 소시로 등록했다. 카르도네는 클럽 회장이 된 바르토메우와 학창 시절부터 친구가 됐다. 카르도네의 누나는 그보다 앞서 이사회 임원 자리에 앉았다.

마드리드에서 승리를 거둔 뒤 이사진 버스를 타고 이동하면서 다 함께 '바르사 찬가'를 합창하는 밤이면, 이들은 깊은 유대감을 느낀다. 하지만 이러한 인맥도 이사회의 끊임없는 내분을 막지는 못한다. 레알 마드리드가 플로렌티노 페레스(Florentino Pérez) 회장 체제에서 독재를 닮아 가고, 맨체스터 유나이티드가 기업처럼 운영되며, 맨체스터 시티가 가족 비즈니스처럼 움직여지는 것과 달리, 바르사는 민주적으로 선출된 과두(寡頭) 집단 체제로 운영된다.

바르셀로나는 세계 유수의 빅 클럽들 중 유일하게 민주적으로 운영되는 클럽이라는 사실에 자부심을 갖고 있다. (바르사 사람들은 외국인들에게 클럽 소유권을 넘기는 잉글랜드 클럽들에 대해 은근한 우월 의식을 갖고 있다.) 하지만 6년마다 열리는 회장 선거는 피할 수 없는 불안 요소다. 우선 전임 이사들은 어렵사리 알게 된 클럽 관련 지식을 모두 갖고 떠나 버린다. 반면 신임 회장은 초짜 이사들로 팀을 구성한다. 날마다 클럽의 최고 의사 결정 기관 노릇을 하는 12~15명의 집행 위원회가 어느 날 갑자기 여러 명의 노인들만으로 채워질 수 있는 것이다. 이런 사람들이 축구계에서 닳고 닳은 베테랑들이 즐비한 레알 마드리드나 맨체스터 시티와 협상하는 장면을 상상해 보라.

상황을 더 악화시키는 요인은 또 있다. 바로 수많은 이사들이 언제가 회장이 되고 싶은 꿈을 갖고 있다는 사실이다. 전통적으로 자정 이후 계속 방송되는 지역 라디오의 스포츠 방송, 바르셀로나 지역 신문을 통해서 이 세계적인 클럽에서 벌어지는 별 것 아닌 다툼이 오간다. (부르제지아는 여전히 신문을 읽는다.) 구단 고위층 사무실을 한번 돌아다녀 보라. 그러면 책상 위에 널브러져 있는 〈문도 데포르티보(Mundo Deportivo)〉나 〈라 반구아르디아(La Vanguardia)〉 카탈루냐어판 신문을 볼 수 있을 것이다. 때때로 구단에서는 기자들이 말랑말랑한 기사를 내보내길 바라는 마음으로 한 신문을 대량으로 구독하거나, 기자들을 편안한 해외여행에 초대한다. (자진 신고: 내가 커피 몇 잔을 제외하고 바르사 구단으로부터 받은 선물은 내 이름이 박힌 유니폼 두 벌이 전부다. 두 번째 유니폼의 경우,

유니폼 값에 해당하는 금액을 유니세프에 기부한 것으로 기억한다.) 적어도 한 명 이상의 전직 회장이 우호적인 취재를 대가로 신문사마다 촌지를 줬다. 주제프 류이스 누녜스가 회장으로 재직하던 1978년부터 2000년 사이, 바르사가 다루기 힘든 기자들은 경고를 받거나 주먹질을 당한 적도 있는 것으로 알려졌다.[20]

바르사의 감언이설이 늘 효과가 있는 것은 아니다. 구단 관계자들이 지역 미디어에 종사하는 오랜 친구들에게 흘려주는 이야기들은 종종 클럽을 뒤흔들어 놓는다. 지역 매체 기자들이 구단에 지금 무슨 일이 벌어지고 있는지 감독보다 더 잘 알 때도 있다. 회장직을 맡아서 행복했냐고 물었을 때, 로셀 회장이 해준 답이 기억난다. "바르사 회장이 되고 싶어 하는 사람들이 정말 많습니다. 그들은 회장을 망가뜨리기 위해 모든 수단을 총동원하죠. 그래서 매일 아침 일어날 때마다 폭탄이 터질 걸 예상합니다. 보통은 가짜 뉴스들이죠."

프랑코 시대 이후 회장직에 올랐던 이들 모두가 미디어의 먹잇감이 됐다. 바르사가 평범한 팀에서 월드 클래스로 치고 올라가던 시기에조차 그랬다. 지역 자본가가 맡기에는 한마디로 너무 부담스러운 자리가 된 것이다. 미국인들이 마음 한 편에 미국 대통령에 대해 경멸하는 마음을 가지고 있듯이 카탈루냐 사람들 역시 동일한 감정을 갖고 바르사 회장에 대해 토론한다.

맨체스터 시티 부임 이전에 바르사 CEO로 일했던 페란 소리아노는 자신의 저서 《우연히 들어가는 공은 없다》에서 '바르셀로나 임원들과 선수들은 매일 지역 스포츠 신문을 빠짐없이 훑어본다'라고 썼다. '7쪽 구석에 자기 이름이 있는지 없는지, 있다면 내용이 찬사인지 비난인지, 다른 사람들보다 언급이 더 자주 됐는지 덜 됐는지에 따라서 하루 전체의 기분이 달라진다.'[21]

1986년 테리 베나블스 감독이 바르셀로나로 영입했던 잉글랜드 스트라이커 게리 리네커도 나에게 이렇게 회고한 적이 있다. "오직 스포츠만 다루는 지역 신문이 두 개 있어요. 모든 사안에 대해 매일 30~40쪽씩 다루죠. 언젠가 뉴스가 굉장히 짧았던 날이 있었는데, 그때 1면 헤드라인이 이랬어요. '베나블스 감독, 설사병에 걸려!' 카탈루냐 사람들이 말하는 '클럽 그 이상'이라는 건 바르사가 거대한 축구 클럽이라는 사실만을 의미하는 게 아니에요. 가끔 미쳐 돌아가는 축구 클럽이라는 뜻인 거죠." 구단 내부에는 크루이프가 '엔토르노'라고 이름 붙인 '주위 환경'에서 오는 부담감 때문에 모든 바르사 감독들이 조금씩 미쳐 간다는 농담이 있다.

'엔토르노'는 바르사의 모든 스포츠 종목에 부담을 준다. 바르사 핸드볼팀 감독인 차비 파스쿠알(Xavi Pascual)은 "어떤 사람들은 자기들이 부담을 주지 않는다고 생각하면서 부담을 줍니다. 도움을 주고 있다고 여기면서 말이죠."라고 불평했다. 내가 "그래도 핸드볼팀이 받는 압박이 축구팀보다는 적지 않나요?"

라고 묻자, 그는 "예산도 적잖아요."라고 답했다.

이사들은 자신의 명성이 사업으로 평생 돈을 얼마나 많이 벌었는지에 달려 있지 않다는 것을 잘 알고 있다. 바르사 이사회에 이름을 올리고 마음 졸이며 보낸 몇 년 동안, 바르사가 어떤 성과를 냈는지에 명성이 달려 있다. 이사들은 일상적인 압박감에 시달리는데, 경기장을 메운 관중이나 신문과 라디오만이 아닌, 집에서 기다리는 아이들, 사업 파트너, 그리고 아침 커피를 가져다주는 사람들에게서조차 부담을 느낀다. 이사들은 선수 한 명에게 1억 유로(약 1,350억 원)를 쓴 뒤, 매주 트리부나에 앉아서 손톱을 물어뜯으며 그 선수가 폭삭 망하는 모습을 지켜봐야 한다. 모두가 "내가 말했잖아요."라고 훈수를 두는 걸 들으면서 말이다. 이사 한 명은 "경기에서 이기면 선수들이 승리한 겁니다. 경기에서 패하면 이사회의 탓이 되죠."라고 말했다. 2021년 회장 선거에 출마했던 어느 사업가는 과장을 섞어 이렇게 말했다. "모든 바르사 회장들이 실패로 끝을 맺거나 감옥에 갔습니다. 이사진 대부분도 그렇고요. 그걸 아셔야 합니다."

불안한 임원들은 구단 경영에 예기치 않은 간섭을 하게 된다. 예를 들어, 어떤 선수의 에이전트가 단장에게 재계약을 요청했다가 거절을 당하면, 에이전트는 클럽 회장에게 접근한다. 자신의 평판이 위태롭다고 느낀 회장은 무리수를 둔다. 2013년 네이마르 영입 당시, 장부에 없는 돈을 지불했던 일이나, 2014년

FIFA 징계를 받은 해외 유망주 불법 영입*, 2020년 바르사 이사진이 회장을 반대하는 이들과 바르사 선수들을 SNS에서 비방하기 위해 우루과이 업체 'i3 벤처스(i3 Ventures)'와 몰래 계약을 맺은 일이 여기에 해당된다. (당시 바르사는 i3에 단지 SNS 모니터링 업무를 맡겼을 뿐이라고 주장했다.)

★

바르사 내부에서 가장 큰 카스트는 15만 명에 달하는 소시들(socis)이다. 소시의 절반은 시즌 티켓 보유자들이다. TV 중계가 없던 시절, 바르사가 유럽에서 가장 부유한 클럽 중 하나로 자리 잡을 수 있었던 이유는 바로 그들이 지불하는 회비였다. 1970년대 말, 바르사 수입의 60퍼센트 이상이 시즌 티켓에서 나왔다. 2020년, 이 비중은 전체의 5퍼센트 이하로 떨어졌다. 하지만 소시들은 개의치 않는다. 여전히 자신들이 클럽의 '소유자'라고 생각한다.

소시들은 이사진을 직접 선출한다. 비록 선택지가 바르셀로나 상류층 출신의 경쟁자들로 한정돼 있지만 말이다. 이사진과 마찬가지로 소시들은 압도적으로 지역민들이고, 보수적이며,

---

*　　이로 인해 백승호, 이승우, 장결희 등 한국 유망주들도 오랜 시간 경기에 뛰지 못하는 불이익을 겪었다.

카탈루냐적이다. 공식 팬클럽은 LA에서 상하이까지 아름답게 퍼져 있지만, 소시들의 92퍼센트는 카탈루냐에 거주하며, 60퍼센트는 바르셀로나 권역에 살고 있다. 10퍼센트는 캄 노우 근처 중산층 거주 지역인 레스 코르츠(Les Corts)에 산다.

편협한 지역주의는 의도적이다. 로셀이 회장이었을 때, 그는 클럽이 추진하던 100만 소시 돌파를 위한 글로벌화를 중단했다. 그는 언젠가 중국인 소시들이 다수가 되어 베이징에 사는 회장을 뽑게 될까 두려웠다. 남미, 북미, 파키스탄에서 카탈루냐로 이민을 온 사람들이 바르셀로나에서 수십 년을 거주해도 소시가 되는 일이 거의 없다. 거주자의 26퍼센트가 해외에서 온 사람들인 이 새로운 글로벌 도시에서 바르사는 여전히 동네 사람들의 것으로 남아 있다.[22]

소시가 되는 일은 가족에게도 중요한 문제다. 로셀은 15만 명의 소시들이 회장을 선출한다는 생각은 오해라고 말한다. "2만 가구가 투표하는 겁니다." 전통적으로 모든 세대가 모여 함께 식사하는 일요일 점심 식사 때 가족들이 어떤 후보를 지지할지 의견을 나누고 결정하면, 가족 모두가 그 후보에게 표를 던진다는 것이다.

소시들 대부분이 부모나 조부모에게서 캄 노우의 소중한 좌석을 가보처럼 물려받는다. 만약 어떤 소시가 자기 자리를 누구에게 물려줄지 지정하지 않은 채 사망하면, 자녀들은 그 자리를 차지하기 위해 소송을 벌일지도 모른다.[23] 소시 숫자는 매년 연차에 따라 줄어드는데, 가장 오래 보유한 소시(또는 상속자)가 1번이 된다. 번호가 낮을수록 지위가 높다고 보면 된다.

매 경기 모든 순간을 직관해야 하는 마니아급 소시는 극소수다. 어떤 소시들은 대단히 우아하게 옷을 차려입고는 경기 시작 20분 뒤에야 나타나 팀이 제대로 된 축구를 하고 있는지 확인이라도 하듯 아무 말도 없이 지켜보다 일찍 자리를 뜬다. 이런 소시들이 경기를 직접 관전하지 않는 것은 일상인데, 특히 학교에 가는 날이면 더욱 그렇다. 그럴 때는 온라인으로 외국인 관광객들에게 돈을 받고 자리를 대여한다. 개중에는 축구를 좋아하지 않는 소시들도 있다. 그들은 그저 (축구가 아닌) 바르사를 사랑할 뿐이다. 수천 명의 소시들이 시즌 티켓을 갖고도 경기장에 거의 오지 않는다.[24] 오로지 엘 클라시코가 열릴 때만 모든 소시들이 경기장에 몰려든다. 세계 어디서나 볼 수 있는 축구 팬들만큼이나 극성맞고 근심 어린 모습을 하고서는 말이다. 하지만 소시나 꾸레가 되는 건 예나 지금이나 그들에겐 너무도 당연한 일이다. 카탈루냐에만 550개나 있는 바르사 팬클럽들(penyes)은 지역 사람들에게 큰 의미를 갖는 사교 활동의 중심이다.

피레네 산맥에 위치한, 바르사에 미친 마을에서 정기적으로 휴가를 보내는 네덜란드 친구가 바르셀로나가 챔피언스리그 결승전을 치를 때 마침 그곳에 머물렀다. 마을 사람 절반이 하루 종일 바르사 유니폼을 입고 돌아다녔는데, 그날 저녁 경기가 시작되니 거리에 설치된 대형 화면 앞으로 모인 건 정작 아내와 본인뿐이었단다. 동네 사람들이 모이기 시작한 때는 몇 분 뒤. 그나마 모인 사람들은 경기 시간 대부분을 서로 떠들고 담배를 피우며 보냈고, 한편으로는 경기 후에 벌어질 기념 파티를 위해 야외에서 요리를 하느라 정신이 없었다. 그러면서 경기가 끝난 뒤에는 다 같이 클럽 주제곡을 떼창했다고 했다. 이런 모습을 보면, 바르사는 축구 클럽이라기보다는 공동체 문화라는 생각을 하게 된다.

클럽의 의회격인 '아셈블레아(Assemblea)'에 자리 잡고 있는 소시 의원들은 이사진에게 자신들의 바람을 강요한다. 아셈블레아는 설레고 새로운 상업적인 계획에 보통 회의적이다. 소시들은 유러피언 슈퍼리그 창설을 반기지 않으며, 수익을 내는 일에도 관심이 없다. 그들의 최대 관심사는 저렴한 시즌 티켓 가격이다. 바르사는 최상위 리그 구단 중 시즌 티켓 가격을 가장 저렴하게 유지하는 걸 목표로 하고 있다. 2017/18 시즌, 캄 노우의 시즌 티켓 가격은 87.78파운드(약 14만 원)부터 시작했다. 아스널 시즌 티켓 최저가는 이보다 10배 이상 비쌌다.[25] 바르셀로나는 2020년까지 10년 연속 시즌 티켓 실구매가를 동결했는데, 이 지점이 바로 클럽이 짊어진 엄청난 부채의 원인을 일부나마 설명해 주는 대목이다. 2022년 봄 기준, 바르사의 부채는 10억 파운드(약 1조 6,000억 원)다.[26]

클럽 내 세 번째 계급은 선수가 아닌 정규직 노동자들이다. 2003년 메시의 시대 직전 바르사에는 약 150명 정도의 비선수 스태프들이 일했는데, 거의 모두가 서로 잘 아는 사이였다. 하지만 그 뒤 2019년까지 클럽이 글로벌 구단으로 성장하는 동안, 매출액이 6배 성장해 8억 4,100만 유로까지 껑충 뛰었다. 2020년 코로나바이러스로 축구계가 셧다운이 될 무렵, 바르사는 500명가량의 풀타임 직원과 그 수만큼의 비정규직 노동자들(매치데이 관리인, 보안 담당자 등)을 고용하고 있었다. 바르사는 회장 독재로 운영되는 레알 마드리드보다 3분 1 정도 더 많은 직원들을 고용하는 바람에 필요보다 많은 직원들을 두었다. 이러한 현상은 사람을 자르기보다는 새로 뽑는 데 더 관대한 문화에서 비롯됐다.

새로운 사업가 세력이 권력을 잡을 때마다 운영진이 새로 선임되기는 하지만, 대부분 동일 지역 내 인재풀에서 뽑힌 사람들이었다. 바르사 임원들은 바르셀로나에서 가장 권위 있는 대학교와 학교 출신인데, 그곳에서 학창 시절부터 알고 지내는 동창들 중에는 심리학자나 데이터 분석가, 브랜드 매니저가 된 친구들이 있다. 임원들은 이들을 바르사 운영진으로 고용한다. 일이 잘 풀린다면 이러한 채용은 지역 지식 경제의 융합으로 이어져 잉글랜드 축구계에서는 찾아보기 힘든 형태의 클럽 운영 방식이 될 것이다.

하지만 바르사 임원들은 최적의 후보자들보다는 지인들을 채용하는 경우가 잦다. 바르사 전 회장 중 한 명은, 현직에 있던 시절에 오래된 친구 한 명이 걱정돼서 해당 업무에 능숙하지 않은 그를 계속 채용했다고 말했다. 자신을 소시라고 밝힌 바르셀로나 지역 광고인 한 명은 바르사 임원진 사이에서 통용되는 '숙련도'의 기준이 애매하다고 꼬집으면서, 자신의 직업적 평판에 흠집이 날까봐 바르사 구단에 입사하는 일은 없을 것이라고 털어놓았다. 그러고는 바르사 취업은 경력 측면에서 볼 때 "내려가기만 하는 경력 엘리베이터에 탑승하는 것"이라고 내게 말했다.

구단 직원들 중에는 평생을 바쳐 근무해 온 열성적인 소시들도 있다. 전 직원 한 명은 바르사 구단을 좌지우지하는 건 눈에 띄지 않는 이런 실세들이라고 귀띔해 주었다. 그들은 구단 내에서 오랫동안 이어져 내려오는 내부 정보를 간직한 일종의 '사제 계층'이다. 예컨대, 지금은 철거된 리버풀의 '부트룸(Boot Room)'* 에 모인 노회한 코치들처럼 말이다. 심지어 얽히고설킨 캄 노우 언저리에서 수십 년간 자리를 보전하는 방법도 익혔다. 이들 대

---

* 리버풀의 홈구장 안필드에 있는 라커룸 옆 정비 공간. 전설적인 감독 빌 생클리가 이곳을 코칭스태프들의 담소 공간으로 사용하면서 1970~1980년대 리버풀 전성시대의 산실로 여겨졌다. 1993년 기자실 확장을 위해 철거됐다.

부분은 자리를 지키기 위해서라면 모든 수단을 동원해서라도 싸움을 마다하지 않을 카탈루냐 사람들이다. 그들은 다른 빅 클럽에서는 자신들이 채용될 수 없다는 사실을 잘 알고 있다.

바르사 스태프 조직도에서 외국인들을 여럿 찾아볼 수 있는 곳은 오직 최고위층뿐이다. 축구의 기준으로 보자면, 바르사는 책임이 막중한 자리에 예전에 뛰었던 흑인 선수들을 고용한 적이 꽤 있는 팀이다. 프랑크 레이카르트는 감독을 맡았고, (지금 이 책을 집필하는 시점에는) 에릭 아비달이 스포팅 디렉터를, 파트릭 클라위버르트는 라 마시아를 맡고 있다.

바르사 문화의 화신(化身)은 70대 스포츠 철학자 파코 '엘 드루이다' 세이룰로(Paco 'El Druida' Seirul·lo)다. 캄 노우 밖에서는 아무도 들어본 적이 없는 이름이겠지만, 아마도 구단 내에서는 가장 영향력 있는 피고용인이 아닐까 싶다. 이름에 정말 중간점이 있는 세이룰로는 바르사 핸드볼팀에서 윙으로 선수 생활을 시작했고, 13세의 과르디올라를 가르쳤으며, 나중에 크루이프의 오른팔이 된 인물이다. 현재는 바르셀로나 대학교 교수로 재직 중인데, 파리 센 강변의 철학자처럼 말하고, 풍성한 백발을 자랑한다. 그는 무엇보다 구단에 관해 세세한 것들을 기억하는 '걸어 다니는 USB 메모리' 같은 사람이다. "나만 남고 다 죽었어요!" 그는 낄낄대며 웃었다. 세이룰로를 만났을 당시 그는 바르사 지도자들을 바르사만의 전통으로 교육하는 코칭 스쿨을 운영하고 있었다.

세이룰로나 몇몇 직원들과 인터뷰를 할 때 스페인어를 사용했지만, 젊은 직원 대부분은 아주 능숙하게 영어를 구사했다. (스페인 사람들치고는 흔치 않은 일이다.) 업무를 수행하고, 전 세계에서 모범 사례들을 습득하기 위해 영어가 필요했던 것이다. 그중 대다수는 MBA 학위나 박사 학위를 보유하고 있었다. 나이 든 직원들은 이따금 그들을 살짝 비아냥대며 영어식 별명인 '클러스터(cluster)', 그러니까 '고도로 현대화된 집단'의 의미를 가진 단어로 불렀다. 이 말이 코로나바이러스와 연관되기 전까지 말이다. (바르사 단장을 지냈던 페란 소리아노는 과거 '클러스터 컨설팅'이라는 이름의 회사를 공동 설립한 적이 있는데, 여기서 유능한 젊은 직원 몇 명을 바르사로 데려왔다.) 캄 노우 카페에 가 보면, 클러스터들은 에너지 드링크를 주로 마시고, 나이 든 직원들은 보카타스(bocatas)라는 스페인 노동자 계급이 주로 이용하는 바에서 파는 딱딱한 바게트 샌드위치를 먹었다.

어떤 사무실에 가면 바르사는 다국적 지식 기업처럼 보인다. 맥북을 사용하는 젊은이들이 월별 수입 목표를 위해 뛴다. 하지만 바르사는 그런 회사가 아니다. 바르사가 세계 최정상 클럽이 된 데에는 영리하고 활력 넘치는 프런트가 기여한 게 거의 없다. 퇴사한 어느 직원은 재직 당시의 바르사를 이렇게 회고했다. "전혀 회사처럼 느껴지지 않았어요. 지역 의회에서 일하는 공무원에 더 가까웠죠." 그의 말에 따르면, 스태프들은 오전 10시쯤 회사에 나타나 커피를 마시고, 시답잖은 이야기들을 주고

받은 뒤 11시쯤부터 일하기 시작했다. 급여는 상대적으로 낮았지만, 바르사에서 일하는 덕분에 지역 사회에서는 꽤나 인정받을 수 있어서 별 문제가 되지 않았다. 이어 그는 클럽 내에서 내려지는 모든 결정들은 "클럽을 운영하려면 돈을 얼마나 벌어야 하는가?"라는 질문이 아니라, "소시들 사이에서 회장의 평판에 어떤 영향을 미칠 것인가?"라는 질문에 대한 답이었다고 말했다.

★

바르사 하우스에서 가장 높은 위치에 있는 카스트는 다양한 종목에서 뛰고 있는 선수들이다. 이들은 캄 노우에서 차로 15분 정도 떨어진 주안 감페르(Joan Gamper) 트레이닝 센터에서 생활한다. 근교에 자리한 이곳은 보안이 삼엄하기로 유명하다. 공업 지역과 고속도로 사이에 있어 지저분한 곳으로 알려져 있지만, 바깥 세계와 단절되어 있기 때문에 은밀한 느낌을 주는 장소다. 어느 날 아침, 나는 감페르 카페에서 고작 2.2유로(약 3,000원)를 내고 커피와 미니 크루아상 2개로 아침 식사를 하면서 클럽 심리학자와 인터뷰를 하고 있었다. 옆 테이블에서는 핸드볼 단장이 다른 종목 코치, 스태프 들과 잡담을 나누는 중이었다. 센터 앞에서는 감페르의 '시장님'으로 통하는 나이든 대머리 직원이 평소처럼 지나가는 동료들과 포옹을 하고 있었다.

감페르는 다양한 종목의 코치와 선수 들이 교류하는 장소다. 바르사는 오랫동안 농구, 핸드볼, 풋살을 비롯한 비축구 종목들을 운영해 왔다. 대개 이런 종목들은 적자를 면치 못하는데, 클럽의 의사 결정권자들은 가끔씩 그중 하나를 없애자고 제안한다. (어느 실내 종목 프런트 직원은 자신이 바르사 회장이 된다면 반대로 축구 팀을 없앨 거라고 농담을 던졌다.) 하지만 내 눈에는 바르사가 이렇게 다양한 스포츠와의 교류를 통해 굉장한 이득을 보는 것 같다. 자신의 오른팔로 수구 선수 출신을 중용했던 크루이프와 과르디올라는 바르사에 있는 다른 스포츠 팀에서 늘 아이디어를 얻었다. 크루이프는 당대 최강 핸드볼팀의 감독인 발레로 리베라(Valero Rivera)와 종종 아이스 링크 카페에서 커피를 마셨다. 어릴 적 축구 선수였던 과르디올라는 핸드볼팀에서 훈련한 적도 있다. 나는 FC 바르셀로나가 축구 클럽이 아니라 '멀티스포츠' 클럽이라고 여기게 됐다.

선수들 중에서는 커리어 내내 바르사에만 머물면서 카탈루냐의 아들로 살아가는 경우도 꽤 많다. 세르지오 부스케츠의 아버지 카를레스는, 늘 믿을 만하지는 않았지만, 크루이프 감독이 바르사를 이끌던 시절에 골문을 지켰다. 몇몇 1군 선수들은 어릴 때 라 마시아에 들어온 뒤 계속 팀에 있다. 피케의 경우, 나이 서른이 넘은 뒤에도 이따금 아버지가 모는 차를 타고 경기장을 오갔다. 조르디 알바의 아버지는, 이 최고의 레프트백이 아직도 라 마시아의 '벤자민(Benjamin)' 팀 소속 열 살짜리 아이라도 되는 것처럼, 훈련 때마다 차에 태워 온다. 알바는 언젠가 엘 클라시코 경기 도중 레알 마드리드의 센터백 라파엘 바란이 "꼬마야, 운전면허증도 없냐?"라고 자신을 놀렸다며 투덜댔다. 평생을, 또는 죽어서까지도 영혼의 바르사 선수로 남는 것도 가능하다. 지역 출신으로 과거에 바르사 선수였던 이들은 매주 감페르 트레이닝 센터에 모여 공을 찬다. 라디슬라오 쿠발라(Ladislao Kubala), 크루이프, 클라위버르트처럼 은퇴 후에도 바르셀로나에 거주하는 외국인 선수들도 있다. 쿠발라는 세상을 떠난 뒤 현재 캄 노우 뒤에 있는 묘지에 묻혔다.

바르사 축구팀에서만 커리어를 쌓은 선수들은 클럽 및 여기서 일하는 (이사회가 아닌) 일반 직원들과 유대감을 느낀다. 이는 2020년 봄, 코로나 팬데믹으로 경기가 열리지 못하던 당시에 메시가 이끌던 1군 선수들이 비선수 스태프들의 급여를 지키기 위해 자신들의 연봉을 왜 삭감했는지 설명할 수 있는 단초다. 어느 프런트 직원은 나중에 메시가 자신에 건넸다는 농담을 들려줬다. "아직 저한테 고맙다는 이야기 안 했죠? 했던가요?"

하지만 1군 축구 선수들은 클럽과는 동떨어져 지내는 다른 세상 사람들이다. 마치 시청에 세계적인 인사들이 근무하는 것 같다고나 할까? 바르사 라커룸에서 통용되는 언어는 카탈루냐어가 아닌 스페인어다. 심지어 카탈루냐 억양도 들리지 않는다. 이사회는 새로 영입된 선수들에게 카탈루냐어를 배우라고 권하지만 신경 쓰는 사람은 거의 없다.

이 책은 '당신과 당신의 회사가 바르셀로나 방식으로 승리하는 법'을 알려 주는 자기 계발서가 아니다. 나는 일반적인 회사가 거대한 축구 클럽에서 배울 게 있다고 생각하지 않는다. 이 둘 사이에는 절대로 메울 수 없는 차이가 있기 때문이다. 그건 바로 뛰어난 재능을 가진 축구 선수의 역할이 절대적이라는 점이다. 대부분의 일반 회사의 경우, 고위 간부가 회사를 떠나고 새로운 사람이 그 자리를 대신해도 차이를 거의 느끼지 못한다. 하지만 바르사에서 뛸 수 있는 최정상급 선수들은 거의 대체가 불가능하다. 그 뜻은 이사들이 아니라 바로 선수들이 결국 클럽을 움직일 수 있다는 이야기다.

수십 년 동안 바르사 하우스 내 네 개의 카스트는 레알 마드리드를 상대로 사력을 다해 싸웠다. 카탈루냐 밖에선 대부분 잘 모르는 일이지만, 카스트 간에도 끊임없는 싸움이 이어졌다. 바르사 역사가 시작된 이래 70년 남짓의 시간 동안, 바르사는 위대한 클럽이 되기를 전혀 갈망하지 않는 거대 클럽이었다. 뉴캐슬 유나이티드나 NFL의 버팔로 빌스 같은 팀들처럼 우승 트로피보다는 지역의 자부심을 지키는 최후의 보루였다. 그때 크루이프가 클럽에 당도했고, 바르사는 위대한 클럽으로 변모했다. 크루이프는 바르사에서 1973년부터 1978년까지 선수로 뛰었고, 1988년부터 1996년까지 바르사의 지휘봉을 잡았으며, 2016년 사망할 때까지 바르사의 대부(godfather)처럼 지냈다. 그는 바르사의 플레이 스타일과 유소년 아카데미를 만들어 낸 인물이며, 바르사만의 사고방식도 정립했다. 차비는 크루이프를 "FC 바르셀로나 역사상 가장 영향력 있는 인물"이라고 부른다.[27] 하지만 그의 영향력은 클럽을 뛰어넘어 확산됐다. 과르디올라는 크루이프가 "축구 역사상 가장 중요한 인물"이라고 말했다.[28]

PART TWO

건축가

공으로 이야기하는 남자

2016년 3월, 크루이프의 사망이 발표되었을 때, 소셜 미디어는 '크루이프 턴' 영상으로 뒤덮였다. 1974년 월드컵에서 네덜란드 대표팀 소속으로 스웨덴을 상대한 경기였다. 크루이프는 발뒤꿈치를 이용해 순식간에 공을 다른 방향으로 돌려놓는 기술을 선보였다. 그 앞에 서 있던 스웨덴 수비수 얀 올손(Jan Olsson)은 휘청였다. 몇십 년이 지난 뒤 만난 올손은 "공을 빼앗았다고 생각한 순간, 곧바로 '공이 어디 갔지?' 싶더라고요. 이해가 안 됐죠. 많은 사람들이 웃었을 것 같아요. 정말 흥미로운 장면이었죠."라고 술회했다.

흥미로운 장면이긴 했지만, 크루이프야말로 그보다 훨씬 더 흥미로운 인물이었다. '크루이프 턴'은 크루이프가 일궈낸 모든 성과 리스트에 간신히 이름이나 올리는 수준이다. 크루이프의 경기를 (적어도 TV 하이라이트만이라도) 매주 봤던 네덜란드나 카탈루냐 팬들이라면 전혀 놀랄 게 없는 이야기다. 어쩌다 보니 어린 시절에 10년 정도를 네덜란드에서 보낸 필자나, 프랑스 동부 로렌(Lorraine)에서 자란 덕에 1970년대 초반 위대했던 크루이프의 아약스를 볼 수 있었던 몇 안 되는 프랑스인에 해당하는 미셸 플라티니(Michel Platini) 같은 정처없는 코즈모폴리턴(cosmopolitan) 역시 마찬가지다. "우리는 운이 좋은 사람들이었어요. RTL(Radio and Television à Luxembourg)*이 수신되는 지역에서 자랐으니 말이죠."[29] 언젠가 플라티니가 뿌듯한 표정을 지으며 이렇게 말한 적이 있다. 크루이프가 여러 시즌 동안 보여 준 움직임이나 수십 년 동안 해 온 인터뷰를 뇌리에 새겨 두고 있다는 점에서도, 우리는 운이 좋은 사람들이다. 크루이프의 모든 것은 우리들만의 비밀이다. 메시가 세계적인 문화 현상이라면, 크루이프는 오직 네덜란드와 카탈루냐만의 것이다.

TV에서 해외 축구가 방송되는 게 얼마나 드문 일이었는지 요즘 사람들은 짐작도 하기 힘들 것이다. 닉 혼비는 자신의 출세작 《피버 피치(Fever Pitch)》에서 이렇게 썼다. '1970년 월드컵**이 개막되기 전까지 잉글랜드인들의 4분의 3 정도는 펠레에 관해 150년 전 나폴레옹에 관해서만큼이나 아는 게 없었다.'[30]

---

* 1924년 룩셈부르크에서 라디오 방송국으로 출발했고, 1954년부터 TV 방송을 시작했다. 1970년대에 네덜란드 축구 리그 경기를 중계 방송했다.
** 1970년 멕시코 월드컵은 TV 위성 생중계가 처음 시행된 대회다.

크루이프 역시 1974년 월드컵 이전까지는 그에 못지않게 보기 힘든 선수였다. 그 시절 전 세계 대부분의 축구 팬들은 이 대회에서만 크루이프를 볼 수 있었다. 이 대회는 크루이프 커리어에서 유일하게 전 세계로 방송된 한 달이었다. 1974년 축구에 미친 열아홉 살짜리 동독 소녀였던 앙겔라 메르켈은 수십 년이 지나서 이렇게 말했다. "크루이프 때문에 감동했었어요. 유럽에서 저만 그랬던 것은 아닐 걸요?"[31] 하지만 아마도 메르켈 전 독일 총리는 크루이프가 뛰는 경기를 다시 볼 기회는 없었을 것이다. 더 슬픈 것은 해외 팬들이 크루이프가 하는 말을 들어 볼 기회가 없었다는 점이다. 외국인 기자들은 아약스 옛날 경기장의 구내식당에서 점심 시간에 크루이프를 붙들고 담배를 피우며 인터뷰를 해 본 적이 거의 없었기 때문이다.

유튜브에서 크루이프의 플레이를 찾아본 사람은 실망할 가능성이 높다. 그 시절 역대급 선수였던 크루이프지만, 메시처럼 패스할 수는 있어도 메시 수준의 드리블러는 아니었다. 슈팅도 약한 편에 속했다. 깡마른 몸에 줄담배까지 피우는 사람이었다. 크루이프의 천재성을 감상하려면, 반드시 경기 전체를 시청해야만 한다. 그것도 TV가 아니라 경기장에서 직접 보아야 한다. 그래야 크루이프가 팀의 전술을 바꾸는 모습이나, 드리블로 상대를 제칠 때조차 동료들에게 이동 방향을 일러 주는 모습을 볼 수 있다.

크루이프의 경기가 현장음 없이 상연된 전 세계 대부분의 지역에서, 그는 그저 사진이나 마찬가지였다. 리처드 닉슨(Richard Nixon)이나 데이비드 보위(David Bowie) 같은 사람들처럼 1970년 대를 상징하는 배경 화면 속 인물이었다. 세계적으로 통용되는 이름인 '크루이프(Cruyff)' 역시 거리감을 주기는 마찬가지다. 이 책에서만큼은 그의 진짜 이름인 '크라위프(Cruijff)'를 쓰고 싶었 지만 결국에는 포기하고 말았다. '크루이프'가 네덜란드를 제외 한 세계 모든 곳에서 통용되는 이름이라는 걸 감안하면 혼란만 키우는 셈이 될 것이기 때문이다.

크루이프가 사망하자 많은 사람들은 이 식료품점 아들을 장 발의 좌파 히피 이상주의자로 재해석했다. 프랑스의 스포츠 신 문 〈레키프〉가 부고 기사에 붙인 헤드라인은 '70년대의 아이콘: 록 스타의 아우라(L'icône des 70's: L'aura d'une rock star)'였다. 하지만 그의 모습을 한눈에 알아보는 사람도 흔치 않았다. 영국 신문 〈가디언〉은 크루이프의 죽음을 기리며 제작한 부록의 표지에, 크루이프와 닮은 깡마른 체구에 장발을 한 네덜란드 대표팀 동 료인 로프 렌센브링크(Rob Rensenbrink)*의 사진을 썼다.

크루이프가 남긴 창조물 가운데 가장 오래 남아 있는 것은 바 르사다. 클럽의 스타일이나 오늘날의 접근 방식은 상당 부분 크 루이프의 발상과 기벽에서 비롯됐다. 오늘날의 바르사를 이해

---

*   1947년생으로 1968년부터 1979년까지 네덜란드 대표팀 공격수로 뛰었다. 1974년과 1978년, 두 번의 월드컵에서 준우승을 차지했다.

하려면 이 클럽의 선수이자 감독, 선생이자 단독자였던 크루이프를 알아야 한다. 하지만 크루이프를 이해하기 위해서는 그가 바르사에 오기 전 아약스에서 보낸 10년을 제대로 알아볼 필요가 있다.

★

헨드릭 요하네스 크라위프는 1947년 '시멘트 마을'로 불리는 베톤도르프(Betondorp)에서 태어났다. 베톤도르프는 아약스의 옛 스타디움에서 수백 미터 정도 떨어진, 암스테르담 동부에 위치한 전형적인 노동자 거주 마을이다. 그의 부모님은 암스테르담의 상인 집안에서 태어난 이들로, 아약스에 과일과 채소를 납품하는 식료품 가게를 운영했다.[32] 아버지 마누스는 아약스의 색깔인 붉은색과 흰색으로 가장자리를 꾸민 명함을 갖고 다녔는데, 스스로를 자신이 사랑하는 아약스의 '공식 납품업자'라고 소개했다.[33]

요한과 그의 형 헨니는 차가 거의 지나다니지 않는 베톤도르프의 자갈밭 거리에서 늘 축구나 야구를 하고 놀았다. 도로가에서 일대일 패스를 주고받곤 했는데, 바지가 찢어지지 않도록 태클은 피했다고 한다. "저에게는 거리 특유의 우아함이란 게 있답니다. 내 코칭 철학은 전부 거리에서 기술을 익혔던 기억에서 나온 거예요." 노년의 크루이프가 추억했다.[34]

네 살쯤부터 그는 길 건너 아약스 스타디움에 아장아장 걸어 갔다. 경기가 열리는 날이면, 어린 크루이프는 경기장 관리자가 깃발을 세우고 바닥에 줄을 긋는 걸 도왔다. 경기가 열리기 전이나 하프 타임이면 1군 탈의실에 앉아 선수들이 전술이나 돈 이야기를 주고받는 걸 듣곤 했다. "그때는 나도 팀의 일원이었어요. 한 가정의 어린아이 같았죠."[35] 세상을 떠나기 전, 그는 이렇게 짧게 회상했다.

아약스 사람들은 그를 '요피(Jopie, 요한의 애칭)', '클레이너(Kleine, 조그마한 녀석)'이라고 불렀는데, 이 호칭들은 나중에 그가 네덜란드 대표팀에서 뛸 때까지도 따라다녔다. 여섯 살이 되자 크루이프는 아약스 10세 팀 선수들이 경기하는 걸 지켜보며, 누군가가 불참해 자신이 대신 경기에 투입되길 바랐다.[36] 방학이 되면 경기장 스탠드를 청소했다. (전성기 시절, 크루이프는 당시를 회상하며 "수당이 25센트밖에 안 됐다."며 불평했다.)[37] 열 살이 되자, 구단에서는 지원도 하지 않은 그를 회원으로 등록시켜 주었다.[38]

크루이프가 어렸을 때의 아약스는 바르사처럼 말 그대로 '클럽'이었다. 지역 사람들에게 다양한 체육 활동을 제공하는 자원봉사 연합체였다. 어린 시절에 크루이프는 아약스에서 종종 크리켓을 즐겼고, 클럽 야구부에서는 유명한 포수이자 도루왕이었다.[39] 그에게 모든 스포츠는 다 거기서 거기였다. 나중에 그는 포수에 대해 이런 말을 했다. "공을 받기 전부터 어디로 던질지를 알고 있어야 해요. 무슨 말이냐면 공을 던지기 전에 선수들

위치와 주위 공간을 모두 파악하고 있어야 한다는 이야기죠. 아주 짧은 순간에 공간과 위험 부담 사이에서 결정을 내려야 하기 때문에 늘 바쁠 수밖에 없습니다."[40] 이러한 예측의 필요성을 그는 훗날에 이러한 격언으로 남겼다. "나는 같은 실수를 두 번 하지 않는다."[41]

어린 요피는 뛰어난 축구 선수였고, 언제나 형들 그룹에서 경기를 뛰었다. 한번은 아버지 마누스가 아약스 디렉터에게 이런 농담을 한 적이 있다. "언젠가 클레이너한테 큰돈을 줘야 할 거야!"[42] 하지만 요한 크루이프가 열두 살이던 어느 여름 저녁, 마흔다섯 살의 마누스는 심장마비로 세상을 떠났다. 그는 아약스 스타디움 옆의 묘지에 묻혔고, 덕분에 아약스의 골이 터질 때마다 관중들이 내지르는 함성을 들을 수 있었다.[43] 요한은 자전거를 타고 묘지 옆을 지날 때마다 그곳에 묻힌 아버지에게 말을 걸었다고 한다. 성인이 된 뒤에도 아버지의 영혼과 대화를 계속한 것이다.

아버지의 죽음으로 가정 형편은 크게 나빠졌다. 가게는 문을 닫았고, 어머니 넬은 아약스 탈의실 청소로 생계를 이어 가야 했다. (나중에 넬은 어린 요한이 종종 도왔던 경기장 관리인과 재혼했다.) 아버지를 여읜 요한은 사춘기를 겪기 시작할 무렵 학교를 그만뒀다. 크루이프는 그 시절을 돌아보며 아버지의 죽음으로 이런 감정에 휩싸였다고 회고했다. "안정된 미래를 가져야만 했어요. 나중에 아이들을 낳으면 해 주고 싶은 걸 다 해 주고 싶었거든요."[44]

축구로는 그럴 수 없을 것 같았다. 1960년대 초반의 아약스는 암스테르담 동쪽에 있는 동네 클럽일 뿐이었고, 네덜란드에서 축구는 아직 온전한 직업이 아니었다. 선수들은 승리 수당에 약간의 돈을 더 받을 뿐이었다. 2000년에 가진 인터뷰에서 크루이프는 어린 시절 맨체스터 유나이티드나 리버풀 같은 잉글랜드 클럽들을 동경했던 사실을 떠올렸다. "내가 자랄 당시만 해도 잉글랜드 축구는 다른 모든 곳들보다 한참을 앞서 있었어요. 말하자면, 우리가 공이 둥글다는 걸 알지도 못했을 때부터 이미 프로 축구를 하고 있었으니까요."

아직 어렸던 크루이프는 어른들의 세계에서 헤쳐 나갈 방법을 찾아야 했다. 돌아보면, 그는 자신의 작은 체구가 강점이라는 걸 깨닫고 있었다. 덕분에 생각을 더 많이 해야 했기 때문이다. 몸집이 작았기 때문에 크루이프는 다른 누구보다 더 빠르게 반응해야 했다.

어린 시절부터 크루이프는 볼 컨트롤 능력이 완벽해서 아래를 내려다볼 필요가 전혀 없었다. 고개를 들고 필드를 살피며 플레이했다. 그는 자신이 다른 선수들보다 뛰어난 점 하나는 경기를 읽는 눈이라고 늘 믿었다. "축구는 머리로 하는 종목입니다."[45] 크루이프가 말했다.

1964년 11월, 열일곱 살이 된 크루이프는 아약스 1군 경기 데뷔전을 치렀다. 이미 그때부터 경기 도중 선배 국가 대표 선수들에게 어디로 움직여야 할지 떠들어대며 귀찮게 굴었다. 절대

발로만 축구하는 법이 없었다. 크루이프는 자기가 생각하는 걸 그대로 말할 자격이 있다고 여겼다. 다른 누구보다 더 많은 게 눈에 보이기 때문이었지만, 다른 한편으로는 신분에 관계없이 누구나 진리를 소유할 수 있다는 네덜란드 칼뱅주의자의 신념을 가졌던 것도 어느 정도 영향을 미쳤다.

1964/65 시즌의 아약스는 강등권 탈출이 목표인 팀이었다. 크루이프가 데뷔전을 치른 지 두 달 뒤, 아약스는 잉글랜드 감독 빅 버킹엄(Vic Buckingham)을 해임했다. 대체자로 온 감독은 서른여섯 살의 아약스 공격수 출신 지도자 리누스 미헐스였다. 당시 그는 청각 장애 아동들을 가르치는 체육 교사로 일하고 있었다. 아약스는 미헐스에게 일주일에 세 차례씩 저녁 훈련을 하게 했다. 미헐스는 작은 경기장에 자신의 스코다 중고차를 세우고는 한 기자에게 이렇게 말했다. "우리는 이제 0에서 시작해야 합니다."[46]

신임 감독에게는 "동네 클럽으로 유럽을 제패할 것"이라는 말도 안 되는 계획이 있었다.[47] 미헐스와 열여덟 살짜리 공격수는 전술에 관해 얘기를 나눴다. 둘은 혁신에 대한 열망을 공유하고 있다는 걸 발견했는데, 나중에 크루이프는 그것이 전형적인 1960년대의 모습이었다고 말했다.[48]

미헐스는 파티에서 아리아를 부르는 걸 좋아하는, 재치가 넘치고 쾌활한 친구 같은 감독이 될 수도 있었지만, 선수들에게는 그런 면을 거의 보여 주지 않았다. 처음에 선수들은 그를 '황소'라 불렀다. 외모나 행동에서 황소를 떠올렸기 때문이다. 나중에는 '장군(De Generaal)'으로 불렸다. (미헬스는 언젠가 "최고 수준의 축구는 전쟁과 비슷하다."고 말한 적이 있다.)[49]

아버지를 여의고 자란 크루이프는 "미헬스는 아버지였고, 우리는 그가 엄하게 키운 자식들이었어요."라고 분석했다. 미헬스 감독은 선수들이 유약하다고 생각했다. 선수들이 '전형적인 네덜란드 정신'을 가졌다는 이유로, 즉 야심이 없고 힘든 일을 마다해 상대 선수들을 제대로 걷어차는 법이 없다며 종종 타박했다. 매년 프리시즌 때마다 미헬스 감독은 선수들을 하루 세 차례씩 훈련시켰고, 저녁에는 친선 경기까지 치르게 했다. '장군'은 느릿느릿한 네덜란드식 축구가 더 빨라지길 원했다. 공은 더 빠르게 움직일 필요가 있었고, 선수들은 그걸 해냈다. 에너지가 더 필요할 때는 팀 닥터인 존 롤링크가 이름을 알 수 없는 다양한 종류의 알약을 먹였다. 롤링크는 각성제의 일종인 암페타민을 복용해 왔던 사람이다. (당시 네덜란드 축구계에는 약물 테스트가 없었다.)[50]

1960년대 많은 아약스 선수들은 가게를 운영하거나 교사, 운전 교습 강사 같은 직업을 갖고 있었다.[51] 크루이프 역시 한동안 창고에서 직물 꾸러미를 나르는 일을 했다. 미헬스는 선수들이 축구를 전업으로 할 수 있기를 원했다. 그러면 훈련을 더 자주 시킬 수 있었을 테니까. 이러한 전환은 클럽 내 다양한 금융업자들이 마련한 자금 덕분에 어느 정도 가능했다. 예를 들어, 제2차 세계 대전에서 살아남아 아약스를 또 하나의 가족처럼 여기는 유대계 사업가 몇몇, 그리고 전시에 독일 점령군을 위해 일하며 돈을 번 '벙커 건설업자'로 알려진 판 데르 메이던(Van der Meijden) 형제 같은 사람들은 축구를 통해 이미지를 관리하고 있었다.

당시 대부분의 네덜란드 감독들은 선수들을 감상적으로 대하는 편이었고, 많은 선수들은 평생을 클럽의 회원으로 살아온 사람들이었다. 미헬스 감독이 바르셀로나로 자리를 옮긴 이후인 1973년에도 마찬가지였다. 아약스 내의 어느 누구도 노장 선수 샤크 스바르트(Sjaak Swart)에게 오른쪽 공격수 자리를 요흐니 레프(Johnny Rep)에게 넘기라는 이야기를 차마 꺼내지 못했다. 결국 전형적인 네덜란드식 타협안이 도출됐다. 스바르트가 전반전에, 레프가 후반전에 뛰기로 한 것이다. 당시 아약스는 유럽과 세계 챔피언 자리에 오른 팀이었다.

하지만 미헬스는 인정사정없는 감독이었다. 아약스가 유럽 클럽 대항전에서 탈락하게 되면, 매 시즌 가장 약한 선수들을 팀에서 빼 버렸다. 대부분의 경우, 해당 선수와 미리 얘기를 나누지도 않았다. 크루이프는 한술 더 떴다. 훈련 시간에 6인제 축구를 하면, 마치 골목 축구에서 하는 것처럼 크루이프와 또 한 명의 주장이 번갈아 선수들을 골랐다. 이런 방식 때문에 모든 선수들은 팀 내 위계 구도에서 자기 위치가 어디인지를 늘 파악하고 있었다.

존 레논과 폴 매카트니의 관계처럼, 미헬스와 크루이프 역시 서로에게 영감을 주는 동시에 짜증을 주는 관계였다. 크루이프는 미헬스를 미치게 만들었다. 이 꼬마 녀석은 감독의 전술 지시를 매번 어겼고, 동료들에게 고함을 질러댔으며, 지나친 골초에다가, 밤마다 밖을 쏘다녔다. 초창기 빅 매치에서 자주 부진하기도 했다. 또한 미헬스는 크루이프가 부상이 아닌데 부상인 척하는 것 같다고 의심했다.[52] 하지만 그 어떤 것도 크루이프와 미헬스가 아약스에서 만들어 낸 비범한 축구를 막지 못했다. 1970년이 되자 두 사람은 혁신적이고 새로운 브랜드의 축구를 개발해 내기에 이른다. 이는 특히 네덜란드 대표팀과 바르셀로나에서 향후 50년 동안 축구가 나아갈 방향을 제시한 것이었다. 아약스 사람들은 이러한 축구 스타일에 별다른 이름을 붙이지 않았지만, 해외에서는 이들의 축구를 '토털 풋볼(total football)'이라고 불렀다.

'토털 풋볼'은 모든 선수들이 공격과 수비를 병행하는 걸 의미했다. 아약스 선수들이 아주 유연하게 포지션을 바꾸는 바람에 포지션에 대해 말하는 것조차 어려웠다. 아약스의 경기는 크루이프가 '통제된 혼돈(a controlled chaos)'이라 부르는 축구 스타일로 진화해 나갔다.[53] 모든 선수들은 동료 선수들의 위치에 따라 자기 포지션을 초 단위로 바꾸면서 끊임없이 스스로 생각해야 했다. '모두가 유연하게 움직이는 팀'이라는 아이디어는 1930년대 '분더팀(Wunderteam)'*이라 불린 오스트리아 대표팀이

---

* 독일어로 '경이로운 팀'이라는 의미. 1931년 4월부터 1934년 5월까지 치른

구사한 '다뉴브의 소용돌이' 축구에서 비롯됐다. 아약스는 새로운 시대에 맞춰 이 축구를 재발명한 것이었다.[54]

1960년대를 지배했던 축구 스타일은 이탈리아의 '카테나치오(catenaccio)'*로 대변되는 수비 축구였다. 아약스는 반대로 접근했다. 상대 팀 진영에서 원터치로 최대한 빠르게 패스를 주고받았고, 선수들은 끊임없이 포지션을 바꿨다. 각자 자기 위치를 알아서 잡았고, 그 결과 공을 가진 선수는 언제나 패스를 건넬 수 있는 선택지를 대각선 방향으로 최소한 두 곳 이상 확보할 수 있었다. 종패스는 상대가 예측하기 쉽다는 약점이 있는 반면, 횡패스는 무의미하게 주고받는 경우가 많아서 공을 빼앗기면 치명적일 수 있다. 하지만 선수 한 명이 두 개의 대각선 루트를 차단하는 건 불가능했다. 그래서 아약스는 삼각형을 만들었고, 이것은 크루이프 자신과 펩 과르디올라가 만든 위대한 바르셀로나의 축구로 이어지게 된다.

크루이프는 축구를 기하학, 즉 공간의 문제로 이해했다. 아약스는 공을 갖고 있을 때 경기장을 넓게 썼다. 크루이프는 윙어들이 "축구화에 분필을 묻혀야 한다."고 말했다.** 아약스는 상대에게 공을 빼앗겼을 때 공간을 줄여 버린다. 몇몇 선수들은

A매치 30경기에서 당대 최고로 불리던 이탈리아, 헝가리, 스코틀랜드를 꺾는 등 21승 7무 2패의 성적을 냈다.

* 이탈리아어로 '빗장'.

** 터치라인을 그린 분필이 축구화에 묻을 정도로 넓게 위치해야 한다는 의미.

공을 즉시 빼앗으려는 목적을 갖고 공 가진 상대를 '압박'한다. 공을 막 따낸 팀은 선수들이 자신의 자리에서 벗어나 있는 상태여서 대체로 조직이 흐트러져 있기 때문에 공격권을 되찾아 오기에 최적의 순간이다. 만일 공을 빼앗는다면 문전까지 손쉽게 도달할 수 있고, 상대가 빌드업을 할 기회를 갖지 못하게 한다면 사기를 떨어뜨릴 수 있다.

압박, 아약스식으로 말하면 '사냥'을 위해서는 거의 군대 수준의 조직화가 필요하다. 각각의 선수들은 제대로 된 위치를 정확하게 점유해야 한다. 그리고 압박을 할 때는 모두가 함께해야 한다. 아약스의 공격수들은 첫 번째 수비수였다. 반대로 골키퍼는 예리한 패스로 움직임을 시작하는 첫 번째 공격수였다. 크루이프는 골목 축구 시절의 '플라이 키퍼(fly keeper)'처럼 플레이했다. 마치 골키퍼 장갑을 낀 수비수처럼 자기 진영 전체를 커버한 것이다. 이는 아약스가 11명의 선수 전원을 이용한 반면, 상대는 10명으로 플레이한다는 것을 의미했다.

"우리가 했던 것처럼 축구의 관례를 뒤집은 팀은 없었어요."[55] 나중에 크루이프가 말했다. 1987년부터 1990년까지 '위대한 밀란'이라 불리던 팀의 감독이었던 아리고 사키(Arrigo Sacchi)는 이렇게 말했다. "축구에서 진짜 전술적 혁명이 일어난 적은 단 한 번뿐입니다. 혁명은 축구가 개인의 경기에서 집단이 하는 경기로 바뀌는 시기에 일어났습니다. 바로 아약스에서 말이죠."[56]

크루이프는 팀 전체를 진두지휘했다. 크루이프의 자서전을 집필한 니코 스헤입마커의 표현에 따르면, '네 발 달린' 선수였던 그는 어떤 방향으로든 패스를 넣을 수 있었다.[57] 스헤입마커는 크루이프가 양발의 안쪽과 바깥쪽을 모두 사용했고, 당구 선수처럼 공에 스핀까지 넣을 수 있었다는 의미로 그렇게 썼다. 크루이프는 곁눈질만으로 수비수가 어느 쪽 발을 땅에 디디고 섰는지 알아채고는 그쪽 방향으로 치고 나갔다. 그는 항상 "스피드는 빨리 달리는 게 아니라 언제 달릴지를 아는 것"이라고 말했는데, 자신의 엄청난 가속 능력을 부정하는 주장처럼 들렸다.

경기장에서 크루이프는 어디에나 있었다. 아약스 특유의 무한 스위칭은 경기장 곳곳을 누비고 다니던 크루이프 스타일에 적응하는 과정에서 비롯된 측면이 있다. 크루이프는 우리가 요즘 '가짜 9번(false 9)'이라 부르는 포지션의 극단적인 사례였다. 즉, 자신의 원래 위치를 끊임없이 벗어나 미드필더나 윙, 심지어 중앙 수비 위치까지 내려가 마크맨들이 공간과 기회를 찾기 어렵게 만드는 센터 포워드였다. 언젠가 그는 "상대가 따라오지 않으면 나는 자유로운 상태가 됩니다. 나를 따라오면 수비에서 한 명이 부족해지는 거죠."라고 말한 적이 있다.[58] 아약스의 미드필더들은 크루이프가 비워 둔 자리로 침투해 들어갔다. 크루이프의 전설적인 등 번호는 14번인데, 부상에서 복귀한 뒤 거의 별다른 생각 없이 받은 것이지만, 도무지 정의 내리기 힘든 그의 역할을 함축한 숫자라고 해도 틀린 말은 아니다.[59]

선발 라인업을 짜고 칠판에 전술을 그리는 것은 미헬스의 몫이었지만, 그라운드 위에서 매 순간 쇼를 펼치는 이는 크루이프였다. 가끔은 벤치로 다가가 교체를 요구하기도 했다. "레프를 교체 투입해야 해요!"[60] 축구는 할리우드와 같다며 크루이프는 이렇게 설명했다. "(펠레와 에우제비우, 리처드 버튼과 브리지트 바르도 같은) 스타들이 있으면, 그들을 돕는 조연들도 있어요. 영화에서처럼 축구에서도 가끔은 조연들이 더 멋진 활약을 펼칩니다."[61] 그는 늘 주연 배우였고 감독 역할까지 맡았다. "일반적으로 위대한 팀에서 뛰는 선수들은 모두 뛰어나지만, 무언가 다른 걸 볼 수 있는 선수는 기껏해야 한 명이에요." 크루이프가 덧붙였다.[62]

하지만 그걸 보는 선수에게는 끔찍한 책임이 뒤따르는 법이다. 나중에 크루이프는 "그게 바로 내 커리어에서 가장 좋지 않았던 점이죠. 모든 게 보이면 쉬지 않고 떠들어야 하니까요."라고 말했다.[63] 그라운드 안에서나 밖에서나 크루이프는 입으로, 손으로, 어깨로, 자신의 허약한 몸 전체를 이용해 문법에 맞지도 않는 말들을 쉴 새 없이 떠들었다. 상대의 거친 태클을 피할 때조차도 동료들에게 어디로 뛰라고 말하고 있을 정도였다.

1970년대 아약스 축구의 숭배자인 아르센 벵거는, 나에게 당시 아약스의 시스템을 복제하는 건 불가능하다고 말한 적이 있다. 벤치에 앉은 감독에겐 불가능한, 역동적인 방식으로 팀을 지도할 수 있는 크루이프가 그라운드에 있어야만 가능한 시스템이기 때문이다. 좋은 선수는 자기 영역을 제어하지만, 크루이프는 그라운드 전체를 장악했다. 미드필더 두 명이 위치를 바꾸도록 지시하고는 15분이 지나자 그들에게 다시 제자리에 돌아가라고 명령을 내리는 식이었다. 크루이프는 날마다 어떤 아약스 선수가 제 기능을 하지 못해 '숨겨져야' 하는지, 상대 팀의 어떤 선수가 약한 고리인지, 그래서 공을 받을 때 마크할 필요가 없는 선수가 누구인지, 또는 누구를 압박해야 하는지를 파악했다. 공을 갖고 있을 때 시간이 주어지면 누구든 플레이를 제대로 해낼 수 있다. 형편없는 선수들은 그런 플레이를 하도록 내버려둬야 했다.[64]

미헬스는 크루이프가 자신의 전술을 바꿀 때면 종종 이렇게 소리를 질렀다. "아니, 젠장, 크루이프. 누가 너더러 마음대로 바꾸래?"[65] 은퇴 후 미헬스는 "가끔씩은 의도적으로 대립각을 세우는 전략을 썼어요. 경기장에 긴장감을 줘서 팀의 정신력을 끌어올리는 게 목표였지요."[66] 크루이프는 이러한 '갈등모델(conflictmodel)'을 모방한 뒤 극단적으로 적용하기에 이른다. 몇 년 후 미헬스 감독과의 관계를 묻는 질문에 크루이프는 두 주먹을 서로 맞대는 제스처로 답을 대신했다.[67]

하지만 동네 클럽인 아약스는 계속 강해졌다. 1971년 웸블리에서 열린 유러피언컵[*] 결승전에서 파나시나이코스를 2-0

---

[*] 지금의 'UEFA 챔피언스리그'는 이 대회가 리그제를 도입하며 규모를 확장

으로 누르고 우승을 차지한 것이다. 아약스의 야망은 더욱 커지기 시작했다. 초기 몇 년 동안은 유럽 제패가 유일한 목표였다. 축구의 아름다움을 구현하는 건 의도하지 않은 부산물이었다.[68] 하지만 크루이프는 다른 사람들이 아약스 축구에서 아름다움을 본다는 것을 인지하기 시작했다. 예술가들이 그의 페인트 동작을 예술 작품으로 해석하자 우쭐댔다. "정말 좋은 걸? 웃겨, 아주 웃기다고."[69] 프랑스의 무언극 아티스트인 자크 타티(Jacques Tati)는 크루이프에게 이렇게 말했다. "당신은 아티스트예요. 당신이 경기하는 방식은 내 무언극을 빼다 박았습니다. 우리는 의지와 상관없이 촉발된 상황에 즉흥적으로 반응하려고 노력하는 사람들이니까요."[70] 발레리노인 루돌프 누레예프(Rudolf Nureyev)는 크루이프가 댄서가 됐어야 했다고 말하기도 했다. (크루이프의 아내인 대니는 크루이프가 실제로는 춤을 정말 못 춘다고 말했다.)[71]

아약스 시스템에서 크루이프가 좋아했던 것 중 하나는 자신이 먼 거리를 달릴 필요가 없었다는 점이었다. 그는 매 경기 대부분의 시간을 상대 골대에서 30야드(약 27미터)를 벗어나지 않은 위치에 머물렀다. 그리고 아약스가 상대에게 공을 빼앗겨도, 자기 진영으로 내려오지 않았다. 공격수들은 라인을 지킨 채 상대를 압박했다. 상대 패스 라인을 무너뜨리거나, 동료들에게 새

한 뒤 이름을 바꾼 것이다.

로운 패스 각도를 열어 주도록 한두 걸음 움직이는 게 요령이었다. "옳고 그름의 차이는 종종 5미터 안에서 결정이 됩니다."[72] 크루이프는 옳은 방향일 때만 달리는 의미가 있다고 말했다.

이러한 방식의 축구는 크루이프에게 적합했다. 한편으로는 그가 옳은 방향을 볼 수 있다는 점에서, 다른 한편으로는 그가 골초라서 오래 달릴 수 없는 선수였다는 점에서 그랬다. 1972년에 제작된 크루이프 다큐멘터리 '넘버 14'에는 아약스 선수단이 숲에서 언덕길을 달려 오르는 장면이 등장한다. 이때 선수들은 각자 다른 브랜드의, 다른 색깔의 운동복을 입고 있다. 캐멀색의 푸마 운동복을 입은 크루이프는 카메라를 향해 이렇게 툴툴거린다. "언덕을 달리는 데에는 축구적인 요소가 전혀 없어요. 지금 저는 직업이라 이걸 하는 거지, 취미라면 절대 안 할 겁니다." 선수단 끄트머리에서 언덕 정상에 오를 때, 크루이프는 마지막을 걸어서 도착했다. 그러고는 무릎에 두 손을 얹은 채 허리를 숙이고는 "아이고" 소리를 내며 헐떡이면서 기침을 해 댔다. 폐가 타들어 가는 느낌이 들었을 것이다. 다른 선수들은 의자에 아무렇게나 늘어져 앉아 아무 말이 없었다. 감옥을 다룬 영화에서 처벌이 이뤄진 장면을 보는 것 같았다.

선수들은 매주 여러 차례 이 의식을 치렀다.[73] 가끔 크루이프는 숲에 숨었다가 마지막 순간에 동료들 무리에 합류했다. 미헬스 감독이 알아챘다면, 크루이프는 다음 날 아침에 더 일찍 일어나 혼자서 달려야 했을 것이다.[74] 제멋대로 내버려두면, 크루이프는 가능한 한 꼼짝도 하지 않았다. 선수들에게 자주 옷을 만들어 주던 영국인 재단사가 언젠가 훈련이 끝난 뒤 크루이프의 몸 치수를 잰 적이 있다. 재단사는 자기가 본 선수들 가운데 땀 한 방울 흘리지 않고 훈련을 마친 유일한 선수가 크루이프였다고 말했다.[75]

하지만 1960년대와 1970년대에 크루이프처럼 플레이하려면 대단한 용기가 필요했다. 당시에는 반칙이 축구의 필수 요소처럼 여겨졌고, 심지어는 축구의 남성적인 면이라며 이를 추앙하기까지 했다. 〈BBC〉 캐스터였던 케네스 볼스텐홈(Kenneth Wolstenholme)*이 1969년 밀란과 아약스의 유러피언컵 결승전을 중계하면서, 이탈리아 선수가 반칙으로 크루이프의 드리블을 끊었을 때 했던 말을 살펴보자. "와우, 크루이프가 스위퍼 말라트라시(Malatrasi)의 아름다운 태클에 걸려 넘어집니다. 정확히 발목으로 들어갔네요. 발을 쭉 뻗어서 잘 막아냈습니다!" 1년 뒤, 암스테르담을 연고로 하는 DWS의 수비수 프리츠 수테카우(Frits Soetekouw)가 다리를 들어 시도한 태클로 크루이프에게 부상을 입혔다. 당시 네덜란드 TV 캐스터는 이렇게 중계했다. "크루이프의 책임도 있죠. 요리조리 피하면서 3~4명을 제치지 않

---

* 〈BBC〉의 스포츠 아나운서. 1953년부터 1971년까지 FA컵 결승전 중계를 도맡았고, '매치 오브 더 데이'를 진행했다. 1966년 월드컵에서 잉글랜드 우승 중계로 유명한 인물.

았습니까? 태클 걸어 달라는 얘기죠. 안 그렇습니까?"[76]

그 무렵, 미헬스 감독이 바르셀로나로 이적했다. 아약스 선수들은 나이 많은 사람들이 이래라저래라 하는 걸 못 견디는 전후 베이비붐 세대였는데, '장군'은 그들에게 너무도 엄격한 존재였다.[77] 바르셀로나는 미헬스에게 괜찮은 급료를 제시했다. 수십년 뒤 미헬스는 자신이 거액의 제안을 거절한 적이 없다[78]고 술회했다.*

아약스의 후임 감독은 루마니아 육군 팀 감독 출신인 슈테판 코바치(Stefan Kovács)였다. 아내 대니의 노력에 힘입어 촌스러운 식료품 가게 아들에서 1970년대 패션 아이콘으로 거듭난 크루이프는 코바치 감독에게 자신의 장발이 어떤지 물었다. '철의 장막(Iron Curtain)**을 헤치고 온 코바치는 이렇게 대답했다. "내 생각엔 더 길러도 괜찮을 것 같긴 한데, 난 여기에 헤어스타일 얘기하러 온 게 아니네."[79]

코바치 체제에서 '암스테르담의 봄'이 시작됐다. 온화한 루마니아 감독은 선수들이 자유롭게 플레이하도록 허용했다. 그 무

---

* 1971년 감독으로 네 번째 팀이었던 아약스를 떠난 뒤에도 미헬스는 바르셀로나와 네덜란드 대표팀을 비롯해 열 차례나 더 팀을 옮겼다. 1988년에는 여름에 열린 유로 88에서 네덜란드를 우승시킨 뒤 당시 선수 은퇴 시즌을 보내던 차범근이 소속된 독일의 바이어 레버쿠젠 지휘봉을 잡았다.

** 서구에서 제2차 세계 대전 이후 사회주의 진영에 속한 국가들의 폐쇄성을 비꼬며 쓴 표현.

렵, 아약스 선수들은 자신들이 뭘 해야 할지 알 만큼 노련해진 상태였고, 1972년 다시 유러피언컵 정상에 올랐다. 당시 귀국 영상을 보면, 선수들은 오픈카를 타고 암스테르담 동부 라인 트램을 따라 크루이프가 어릴 적에 살던 지역으로 이동했는데, 거리에 많은 사람들이 줄지어 서 있는 게 보인다.[80]

그해 월드클럽컵 결승전에서 아약스가 인디펜디엔테[*]를 꺾을 때 찍은 영상은 충격적이다. 50년이 지났지만, 아약스의 축구는 전혀 옛날 같지 않아 당황스러울 정도다. 속도감이 있고, 공을 갖지 않고 있을 때에도 질주하는 선수들이 보인다. 풀백들은 현대 축구에서처럼 상대 윙어들을 무력화시킨다. 미헬스와 크루이프는 미래를 만들어 낸 것이다. 1973년 아약스는 3년 연속 유러피언컵 정상에 올랐다.

이러한 성과에도 당시 선수들은 암스테르담에서 여전히 동네 사람들과 별다를 것 없는 대접을 받았다. 평등주의를 중시하는 네덜란드에서는 누구도 '슈퍼히어로'로 분류되지 않았다. 스타들도 '평범하게' 행동해야 했다. 많은 암스테르담 사람들은 거리에서 크루이프를 만나면 30분간 세워 놓고 축구에 관해 토론할 권리가 있다고 여겼다. 크루이프 역시 이걸 불편해 하거나 마다하지 않았다. "베톤도르프 출신은 거드름을 피우지 않거든요." 크루이프가 설명했다. 하지만 그의 아내는 달랐다. 꼬마 녀

---

[*]   1905년 창단한 아르헨티나 축구 클럽.

석이 전화를 걸어 학내 잡지 게재를 위해 크루이프와 인터뷰를 하고 싶다고 요구하는 일에 넌더리를 냈다. 크루이프가 오후를 통째로 그 꼬마에게 내줄 걸 알았기 때문이다.[81] 크루이프는 얘기할 기회가 생기는 걸 늘 환영하는 사람이었고, 그럴 일은 점점 많아졌다. 이제 크루이프는 네덜란드에서 너무 대단한 사람이 되어 있었다.

그렇다고 크루이프가 위상에 걸맞은 돈을 버는 것도 아니었다. 아약스의 리그 경기에는 보통 1만 명 정도의 관중이 들었는데, 대부분 9번 트램이나 자전거를 타고 경기장에 왔다. 당시 세계 최고의 축구 선수로 여겨지던 크루이프는 1년에 총 9만 5,000길더를 벌었는데, 인플레이션을 감안한다 해도 지금 기준으로 15만 유로(약 2억 원)밖에 되지 않는 액수였다. 그리고 네덜란드 정부는 그중 72퍼센트를 세금으로 가져갔다. 언젠가 크루이프는 (네덜란드 축구 대표팀 환영) 연회 자리에서 만난 율리아나 여왕*을 상대로 세율을 낮춰 보려 로비를 시도한 적이 있다. 크루이프가 유일하게 정치적인 입장을 가졌던 사례일 것이다. "여왕님이시니까 저희를 위해 뭔가를 조치해 주실 수 있지 않을까요?" 크루이프가 이렇게 말하는 것을 들은 미헬스 감독은 터져 나오는 웃음을 참으려 옆으로 슬쩍 자리를 옮겼다. "크루이프

---

* 전 네덜란드 여왕. 1909년에 태어나 2004년에 사망했다. 1948년부터 1980년까지 재위했다.

씨." 여왕이 입을 열었다. "재정부 장관한테 이야기하세요."[82]

아약스의 팀 동료들, 구단 임원들과 충돌할 때면 크루이프 역시 괴로웠다. 권위적인 걸 몹시 싫어하는 칼뱅주의자 베이비 붐 세대들을 이끄는 건 진이 빠지는 일이었다. 크루이프에게는 다른 사람들을 짜증나게 하거나, 질투심을 불러일으키는 재주가 있었다. 게다가 여러 해 동안 아약스 선수들과 너무 많은 시간을 보냈다.

1973년 7월, 도를 넘는 일이 발생했다. 네덜란드 동부의 한 시골 호텔에서 소집된 전지훈련에서, 선수들은 주장을 투표로 뽑기로 결정했다. 호텔 레크리에이션 룸에서 열린 회의에서 현직 주장이던 크루이프는 7표를 얻었다. 크루이프의 오랜 친구이자 멘토인 피트 케이저(Piet Keizer)가 8표를 얻어 주장이 됐다. 크루이프는 방 밖으로 나가 버렸다. 아약스의 미드필더 헤리 뮈흐런(Gerrie Mühren)은 이 장면을 3년 전에 비틀스가 해체됐던 때와 비교했다.[83]

크루이프는 호텔 복도 벽에 달린 전화기를 들어 장인이자 에이전트인 코르 코스터에게 전화를 걸었다. "바르셀로나에 전화해 주세요."[84] 이날의 주장 선거는 두 위대한 클럽의 미래를 바꿔 버렸다.

FC 바르셀로나
– 요한 크루이프의 독창적 아이디어에서 비롯된 클럽

크루이프와 바르사는 수년에 걸쳐 밀당을 해 왔다. 잉글랜드는 크루이프가 어릴 적에 꿈꾸던 무대였지만, 당시 잉글랜드 리그는 외국인 선수를 받아들이지 않았다. 돈은 스페인 리그로 몰렸다. 1960년대 말, 크루이프와 대니는 코스타 브라바(Costa Brava)*와 마요르카(Mallorca)에서 휴가를 보내기 시작했는데, 그 무렵 스페인은 북부 유럽에서 온 여행자들 사이에서 유명한 휴양지였다. 휴양이 처음이던 크루이프는 스페인 날씨에 완전히 매료됐다.[85] 1970년 6월, 〈레비스타 바르셀로나(Revista Barcelona)〉 매거진은 열 쪽에 걸쳐 크루이프 커플이 바르셀로나로 여행 왔을 때 찍은 사진을 독점 발행했다. 독자들의 눈길을 확 잡은 결정적 사진은 크루이프가 바르셀로나 유니폼을 입고

---

* 스페인 카탈루냐 지방의 해안.

캄 노우 잔디 위에서 포즈를 취하고 있는 사진이었다. 대니는 매거진에서 "우리가 본 모든 것이 놀라운 도시예요. 특히 바다에 있는 기분이 정말 좋았어요."라고 말했다.[86]

당시 스페인은 여전히 프랑코 체제하에 있었지만, 크루이프는 독재 정권의 나라로 옮기는 것을 개의치 않았다. 어느 암스테르담 소재 신문사와의 인터뷰에서는 이렇게 말했다. "스페인에서 2년만 뛰면 부자가 될 겁니다. 4년 뛰면 백만장자가 되고요."[87] 크루이프 전기 작가 스헤입마커는 크루이프의 세율이 스페인에서는 10퍼센트까지 떨어졌다고 썼다.[88]

리누스 미헬스 감독은 여전히 바르셀로나를 이끌고 있었다. 많은 일들이 있었지만 그래도 거만한 제자와 다시 결합하기를 간절히 바랐다.[89] 1973년 5월, 스페인이 외국인 선수 영입 제한을 풀고, 크루이프가 아약스의 주장 자리를 잃게 되자, 바르셀로나가 뛰어들었다.

레알 마드리드는 20여 년 전 바르사 코앞에서 알프레도 디 스테파노(Alfredo Di Stéfano)를 빼앗은 것처럼 이번에도 크루이프를 중간에서 가로채려 했다. 하지만 크루이프는 레알 마드리드의 제안을 거절했는데, 그 이유 중에는 이미 레알의 이적 제안을 받아들인 아약스 보드진을 골탕 먹이기 위한 의도도 있었다. 바르사는 소시들의 회비만으로는 아약스의 요구액을 맞추기 힘들었다. 그래서 당시 세계 최고 기록을 경신한 액수인 230만 달러의 크루이프 이적료를 충당하기 위해, 바르사는 향후 2년간 소시들의 회비를 1인당 25퍼센트씩 인상했다.[90] 게다가 크루이프 영입에 드는 총비용이 너무 커 해외송금법을 지킬 수 없었기 때문에 바르셀로나는 그를 농기구로 등록하게 된다.[91] 크루이프에게 지급한 급여는 여전히 미스터리로 남아 있다. 여러 해가 지난 뒤, 크루이프의 재정 고문을 맡았던 헤리 판 멘스는 "크루이프의 계약서는 서너 가지의 다른 버전으로 나뉘어 있더군요. 하나는 세금용, 또 하나는 언론용, 그리고 크루이프 본인용인데, 여기에는 그밖에 다른 내용들이 담겨 있었죠."라고 말했다.[92]

★

1973년 8월 22일 오후 3시 5분, 크루이프는 네덜란드항공 (KLM) 254편을 타고 바르셀로나의 초라하고 작은 공항에 착륙했다. 이때만 해도 그는 여생의 대부분을 카탈루냐에서 보내게 될 것이라곤 생각조차 못했을 것이다. 어쩌면 카탈루냐가 뭔지도 몰랐을 수 있다.

터미널로 가는 버스 안에서, 대니가 터미널 안에 모여 있는 군중을 가리키며 물었다. "대체 무슨 일이지?" 크루이프의 답은 이랬다. "나도 잘 모르겠어."

모두가 크루이프를 기다리는 사람들이었다. "크루이프!" 군중들이 네덜란드 사람들과는 달리 경외심을 담아 소리쳤고, 일부는 경찰이 크루이프를 보호하기 위해 둘러싼 저지선을 뚫고 그를 만지려고 했다.[93] 이 장면을 찍은 영상을 보면, 이건 마치—장발에 깡마른 골초의 얼굴에 목걸이까지 한 남자가 (분명히 대니가 골랐을) 옷깃이 넓은 셔츠를 입었으니—1970년대에서 보낸 사절이 1950년대에 도착한 것처럼 보인다. 크루이프는, 바스케스 몬탈반[*]이 "북유럽, 1등급 유럽"[94]이라고 불렀던, 카탈루냐 사람들이 따라잡고 싶어 하는, 현대적이고 부유하며 민주주의가 자리 잡은 곳에서 온 사람이었다.

축구 차원에서 봐도 크루이프 입장에서는 한 발 뒤로 물러서는 결정이었다. 세계 최고의 선수가 세계 최고의 클럽을 떠나, 가난한 독재 국가에 있는 퇴락한 리그의 한물간 지방 도시에 있는 패배자들의 클럽으로 이적한 것이었기 때문이다.

아약스에 비하면 크루이프의 새로운 동료들은 크루이프와 함께 뛰게 된 것을 즐겁게 받아들였다. 하지만 느린 패스만 주고받는, 시대에 뒤처진 축구를 하고 있었다. 미헬스 감독은 그토록 부유한 클럽이 이토록 전술적으로 무지하고 규율이 없다는 데 깜짝 놀랐다. 심지어 쓸 만한 훈련장도 없었던 탓에 미헬스 감독은 동네 골프장에서 훈련을 해야 했다.[95]

프랑코 시절 스페인에는 축구를 분석하는 데 쓰는 용어도 매우 미흡했다. "'분노'를 의미하는 'furia' 한 단어밖에 쓰지 않았는데, 그나마 이건 축구 용어가 아니라 심리 상태를 일컫는 단

---

[*]   스페인 작가로서 열렬한 FC 바르셀로나 팬이었다.

어였습니다." 1975년 스페인 2부 리그 알라베스에 입단했던 아르헨티나 축구 영웅 호르헤 발다노가 이렇게 회상할 정도였다.[96] (발다노는 나중에 마라도나와 함께 월드컵 우승을 차지한다. 이후 레알 마드리드의 감독과 단장을 역임했고, 축구에 관해 놀라운 저작도 남겼다.) 스페인에서 축구 선수들은 '분노'를 품고 뛰어야 한다고 생각했다. 다른 모든 것들은 과하게 머리를 쓰는 것으로 받아들여졌다. 스페인 팀들의 국제 무대 성적은 분노만으로는 충분하지 않다는 걸 보여 주고 있었다.

바르사는 줄곧 프랑코의 눈 밖에 나 있었다. 1950년대에 라디슬라오 쿠발라가 이끄는 경이로운 팀 바르사는 스페인 리그에서 레알 마드리드를 자주 압도했지만, 마드리드가 이룩한 유러피언컵 5연패로 인해 주목받지 못했다. 1960년대에는 내리막길을 걸었다. 크루이프가 입단했을 때 바르사는 무려 13년 동안 스페인 리그 정상에 오르지 못한 상태였다. 총통 체제에서 보낸 수십 년 동안 피해 의식에 찌들고 패배주의에 길들여진 꾸레들은 "오늘도 질 거야."[97]라고 투덜거리면서 경기장을 찾았다. 바르셀로나에 생기를 불어넣는 건 '마드리디티스(madriditis)'라 불리는 마드리드 강박증이었다.

하지만 1973년 여든 살의 프랑코는 이미 시들어 가고 있었다. 카탈루냐 사람들은 '프랑코의 사망'을 기다리며 자치 체제를 준비했다. 10월이 되자 새로 만들어진 '카탈란 의회'—무역 노조원, 정당 당원, 학생과 상인 들로 구성된—의원 113명이 체포됐다. 체포된 사람들은 대부분 감옥 안에 설치된 라디오 주위에 모여 10월 28일 그라나다를 상대로 치러진 크루이프의 데뷔전을 함께 들었다. 축구를 좋아하지 않는 사람도 바르사가 넣은 4골에 환호성을 내질렀다.[98]

프랑코 정권 말기에는 캄 노우가 하나의 정치 투쟁의 장소였다. 법적으로 금지된 카탈루냐 깃발이 빽빽하게 휘날렸고, 장내 방송은 카탈루냐어로 송출됐다.[99] 1971년 프랑코는 바르사의 회장 아구스티 몬탈(Agustí Montal)과 보드진을 엘 파르도(El Pardo) 궁으로 불러 카탈루냐 민족주의를 드러내는 걸 자제하라고 경고했다.[100] 하지만 카탈루냐 사람들은 더 이상 순종적이지 않았다. 1973년 몬탈은 '클럽 그 이상'이라는 슬로건을 내걸고 회장직에 재선됐다.

격동의 시대였지만 크루이프에게는 별 상관없는 일이었다. 당시 그에게 가장 중요했던 일은 집을 구하는 것이었다. 그 시절 바르셀로나는 황폐하고 더러운 도시였다. 빈민굴이 해변까지 이어졌고, 바닷가에 백사장 따위는 존재하지 않았다. 이른바 '우울한 바르셀로나'로 불리던 시절이었다.[101] 장차 바르사 회장이 될 주제프 류이스 누녜스 같은 부동산 업자들은 고색창연한 건물들을 추하고 싸구려 느낌의 새 빌딩으로 재건축하면서 돈을 쓸어 담았다.[102] 크루이프 부부는 카스텔데펠스(Castelldefels)* 에서 살고

---

*   지중해 연안에 위치한 바르셀로나 근교 도시. 휴양지로 유명하며, 메시, 수아

싶었지만, 여름이 되면 성가신 네덜란드 휴양객들이 몰려든다는 이야기를 듣고 마음을 바꿨다. 크루이프가 아내와 두 딸들을 데리고 정착한 곳은 바르셀로나 시내였다. 수영장이 딸린 꽤 큰 아파트를 계약했는데, 비싼 가격에 경악했다고 전해진다. 미헬스 감독 가족 역시 같은 페드랄베스(Pedralbes) 지역에 살고 있었는데, 바르셀로나의 첫 집이 있던—지금은 디아고날(Diagonal)로 이름이 바뀐—'프랑코 장군 거리'에서 살다 이주한 상태였다.[103] 크루이프가 원정 경기를 떠날 때마다 미헬스 감독의 아내 윌은 크루이프의 아내 대니와 함께 시간을 보냈다.[104]

바르셀로나에서 크루이프 가족은 평등주의자 네덜란드인들(Holladers)로 기억 속에 남아 있다. 스페인인 가정부는 크루이프 가족들과 함께 식사했다.[105] 그러나 크루이프는 스페인 사람들이 슈퍼히어로들에게 특권을 부여한다는 걸 금세 알아챘다. 여기서 그는 평범하게 살 필요가 없었다. 바르셀로나 사람들은 암스테르담 사람들에 비해 크루이프를 더 귀하게 대했다. 차가 필요한 일이 생기면, 크루이프에게 푹 빠진 동네 사람 누구나 기꺼이 차를 빌려줄 정도라는 걸 알게 됐다. 바르사는 곧 크루이프에게 개인 전화번호를 제공했는데, 그때부터 팬들에게 끊임없이 전화가 걸려 왔다. 그중 한 스토커는 전화를 받은 크루이프의 아내 대니에게 늘 "당신 남편의 약혼녀"라고 자신을 소개

레스 등 바르셀로나의 외국인 스타들이 거주한 곳으로도 널리 알려져 있다.

했다.[106]

크루이프는 가족들의 사생활을 대단히 소중하게 여겼다. 열두 살이라는 어린 나이에 가족의 삶이 하루아침에 망가질 수 있다는 걸 배웠기 때문일 것이다. 바르사에서 크루이프는 그라운드 위에서 미헬스 감독의 분신처럼 움직이는 오래된 임무를 재현했는데, 아약스 시절보다 훨씬 뛰어난 하모니를 보여 줬다. 선수들과 터놓지 않고 지내는 걸 중요시했던 미헬스 감독은 크루이프가 자신을 반드시 "미스터 미헬스(미헬스 감독님)"라고 부르도록 했다.[107] 두 사람은 다른 선수들에게 축구가 머리를 쓰는 종목이라는 걸 함께 가르쳤다. 축구하는 시간 이외에는 크루이프는 술, 선글라스, 청바지, 텔레비전, 푸마 축구화 등의 광고 모델로 나섰다.[108] 상업적인 면에서 크루이프는 스페인 축구계를 한 세대 앞서간 스타였다. 크루이프는 자신의 성씨인 크라위프(Cruijff)를 좀 더 국제적인 브랜드로 만들기 위해 크루이프(Cruyff)로 살짝 바꿨다. 네덜란드 밖에서는 'y'가 더 잘 먹혔기 때문이다.

크루이프는 몇 달 만에 스페인어를 익혔다. "스페인어는 단순한 언어예요. 발음하는 대로 쓰면 되거든요. 철자를 몰라도 말입니다." 수십 년이 지난 뒤 크루이프가 스페인어를 배우던 시절을 회상하며 말했다.[109] 크루이프가 즐겨 쓰는 네덜란드어 '로흐이스(logisch)'—그가 논쟁을 끝내려고 할 때 쓰는 단어로 '논리적'이라는 의미다. 영어의 '로지컬(logical)'에 해당한다. 보통 어깨를 으쓱하는 제스처가 동반된다―는 스페인어 '로히카멘테(lógicamente)'로 바뀌었지만, 발음은 여전히 암스테르담 억양이 강했다. 크루이프는 스페인어의 성별 구분, 그 밖의 다른 여러 문법들을 습득하지 못했는데, 네덜란드어 문법 역시 모르긴 마찬가지였다.[110] 언젠가 그는, 비꼬는 게 아니라, 진짜로 이렇게 중얼거리기도 했다. "말이라…. 내가 말하는 것만큼만 모든 걸 잘할 수 있었다면…"

처음에 그는 바르셀로나가 지역색이 없는, 스페인의 일반적인 도시 중 하나라고 생각했던 것 같다. 1974년 3월, 크루이프는 이렇게 말했다. "(바르셀로나) 정치에 관여하고 싶지 않습니다. 네덜란드에서도 그랬어요."[111] 초기 몇 달 동안, 크루이프는 바르사 팬들을 '스페인 사람들'이라고 불렀다. 카탈루냐어를 배우려고 약간이라도 노력했던 적도 없었다. 카탈루냐어로 뭐든 한마디해 달라는 요청을 받았을 때 스페인어 인사말인 "올라(Holla)"라고 답한 건 널리 알려진 이야기다. 별세하기 몇 년 전, 카탈루냐 대표팀*의 감독을 맡았던 시기에도 라커룸에서는 늘 스페인어로 지시를 내렸을 정도다.[112] 카탈루냐 민족주의자들이 불평할 때면 그는 이렇게 말했다. "저도 작은 나라 출신입니

---

* 카탈루냐는 정식 국가가 아니므로 카탈루냐 대표팀은 FIFA에 의해 정식 국가 대표로 인정받지 못하고 있다. 따라서 월드컵, 유로 등 각종 공식 국제 대회에는 참가하지 않고 주로 친선 경기 위주로 소집된다.

다만, 다른 사람들에게 네덜란드어로 말하라고 요구하지는 않아요."[113]

프랑코 정권의 존재도 크루이프에게는 별 상관이 없었다. "파시스트가 뭔가요?" 프랑코 정권 말기에 출간된 자신의 회고록 《보엠(Boem)》에서 크루이프가 던진 질문이었다.

> 자유가 없다는 게 뭔가요… 지구상에 언론의 자유를 누리지 못하는 나라가 100개국이 넘는다고 들었습니다. 그런데 왜 자꾸 나를 스페인과 한데 묶어 뭐라 하는 겁니까? 한 가지 확실한 건, 여기 스페인 사람들은 네덜란드 사람들보다 훨씬 더 유쾌하고, 덜 불평하며, 불행을 덜 느낀다는 겁니다.[114]

정치에 철저히 무관심한 사람이었음에도 불구하고, 크루이프는 특유의 성격 탓에 새롭고, 독선적인, 반(反)파시스트 카탈루냐의 상징적인 인물이 되었다. 크루이프는 유럽의 모더니티(modernity), 언론의 자유, 독재 사회에서조차 주심과 언쟁을 벌이는 타고난 반(反)권위주의자를 대표하는 걸어 다니는 광고판이었다. 카탈루냐의 오페라 가수이자 바르사 팬으로 유명한 주제프 카레라스('3대 테너'의 일원으로 명성을 얻을 때는 스페인식 이름인 '호세'를 사용했다.)는 이런 말을 남겼다. "크루이프는 민주주의 체제에서 태어난 행운을 누렸고, 그게 무엇인지 우리에게 보여 줬어요. 크루이프 덕분에 우리는 우리 스스로를 믿게 됐어요."[115]

"크루이프는 위대한 천재들 가운데 가장 즉흥적이지 않은 사람이었습니다."[116] 발다노는 축구 선수 크루이프를 존경한다며 이렇게 말했다. "크루이프는 경기를 관장했습니다. 그는 팀 동료들, 상대 팀 선수들, 주심은 물론이고, 기자와 관중 들, 공과 코너 플래그, 코카콜라 판매원에게까지 영향을 미쳤어요."[117] 경기 중 부상 선수가 나오면, 소속 팀이 어디든 크루이프가 다가가 상태를 살폈다. 크루이프는 자신이 필요하다고 판단하면, 마치 주심이 없는 것처럼 자신이 의료진을 호출했다. 언젠가 그라운드가 진흙탕이 되어 바르사 선수들이 자신에게 공을 전달하는 데 어려움을 겪자, 크루이프는 감독의 허락도 받지 않고 자기 위치를 리베로(위치에 구애받지 않는 수비수)로 바꾼 뒤 팀을 완전히 재편했다. "우발적인 시도였지만, 그날 크루이프는 내가 살면서 본 가장 뛰어난 리베로 플레이를 펼쳤어요."[118] 크루이프를 '자신감이 무엇인지 보여 주는 준병리학적인 사례'로 진단한 발다노의 회상이다.

크루이프가 바르사 첫 시즌을 보내는 동안, 아내 대니는 셋째 아이를 임신했다. 암스테르담에서 제왕 절개로 출산할 예정이어서 미헬스 감독은 출산일을 2월 9일로 잡게 했다. 레알 마드리드와의 경기가 여드레 남은 날짜였다. (우연히도 2월 9일은 미헬스 자신의 생일이기도 했다.)

크루이프 부부는 태어날 아이 이름을 '조지(George)'의 카탈루냐 버전인 '조르디(Jordi)'로 정했다. 새로운 터전이 된 바르셀로나를 기리는 의미에서였다. 그들은 '조르디'가 카탈루냐 지역의 수호성인의 이름이자 지역의 상징이라는 것, 그리고 프랑코 정권하에서는 사용이 금지된 이름이라는 점을 알지 못했다. 크루이프 역시 나중에 "그냥 이름이 예쁘다고 생각했을 뿐입니다." 라고 인정했다.[119] 바르셀로나로 돌아오는 길에 갓난아기는 공항에서 많은 사람들의 환영을 받던 도중 잠깐 사라져 버렸다. 잠시 뒤 아이가 없던 미헬스 감독이 차 안에 앉아 무릎 위에서 아기를 어르는 모습이 발견됐다.[120] ('장군'이라는 별명의 이 명장은 크루이프의 아이들에게 일생 동안 큰 애정을 표현했다. 어떤 면에서는 아버지 요한 크루이프보다 더 사랑이 넘쳤다. 나중에 프로 선수로 바르셀로나와 맨체스터 유나이티드 등에서 활약한 조르디 크루이프가 뛰는 경기를 마치 팬처럼 열심히 챙겨 봤다고 한다.)[121]

크루이프가 아기 이름을 등록하러 바르셀로나 시청에 갔을 때, 담당 직원은 아이 이름을 조르디가 아닌 '조지'의 스페인어식 이름인 '호르헤'로 등록하기를 권했다. 오직 카스티야식 이름만 등록이 허용됐기 때문이다. 크루이프는 거부했다. 네덜란드에서 이미 조르디로 이름을 등록했기 때문에 별로 신경 쓰지 않았던 것이다. 결국 담당 직원이 크루이프의 고집에 두 손을 들고 말았다.[122] 나중에 크루이프는 이렇게 주장했다. "내 아들이 카탈루냐에서 조르디라는 이름으로 등록된 첫 번째 아이였어요."[123] 스스로를 카탈루냐 사람으로 여기며 자란 조르디는 나중에 바르셀로나, 맨체스터 유나이티드, 네덜란드 국가 대표팀

에서 선수로 뛰게 된다.[124]

이름짓기에 얽힌 사연은 빠르게 카탈루냐 지역의 신화로 왜곡되어 크루이프에게 민족주의자적인 영웅의 이미지를 덧씌웠다. 수십 년이 지난 뒤 크루이프는 이렇게 회고했다. "그런 일들이 인생의 진로를 바꾸고, 사람들이 한 사람의 운을 결정하는 법이죠. 내가 처음부터 여기에서 그렇게 인기가 있었던 이유예요. 지금까지도 마찬가지고요."[125]

1974년 2월 17일, 크루이프는 레알 마드리드의 홈구장인 베르나베우에서 스페인 리그 경력을 통틀어 최고의 경기를 펼쳤다. 바르사는 프랑코의 수도를 연고로 하는 팀을 5-0으로 박살냈다. 바스케스 몬탈반은 이렇게 썼다. '바르셀로나 1-0, 카탈루냐 2-0, 성(聖) 조르디 3-0, 민주주의 4-0, 마드리드를 상대로 5-0.'[126] 친프랑코 정권 일간지인 〈솔리다리다드(Solidaridad)〉는 참담한 듯 이런 분석 기사를 내놓았다. '바르사의 골들은 5골 이상을 의미한다. 중앙 집권주의를 상대로 거둔 불온한 승리를 암시한다.'[127]

그때까지는 레알 마드리드와 아틀레티코 마드리드의 경기가 스페인 축구에서 가장 눈길을 끄는 경기였다. 하지만 이때부터 레알 마드리드와 바르셀로나의 경기가 스페인어 '엘 클라시코'로 알려지게 됐다.[128] 크루이프가 데뷔했을 때 꼴찌에서 네 번째였던 바르셀로나는 그해 봄, 1960년 이후 처음으로 우승 타이틀을 가져갔다. 네덜란드식 압박 축구 스타일로 경기한 바르셀로나는, 나중에 미헬스가 회상한 바에 따르면, 심판들조차 멈추게 하지 못할 정도로 뛰어난 축구를 펼쳤다.[129]

"바르사가 우승하는 걸 본 적이 없었어요." 나중에 클럽 회장이 된 주안 라포르타가 열한 살이었던 당시 기억을 떠올렸다.[130] 훗날 클럽을 경영하거나, 클럽에서 일하게 될 그 세대 카탈루냐 어린아이들은 크루이프의 축구와 크루이프의 장발에 마음을 빼앗겼다. 1974년에 나온 '카탈루냐의 소시지(Botifarra de Pagès)'라는 노래에서 지역 출신 코미디 밴드인 '라 트린카(La Trinca)'는 개구리 부대처럼 찬사를 불러 젖혔다.

> 크루이프,
> 크루이프, 크루이프, 크루이프,
> 크루이프, 크루이프, 크루이프,
> 저속한 개구리 합창단처럼
> 우리는 당신의 두 발을 찬양할 거야.

그 무렵 크루이프는 월드컵 출전을 위해 서독으로 향했다. '오렌지 군단' 네덜란드 대표팀은 역대 월드컵에서 단 두 경기밖에 치르지 못했다. 한 번은 1934년이었고, 또 한 번은 1938년이었는데, 두 대회에서 모두 패했다. 이번에도 좋은 성적을 거둘 것이란 기대는 거의 없었다.

오렌지 군단의 감독은 미헬스였다. 하지만 자신이 맡고 있는 바르셀로나가 스페인컵 4강과 결승전을 앞두고 있어 월드컵 기간 내내 바르셀로나를 오갔다.* 이런 상황 때문에 커리어의 정점에 있던 크루이프가 선수 선발과 훈련에서 지나치게 큰 역할을 할 수밖에 없었다. 연습 경기를 앞두고, 크루이프는 늘 미드필더로 뛰었던 아리에 한(Arie Haan)에게 서독전은 최종 수비수로 뛰게 될 거라고 전했다. "미쳤어? 농담이지?" 아리에 한이 되물었다.

네덜란드 대표팀에는 놀라운 기량을 가진 골키퍼 얀 판 베버런(Jan van Beveren)이 있었다. 하지만 판 베버런은 골라인 앞으로 잘 나오지 않는 골키퍼였다. 한마디로 크루이프가 선호하는 스타일이 아니었다. 당연히 둘 사이가 좋지 않았다. 그래서 판 베버런 대신 크루이프와 동향이자 담배 가게를 운영하던 얀 용블루트(Jan Jongbloed)에게 선발 출전 기회가 주어졌다. 용블루트는 골문을 자주 비우고 전진하는 스타일의 골키퍼였다. 그는 "내가 주전 골키퍼가 된 건 크루이프의 의견이었던 것으로 알고 있습니다."라고 회고했다.[131]

서독 월드컵에서 네덜란드 선수들은 자기들이 얼마나 축구를 잘하는지를 깨닫고는 깜짝 놀랐다. 우루과이 수비수는 공을

---

* 1974년 서독 월드컵은 6월 13일에 개막전이 열렸고, 7월 7일에 결승전을 치렀다. 1974년 스페인컵 결승전은 6월 28일에 열려 기간이 겹쳤다. 참고로 당시 프랑코 정권 치하의 스페인컵 명칭은 '장군배(Copa del Generalisimo)'였다.

갖고 한가롭게 움직이다 순식간에 오렌지색 유니폼을 입은 선수 5명에게 둘러싸였다. 전 세계 TV 시청자들 입장에서는 멸종된 도도새를 보는 것이나 마찬가지였다. 크루이프는 월드컵에서 만난 거의 모든 상대 팀 선수들이 마치 아무런 대처 방안이 없는 것처럼 보였다고 회상했다. "우리가 5~6년 전에 포기한 축구를 하고 있더군요."[132]

필터 없는 '카멜' 담배를 여러 보루 보급받고[133] 원기가 충전된 크루이프는 준결승전에서 압도적인 기량을 펼쳤다. 하지만 뮌헨에서 열릴 서독과의 결승전 하루 전, 독일 타블로이드지 〈빌트〉는 다음과 같은 제목의 기사를 1면으로 보도했다. '크루이프, 샴페인, 그리고 벌거벗은 소녀들'. 잠복 취재했다는 기자가 쓴 기사 내용에 따르면, 크루이프는 힐트룹(Hiltrup)에 있는 베이스캠프에서 대표팀 동료 선수들과 함께 여성 팬들을 불러들여 심야에 누드 수영을 즐겼다. (실망스럽게도 잠복을 함께했다는 사진 기자가 찍은 사진에는 아무도 없는 수영장만 나온다.)[134] 아내 대니는 스페인에서 이 소식을 듣고 크게 분노했다. 크루이프는 〈빌트〉에 나온 기사는 그들이 꾸며 낸 가짜 뉴스라고 맹세했다. 결승전을 앞둔 중요한 상황에서, 크루이프는 호텔에 하나뿐인 공중전화 부스 안에 들어가 아주 많은 시간을 보냈다. 가족에 헌신하면서 몰래 바람을 피우는 오랜 이중생활[135]이 끝을 향해 가고 있었다.

크루이프는 결승전에서 시작하자마자 40미터 드리블로 페널티킥을 얻어 냈다. (실제 반칙은 페널티 박스 바깥이었다.) 요한 네이스컨스(Johan Neeskens)가 강력한 페널티킥으로 홈 팀을 무너뜨렸다. 하지만 그 후 크루이프는 무기력하게 중원을 맴돌기만 했다. 크루이프의 형 헤니가 "행주처럼 맥 빠진 플레이였어요."라고 말했을 정도였다. 크루이프를 전담 마크한 서독 선수 베르티 포그츠(Berti Vogts)가 크루이프보다 더 많은 찬스를 만들어 내기 시작했다. 게르트 뮐러(Gerd Müller)의 슛이 용블루트 골키퍼를 꼼짝 못하게 만들면서 서독이 2-1 승리를 가져갔다.

크루이프는 대회가 끝났다는 사실에 그저 행복했다. 가족을 축구보다 더 중요하게 여겼던 크루이프는 가까스로 대니와의 결혼 생활을 평생 유지했다. 어쩌면 대니의 분노야말로 크루이프가 1978년 아르헨티나 월드컵에 불참한 가장 큰 이유였을지도 모른다. 크루이프가 아르헨티나 군부 정권에 저항하는 차원에서 월드컵 출전을 보이콧했다는 건 잘못된 정보다. 본인 입으로 명확하게 얘기한 적이 있기 때문이다. "사람들은 매번 나를 자유와 반항과 엮으려고 하지만, 정작 나는 그중 어느 것도 추구해 본 적이 없어요."[136]

독일의 저널리스트 울퍼트 슈뢰더(Ulfert Schröder)는 서독 월드컵 결승전을 크루이프 커리어의 '우울한 정점'이라고 불렀다.[137] 하지만 사실 네덜란드의 패배가 그렇게 비극적이었다고 보긴 어렵다. 작은 나라 네덜란드는 세계 2위라는 성과를 자랑스럽게 여겼기 때문이다. (1978년과 2010년에도 준우승의 성과를 냈다.)

마침내 크루이프는 그 패배를 '도덕적인 승리'라고 합리화하기에 이른다.[138] 어릴 적 친구들을 꺾기 위해 도미노나 모노폴리 같은 게임에서 속임수를 쓰곤 했던 사람이 도입한 새로운 범주였다.[139] 이 도덕적 승리라는 개념은 이후 평생 동안 그의 사상에 영향을 미치게 된다. 크루이프는 네덜란드 대표팀이 모두가 기억하는 아름다운 축구를 보여 줬기 때문에 '사실상' 월드컵에서 우승한 것이라고 주장했다. "생각해 보세요. 그날의 패배로 우리는 우승 팀보다 더 유명한 팀이 됐습니다."[140]

아름다운 축구는 부산물이 아닌, 패배했을 때조차 이길 수 있는 방법이 되었다. 크루이프가 말하는 아름다움은 종합적인 개념이었다. 선수들 개개인이 공을 갖고 보여 주는 기술이 아닌 안무로서의 축구를 의미했다. 크루이프는 천성적으로 리버풀의 빌 생클리*처럼 '모두를 위한 하나, 하나를 위한 모두'를 외치는 스타일이 아니었다. 축구를 가장 칭찬하는 표현이 '팀플레이'라고 믿었을 뿐이다. 1974년 이후, 크루이프는 아름답게 승리하는 법을 고안해 낸 '이상적인 축구 선수'[141]로 변해 갔다.

크루이프를 우상화하는 수많은 사람들이 믿는 것처럼, '도덕적 승리'라는 개념은 나중에 바르셀로나에 뿌리를 내리게 된다. 라포르타는 클럽 회장이 된 뒤 플라티니와 프란츠 베켄바워를

---

* 1970년대부터 1980년대까지 리버풀의 전성시대를 열어젖힌 전설적인 감독.

만나 이런 얘기를 한 적이 있다. "이기는 것도 중요하지만 바르사를 최고의 팀으로 만들고 싶습니다. 1974년의 네덜란드 대표 팀처럼 말이죠."[142]

1974년 월드컵 이후, 크루이프는 위대한 팀의 일원으로 뛰지 못하게 된다. 바르셀로나에서 다시는 리그 우승을 차지하지 못했고, 경기에 나갈 땐 꾸준히 화이트 카드(당시 스페인에서는 경고 카드의 색깔이 노란색이 아닌 흰색이었다.)를 받았다. 줄담배도 문제였다. 크루이프는 하프 타임 때 라커룸에서 제멋대로 담배를 피웠다. 할 수만 있다면 경기 도중에도 담배를 입에 물 기세였다. 암스테르담에서 온 친구 하나가 크루이프를 설득해 조깅을 나갔던 적이 있다. "50미터 정도 뛰더니 크루이프가 그러더군요. '넌 머리가 이상한 게 분명해.' 그러더니 조깅을 그만뒀습니다."[143] 20대 후반이 되자, 크루이프의 몸 상태는 하향 곡선을 그리기 시작했다.

크루이프의 바르셀로나 커리어 마지막 4년 동안 벌어진 가장 큰 사건이 1975년 11월 20일에 일어났다. 클럽 안내 직원 한 명이 사무국으로 들어와 임원 회의에 불쑥 끼어들더니 이렇게 외쳤다. "임원 여러분, 독재자가 죽었습니다." (나중에 클럽 회장이 될 산드로의 아버지인) 자우마 로셸(Jaume Rosell) 사무국장은 당시를 이렇게 회상했다. "반응은 둘로 나뉘었습니다. '와인 뚜껑을 땁시다.'라며 좋아하는 쪽과 겁에 질린 채 침묵에 빠진 쪽으로요." 그날 저녁, 당시 바르사 회장이던 몬탈은 평소처럼 집무실에 놓여 있던 프랑코 흉상을 로셀 쪽으로 집어던졌다. 로셀을 빗나간 흉상은 벽에 부딪힌 뒤 부서졌다. "젠장, 우리는 그 흉상이 너무 단단해서 절대 깨지지 않을 거라고 생각했었는데, 지금 보니 그저 더러운 석고상일 뿐이었어요!" 지미 번스가 쓴 책《바르사: 민중의 열정》이란 책에서 인용한 로셀의 반응이다. 그럼에도 불구하고 몬탈 회장은 '우리 클럽은 누구도 대신할 수 없는 국가의 상실감에 슬픔이 가득합니다'[144]라는 충성스런 내용이 담긴 전보를 재빠르게 송신했다.

한 달이 지난 뒤, 레알 마드리드가 바르셀로나 홈으로 원정 경기를 왔을 때 캄 노우에는 수백 개가 넘는 카탈루냐 깃발이 나부끼고 있었다.[145] 경찰관들은 곧 진압봉을 꺼내 들고는 카탈루냐 자치권을 외치는 시위대를 때려잡기 시작했다. 스페인의 미래가 위태로운 시기였다. 만일 1970년대 중반에 스페인과 유고슬라비아 중 어떤 나라에서 유럽 민주주의가 자리 잡을 것인지, 어떤 나라가 내전으로 엉망이 될 것 같은지 질문했다면, 대부분 정답을 맞히지 못했을 것이다.

프랑코 정권 말기에 완화되기 시작한 카탈루냐어 사용 금지는 프랑코의 죽음과 함께 폐기됐다. 1976년 지역 신문과 라디오 들은 바르사 소식을 카탈루냐어로 전하기 시작했다. 카탈루냐어에는 축구에 관련된 단어가 거의 없었기 때문에 사람들은 축구 용어를 만들어냈다.[146] 크루이프는 바르사 주장으로는 처음으로 카탈루냐 깃발이 새겨진 완장을 차게 됐다. 하지만 마음은 온통 다른 일에 쏠려 있었다. 크루이프는 프랑코가 사망한 뒤 몇 달 동안 바르셀로나의 새 감독 헤네스 바이스바일러(Hennes Weisweiler)를 앞장서서 반대했다. 독일 출신의 감독은 상대 팀 선수들이 대놓고 때려도 심판이 제지하지 않던 원정 경기에서조차 크루이프를 최전방 공격수 자리에 계속 박아 두려고 했다. 하지만 크루이프는 미드필드에 머물면서 상대 수비의 거친 플레이를 피하고 싶었다.[147] 프랑코 사망이 카탈루냐를 해방시켰다면, 넉 달 뒤 바이스바일러 감독 경질은 크루이프에게 해방이나 마찬가지였다. 바이스바일러는 바르셀로나를 감독하는 건 별로 어렵지 않았지만, "크루이프와 일하는 건 불가능했습니다."[148]라고 결론지었다. 후임으로 미헬스 감독이 복귀했지만, 그 뒤 2년간 그다지 성공적인 시기를 보내진 못했다.

크루이프는 그 뒤 계속 바르사에 머무르며 1978년 프랑코 사후 처음으로 열린 민주적 회장 선거에서 주제프 류이스 누녜스가 회장이 되는 걸 도왔다. 당시 크루이프는 사이가 좋지 않던 페란 아리뇨(Ferran Ariño)가 회장이 될 경우 바르사를 떠나겠다고 위협했다. 사실 크루이프는 서른한 살밖에 되지 않았던 그때 이미 선수 생활을 그만두기로 마음먹은 상태였다. "축구가 더 이상 재미있지 않았거든요." 나중에 크루이프는 그때 심경을 이렇게 회고했다.[149] 크루이프에게 축구는 갈등과 충돌의 게임이었고, 그래서 지쳐 가고 있었다. 경기력이 떨어지는 것도 두려웠다. 크루이프는 전성기가 지났다는 것을, 그래서 이제 다들 자기에게 덤벼들 때가 왔다는 걸 잘 알고 있었다.

　게다가 유괴 시도로 가족이 큰 위기를 겪는 일까지 벌어졌다. 1977년 크루이프의 아파트에 침입한 괴한이 크루이프의 머리에 총을 겨누고 바닥에 눕혔다. 크루이프답게 그는 대화를 시도하며 돈이 필요한지 물었다. 침입자가 크루이프를 결박하는 사이, 아내 대니가 집 밖으로 뛰쳐나가 도움을 요청했다. 대니를 따라 나간 괴한은 체포됐지만, 크루이프 가족은 그 뒤로도 공포에 떨어야 했다.[150]

　1978년 여름, 크루이프는 미헬스 감독과 동시에 바르사를 떠났다. 앞으로 수십 년을 공허하게 보내게 될지도 모른다는 생각이 들자, 크루이프는 다른 분야에서도 자신이 뛰어나다는 걸 입증하고 싶었다. 암스테르담 거리에서 가게를 운영했던 아버지를 비롯한 조상들처럼 자신에게도 사업가의 피가 흐른다고 생각했다.[151] 그 무렵 크루이프와 대니는 러시아계 프랑스인 몽상가인 미셸조르쥬 바실레비치(Michel-Georges Basilevitch)와 친하게 지내고 있었다. 바실레비치는 리스로 빌린 롤스로이스를 타고 바르셀로나 주위를 돌아다니던 모델 출신의 남자였다. 대니는 바실레비치가 "세계에서 가장 잘생긴 남자"라고 말하고 다녔다. 당시 크루이프는 여전히 장인어른인 코스터가 운영하는 회사의 대표였는데, 언젠가 코스터는 크루이프에 대해 한마디했다. "나 없이 크루이프가 할 수 있는 거라곤 오줌 싸는 것밖에 없다네."[152] 하지만 오이디푸스 콤플렉스에서 벗어나려는 크루이프는 부부의 새로운 친구와 일을 하기 위해 장인어른을 내쳤다.

바실레비치는 크루이프가 힘들게 번 돈을 다양한 벤처 사업에 투자하도록 유도했다. 그중에서도 가장 끔찍했던 투자는 돼지 농장 사업이었다.[153] 2015년에 그 시절을 돌아보며 크루이프는 어처구니없다는 듯 웃었다. "요한 크루이프가 양돈 사업에 뛰어들 거라고 누가 상상이나 했겠어요? 결국 이렇게 되뇌게 됐죠. '돼지들은 잊자. 내가 할 일은 축구야.'"[154]

★

크루이프는 은퇴와 거의 동시에 파산하고 말았다. 그래서 다시 선수로 복귀해야 했다. 1979년 크루이프는 밀린 세금과 빚을 처리하지 않은 채 스페인을 떠나[155] 미헬스 감독이 있던 로스앤젤레스 아즈텍스에 합류했고, 그 뒤 워싱턴 디플로매츠로 옮겼다.

크루이프의 커리어에서 미국 시절은 괄호 처리가 될 정도로 무시되는 경향이 있다. 하지만 그 시기에 대한 책을 집필한 피터르 판 오스(Pieter van Os)는 적어도 한 가지 측면에서만큼은 아주 중요한 시기였다고 말한다. 미국에서 크루이프는 자기가 타고난 사업가는 아니지만, 남을 가르치는 일에 재능이 있다는 걸 깨달았다는 것이다. 크루이프는 축구에 다시 재미를 붙였고, 남들에게 축구 얘기를 해 주는 게 즐겁다는 걸 알게 됐다.

북미축구리그(NASL)는 미국인들을 축구장으로 끌어와야 한다는 미션을 갖고 있었다. 다 늙어서 돈벌이로 미국에 건너갔던 유럽 스타들과 달리 크루이프는 NASL에 진심이었다. 아이들을 위한 축구 클리닉을 열고, TV 쇼에 출연하는 데 많은 시간을 할애했다. 일하는 게 정말 즐거웠기 때문이다. "보여 주고 알려 주고, 알려 주고 보여 주는 게 일상이었습니다."[156]

디플로매츠의 동료들은 미국에서 크루이프의 말을 귀담아 듣지 않는 유일한 축구인들이었다. 크루이프 인생에서 영국 축구 문화를 심도 있게 접한 때는 워싱턴에서 뛰던 당시가 유일했는데, 한마디로 충격이었다. 디플로매츠의 감독인 고든 브래들리(Gordon Bradley)와 대부분의 선수들은 잉글랜드 하부 리그 출신이었다. 맥주를 즐겨 마시던 이들은, 전술 얘기를 지껄이는 크루이프를 별로 좋아하지 않았다.[157] 한번은 브래들리 감독이 경기 전 전달 사항을 얘기하고 나가자, 크루이프가 일어나 감독이 칠판에 써 놓은 전술 지시를 지워 버리고는 이렇게 말했다. "분명히 말하지만, 우리는 완전히 다르게 플레이할 거야."[158] 어느 순간부터 크루이프는 동료들에 대한 기대를 버렸고, 조직력을 끌어올리려는 노력 대신 자기가 잘하는 골 넣는 일에만 집중하겠다고 선언했다.[159]

1981년, 서른네 살이 된 크루이프는 가족들과 함께 네덜란드로 돌아왔다. 내가 크루이프를 봤던 게 이 무렵이다. 당시 나는 암스테르담 남부의 작은 마을 레이던(Leiden)에 사는 축구에 미친 열두 살짜리였다. 네덜란드 축구의 황금기가 막 끝난 직후였다. 비가 와서 아마추어 클럽의 경기들이 취소된 주말이면 쿠퍼 집안에는 깊은 절망의 시간이 찾아 왔고, 우리는 클럽 하우스에서 1974년 월드컵과 1978년 월드컵 영상을 시청했다. 이것은 일종의 국가적인 의식이었다. 한 친구 녀석은 자신이 어릴 때 몸담았던 팀에서는 다들 모여 네이스컨스가 1974년 월드컵 결승전 킥오프 1분 만에 페널티킥으로 득점하는 장면을 보곤 했다고 말했다. 결과가 어떤지 뻔히 알면서도 다들 점프할 만큼 좋아했다면서 말이다.

토털 풋볼 관련 정보는 다 사라져 버렸다. 마치 로마 제국이 몰락한 뒤, 도시로 깨끗한 물을 공급하는 방법에 관한 지식들이 사라진 것처럼. 바로 그때, 그러니까 1981년 크루이프가 다시 관중 수 연동 연봉 계약을 맺으며 아약스에 입단했다. 나는 아버지께 우리 형제를 크루이프의 복귀전인 12월 6일 아를렘(Haarlem)전에 데려가 달라고 졸랐다. 네덜란드 팬들은 잔뜩 흥분했지만, 그러면서도 회의적인 생각을 품었다. 크루이프는 서른네 살인데다 몸도 예전 같지 않은 선수였다. 돈만 밝히는 '머니 울프(Money Wolf)'는 경기도 제대로 못하면서 마지막으로 한 몫 잡으려고 복귀한 것이었을까?

나는 아약스에 전화를 걸어 그날 경기 입장권이 매진됐는지 물었다. "전혀 매진이 아니에요." 전화를 받은 여자가 나를 안심시켰다. 하지만 우리가 일요일에 경기장을 찾았을 때, 표가 전부 팔려 입장할 수 없었고, 나는 엉엉 울었다. 결국 우리는 늘 그랬듯이 일요일 저녁에 방영되는 '스투디오 스포르트(Studio Sport)'에서 하이라이트로 그 경기를 보게 됐다. 경기 시작 후 22분이 지났을 무렵, 크루이프가 동료의 패스를 받아 수비수 두 명을 순식간에 제치더니 박스 바깥에서 에드바르트 메트흐오트(Edward Metgod) 골키퍼 머리 위로 로빙슛을 날렸다. 이 골로 모든 논란이 잠잠해졌다. 크루이프가 어릴 적 살았던 집 바로 맞은편에 위치한 이 작은 경기장에서 세월이 어디론가 사라져 버렸다. 이곳은 다시 1972년으로 돌아갔다.

그날 저녁 '스투디오 스포르트'에 출연한 크루이프는 그 골이 계산된 플레이였다고 설명했다. 옛 동료였던 용블루트가 메트흐오트의 골키퍼 코치라는 걸 확인한 크루이프는, 용블루트가 모름지기 골키퍼는 가까운 쪽 포스트에서 전진해야 한다고 생각한다는 걸 떠올렸다. 경기 시작 후 메트흐오트가 그렇게 움직이는 걸 본 크루이프는, 기회가 생기자 먼 쪽 포스트를 향해 로빙슛을 날렸다.[160]

그때부터 경기장은 전국에서 몰려든 사람들로 가득 찼다. '크라위피(Cruijffie)'를 마지막으로 보고 싶어 하는 사람들이 많았던 것이다. 주심과 상대 팀 수비수들은 암묵적으로 크루이프를 국보처럼 조심히 다뤘다. 너무 귀하게 여겨서 반칙조차 하지 않았다.

크루이프는 자기보다 기술이 더 좋은 선수들은 많다고 늘 얘기했다.[161] 하지만 어린 시절부터 크루이프에게는 다른 선수들이 보지 못하는 걸 보는 능력이 있었다. 그리고 크루이프가 성인이 된 뒤에는 그보다 상황을 빠르게 파악하는 선수는 없었다.[162] 언젠가 크루이프는 서른이 되기 전까진 모든 플레이가 본능에 따라 이뤄졌다고 말한 적이 있다. 서른이 지난 뒤에야 왜 그렇게 플레이했는지 깨닫기 시작했다는 것이다.

크루이프는 문전에 있는 동료에게 축구화 바깥쪽으로 패스를 넣어 주곤 했는데, 이걸 예측하지 못한 TV 카메라가 공을 따라잡지 못하는 일이 많았다. 네덜란드로 돌아온 크루이프는 이제 담배 한 보루를 가져오는 기자라면, 누구에게나 축구에 관해서 길게 설명할 수 있는 사람이 됐다. 당시 크루이프가 에디손(Edison)과 나눈 인터뷰를 매주 〈부트발 인터내셔널(Voetbal International)〉* 에서 읽을 수 있었던 것처럼.

크루이프는 이해하기 힘들 때가 많은 사람이었다. 머릿속에 든 생각에 비해 그가 쓸 수 있는 어휘는 한정적이었고, 자기주장을 펼 때면 중요한 부분을 건너뛰기 일쑤였다. 하지만 니코 스헤입마커는 말했다. "크루이프가 말이 안 되는 헛소리를 지껄

---

* 1965년에 창간된 네덜란드의 축구 전문 주간지. 2017년 역대 최고의 축구 선수 100인을 발표하면서 크루이프(3위)를 펠레(4위)보다 높게 평가했다. 1위는 메시, 2위는 마라도나.

일 때조차 늘 재미있었죠."[163] 결국 크루이프는 TV에서 자기 이름으로 된 쇼를 진행하게 됐는데[164], TV 채널이 두 개밖에 없는 네덜란드의 상황을 감안하면 굉장한 보상이라 할 만했다.

크루이프는 네덜란드 축구의 모든 것을 가르쳤다. '기하학으로서의 축구'라는 네덜란드 축구의 언어를 만들어 낸 인물이기도 했다. "다른 나라들은 늘 더 돈이 더 많고, 땅도 넓고, 사람도 많습니다. 네덜란드는 머리를 써서 답을 얻어야 합니다."[165]

크루이프는 레이던의 울퉁불퉁한 땅에서도 활용할 수 있는 것들을 이야기했다. '패스는 언제나 가장 앞쪽에 있는 동료에게 하라.' '횡패스는 절대로 해서는 안 된다. 만약에 차단될 경우 상대가 (패스를 주려던 선수와 받으려던 선수) 2명을 이미 제친 셈이 되기 때문이다.' '패스는 동료의 발 앞이 아니라 한두 발짝 앞으로 줘야 한다. 패스를 이렇게 주면 받는 동료가 공을 향해 뛰게 되므로 몸에 가속이 붙기 때문이다.' '패스는 늘 동료가 잘 쓰는 발쪽으로 줘라.' '공을 받을 때는 상대 팀 골문 쪽을 향해야 한다.' '상대 수비가 2~3명 붙었다면 경기장 반대쪽으로 패스하라. 논리적으로 볼 때 그쪽에 한두 명이 적을 테니까.' '상대 팀에서 가장 기량이 떨어지는 선수는 수비하지 말고, 공을 잡게 되면 그때 압박하라.' '팀에 집중력이 떨어지면 위험한 반칙을 저질러서 다들 정신이 번쩍 들게 해라.' '자기 경기력이 떨어졌다고 생각되면 가장 가까운 곳에 있는 동료에게만 몇 차례 패스를 줘라. 그러면 자신감을 되찾게 될 것이다.' '간결한 원터치 패스 축구를 해라. ('하지만 간결하게 플레이하는 게 가장 어렵다.'[166]—크루이프는 명백히 역설적인 상황을 좋아했다.) 크루이프는 '3번 선수(the third man)'에 관해서라면 끝없이 얘기를 나눌 수 있었다. 1번 선수가 2번 선수에게 패스하려고 할 때, 3번 선수는 어떻게 하면 정확하게 공간으로 침투할 수 있을까? 내가 축구에 관해 알고 있는 거의 모든 것은 크루이프에게서 배운 것이다.

1982년 12월 5일, 크루이프는 헬몬트 스포르트(Helmond Sport)와의 경기에서 페널티킥을 찰 준비를 하고 있었다. 하지만 슈팅을 하는 대신에 갑자기 공을 왼쪽으로 패스했고, 예스퍼 올센(Jesper Olsen)이 뛰어들어 이 공을 다시 크루이프에게 백 패스를 했다. (비밀리에 몇 시간 동안 연습한 장면이라고 했다.) 그리고 크루이프가 이 공을 빈 골대에 톡 차 넣었다. 헬몬트의 골키퍼와 수비수들은 이 모든 장면을 꼼짝없이 보고만 있었다. 너무 놀라 움직일 수 없었기 때문이다. 크루이프는 페널티킥의 개념을 파괴해 버렸다. 크루이프가 보여 준 메시지는 이러했다. '축구의 모든 관습을 처음부터 다시 생각하라.'

아약스 경기가 끝날 때마다, 나는 친구들과 동네 스낵바에 앉아서 우리 팀이 뭐가 잘못됐는지에 관해 크루이프의 관점에서 논쟁을 벌이곤 했다. "너는 맨 앞에서 10미터나 앞에 나가 있었다고." 열여섯 살이 되어 다시 잉글랜드로 돌아왔을 때, 나는 잉글랜드에서는 선수들이 축구에 관해 전혀 토론하지 않는다는 걸 알게 됐다. 그저 서로에게 소리만 지를 뿐이었다. "이런 X같이 헤딩도 못하는 것들아!" "블루스 파이팅!" 1997년 뤼트 홀리트(Ruud Gullit)가 첼시에서 뛰던 시절에 대해 들려준 얘기가 있다. "네덜란드에서는 라커룸에 있는 모든 선수들이 자기가 아는 게 최고라고 생각해요. 이탈리아에서는 모두가 어쩌면 자기가 아는 게 최고일지도 모른다고 생각하고요. 하지만 누구도 감독한테 자기 생각을 얘기할 엄두를 못 내죠." 나는 "잉글랜드 선수들은 어떤가요?"라고 물었다. "잉글랜드 라커룸에서요? 그냥 다들 웃기만 하던데요."

크루이프에게서 많은 걸 배운 네덜란드 선수들은 당시 17~21세 정도로 이제 막 재능에 꽃을 피운 나이였다. 크루이프가 아약스로 복귀했을 때 함께 뛰었던 프랑크 레이카르트, 로날트 쿠만, 헤랄트 파넌뷔르흐(Gerald Vanenburg)*, 마르코 판 바스턴(Marco van Basten) 등이 여기에 해당된다.

훈련장에서, 라커룸에서, 그리고 경기가 열리는 동안에도 크루이프는 이 어린 선수들이 귀찮아할 정도로 조언을 했다. 크루이프는 격식이나 위계를 따지지 않았다. 10대 선수와 한 시간 동안 논쟁하는 걸 마다하지 않았다. 문제는 어린 선수들을

---

* 네덜란드 국가 대표 윙어. 1988년 히딩크의 PSV가 유러피언컵 정상에 오를 때 맹활약했고, 같은 해 네덜란드가 유럽선수권대회에서 우승할 때 전 경기에 출전했다.

가르칠 때마다, 크루이프의 표현에 따르면, '암 덩어리 같은 놈 (kankeren)' 같은 네덜란드 욕을 너무 많이 썼다는 점이다. 크루이프 눈에 든 재능 있는 선수들이 가장 심한 괴롭힘을 당했다. 크루이프에게 평범한 선수들을 괴롭힐 시간은 없었다. 절대로 칭찬하는 법이 없었고, 모두가 하는 얘기에는 거의 대부분 강박적으로 반대했다. 토론을 할 때도 축구처럼 꼭 이겨야 직성이 풀리는 사람이었다. 암스테르담 어디에 신호등을 설치하는 게 옳은지부터 탄산음료 뚜껑 따는 방법에 이르기까지, 세상 모든 일을 누구보다도 더 잘 아는 것처럼 굴었다.[167] 언젠가는 판 바스턴을 눈물 바람이 나게 한 적도 있다.[168] 한 인터뷰에서는 파넌뷔르흐는 절대 리더가 될 수 없을 거라면서 그 이유로 목소리가 끽끽거린다는 얘기를 한 적도 있다. 몇 년 뒤에 만난 파넌뷔르흐는 나에게 "크루이프에게서 배운 건 '하지 말아야 할 것들'이었어요."라고 말했다.

크루이프는 개의치 않았다. 마음에 들지 않는 팀 동료나 윗사람들을 대신 공격해 줄 충성스런 기자들을 종신 개인 경호원으로 삼기 시작했다. 크루이프는 미헬스 감독에게서 배운 '충돌 모델'에 변함없는 신뢰를 보였다. '충돌'은 양쪽 모두에게 증명해야 할 무언가를 던져 준다는 점에서 생산적이었다. 사실 이러한 주장은 크루이프의 타고난 성격을 감안하면 그저 핑계였을지 모른다.

크루이프는 아약스에서 1982년과 1983년 리그 우승을 차지했다. 그 뒤 아약스는 몸값이 비싼 크루이프와 재계약을 하지 않았다. 그러자 서른여섯 살이 된 크루이프는 놀랍게도 '숙적' 페예노르트로 이적하는 선택을 했다. 이 팀에는 또 다른 유망주인 스물두 살의 훌리트가 있었다. 하지만 크루이프는 페예노르트 선수들이 전술적으로 아무런 지식이 없다는 데 크게 놀랐다. 2초 만에 6명을 상대로 고함을 질러야 할 때가 있었을 정도였다.[169] 페예노르트 동료들은 어린 선수들과 다를 게 없었다. 공 소유권을 갖게 되면 모두가 자신이 골을 넣을 것처럼 앞으로 내달리기만 했다. 오로지 크루이프만 뒤에 남아 중년의 몸을 이끌고 상대의 역습에 대비해 수비의 빈 공간을 채우곤 했다. "공을 빼앗기기 전에 수비 조직이 갖춰져 있어야 해. 빼앗긴 뒤에는 너무 늦는단 말이야.", "축구는 눈에 보이는 게 다가 아니야. 상대가 공을 갖고 있는 후반 43분에 너희들이 차지하고 있는 위치가 중요하다고.", "그렇게 한다고 칭찬해 주는 사람은 없겠지만 그런 플레이가 경기를 이기게 하는 거야.", "선수라면 공을 만지지 않을 때에도 뛰어난 경기를 펼칠 수 있어야 해." 크루이프가 팀 동료들을 가르치면서 한 얘기들이다. 당시 페예노르트 수비수였던 샤크 트로스트(Sjaak Troost)는 프로가 된 뒤 5년간 배운 것보다 크루이프와 함께 뛴 1년 동안 배운게 더 많았다고 회고했다.[170]

1984년 크루이프는 경력이란 차를 모는 것과 같다면서 이렇게 설명했다. "초기에는 누구나 자기가 아주 철저하게 집중하고 있다고 생각합니다. 모든 면에서요. 그런 다음 자동적으로 반응하는 단계가 오죠. 그러고 나면 세 번째 단계가 옵니다. 고개를 들면 내 앞에 차가 2~3대 있는 게 보이는 겁니다."[171] 위대한 선수들에 대한 진부한 표현처럼, 크루이프가 경기 중에 세 수를 미리 볼 수 있었던 것은 아니다. 다만 모든 공격 작업이 언제든 금세 허물어질 것 같은, 카드로 만든 집이라는 걸 이해했을 뿐이다. 그래서 카드가 어디로 무너질 지를 본능적으로 맞힐 수 있었다.

크루이프는 페예노르트 선수들이 우르르 달려갈 때 뒤로 빠져 있었다. (나중에 커피와 케이크를 먹을 때는 그렇지 않았다!)[172] 하지만 그는 이 팀에서 보낸 유일한 시즌에도 네덜란드 리그와 컵 대회에서 모두 우승하며 '더블'을 달성했다. 서른일곱 살의 나이로 네덜란드 '올해의 선수상'을 수상하기도 했다. 1984년 5월 13일 오후 4시 6분, 선수 경력의 마지막 경기인 PEC 즈볼러(PEC Zwolle)전에서 크루이프가 교체 아웃됐다. 팀 동료 두 명이 기어이 그를 어깨 위로 들어 올려 걷기 시작하자, 크루이프는 거절하는 걸 포기하고 한숨을 내쉬었다. 운 좋게도 그 상태가 길어지진 않았다. 곧 청바지를 입은 구단 직원 한 명이 크루이프를 데리고 터널을 지나 라커룸 문을 열었다. 크루이프 전기를 집필한 니코 스헤입마커는 기자석에서 이 마지막 퇴장을 지켜보고 있었다. 스헤입마커는 경이로운 저서인 《크루이프, 헨드리크 요하네스, 경이로운 선수》에 그 순간을 이렇게 기록했다. "나는 기자석 책상을 반으로 접었다. 그러고는 자리에서 일어나 지난 20년 동안 내 인생을 의심의 여지없이 더 즐겁고 풍부하게 만들어 준 한 남자에게 짧은 박수를 보냈다."[173] 나 역시 마찬가지였다.

IV

안무가

아약스와 바르셀로나에서 보낸 11년이 전부였던 크루이프의 감독 경력은 1996년 캄 노우에 있는 자기 사무실을 때려 부수면서 끝났다. 크루이프는 감독 생활을 선수 시절만큼 즐기지 못했다. "피치에서 멀어질수록 끔찍해지더라고." 나중에 크루이프가 차비에게 한 말이다.[174] 크루이프가 펩 과르디올라나 루이스 판 할처럼 좋은 감독은 아니었을지 모른다. 하지만 두 사람 모두 (판 할은 한 번도 동의한 적이 없지만) 크루이프 철학의 추종자들이었고, 크루이프는 창시자였다. 크루이프가 없었다면 아마도 과르디올라는 없었을 것이다. 메시, 차비, 이니에스타 역시 없었을지 모른다.

선수에서 은퇴한 크루이프는 1년 동안 쉰 뒤, 1985년 아약스 감독으로 부임했다. 당시 네덜란드 축구는 정체성을 잃어버린 상태였다. 1970년대를 휩쓴 '토털 풋볼'은 1980년대 들어서는 모두의 기억에서 사라진 상태였다. 크루이프는 그걸 되살렸다. 크루이프가 나중에 바르셀로나의 트레이드마크가 될 축구 스타일을 선보인 게 바로 1980년대 중반 암스테르담에서였다. 크루이프의 아약스는 공격 축구를 구사했다. 크루이프가 벤치에 앉아 지루한 시합을 보고 싶어 하지 않았기 때문이다. 관중들이 크게 웃고 휘파람을 불면서 경기장을 떠나도록 만들어야 했다.[175] 설령 경기에 패배하더라도 크루이프는 타협하지 않았다. "죽을 땐 죽더라도 자기 생각이 있어야 합니다."[176]

크루이프가 아약스에서 가장 먼저 한 일은 U-8(8세 이하)팀부터 1군까지 모든 팀이 동일한 4-3-3 포메이션을 채택하도록 한 것이다. 크루이프는 4-3-3 포메이션이 경기장 전체에 걸쳐 패스 삼각 지대를 만들어 내지만, 4-4-2는 사각형만 여러 개 만들어 낼 뿐이라고 설명했다. 그러면서 크루이프는 경기 내내 네 명이 수비할 필요가 없다고도 했다. 크루이프의 원칙은 우리 팀 수비수가 상대 팀 공격수보다 한 명만 더 있으면 된다는 것이었다. 당시 대부분의 네덜란드 팀들은 공격수를 두 명 배치했기 때문에, 수비수는 세 명이면 충분했다. 이러한 구도는 중앙 수비수 한 명(주로 로날트 쿠만)이 기회가 있을 때마다 미드필드로 자유롭게 전진해 3-4-3 형태를 만들도록 했다. 이렇게 되면 중원을 지배하는 팀이 공 소유에서 앞설 수 있기 때문에, 피치 위에 여러 개의 삼각 지대를 유지할 수 있어 아약스는 중원에서—크루이프 교리의 필요조건인—수적 우위를 갖게 된다.

수비수 세 명을 길게 늘어세우고 플레이를 해도 무서울 게 없다는 듯, 크루이프는 이들을 아예 중앙선 위에 배치시켰다. 크루이프의 목표는 필드 플레이어 10명이 모두 상대 팀 진영에 계속 머물게 하는 것이었다. 1970년대에 아약스가 그랬던 것처럼, 볼 소유를 잃게 되면 팀원 모두가 볼을 되찾기 위해 압박했다. 만약에 아약스의 최종 수비수와 최전방 공격수 간의 거리가 32미터를 넘지 않는다면, 상대는 플레이할 수 있는 공간을 갖지 못하게 된다. 밀집된 전형은 아약스 공격수들이 전방 압박에 필요 이상의 힘을 쓰지 않아도 된다는 것을 의미했다. "내가 지도하는 팀에서는 말이죠. 공격수는 15미터만 커버해 주면 됩니다. 멍청하거나 졸고 있는 게 아니라면요." 크루이프가 말했다.[177]

아약스의 골키퍼 스탠리 멘조(Stanley Menzo)는 경기장 절반을 혼자서 책임져야 했다. 동네 축구 골키퍼들처럼 페널티 박스 앞에서부터 경기를 풀어 나가야 했던 것이다. 멘조는 궁금해졌다. "감독님. 만일 상대 팀 선수가 하프 라인에서 로빙슛을 때리면 어떡하죠?" 크루이프가 답했다. "박수쳐 주면 되지."

아약스 선수 누구도 이런 시스템에서 축구를 해 본 적이 없었다. 크루이프는 경기 중 선수들에게 일일이 지시를 내리지 않을 참이었고, 그래서 선수들이 스스로 사고하는, 자율적인 크루이프식 선수가 될 수 있도록 '학습 과정'을 도입했다. 생각처럼 일이 풀리지 않았던 초창기 시합 중에는, 수비수 한 명이 벤치로 달려가 뭘 해야 하는지 물어보는 일도 벌어졌다. 크루이프는 이렇게 답했다. "혼자 힘으로 해결해 봐." 크루이프는 선수들이 자유로워지도록 밀어붙였다. 선수들이 새로운 걸 시도하면 그게 비록 좋지 않은 방향이라 해도 반색했다.[178] "전술을 지시하는 건 감독이라고들 말합니다. 그건 기껏해야 경기가 시작될 때까지예요. 나머지는 선수들 몫입니다. 선수들이 만들어 나가는 것이죠."[179] 크루이프 역시 우승을 원하는 감독이었지만, 그에게는 가르치는 일이 더 중요했다. 벤치에 앉아 현재 스코어를 까먹는 일도 있었다.

크루이프는 규칙에 얽매이지 않는, 직관적인 스타일의 감독이었다. 거대한 이론을 펼쳐 보이려고 할 때면, 쓸 수 있는 단어가 제한적이라 더듬거리기 일쑤였다. 또한 매일같이 언쟁을 벌이는 데에 정신이 팔리기도 했다. 딱히 고집하는 훈련 방식도 없었다. 따로 적어 둔 훈련법이 하나도 없을 정도였다.[180] 체력 훈련에서 재미를 느끼지 못한 뒤로는 코치들이 주관하도록 내버려뒀다. 탈의실에서 피치로 걸어가는 길에 아침 훈련을 정하기도 했다.

크루이프가 가르치는 모든 것은 자신의 경험에서 비롯된 것이었다. 훈련 시간은 짧았지만 선수들은 완전히 집중해야 했다. 그는 이후 FC 바르셀로나를 비롯한 세계 여러 클럽에서 가장 중요한 훈련이 된 론도(rondo)를 가르치는 데에 대부분의 시간을 할애했다. 론도는 크루이프가 발명한 훈련은 아니다. 하지만 그걸 대단한 것으로 만든 사람이 크루이프였다.

론도는 본질적으로는 두 사람 사이에 놓인 한 명이 공을 빼앗는 게임이다. 몇몇 선수들이 서로에게 공을 패스하면 수비수들은 그걸 가로채야 한다. 4~5명이 수비수 둘을 상대로 패스를 주고받는 게 일반적인데, 숫자는 얼마든지 바꿀 수 있다. 게임의 난이도를 높이려면 패스하는 공간을 줄여 버리면 된다. 조커를 활용하는 방법도 있다. 예측 불가능한 상황에 반응하는 방법을 가르치기 위해서라면 럭비공으로 론도를 할 수도 있다. 원하는 규칙을 얼마든지 추가하면 된다. 론도는 크루이프가 골목 축구를 하던 어린 시절을 떠올리게 했다. 크루이프에게 론도는 스포츠의 필수 요소, 즉 시간과 장소, 그리고 패스와 기하학으로서의 축구에 필요한 모든 것을 갖춘 훈련이었다.

크루이프는 론도를 잘하는 선수가 축구도 잘한다고 믿었다. 두 게임의 공통점은, 팀 동료가 대각선 패스로 연결해 줄 수 있는 위치를 선점하는 게 유리하다는 점이다. 가능한 한 많은 공간을 확보할 수 있도록 몸의 위치를 조정해야 하며, 뚜렷한 목표 없이 공을 움직여서는 안 된다. 생각 없이 패스하는 건 금물이다. 최선은 수비 라인을 찢어 버리는 스루 패스다. 그리고 짧은 패스와 긴 패스를 번갈아 구사하면서 플레이 위치를 한쪽에서 다른 쪽으로 전환해 버리면, 상대는 공을 쫓아 앞뒤로 움직이다 수비 조직이 무너지게 된다.

론도와 실제 경기 모두, 수비하는 팀은 공 주위에 공격 팀보다 많은 수의 선수들을 배치하면서 공 소유권을 따낸다. 만일

하나만 남겨 놓고 모든 패스 길을 차단한다면, 공이 어디로 움직일지 아는 것은 어려운 일이 아니다. 첫 번째 태클로 공을 따내지 못했다고 하더라도, 패스가 빗나가게 만들어 세컨드 볼을 따낼 수 있다.

무엇보다 론도는 달리기가 필요 없는 게임이었고, 그래서 은퇴한 크루이프도 참여할 수 있었다. 크루이프는 종종 의도적으로 잘못된 위치에 서서, 누가 그걸 지적할 때까지 기다리기도 했다.[181] "내가 감독이라고 느낀 적이 없어요. 언제나 선수처럼 참여했습니다."[182] 한마디로 감독의 마인드로 뛰는 선수였던 크루이프는 이제 선수처럼 가르치는 감독이 되어 있었다.

당연히 크루이프는 아약스를 논쟁의 장으로 바꿔 놓았다. 선수들은 크루이프가 (예시는 거의 들지 않으면서) 끊임없이 퍼붓는, 억지에 가까운 주장 때문에 지쳐 가기 시작했다. 그중에는 과거에 크루이프와 함께 뛰면서 이미 (같은 종류의) 고통을 받았던 선수들도 여럿 포함되어 있었다. "'제발 좀 닥치세요!' 이렇게 말하고 싶어서 미칠 지경이었어요." 로날트 쿠만의 회고다. 하지만 크루이프는 선수들에게 매일 새로운 걸 보여 주는 감독이었다. 당시 선수였던 레이카르트는 크루이프의 모습을 "끊임없는 창조 욕구"라고 진단하기도 했다.[183] 크루이프는 선수들에게 호흡법을 가르치기 위해 오페라 가수를 초빙하기도 했다. 오늘날 크루이프 레퍼토리의 일부로 남아 있는 전략도 이 시절에 만들어졌다. 예를 들자면 이렇다. 만일 압박을 받는 상황이라면 수비수를 한 명 더 끌어올리기보다는 공격수를 내려보내라. 그러면 상대도 딸려 내려오게 될 것이다.

크루이프는 필드 위에서 선수 시절 자신이 맡았던 역할을 수행할 적임자를 끊임없이 찾아다녔다. 미헬스 감독이 '선수' 크루이프를 가졌던 것처럼 경기 내내 시합에서 벌어지는 모든 일에 책임질 수 있는 선수를 원했다. 마침내 크루이프가 선택한 적임자는 아약스 최고의 선수인 레이카르트였다. 크루이프는 레이카르트가 크루이프 자신처럼 되고 싶은 욕심이 없다는 걸 알아채지 못했다. 레이카르트는 온순한 영혼의 소유자였고, 관찰자이자, 심리학자의 마음을 가진 사람이었다.

크루이프는 본인 특유의 교육 방법, 즉 따돌림, 괴롭힘, 통제력을 얻기 위한 협박 같은 방식을 동원해 레이카르트를 한계까지 밀어붙였다. 급기야 레이카르트는 훈련 조끼를 벗어던지며 이렇게 외쳤다. "그렇게 끊임없이 잔소리하려거든 콜레라나 걸려 버려라!"[184] (네덜란드의 오래된 욕에는 대부분 끔찍한 병명이 들어간다.) 그러더니 훈련장을 나가 버렸다. 이런 상황을 겪어 본 적이 없던 크루이프는 레이카르트를 레알 사라고사로 임대를 보낼 수밖에 없었다.

크루이프는 매일 사람을 다뤄야 하는 일이 자기 성격에는 어울리지 않는다는 걸 깨달았다. 그는 축구팀은 '천재'와 관리자 2인 1조로 운영돼야 한다는 생각을 종종 내비쳤다.[185] 이것은 크루이프가 절대 풀지 못했던 딜레마였다. 그가 이끄는 조직은 언제나 조직력보다는 천재성에 더 무게가 실렸다. 하지만 길게 볼 때 크루이프식 '괴롭히기'는 성과를 냈다. 1987년, 크루이프가 이끌던 어린 아약스는 유러피언 컵위너스컵 정상에 올랐다. 1970년대 이후 네덜란드 팀으로는 처음으로 따낸 유럽 무대 우승 트로피였다.

1988년, 크루이프가 길러낸 영재들인 마르코 판 바스턴, 프랑크 레이카르트, 로날트 쿠만, 뤼트 훌리트, 헤랄트 파넌뷔르흐, 얀 바우터스(Jan Wouters)는 미헬스 감독과 함께 오렌지 군단의 유일한 우승인 유러피언 챔피언십(유로 1988) 정상을 차지했다. 그중 대부분의 선수들은 소속 클럽에서도 유러피언컵 우승을 경험하게 된다. 크루이프가 없었다면, 그들은 절대로 그렇게 뛰어난 실력을 갖추지 못했을 것이다. 쿠만은 "크루이프는 내가 축구에서 승패를 결정짓는 수백만 가지의 디테일을 이해하는 데에 도움을 줬습니다."라고 말했다.[186]

이탈리아에서 정기적으로 마라도나를 상대했던 레이카르트는, 마라도나가 드리블로 혼자 승리를 따낼 수 있는 선수였다면, 팀 동료 2명을 새로운 위치로 움직여 승리를 따내는 건 크루이프만이 가능했다고 회고했다. 2000년에 나를 만난 레이카르트는 이렇게 말했다. "저는 1970년대에 활동했던 선수들과 함께 성장했습니다. 나중에 저도 수준 있는 무대에서 최고의 선수들에 둘러싸여서 뛰었어요. 당신은 늘 1970년대 선수들을 추앙하는데… 저도 그 시절 축구의 진면목이나 논리적인 추론 같은 걸 좋아해요… 이를테면, '축구 읽기' 같은 거죠. '네가 거기 서 있고, 내가 여기에 있다면' 같은 생각 말입니다."

크루이프는 나에게 레이카르트에 대해서 신나게 떠든 적이 있다. "그 친구가 날카로워졌으면 해서 대판 싸우곤 했습니다. AC 밀란으로 이적한 뒤에야 제대로 받아들였더군요." 크루이프는 자기와 다툰 선수들에게 뒤끝이 거의 없었다. 아마도 그런 싸움을 즐겼기 때문일 것이다.

1987년 아약스에서의 마지막 몇 달 동안, 크루이프는 주목할 만한 TV 다큐멘터리를 한 편 찍었다.[187] 콘셉트는 단순했다. 크루이프와 네덜란드 국립 발레단의 아트 디렉터 뤼디 판 단치흐(Rudi van Dantzig)가 서로의 일터를 방문해 각자의 전문 기술을 두고 토론하는 것이었다. 크루이프는 발레리나와 발레리노 들이 '피, 땀, 눈물'을 쏟으며 힘들게 훈련하는 모습에 감명을 받았다.

판 단치흐가 아약스를 방문했을 때, 두 사람은 텅 빈 경기장의 뙤약볕 아래에 서서 선수들이 훈련하는 모습을 지켜봤다. 크루이프는 최고 수준의 무용은 아주 자그마한 부분에 달려 있지 않을까 상상했다며, 이렇게 말했다.

크루이프: 보세요. 당신 정도 수준의 발레리노라면 발가락만으로도 서 있을 수가 있죠. 그건 분명해요.
판 단치흐: 그렇습니다.

크루이프: 하지만 그게 다가 아니죠. 그걸 어느 위치에서 하는지, 똑바로 서 있을 건지, 아니면 딱 90도를 돌 것인지가 중요하잖아요. (크루이프가 무릎을 판 단치흐 쪽으로 돌렸다.) 그래야 다음 동작으로 나갈 수가 있는 거죠?

판 단치흐: 축구에도 이런 종류의 디테일들이 있습니까?

크루이프: 네! 그게 바로 제가 하려는 얘기예요.

그러면서 크루이프는 자신이 추구하는 축구의 몇 가지 디테일들을 잔디 위에서 몸으로 보여 줬다. 만약에 팀 동료가 약한 발로 공을 다루고 있다면, 선수는 그 동료 근처에 서서 패스를 받을 수 있도록 해야 한다거나, 만약 제3의 선수에게 패스를 할 생각이라면 몸이 그 선수를 향해 있어야 한다고 몸소 보여 주며 설명했다. 크루이프는 옆쪽으로 가상의 노룩 패스를 하는 시늉을 했다. "이건 통하지 않아요. 시야가 확보되지 않으니까요." 크루이프는 제3의 선수를 찾을 수 없다면 찾을 수 있는 동료에게 볼을 넘겨야 한다고 말했다. "그런 다음 한 단계 더 나아가 누군가가 당신의 시야에 들어오도록 만들어야 합니다."

판 단치흐가 질문했다. "정말 일종의 안무 같네요?"

"네, 맞습니다." 크루이프가 답했다.

다큐멘터리 말미에 무엇을 배웠느냐는 질문을 받자, 크루이프는 "보세요. 뭘 하든 다 똑같아요. 여기저기 디테일의 차이는 있지만 전체적으로는 그렇지 않아요."라고 말했다. 그는 항상

사이클 경주와 승마, 모든 구기 종목들을 축구의 응용문제처럼 생각했다.[188]

★

1988년 1월, 크루이프는 다시 바르셀로나 공항에 도착해 다른 승객들과 함께 이베리아 버스를 타고 터미널로 갔다. 그는 또 한 번의 소동 끝에 아약스를 떠났다. 당시 바르사 회장은 여전히 체구가 작은 주제프 류이스 누녜스였다. 10년 전 크루이프의 도움을 받아 회장에 취임했고, 바르사를 운영한 마지막 비(非)카탈루냐인이었다. 호세 루이스 누녜스(José Luis Núñez)라는 카스티야식 이름을 받고 태어난 그는 일곱 살 때 가족들과 바르셀로나로 이주했다. 이후 장인어른이 운영하는 건설 사업에 몸담았다가, 나중에 자기 회사를 설립했다.[189] 누녜스는 크루이프를 싫어했다. 하지만 이듬해 회장 선거에서 상대 후보가 크루이프 영입을 공약으로 내걸기로 한 것을 알아채곤 한 발 앞서 영입했다.[190] 크루이프도 나중에 자신이 "지지율을 높이기 위한 사진"을 찍으려고 계약된 것이었다고 말했다.[191] 누녜스는 크루이프가 앞서 스페인에 머물던 시절에 생긴 빚을 갚아 주는 데 동의했다.[192] 크루이프의 오른팔 토니 브루인스 슬롯은 후에 "바르사로 데려오려고 거의 1년을 공들였습니다… 크루이프는 '지켜보자'고만 했었죠."[193]

캄 노우에서 열린 취임식에서 크루이프는 언론에 자신이 '제 2의 고향'으로 돌아왔다고 말했다. 그는 우승이 아닌 '오직 볼거리(only spectacle)'를 약속했고,[194] 바르사라는 복잡한 정치 단체가 아니라 홀로 라인업을 짜겠다고 밝혔다.

크루이프는 첫 시즌을 지내면서 이렇게 말했다. "저는 깊이 생각하고 결정을 내리지 않습니다. 그랬다면 바르셀로나에서 이 모험을 시작하지 않았겠죠."[195] 덕분에 바르셀로나에서 그의 가족은 경기장과 해변 근처에서 살며, 1월에도 외식을 할 수 있게 됐다.[196] 크루이프의 딸 샨탈(Chantal)의 남자 친구 대니 뮐러(Danny Muller)는 아약스 유스팀 선수였는데, 크루이프 가족을 따라 바르사로 건너왔다. 크루이프는 바르사 B팀에 자리를 마련해 줬다.

몇 년 후 크루이프는 당시 바르사를 돌아보며 "아무것도 없는 팀이었죠."라고 말했다.[197] 과장된 표현이긴 했지만 아주 약간뿐이었다. 과르디올라의 말에 따르면, 크루이프 이전의 바르사는 "독특하거나 일관된 플레이 스타일이 전혀 없었다."[198] 바르사는 25년 동안 단 두 번의 스페인 리그 우승을 차지했다. (그 중 하나는 1974년에 달성한 것인데 크루이프 덕분이었다.) 1986년 바르사는 세비야에서 열린 유러피언컵 결승전에서 스테아우아 부쿠레슈티를 만났는데, 우승에 대한 자신감으로 경기 후 연회 식사를 300인분이나 준비했다. 하지만 경기는 승부차기까지 이어졌고, 바르사 키커들은 모두 실축했다. (어찌됐건 연회는 예정대로 진행됐지만 분위기는 별로였다.)

바르사 팬들은 실망하는 게 습관이 될 정도로 괴로워했다. 크루이프가 오기 전 시즌 몇몇 홈경기에는 관중이 2만 명밖에 오지 않았다.[199] 한번은 선수들이 누녜스의 사임을 촉구하는 선언문을 작성하기 위해 바르셀로나 에스페리아 호텔에 모이기도 했다. 그들은 "우리는 회장을 신뢰하지 않습니다. 회장에게 완전히 속았다고 느낍니다."라고 말했다. 누녜스는 그해 여름, 선수 14명을 계약 해지하는 것으로 맞대응했다.[200]

몇 안 되는 생존자 중 한 명이었던 잉글랜드 레전드 공격수 게리 리네커는 수십 년이 지난 후 킬킬거리며 말했다. "다들 거기 서명하고 있을 때 제가 없어서 다행이었죠. 그때 저는 잉글랜드에서 쉬고 있었거든요." 리네커는 크루이프를 처음 봤을 때 어땠을까? "다 아는 것처럼 구는 사람 같았어요. 알고 보니 그게 아니었죠. '처럼'이 아니라 다 알고 있더라고요. 경기장 갈 때 버스 운전사 뒤에 앉아서 좌회전해라, 발 좀 내려라, 뭐 이런 얘기를 하는 사람이었어요."

크루이프는 단순히 바르사를 지도하기 위해 온 게 아니었다. 그는 1군에서 U-8 팀까지 모든 것을 혁신하려고 했다. 자신이 어떤 클럽을 맡든 모두 대단해지는 게 당연하다고 생각했다. (경기장 관리인 보조 역할을 하던 아기에서 축구 신동이 될 때까지, 미화원 어머니를 둔 아들에서 유럽 챔피언이 될 때까지) 아약스에서 보낸 시간 덕분에 크루이프는 클럽을 하나의 우주로 여길 수 있게 됐다. 그는 캄

노우 라커룸에 들어설 때마다 누군가가 이곳을 청소하고 있다는 걸 인식하는 사람이었다.[201]

크루이프는 클럽의 모든 분야에 관여했다. 그는 바르사의 빨강-파랑 유니폼이 관중석을 배경으로 서 있는 선수들을 식별하기 어렵게 한다고 판단했다. 특히 경기 후반에 유니폼이 땀에 젖어 색이 어두워지면 더욱 그랬다. 2000년에 만난 크루이프가 말했다. "여기에 와서 처음으로 한 일은 유니폼 소재를 고르는 일이었습니다. (덧붙이자면 나는 소재에 대해 잘 모른다.) '이봐요, 땀을 흘려도 선수들을 잘 보고 싶어요.'라고 말했죠. 그리고 세컨드 유니폼은 오렌지색이기를 바랐어요. 그러면 우리가 어디에 가든, 아무도 '쟤네 누구야?'라고 생각할 수 없죠. 바로 우리니까요." 오렌지색은 네덜란드 대표팀의 색이기도 하다.

크루이프는 전 동료 카를레스 레샤크를 수석 코치이자, 바르사의 정치적 늪을 헤쳐 나가는 데 도움을 줄 안내자로 고용했다. 레샤크는 경기장에서 수백 미터 떨어진 카탈루냐 상인 집안에서 태어났다. (레샤크는 "삶 전체를 1제곱킬로미터 안에서 보냈다."고 말하기를 좋아했다.[202]) 크루이프는 바르사의 핸드볼팀에 있던 피지컬 코치 세이룰로도 고용했다.

크루이프는 바르사에 너무 많은 디렉티우스가 있다고 생각했다. 특히 그들은 축구를 이해하지도 못하면서도 마음대로 라커룸을 들락거렸다.[203] 크루이프는 누녜스와 두 명의 부회장을 제외한 모든 디렉티우스가 선수들의 '비밀 정원'에 들어오는 것을 금지했다.[204] 그들이 라커룸에 들어오면 사기를 떨어뜨릴 뿐이었다. 크루이프는 자신을 경질할 힘을 가진 사람들과 맞서는 것을 꺼리지 않았다. 감독은 자신이 원하는 것을 실현하기 위해 독립성과 개인 자산을 가져야 한다고 생각했다. 그렇지 않을 경우, "하루에도 무수한 문제들이 쏟아지는"[205] 감독이라는 "재미없는" 직업은[206] 가치가 없다는 것이다.

크루이프는 또한 바르사, 나아가 카탈루냐의 패배주의적 자아상을 없애는 것을 자신의 임무로 받아들였다. 시간이 많이 흐른 후 크루이프는 1988년을 이렇게 회상했다.

…카탈루냐의 사고방식은 여전히 프랑코 정권하에 머물러 있었습니다. 조심스럽고, 근면하며, 눈에 띄지 않아야 했습니다… 당시 바르셀로나에서 유행했던 색은 짙은 감색이었습니다. 무채색이어서 다른 사람들과 잘 구분되지 않고, 눈에 띄지도 않았죠… 스포츠는 사람들이 자신을 바라보는 이미지를 매우 빠르게 바꾸어 놓습니다. 스포츠는 카탈루냐인들의 사고방식을 바꿨어요. 저는 그저 촉매였을 뿐입니다.[207]

피해 의식이 있는 바르사 문화를 없애기 위해 크루이프는 바스크 출신 선수들을 대거 영입했다. 에르네스토 발베르데, 치키 베히리스타인(Txiki Begiristain), 호세 마리아 바케로(José María Bakero) 등이 대표적이다. 크루이프는 스페인에서 선수 생활을 하는 동안 바스크인들은 '겁이 없다'고 결론지었다. 그는 "심리학과 인류학이 다소 섞인 것 같지만, 이마저도 감독 업무의 일부죠."라고 설명했다.[208]

크루이프는 당시 거의 매일 열렸던 기자 회견에서 홀을 가득 메운 기자들에게 자신이 이끄는 변화를 설명했다. 크루이프의 스페인어에는 암스테르담 억양이 남아 있었지만 유창했다. 적절한 단어가 생각나지 않을 때면, "엔 운 모멘토 다도(en un momento dado, 주어진 순간에)"를 읊으며 시간을 벌었다.

크루이프는 여전히 이해하기 힘든 구석이 많은 사람이었다. 물론 그게 바로 크루이프다운 모습이었다. "당신이 이해하기를 원했다면, 내가 더 잘 설명했을 겁니다."[209] 한 기자에게 이렇게 말한 적이 있다. 데포르티보 라코루냐와의 경기 후 그가 내놓은 분석은 이랬다. "원칙적으로 그건 논리적입니다. 그들은 다섯 명이었고, 우리는 여섯 명이었어요. 두 명은 늘 방치되어 있었기 때문이죠."[210]

그러나 뉴욕 콜롬비아 대학교의 경제학 교수이자, 나중에 바르사의 회계 담당자가 된 차비에 살라 이 마르틴(Xavier Sala i Martín)은 말했다. "크루이프의 기자 회견은 강의 같았습니다. 그는 선수들에게만 축구를 가르친 게 아니라, 미디어와 사람들 모두에게 축구를 가르쳤습니다."[211] 크루이프는 앞서 네덜란드에서 그랬던 것처럼 국가 교육 프로젝트를 진행했던 것이다.

크루이프는 카탈루냐 축구의 초점을 신체 조건에서 소유로 옮겼다. "빼앗기는 사람이 최고가 될 수는 없습니다. 그러니 주도권을 가져야죠. 축구에서는 그러려면 공을 가져야 합니다."[212]

론도는 매일 진행하는 의식이 됐다. 준비 운동과 경기 연습이 한번에 이뤄지므로, 바르사는 조깅이나 스트레칭에 시간을 낭비하지 않게 됐다. 당시 훈련은 캄 노우 옆에 있는 운동장에서 진행됐는데, 너무 협소해서 코너킥 훈련을 할 수 없을 정도였다. 거리를 지나다니는 사람들이 펜스 너머로 소리를 질렀다. 항상 훈련을 지켜보는 기자들과 몇몇 팬들, 알베르트 카펠라스 같은 감독 지망생들이 있었다. 카펠라스는 대학교에서 오토바이를 타고 내려오곤 했다. 그는 소리만 들어도 론도가 잘되고 있는지 알 수 있다는 것을 배웠다. 훈련장을 등지고 서서 눈을 감고 선수들 사이에서 날아다니는 공의 리듬 소리를 듣는 것이다. "팡, 팡" 카펠라스는 지역 학교에서 청소년들을 지도하기 시작하면서, 크루이프의 훈련법을 모든 레벨의 축구에 적용할 수 있겠다고 생각했다.

바르셀로나에 합류한 선수들은 예외 없이 술래로 론도를 시작해야 했다. 크루이프와 레샤크, 몇몇 고참 선수들이 공을 너무 빠르게 돌리면, 술래가 된 신입생은 몇 분 동안 공을 건드리지 못할 때도 있었다. 바르사식 환영 인사였던 셈이다.[213] 골키퍼인 안도니 수비사레타도 론도에 참여해야 했다. 크루이프는 때때로 수비사레타를 친선 경기에서 미드필더로 기용해, 그가 패스 실력을 키울 수 있도록 했다.

론도는 바르셀로나에서의 삶을 정의했다. 외부인들은 경기를 보고 축구팀을 평가하지만, 클럽 내부에서는 매일의 훈련이 분위기를 형성한다. 론도로 시작하는 하루는 전력 질주로 시작되는 하루보다 훨씬 재미있었다. 훈련 후에 선수들은 가끔 근처 카페에 가서 함께 커피를 마시거나, 도미노 놀이를 하는 노인들과 담소를 나눴다.

"바르사는 훈련을 제대로 하지 않는다. 그저 게임만 하면서 놀더라." 다른 스페인 클럽들이 조롱하기 시작했다.[214] 크루이프는 신경 쓰지 않았다. "훈련 프로그램은 아주 좋습니다. 직접 공을 차는 것. 그게 제가 하는 일이죠. 가끔은 선수들이 부러워요. 저는 더그아웃에 앉아 있는데 선수들은 즐겁게 축구를 하잖아요." 크루이프는 너무 늙어서 선수들과 함께 훈련할 수 없게 되면 감독을 그만두겠다고 했다.[215]

하지만 크루이프가 론도에 참여하는 것 역시 최고의 교육 수단이었다. 그는 포지셔닝의 모델을 만들었다. 그는 자신이 축구 선수들에게 덜 뛰라고 말한, 사실상 유일한 감독이라고 말하기를 좋아했다.[216] 다행히도 바르사 선수들은 그의 가르침을 받아들였다. "그들은 말끝마다 '네, 근데…'라고 말하는 네덜란드인들이 아니잖아요."[217]

리네커는 당시를 이렇게 회상했다.

크루이프는 훈련에서 늘 최고의 선수였습니다. 잘난 체하느라 훈련에 참여한 것이긴 하지만, 크루이프가 한 말은 일리가 있었어요. 7 대 5, 9 대 7, 4 대 2 같은 식으로 수없이 많이 공 돌리기를 했습니다. 모두 소유권을 유지하는 것과 관계가 있는 것이었어요. 그리고 소유권을 얻었을 때 경기장을 가능한 한 넓게 쓰는 게 핵심이었습니다. 현대 축구에서 많은 감독들이 이렇게 하고 있는 것을 볼 수 있죠. 특히 펩 과르디올라가 그렇습니다.

1988년 여름, 바르사에 와서 7년간 몸을 담았던 에우세비오 사크리스탄에게 크루이프와의 만남은 그의 커리어에서 가장 큰 기쁨이었다. 프린세사 소피아 호텔에서 함께 차를 마셨던 수줍음 많은 통통한 중년의 에우세비오는 전혀 챔피언스리그 우승자처럼 보이지 않았다. 선수 시절의 그는 강하지도 빠르지도 않았고, 득점도 거의 없었다. 그가 어렸을 때부터 잘했던 것은 패스였다. 하지만 바르셀로나 이전에 그는 언제나 '무질서한 시스템'에서 뛰어야 했다.

크루이프는 필드 위에 질서를 창조해 냈다. 에우세비오가 말했다. "여러 가지 가능성들이 보였습니다. 저나 동료들은 물론이고 스페인 축구 전체에 새로운 것이었습니다. 제 생각에는 축구 전체일 것 같아요. 우리는 아이 때부터 머릿속에 가지고 있던 본질의 단편을 봤습니다. 기술과 패스를 통해 축구를 즐기는 방법이요."

크루이프는 바르사의 아카데미인 라 마시아의 모든 팀들이 성인팀과 같은 방식으로 경기하고 훈련하도록 했다. 그가 과르디올라를 발굴한 이야기는 다양한 버전이 있다. 크루이프 본인이 이야기한 버전도 있다. 하지만 가장 널리 알려진 설(設)은 이렇다. 중앙 미드필더가 필요했던 크루이프가 "라 마시아에서 누가 최고인가?"라고 묻자, 유스팀 감독들이 "과르디올라!"라고 답했다는 것이다. 크루이프는 당시 유스팀들이 경기를 하던 캄 노우 옆의 미니 아스타디(Mini Estadi)로 가서 몰래 의자에 앉아 관찰했다. 경기장을 둘러본 크루이프는 과르디올라가 출전조차 하지 않았다는 것을 깨달았다.

"왜 뛰지 않은 건가?" 크루이프가 물었다.

"피지컬이 너무 약해요." 이런 대답이 돌아왔다.

과르디올라가 느리고, 마른 데다가 태클을 할 수 없었던 것은 사실이었다. 크루이프는 과르디올라를 성인 B팀으로 승격시켰다. 수십 년 후, 크루이프는 차비와 함께 식당에서 점심을 먹으며 과르디올라에게 단점을 숨기도록 가르친 방법을 설명했다. "네가 무엇을 할 수 없는지 알아야 해. 내가 이 식당을 수비해야 한다면 나는 져. 하지만 이 테이블을 수비해야 한다면 내가 최고야. 이건 거리의 문제야. 그 이상은 아니라고."[218] 후에 과르디올라는 말했다. "크루이프를 만나기 전까지 저는 축구에 대해 아무것도 몰랐습니다."[219]

(경기장 안에서는 '페페'로 불린) 펩은 수비진 바로 앞, 크루이프가 '4

번'이라고 명명한 위치에 자리 잡았다. 그는 태클할 필요가 없었다. 상대 팀이 공을 가졌을 때 공간을 줄이기 위해 미드필드 라인을 조정하는 방법을 이해했기 때문이다. 그리고 바르사가 공격할 때, 가장 느린 과르디올라는 가장 빨리 공을 움직였다.

피지컬 코치 세이룰로는 어느 콘퍼런스에서 이렇게 물었다.

> FC 바르셀로나에서 가장 빠른 선수가 다름 아닌 과르디올라라고 하면 믿으시겠습니까? 저는 매주 '스피드' 세션을 진행하는데, 펩은 제가 만든 특수한 제약 상황 속에서 가장 빠른 선수입니다. 보세요. 5~20미터 거리에서는 세르지(바르주안)가 훨씬 빠릅니다. 하지만 이 공간에서 방향을 바꾸기 전 여러 동료의 위치를 파악하는 등 의사 결정에 계산이 요구되는 상황을 만들면 과르디올라가 1등입니다.[220]

크루이프식 축구에서 스피드는 지능의 차원이었다.

과르디올라는 크루이프가 '바인더(binder)'라 부르는 선수가 됐다. 라인 사이의 간격을 좁히고 공을 잃지 않음으로써 팀을 하나로 묶는 미드필더다. 알베르트 카펠라스는 세 종류의 축구 선수가 있다고 말한다. 무책임한 선수들은 튀는 패스를 하거나, 동료 뒤로 가서 자신의 팀에 문제를 일으킨다. 하비에르 마스체라노 같은 책임감 있는 선수들은 이러한 문제들을 해결한다.

하지만 이상적인 축구 선수들은 문제를 예상한다. 크루이프가 어렸을 때 미헬스가 그에게 말했다. "동료가 실수하면 네가 막아야 한다." 과르디올라는 실수를 막는 선수였다. 크루이프가 미헬스 밑에서 그랬던 것처럼, 과르디올라는 벤치에 있는 감독이 할 수 없는 것들을 필드 위에서 역동적으로 지도했다. 과르디올라는 (후에 바르셀로나에서 '피보테'로 알려진) 화려하지 않은 크루이프식 '바인더' 라인의 일원이 됐다. 바인더 라인은 1970년대 헤리 뮈흐런에서 출발해 1980년대 얀 바우터스를 지나, 2010년대 세르지오 부스케츠로 이어진다.

아마도 과르디올라는 크루이프식 축구에서만 성공할 수 있었을 것이다. 바르사에서 17년을 보내고 30세가 된 과르디올라는 북런던에 있는 아르센 벵거의 주방에 서서 아스널로 데려가 달라고 말했지만, 벵거에게는 과르디올라가 필요 없었다.[221] 과르디올라는 로마에서 벤치를 데웠고, 브레시아에서 내리막을 걸은 뒤, 카타르와 멕시코를 거쳐 선수 생활을 끝냈다.

크루이프는 데니스 베르캄프와 더불어 과르디올라가 자신이 지도한 선수 중 가장 합리적이고, 선견지명이 있는 사람이었다고 말했다. "조언을 구하기에 적합한 친구들입니다. 다른 사람들의 문제가 뭔지 잘 찾으니까요."[222] 분명 과르디올라는 크루이프의 문제를 알고 있었다. "갈등이 없다면 찾아가서 갈등을 찾아낼 사람이죠. 통제된 혼돈 속에서 명확한 통찰력을 가진 사람들이 실제로 있습니다."[223] 크루이프의 유산 중 그의 모든 제자들이 버린 한 가지는 바로 갈등모델(conflictmodel)이다.

바르사에서 리네커는 곧 크루이프 때문에 좌절감을 느꼈다. 골을 넣는 중앙 공격수인 그는 4-3-3 포메이션에서 자신이 중앙에서 뛰어야 한다고 생각했다. 하지만 크루이프는 그를 오른쪽 윙으로 뛰게 했다.

나는 리네커에게 크루이프가 고정 관념을 뒤집으려는 시도를 한 게 아닌지 물었다. 모두가 중앙 공격수라 생각하는 잉글랜드인이 사실 윙어라는 것을 세상에 보여 주려 한 것인가?

리네커가 대답했다. "(크루이프가) 경기에서 그랬던 적이 있어요. 가끔 펩도 그러는 것을 봅니다. 현명한 사람처럼 보이려고 그러는 게 아닌가 싶은 전술들을 펼치는 것 말이죠." 그러나 리네커는 크루이프가 자신을 윙어로 기용한 이유가 내쫓기 위해서였다고 생각한다. 당시 스페인 클럽들은 팀마다 두 명의 외국인 선수만 허용됐는데, 크루이프는 자기 스타일의 선수를 원했던 것이다. 리네커는 크루이프가 자신을 중앙 공격수로 기용하는 것을 두려워했다고 생각한다.

내가 너무 잘하면 나를 내보내기 어려웠을 겁니다. 제 생각에는 분명히 상당한 득점과 도움을 기록했을 테니까요.

우리가 아주 화기애애한 관계는 아니었지만, 그래도 나는 그를 전적으로 존중했습니다. 단지 나는 크루이프가 와서 일대일로 "이봐, 난 내 선수를 원해. 네가 괜찮은 곳으로 이적할 수 있게 해 줄게." 정도로 말했다면 아주 좋았을 거란 생각을 하는 거죠. 하지만 그는 시즌 내내 나를 망쳐 놨어요. 개인적으로는 다른 사람들보다 인상적인 사람은 아니었습니다.

크루이프 체제로 맞이한 첫 시즌, 바르사는 베른에서 삼프도리아를 꺾고 그다지 권위 있지 않은 유러피언 컵위너스컵을 들어 올렸다. 3년 전 스테아우아를 상대로 패했던 참담한 기억 때문에 바르사는 감히 경기 후 연회를 준비할 생각을 못 했다. 선수들이 이 사실을 알아차렸을 때는 "밤 10시가 넘었더라고요. 모든 가게가 문을 닫은 상태였죠. 갈 데가 하나도 없어서 모두 그냥 자러 갔어요. 스위스가 그렇더라고요." 리네커가 말했다.[224]

그 시즌과 다음 시즌, 레알 마드리드는 스페인 리그 우승을 차지했다. 누녜스는 크루이프를 경질할 수도 있었지만, 그를 계속 데리고 있는 게 유리했다. 크루이프가 너무나 많은 관심을 받아서, 성적이 나쁘면 비난이 회장보다는 감독에게 돌아갔던 것이다. 하지만 크루이프는 항상 누녜스가 결국 자신을 경질할 것이라 생각했다. "모든 회장들은 블랙리스트를 가지고 있습니다. 모든 게 거기에 들어 있죠. 바르셀로나 같은 클럽의 회장은 특별한 사람입니다. 그들은 자신들의 말대로 모든 사람들이 무엇이든 이행하는 데 익숙합니다. 블랙리스트에는 말을 듣지 않는 사람들이 한 일들이 모두 기록될 겁니다."[225] 물론 크루이프도 본인의 블랙리스트가 있었다.

이러는 와중에 크루이프의 새로운 팀이 만들어지고 있었다.

그는 리네커를 토트넘으로 보냈고, 로날트 쿠만, 미카엘 라우드 루프(크루이프식 '가짜 9번'), 흐리스토 스토이치코프를 영입해 바스크-카탈루냐 척추를 보완했다. 불가리아 스트라이커 스토이치코프는 협상 당시, 물러설 수 없는 조건이라며 한 가지를 요구했는데, 그건 바로 빨간 스포츠카였다.[226]

수비 축구 시대에 크루이프는 놀랄 만큼 공격적인 팀을 구축하고 있었다. 그의 아들 조르디는 "라인업을 보고 '아버지가 정신이 나갔나 봐.'라고 중얼거렸어요. 너무 과감했으니까요."라고 말했다.[227] 원래 수비수가 아닌 쿠만과 과르디올라는 축구계에서 가장 느린 중앙 수비 조합을 이뤘다. 게다가 그들은 교대로 미드필드로 전진했다. 쿠만은 나가는 게 두려워 종종 자리를 지켰다.[228] 바르셀로나의 풀백들은 특히 공격 성향이 강했기 때문이다. 하지만 크루이프의 격언 중 하나는 '공은 하나다. 우리가 가지면 상대는 못 가진다.'였다. 쿠만과 과르디올라가 중앙 수비를 구축하고 있는 바르사는 보통 공을 가지고 있었다. 크루이프는 새로운 개념을 고안했다. 공을 소유하며 수비하는 것이었다.

"잘못되면 어떡합니까?", "어떤 차이가 있는 거죠?" 사람들이 이렇게 묻는 것에 크루이프는 지겨워했다.[229] 어쨌든 그는 자신의 수비 방식이 가장 안전하다고 주장했다. 상대 진영에 21명의 선수를 계속 묶어둘 수 있다면 위험 지역에서 멀리 떨어져 있는 셈이다. 그리고 크루이프는 상대 선수들을 마크하려는 시도를 하지 않았다. 만약 상대 스트라이커가 너무 잘하면, 그 선수를 아예 마크하지 않는 대신, 그 선수에게 가는 패스를 차단하는 데 집중했다.

사실 크루이프는 급진적이었다. 이 시점의 크루이프는 40대 초반으로, 지속적으로 코칭에 관심을 가지며 새로운 도전을 시도했다. 그의 친구이자 뛰어난 축구 선수였던 미셸 플라티니도 공감했다. "축구 선수가 된 아이에게 유일하고 진정한 직업은 서른두 살까지 축구 선수로 뛰는 겁니다. 그리고 그 후에는… 절대 이전과 같을 수 없을 겁니다."[230] 보통 꽤 큰 베이지색 레인코트를 휘감은 크루이프는 더그아웃에서 평정심을 유지했다. 그는 엘 클라시코에서 일어난 선수들의 패싸움을 몇 야드 앞에서 보고도 무감각한 듯 앉아 있었다. "전혀 관심 있는 일이 아닌데 왜 개입합니까?"[231] 어찌 됐든 경기 중에 감독이 할 수 있는 일은 거의 없었다. 크루이프는 벤치에서 아무것도 쓰지 않았다. 한번은 바르사가 전반전을 0-2로 뒤진 채 마쳤는데, 그는 10분 동안 조용히 커피만 마셨다. 후반전을 알리는 벨이 울렸을 때가 돼서야 말을 했다. "나가서 너희들이 망쳐 놓은 걸 고쳐 놔."[232]

선수들은 크루이프에게 '디오스(Dios, 신)'라는 별명을 붙였다. 확실히 크루이프의 방식은 이해할 수 없는 것이었다. 그는 쿠만을 자신의 옆집으로 이사하게 하고, 가끔 쿠만의 아기를 봐 주기까지 하고는,[233] 쿠만을 명단에서 뺐다. 크루이프는 전체 선수단 앞에서 스토이치코프에게 "재앙"이었다고 말한 뒤, 함께 밥을 먹으러 갔다.[234] 어떤 경기에서는 게임 전에 스토이치코프에게 전반전에 두 골을 넣으면 10만 페세타*를 주겠다고 약속했다. 스토이치코프가 첫 번째 골을 넣자, 재미있어 하던 크루이프는 즉시 스토이치코프를 빼 버렸다.[235] 네덜란드 기준으로도 극단적이라 할 수 있는 크루이프의 솔직함은 스페인 사람들에게는 충격 그 자체였다.

1991년 2월, 크루이프의 이야기는 일찍 마무리될 뻔했다. 크루이프는 배, 가슴, 등에 통증을 느끼기 시작했다. 그의 나이 43세였다. 크루이프의 아버지는 45세에 사망했다. 아내 대니는 그를 병원으로 데려갔다. 크루이프는 관상 동맥성 심장병 진단을 받았고, 이중 우회 수술을 받았다. 의사는 그에게 "세 번만 더 숨을 쉬었으면 죽었을 겁니다."라고 말했다.[236]

크루이프는 수술 전 커피와 담배를 요청했다가 거절당했다. 세 시간에 가까운 수술 도중 그의 심장은 30분 동안 멈춰 있었다. 나중에 외과 의사 주제프 오리올 보닌(Josep Oriol Bonin)은 크루이프가 마취 없이 수술을 지켜보기를 원했을 것이라고 농담했다. 크루이프는 수술 전에 보닌을 거의 취조하다시피 몰아붙였다. 크루이프는 선수들의 무릎 수술을 참관하거나 뇌 수술을 지켜본 적도 있을 만큼 수술광이었다.[237]

우회 수술은 그를 바꿨다. 더그아웃에서 피워대던 담배는 막

---

*   1869년부터 2002년까지 스페인에서 통용된 통화.

대 사탕으로 대체됐다. (레인코트는 계속 입었다.) 카탈루냐 TV의 금연 광고에 출연하기도 했다. 크루이프는 자신이 영원히 일할 수 없다는 것도 깨달았다. 그렇게 하고 싶어 한들 대니와 자녀들이 막았을 것이다. 그리고 크루이프는 자신이 남길 유산을 더 많이 생각하기 시작했다. 축구는 더 이상 우승을 차지하거나 상대를 물리치는 게 아니었다. 크루이프는 자신이 죽은 뒤에도 오랫동안 살아남을 플레이 스타일을 남기고 싶었다. 조르디는 "아버지는 90분 경기의 최종 결과에 연연하지 않았습니다. 다가올 수년 뒤의 최종 성과를 염두에 두었습니다."[238]

1991년 4월 10일, 두 달간의 요양 후 크루이프는 벤치로 돌아왔다. 한 달 후, 바르사는 마침내 스페인 리그 우승을 차지했다.

그럼에도 바르사 내부의 압박은 전혀 줄어들지 않았다. 1992년 4월 1일, 크루이프는 오늘날까지도 바르사 내부에서 사용되는 '엔토르노(entorno)'라는 단어를 만들어 냈다. 말 그대로 '주위' 또는 '환경'이라는 의미다. 크루이프는 자신의 언어 습관처럼 이 단어를 다른 용도로 사용했다. '엔토르노'는 그에게 바르사를 둘러싼 특수한 환경을 의미했다. 소시들, 회장의 집에 찾아가 그를 위협을 하는 강성 팬들, 바르사에 기생하는 기자들, 바르사에 간섭하는 지역 정치가들, 스폰서들, 현직 디렉티우스, 다시 바르사로 돌아오려고 하는 전직 디렉티우스와 직원들, 이사회를 몰아내려고 음모를 꾸미는 반대 세력들 등이다.

"엔토르노가 많은 영향을 끼칩니다. 그렇지 않았다면 바르셀로나는 더 많은 우승컵을 들어 올렸을 겁니다." 크루이프가 기자 회견에서 말했다. 그는 엔토르노가 항상 하는 질문을 따라했다. "'왜 시스템이 작동하지 않습니까? 왜 선수들이 더 많이 알지 않나요? 왜 골이 안 들어갑니까?' 엔토르노가 내 선수들에게 영향을 미칩니다… 이런 일이 계속되면 바르사는 앞으로 성공하기 어려울 겁니다."[239]

크루이프는 금세 자신의 예측이 틀렸음을 보여 주었다. 6주 후, 바르사는 웸블리에서 삼프도리아를 상대로 유러피언컵 결승전을 치렀다. 킥오프 전, 바르사 선수들은 (크루이프가 고른) 두통을 유발하는 오렌지색 유니폼을 입고, 작은 라커룸에 빽빽하게 앉아 있었다. 그들의 머릿속에는 6년 전 세비야에서 패한 기억이 가득 차 있었다. 그들은 바르사가 절대 따낼 수 없는 우승컵을 위해 뛰고 있는 것처럼 느꼈다. 그때 크루이프가 카탈루냐에 길이 남을 말을 했다. "나가서 즐겨(Salid y disfrutad)."

선수들은 특별히 즐기지는 않았다. 긴장감이 높고, 지저분한 경기가 펼쳐졌고, 스코어는 연장전에도 여전히 0-0이었다. 그때 쿠만이 프리킥을 준비했다. 쿠만은 말처럼 달려 프리킥을 했다. 크루이프는 항상 그에게 경기 첫 번째 프리킥은 벽을 향해 강하게 차라고 말했다. 그렇게 하면 상대 선수들이 슛을 막는 것을 두려워할 것이다.[240] 이번에는 세 명의 용감한 이탈리아 선수들이 개의치 않고 몸을 날렸지만, 쿠만은 빈 구멍을 향해 슛을 성공시켰다. 무표정한 얼굴의 크루이프는 재빨리 더그아웃을 빠져나와 정장 차림으로 어색하게 광고판 위에 올라섰다. 플레이를 지시하기 위해서였던 것으로 보인다. 특정 나이대의 바르사 팬이라면 모두 기억하는 장면일 것이다. 15분 후, 바르사는 처음으로 유러피언컵 우승을 차지했다. 세이룰로는 특이하게도 축구와 핸드볼에서 모두 유럽 챔피언이 됐다.

1992년, 아직 바르사 서포터스 대부분이 카탈루냐 사람들일 때였다. 결승전 다음 날, 그들은 바르셀로나의 산 자우마 광장(Plaça Sant Jaume)에 모여 영웅들을 맞이했다. 당시 영상을 보면, 크루이프가 예의 차원에서 참석했다는 것을 알 수 있다. 그는 환호나 축하를 받는 데 관심이 없었다. 크루이프는 언제나 승리하고 나면 곧바로 스위치를 껐다. 언론에도 거의 말을 하지 않고 조용히 사라져, 선수들이 모든 칭찬을 받을 수 있게 했다. "크루이프는 문을 닫고 자취를 감췄어요." 쿠만이 경외심을 드러내며 말했다.[241] 크루이프의 관심을 끈 것은 여행이었다.

하지만 카탈루냐 자치 정부 청사의 발코니에서 크루이프가 마이크 앞에 섰을 때, 군중들은 크루이프의 트레이드마크 표현을 외치기 시작했다. "엔 운 모멘토 다도(En un momento dado, 주어진 순간)!" 곁에 선 자치 정부 수장 조르디 푸졸(Jordi Pujol)은 크루이프에게 그가 마법의 단어를 말하기 전까지 사람들이 멈추지 않을 것이라 말했다. 크루이프는 기대에 부응했다. "우리는 주어진 순간에 왔습니다…" 중세 광장은 폭발했다.[242] 몇 주 후 시즌 마지막 날, 레알 마드리드가 테네리페(Tenerife)에서 패했고,

바르셀로나는 승점 1점 차로 리그 챔피언이 됐다.

1992년은 바르셀로나에게 기적의 해였다. 그해 바르셀로나라는 도시는 애벌레에서 나비로 변모했다. 정비되고, '바다를 향해 열려 있으며', 새로운 해변들이 생겨난 카탈루냐의 수도는 전 세계 데뷔 축하 파티인 올림픽을 개최했다. 자치 정부는 '바르셀로나는 어디인가?'라는 슬로건을 내걸고 전 세계에 광고 캠페인을 진행했다. (답은 '물론 카탈루냐다.') '드림 팀'이라 불린 미국 농구 팀이 바르셀로나 올림픽의 주인공이 됐고, 크루이프의 바르사는 그들의 별명을 가져 왔다.

크루이프의 드림 팀은 훌륭했으나, 완벽하진 않았고, 운이 좋았다. 크루이프식 시스템을 통해서 뿐만 아니라 개인의 천재성을 통해 승리했다. 적절한 수비를 했다면 더 많은 승리를 거둘 수 있었을 것이다. 이는 팀 내부에서 거의 논의되지 않은 주제였다. 에우세비오 사크리스탄은 "축구가 오늘날만큼 수비적으로 발전되지 않았을 때였죠."라고 당시를 회상했다.

드림 팀은 바르사 역사상 처음으로 네 시즌 연속 챔피언이 됐다. 마치 크루이프식 마법이라도 되는 듯, 네 번의 우승 중 세 번은 시즌 마지막 날, '심장 마비를 일으킬 것 같은 마무리(final de infarto)'로 결정됐다.[243] 마침내 바르셀로나는 레알 마드리드의 희생자라기보다 라이벌이 됐다.

골은 불가리아-브라질 듀오인 스토이치코프와 호마리우에게서 나왔다. 두 선수 모두 밤새 놀기를 좋아하는 믿기 힘든 유형의 사람들이었다. 스토이치코프는 사이가 틀어지기 전까지 호마리우가 말을 건넨, 사실상 선수단 내에서 유일한 동료였다.[244] 크루이프는 스토이치코프를 "말라 레체(mala leche, 문자 그대로 '나쁜 우유')"라 불렀다.[245] 그의 고약한 성미를 의미했다. 호마리우에게는 "부정적인 캐릭터"라고 했지만, 동시에 그가 지도한 최고의 선수라고도 했다.[246] 호마리우는 훈련에 나타나기는 했지만 절대로 열심히 하지 않았다. 하지만 크루이프는 뛰어난 축구 선수들은 그들만의 규칙을 만든다고 믿었다.

호마리우는 취미인 낮잠을 즐기는 것처럼 경기 중에 가만히 서서 오랜 시간을 보냈다. 그가 어깨를 내려 상대 골문 쪽으로 돌아서면, 동료들은 그가 기회를 포착했으니 즉시 패스를 보내 달라는 신호로 알아들었다.[247] 이는 세이룰로가 항상 말했던 한 예다. 패스는 커뮤니케이션이고, 일종의 언어다.

그럼에도 불구하고 크루이프의 시대는 끝나 가고 있었다. 조지 오웰(George Orwell)은 말했다. "대부분의 창작열은 약 15년 동안 지속되는 것 같습니다. 산문 작가에게 15년은 30세에서 45세, 대략 그쯤인 것 같습니다." 그는 1992년 당시 45세였던 크루이프에 대해 이야기한 것인지도 모르겠다. 웸블리에서의 우승 후 크루이프는 생각하는 것을 멈췄다.

크루이프의 운은 1994년 5월 18일에 다했다. 아테네에서 열린 AC 밀란과의 챔피언스리그 결승전에서였다. 쿠만과 미켈 앙헬 나달(Miguel Ángel Nadal)[*]의 느린 중앙 수비와 느린 중앙 미드필더 과르디올라의 조합은 밀란의 압박을 견디지 못했고, 바르사는 0-4로 대패했다. 크루이프는 "우리 경기력이 나빴다고 할 수 없습니다. 아예 경기를 못했어요."라고 말했다.[248] 크루이프식 축구는 잘못될 경우에 매우 잘못된다. 수비적인 보호 장치가 거의 없기 때문이다. 과르디올라는 크루이프가 천재였다고 설명했다. "천재가 일을 올바르게 하면 거의 항상 완벽한 결과를 냅니다. 하지만 천재가 일을 그르치면 그를 죽이고 싶을 정도로 크게 잘못됩니다. 천재들만이 그런 위험을 감수합니다."[249]

0-4 패배는 우연이 아니었다. 밀란의 감독들, 처음에는 아리고 사키가, 그다음에는 파비오 카펠로(Fabio Capello)가 크루이프식 압박 축구를 개선했다. 미드필더 즈보니미르 보반(Zvonimir Boban)은 바르사와의 결승전을 그가 밀란에서 뛴 9년 중 최고의 경기라 꼽는다. 보반은 내게 이렇게 말했다.

이 경기 전날, 전 세계 사람들은 바르셀로나가 이기기를 바랐어요. 우리는 전혀 아니었죠. 우리는 그들보다 우리가 훨씬 더 강하다는 걸 알고 있었습니다. 직전 여름에 바르셀로나와 친선 경기를 했었거든요. 우리가 3-0으로 이겼는데, 사실 12-0으로 이겼어야 하는 경기였어요. 그 경기 후에 나는 데

---

[*]   테니스 선수 라파엘 나달의 삼촌.

얀 사비체비치(Dejan Savićević)한테 말했습니다. "쟤네는 우리에 비하면 너무 느려." 기어가 달랐어요. 그들은 2단이고 우리는 5단이었던 거죠. 이탈리아 축구는 좀 더 직선적이고, 직접적이며, 빨랐습니다. 그리고 압박도 우리가 훨씬 더 조직화돼 있었다고 생각해요. 밀란은 1992년에도 바르사보다 훨씬잘했어요. 하지만 그들은 삼프도리아와 경기를 해서 이겼고, 그해 밀란은 챔피언스리그 참가가 금지됐었죠.

불길하게도 드림 팀은 점차 발전하는 톱클래스 축구의 피지컬 기준을 더 이상 충족할 수 없었다. 바르셀로나는 해변 도시의 클럽이 되면서 유혹이 많아졌다. 론도만으로는 이를 상쇄할수 없었다. 축구계의 모든 혁신가들이 그렇듯, 크루이프도 결국추월당했다.

1994년 여름, 크루이프는 마침내 월드컵에서 네덜란드 대표팀을 지도할 기회가 생겼다. 네덜란드 축구협회가 그에게 제안했다. 후에 요스 스타아천(Jos Staatsen) 회장은 당시 끝없이 이어졌던 협상에 대해 흥미로운 이야기를 전했다. 그는 '개인' 크루이프는 제안을 수락하고 싶어 했지만, '회사' 크루이프는 그렇지 않았다고 느꼈다. 크루이프는 TV에 나와 제안을 거절하는이유를 설명했는데, 그는 돈 이야기를 지루하게 했다. 옆에 앉아 있던 옛 동료 피트 카이저(Piet Keizer)가 끼어들어 "말해 봐, 요한. 갑자기 발 아웃사이드로 플레이하게 된 이유가 뭐야?"라고 축구 관련 질문으로 화제를 돌리기 전까지 그랬다.

크루이프는 아테네에서의 대패 후에 바르셀로나를 떠났어야 했다. 안타깝게도 그는 2년을 더 버텼다. 그는 레이카르트를 상대로 일으켰던 갈등을 이번에는 라우드루프를 상대로 재연했다. 크루이프는 라우드루프가 경기장에서 크루이프가 되어 경기를 주도하기를 원했지만, 온순한 성격의 라우드루프는 그렇지 못했다. 라우드루프는 크루이프에게 "당신은 크루이프이고 저는 접니다."라고 말했다.[250] 크루이프는 중상류층 덴마크인인 라우드루프가 '게토 본능'이 부족해 훌륭한 축구 선수가 되지 못한다며 불평했다.[251] 결국 크루이프는 그를 레알 마드리드에 팔았다. 1995년, 라우드루프는 레알 마드리드가 바르사를 5-0으로 대파하는 데 한몫하게 된다.[252]

또한 크루이프는 바르사를 확장된 자신의 가족처럼 여기기 시작했다. 그는 아들 조르디를 보호하고 싶다며 1군으로 승격시켰다. "축구계에는 좋은 사람보다 나쁜 사람이 더 많습니다. 조르디는 좋은 선수여서 우리와 함께하는 게 나을 겁니다."[253] 수석 코치 레샤크가 크루이프에게 경고했다. 조르디가 엔토르노 중 크루이프를 반대하는 세력의 타깃이 될 수 있다고 지적했다. 크루이프는 이렇게 대답했다. "누군가가 나를 공격하기 위해 조르디를 이용한다면… 칼 두 자루로는 충분치 않으니 총 두 자루를 가져가겠어."[254] 크루이프는 축구라는 정글에서 자신은 가져 보지 못했던 '아버지'가 되고 싶었다. 하지만 조르디는 위대한 호마리우와 스토이치코프를 대신하기에는 준비가 덜 돼 있었고, 결국 비판의 타깃이 됐다.

더 심각한 문제는 바르사의 의뭉스러운 후보 골키퍼, 크루이프의 사위 헤수스 앙고이(Jesús Angoy)였다. 그는 키가 178센티미터에 불과한 주전 골키퍼 카를레스 부스케츠와 경쟁했다. 부스케츠는 궁극의 크루이프식 플라이 키퍼로, 스페인 버전의 용블루트 같았다. 발밑이 좋았지만, 크루이프도 인정했다시피 손 기술은 그다지 뛰어나지 못했다.[255] 크루이프는 실수가 있어도 그를 고집했다. 정확히 말하면 아마도 모두가 말렸기 때문에 그렇게 했던 것 같다. 크루이프는 더욱 급진적으로 변해 수비수를 골문에 넣을 생각을 했다. 가족이 그를 말려야 했다. 부스케츠가 바르사에 남긴 가장 위대한 유산은 그의 아들, 역시 발밑이 좋은 미드필더인 세르지오 부스케츠일 것이다.

누녜스 회장이 항상 크루이프를 벼르고 있었기 때문에, 크루이프는 계속 승리해야 했다. 하지만 그는 더 이상 승리에 큰 관심을 두지 않는 것 같았다. 1995년 파리 생제르맹과의 챔피언스리그 8강전을 앞두고 크루이프는 파리 감독 루이스 페르난데스(Luis Fernández)와 함께 관중석을 바라보며 말했다. "5만 명의 관중이 있을 것이고, 우리는 즐거움을 줄 겁니다. 그게 축구죠."[256] 바르사는 1-2로 패하며 탈락했고, 크루이프는 "사이클이 끝났군."이라고 말했다.[257]

그는 여전히 가르치는 것을 사랑했다. (1995년에 크루이프가 어리둥절한 표정의 스토이치코프에게 고급 줄넘기 시범을 보이는 영상을 보라. 47세임에도 그는 운동장에서 가장 잘 뛰는 소녀처럼 줄을 뛰어넘는다.[258]) 그러나 1996년의 크루이프는 누녜스가 마음 놓고 경질할 수 있을 만큼 충분히 실패한 상태였다. 5월 18일 아침, 크루이프의 오랜 친구이자 바르사 부회장인 주안 가스파르트가 라커룸에 있는 그를 찾아왔다. 크루이프는 무슨 일인지 예상했다. 이날 스포츠 신문 1면에는 가스파르트가 크루이프의 후임자로 보비 롭슨(Bobby Robson)을 만났다는 기사가 실렸던 것이다.

"왜 악수를 하려는 거지, 유다?" 크루이프가 가스파르트에게 물었다.[259]

가스파르트가 경질을 알리자, 크루이프는 의자를 박살내며 소리쳤다. "신이 전에도 당신을 벌했듯이, 이번 일에 대해서도 벌할 거야." 그는 누녜스 손자의 죽음을 떠올리며 말했던 것 같다. 크루이프는 신을 자신의 해결사로 여기는 경향이 있었다.

크루이프는 친구 레샤크도 자신과 연대해 바르사를 떠날 것이라고 생각했다. 레샤크는 그렇게 하지 않았고, 이후 크루이프는 레샤크에게 다시는 말을 걸지 않았다.

크루이프는 선수들에게 "내가 상처 준 게 있다면 용서해 주시게."라고 말했다. 몇몇 선수들은 눈물을 흘렸다.[260] 네덜란드 TV 해설자 시르트 데 보스(Sierd de Vos)에 따르면, 크루이프는 캄 노우에서 나와서 곧장 자신이 참가하기로 한, 보트 경기가 열리는 포트 올림픽(Port Olímpic)으로 갔다. 스페인 왕 후안 카를로스는 크루이프를 보고 굵은 목소리로 말했다.

"요한! 코모 에스타스?(¿Cómo estás?, 잘 지내죠?)"

"글쎄요." 크루이프가 답했다. "저 잘렸습니다."

"바르사가 완전히 미친 거 아닙니까?" 왕이 물었다. 그들은 항해를 마치고 항구 식당 라 바르카 데 살라망카(La Barca de Salamanca)에서 저녁 식사를 했다.[261]

(가스파르트에 대한 첨언: 가스파르트는 2000년부터 2003년까지 바르사 회장을 맡았으나 성공적이지 못했다. 한편 그는 안토니오니[Antonioni]가 1975년 바르셀로나를 배경으로 만든 영화 '여행자[The Passenger]'에서 호텔 카운터 직원으로 특별 출연했다. 가스파르트는 실제로도 호텔리어였다. 런던의 콘노트 호텔에서 젊은 웨이터로 일했던 그는 모나코의 그레이스 공주에게 끓는 물에 삶은 연어를 서빙한 적이 있는데, 접시가 기울어지면서 뜨거운 물이 쏟아지려 하자 공주 대신 그 물을 맞았다. 고통으로 기절한 그는 병원에서 사흘을 보냈고, 그 보상으로 콘노트의 이달의 직원으로 선정됐다.[262])

V

크루이프의 몰락과 나

크루이프는 바르사 감독 시절을 이렇게 요약했다. "내가 부임했을 때, 내가 바르셀로나보다 세 배 더 유명했습니다. 이제는 동급이 됐죠."[263] 경질 당시 크루이프의 나이는 49세에 불과했지만, 다시는 클럽 감독을 맡을 생각이 없었다. (여전히 클럽 역사상 최장 기록인) 8년간 바르사 감독으로 일하면서 그는 완전히 지쳤다. 나중에 크루이프가 회고했다. "꼭 새로운 일을 시작할 필요는 없습니다. 아약스와 바르셀로나에서 성공을 거뒀는데, 그 뒤에 뭘 더 할 수 있겠습니까?"[264]

크루이프 세대인 수많은 네덜란드 베이비 붐 세대는 역사상 가장 빠른 나이에 은퇴했다. '재미있는 일'을 하기 위해 50세쯤에 일을 그만뒀다. 이미 아버지와 할아버지보다 오래 살았던 크루이프는 어떠한 것도 당연하게 여기지 않았다. 특히 1997년 동맥 폐쇄로 잠시 병원 신세를 졌던 사건 후에는 더욱 그랬다.

크루이프는 골프와 축구를 더 많이 하고, 손주들을 동물원에 데려가며, 자신의 저택에 자식들과 그들의 배우자, 전 배우자까지 초대해 크리스마스 만찬을 열기 시작했다. 간단히 말해, 크루이프는 은퇴한 바르셀로나 부르제지아 멤버로 변신했던 것이다.

크루이프는 신문 칼럼니스트와 공영 TV 해설자로 축구에 대한 네덜란드식 사고를 계속 정립해 나갔다. 1998년 프랑스 월드컵에서 크루이프는 각 경기장 구석에 설치된 TV 플랫폼에 서서 네덜란드 대표팀 경기를 지켜봤다. 하늘을 배경으로 보이는 호리호리한 그의 실루엣은 동화적인 분위기를 자아냈다. 네덜란드 축구의 아버지가 자신이 만든 작품을 위에서 내려다보는 것이었으니까. 네덜란드 TV에서 그는 완벽히 보존된 1950년대 암스테르담의 노동자 계급 말투로 말하면서 뜻밖의 주목을 받았다. 그 어느 곳보다 교육 수준이 높은 나라에서 벌어진 시대착오적 호기심의 발로가 아니었을까. 아무튼 크루이프를 흉내 내는 사람들 덕분에 먹고사는 작은 산업이 형성되기까지 했다.

은퇴 후 크루이프는 지역 미식축구팀인 바르셀로나 드라곤스(Barcelona Dragons)의 경기를 보러 다녔다. 그곳에는 (바르사에서 나온 후 다른 축구팀을 찾는 데 어려움을 겪었던) 사위 앙고이가 플레이스키커(placekicker)로 자리 잡고 있었다. 크루이프는 플레이스키커들이 머리를 숙이고 공을 차는 것을 알아차렸다. 그는 드라곤스 스태프에게 그것은 잘못된 방법이라 말했다. 스태프는 미식 축구 키커들은 100년 동안 머리를 숙이고 킥을 했다고 답했다. 크루이프는 그래도 그건 틀린 것이라고 말했다.

그는 또 장애와 비장애 어린이들을 돕는 요한 크루이프 재단(Johan Cruyff Foundation)에 헌신했다. 주로 네덜란드에 크루이프 협회, 크루이프 대학교, 크루이프 전문학교를 설립해, 운동선수들이 어린 시절에 놓친 정규 교육 과정을 따라잡을 수 있게 했다.[265] 매년 수천 명의 학생들이 졸업하는 것을 지켜봤다. 크루이프는 절대 애쓰며 살지는 않았다. 말년에 그는 "내가 가진 유일한 자격증은 여덟 살 때 딴 수영 자격증뿐이에요."라고 말했다.[266]

암스테르담에 방문했을 때, 크루이프는 아약스 근처에서 시간을 보내는 노인들처럼 지냈다. 2000년쯤의 어느 날, 1970년대 아약스에서 아웃사이드라이트(outside-right)로 뛰었던 샤크 스바르트(Sjaak Swart)는 최근 암스테르담 외곽에 신축된 아약스 경기장의 매점 테이블에서 전 '가짜 9번' 크루이프와 아웃사이드레프트 카이저를 발견했다. 스바르트는 환호성을 질렀다. "그들이 돌아왔군, 위대한 공격 라인!"

★

새천년이 시작될 시점에 나는 〈옵저버(Observer)〉에 축구 칼럼을 쓰고 있었다. 스포츠 에디터인 브라이언 올리버(Brian Oliver)

는 네덜란드와 벨기에에서 열린 유로 2000 기간 동안 외부 칼럼을 쓸 네덜란드 전문가를 찾는다고 했다. "네덜란드 축구에서 가장 흥미로운 사람이 누구인가요?" 브라이언이 물었다.

〈옵저버〉는 바로 크루이프 재단에 연락을 취했다. 어느 날 저녁, 브라이언이 내게 전화를 걸어왔다. "내일 아침에 바르셀로나로 가서 요한 크루이프를 인터뷰할 수 있겠어요?"

그때까지 내 인생은 이 순간을 위한 것이었다.

"물론이죠."

〈옵저버〉와 크루이프 재단은 다음과 같은 계약에 합의했다. 유로 2000 대회가 열리는 동안, 나는 매주 크루이프와 30분간 전화 인터뷰를 한 뒤 칼럼을 대필한다. 그 대가로 〈옵저버〉는 재단을 위해 독자들을 대상으로 거액의 모금을 한다. 모금액을 채우지 못하면 〈옵저버〉가 차액을 지불한다. 〈옵저버〉의 에디터는 이 제안을 듣고 일주일간 식은땀을 흘리며 잠을 이루지 못했지만 결국 동의했다. 바르셀로나에서의 내 임무는 아직 잘 알지 못하는 독자들에게 크루이프를 소개하기 위해, 그와 긴 오프닝 인터뷰를 하는 것이었다.

"제가 크루이프를 몇 시에 만나면 되나요?" 브라이언에게 물었다.

"거기에 가면 알게 될 겁니다. 그냥 첫 비행기를 타세요." 브라이언이 말했다.

나는 오전 6시에 히드로 공항의 이베리아 항공 카운터에 도착했다. 아직 티켓이 남아 있었다. 오전 10시경, 나는 커피를 과음한 상태로 바르셀로나에 도착해, 크루이프의 딸 샨탈에게 전화를 걸었다. "잠시 뒤에 다시 전화 주시겠어요?" 그녀가 물었다. 이후 그녀에게 다시 전화를 걸었지만 계속 통화 중이었고, 몇 시간만에 연결이 됐다.

"아버지는 오늘 무르시아(Murcia)에 계세요." 그녀가 말했다. "돌아오면 전화하실 겁니다. 전화번호를 알려 주세요."

나는 택시를 타고 한 카페로 가서 카탈루냐 사진가인 체마(Txema)를 만났다. (싸구려인데다 무겁고, 배터리가 다 되어 가는) 내 휴대폰을 테이블 한가운데에 놓았다. 몇 분 뒤 휴대폰이 울렸다. 나는 몇 번 기침을 한 후, 휴대폰을 집어 들고, 네덜란드어로 명료하지만 교양 있게 인사를 건넸다.

"나 필리프야." 네덜란드 친구였다. "크루이프한테 날 기억하는지 물어봐."

나는 바로 끊어 버렸다. 그날 오후, 휴대폰이 울릴 때마다 체마와 나는 펄쩍 뛰어올랐지만, 배터리만 닳아갈 뿐 시간 낭비였다.

오후 6시쯤 다시 휴대폰이 울렸다. 영국 번호였다. 그렇다면 크루이프는 아니다. 나는 참지 못하고 소리쳤다. "여보세요?"

"사이먼." 암스테르담 억양의 목소리가 말했다. 그러고는 틀림없이 배배 꼬인 네덜란드 문장이 이어졌다. "저는 요한 크루이프입니다." 크루이프는 이제 막 무르시아에서 돌아온 참이라 물리 치료사를 만나러 가야 한다고 설명했다. "하지만 30분 이상은 안 걸릴 겁니다." 논리적으로 덧붙였다. 크루이프는 보나노바(Bonanova) 지역에 있는 자택에서 지금 내가 있는 카페가 5분 거리밖에 되지 않는다고 알려줬다. 그리고 물리 치료가 끝난 뒤 곧장 전화하겠다고 말했다. 그제야 나는 정신을 차릴 수 있었다. 크루이프는 모든 것을 매우 차분하고 명료하게 만들었다. 마치 이게 그와 내 인생의 큰 사건이 아니라, 선의를 가진 합리적인 사람들 간의 간단한 만남처럼 느껴지게 했다. 덕분에 나는 흥분을 가라앉혔다.

"알겠습니다." 내 휴대폰은 아직 꺼지지 않았다. 크루이프는 내가 계획을 이해했는지 다시 한 번 확인한 후 인사를 했다.

한 시간 뒤 그가 다시 전화했다. "사이먼, 요한 크루이프입니다."

5분 후 우리는 티비다보 산기슭에 위치한 저택의 나무 문을 두드렸다. 집은 정사각형 모양에, 하얗게 칠이 되어 있었고, 기둥이 지지하고 있었다. 샨탈이 문을 열었다. 갑자기 그녀는 크루이프 턴의 속도로 사라졌고, 이탈리아 패션 디자이너처럼 옷을 입은 검은 형체가 계단 꼭대기에서 나타났다. 크루이프는 유쾌하게 우리와 악수를 나눴다.

그는 그날 저녁 챔피언스리그를 볼 예정이라고 했다. "어떤 경기요?" 내가 물었다. 그는 리모컨을 이용해 모든 경기를 동시에 본다고 했다. 그는 나를 작은 소파로 안내하고는, 맞은편 안락의자에 앉았다. 체마는 사진가들이 늘 그렇듯 바닥을 기어 다

넜다. 우리 사이에는 유리로 된 커피 테이블이 있었고, 그 위에는 렘브란트와 페르메이르(Vermeer)*에 대한 책이 놓여 있었다. 벽에는 아이들을 그린 현대 미술이 걸려 있었다.

나는 조금 흥분한 상태였다. 하루 종일 커피만 마신데다, 잠도 못 잤고, 꿈같은 상황에 놓여 있었다. 크루이프는 〈옵저버〉와의 계약에 대해서는 거의 아무것도 몰랐고, 내게 설명을 부탁했다. 나중에 나는 기술의 빠른 발전 때문에 도리어 그가 만성적인 정보 부족 상태가 됐다는 사실을 알게 됐다. 크루이프는 휴대폰이나 이메일을 써 본 적이 없었고, 인터넷 사용법도 배우지 않았다. 그래서 모든 사람들이 온라인으로 소통하는 시대에 도태됐던 것이다.

인터뷰의 초점은 잉글랜드와 잉글랜드 축구에 맞춰졌다. 나는 수년에 걸쳐 크루이프가 친영파라는 사실을 알아차렸다. 많은 네덜란드인들이 보이는 겸손의 말이 아니라, 영국에 대해 언제나 호감을 가지고 말했다. 크루이프는 어린 시절 점심 시간에 아약스의 영국인 감독인 빅 버킹엄과 키스 스펄전(Keith Spurgeon)에게 영어를 배웠다. 그는 10대 후반에 생애 처음으로 외국에서 보냈던 휴가를 떠올렸다. 크루이프와 미래의 아약스 회장인 마이클 판 프라흐(Michael van Praag)가 작은 차를 몰고 잉

---

* 17세기 바로크 시대에 활동했던 네덜란드 출신 화가. 가장 널리 알려진 작품은 '진주 귀고리를 한 소녀'다.

글랜드로 갔던 일이었다.

"노리치에 가지 않았나요?" 내가 물었다. 하지만 크루이프 삶의 자잘한 일들을 내가 더 많이 알고 있다는 사실을 깨달았다. 크루이프는 기억을 못했다. 그는 "때려죽여도" 모르겠다고 했다.

크루이프는 집에서 영국 〈스카이(Sky)〉 TV를 통해 잉글랜드 축구를 시청했는데, 내가 독자들과 공유할 수 없는 어둠의 경로를 이용해 전파를 수신하고 있었다. 은퇴 후 그는 잉글랜드 마을에서 민박 여행을 즐기기도 했다.

크루이프는 여전히 타고난 선생님이었다. 한번은 그가 의자에서 일어나 약발로 킥을 하는 법을 보여 줬다. "보세요. 오른발이든 왼발이든 킥을 하게 되면, 한 발로 서 있어야 한다는 게 중요합니다. 그런데 한 발로 서게 되면 넘어지죠. 그래서 균형을 맞춰야 합니다. 유일한 방법은 팔을 쓰는 거예요." 그는 오른팔을 펼치면서 왼발로 가상의 공을 찼다. (나는 그다음 주에 런던에서 있었던 동네 풋살에서 내 왼발이 확실히 좋아졌다고 맹세할 수 있다!)

그는 계속해서 크루이프 재단에 대해 이야기하려고 했고, 나는 계속 그를 축구 이야기로 이끌었다. 즐거운 두 시간을 보낸 후 크루이프에게 감사를 표했다. 그는 "후반전을 보러 가겠소. 레알 마드리드."라고 말하며 방을 나섰다. 체마가 그를 붙잡았다. 크루이프는 불평하지 않고 돌아와 포즈를 취하기 시작했고, 그러는 동안 나는 행여 그가 짜증을 내지는 않을까 하며 거실을 기웃거렸다.

크루이프는 우리를 현관까지 안내했고, 벽장에서 겉옷도 꺼내 줬다. 갑자기 그가 마치 호텔 매니저라도 된 듯 내게 코트를 입혀 주려는 모습을 봤다. 생각보다 과한 행동이라서 나는 코트를 얼른 받아 들고 악수를 건넸다. 크루이프는 사라졌고, 2초 후 체마와 나는 넓고 텅 빈 거리에 나와 있었다. 나는 기뻤다. 크루이프는 친절했고, 나는 완전히 바보처럼 굴지 않았다. 하지만 나중에 생각해 보니, 그는 특출하거나 독창적이지 않으면서도, 모든 사물을 바라보는 방식을 바꾼 사람이었다. 내가 만난 사람은 친절하고, 똑똑하고, 여행을 많이 하는 이웃 같았다. 반쯤 은퇴한 수많은 사람들이 그렇듯이 크루이프도 열심히 생각하길 멈춘 상태였다.

다음 날 아침 일찍 나는 바르셀로나를 떠나는 비행기에 올랐다. 착륙 후 휴대폰을 보자 새 메시지가 와 있었다. "사이먼, 또요한 크루이프입니다. 어제 우리가 재단이 하는 일에 대해 이야기를 나눈 후에 관련 문서를 찾았습니다. 모든 것이 여기에 들어 있습니다." 그러고는 거의 모든 문서 내용을 읽어 주는 그의 목소리가 자동 응답기에서 흘러나왔다. 재단은 페루를 비롯해 "볼리비아, 탄자니아, 브라질, (에헴)" 등에서 일을 벌이고 있었다. 그는 재단 내에 전화할 만한 사람들의 이름을 알려 줬다. 심지어 그들의 전화번호까지 읽어 줬다. 가장 감동적인 것은 내가 그 정보들을 이미 모두 가지고 있다는 것이었다.

몇 주 후 브라이언 올리버에게 전화가 왔다. "크루이프와의 계약이 끝났어요." 재단 측에서 말하길, 우리가 조건을 잘못 이해했단다. 나는 대회 동안 매주 그와 이야기를 나누지 않고서 크루이프의 칼럼을 대필해야 했다. 〈옵저버〉는 손을 뗐다.

"안타깝네요. 당신의 어린 시절 영웅과 정기적으로 인터뷰를 할 수 있었는데 말이죠." 브라이언이 말했다.

"괜찮습니다." 진심이었다.

〈옵저버〉는 동의가 됐다는 생각에, 내가 쓴 크루이프 인터뷰 기사를 내보냈다. 그러자 즉시 재단으로부터 항의 서한이 도착했다. 우리가 거래를 파기했으니 더 많은 돈을 요구한다는 내용이었다. 유로 2000 대회가 끝나고 몇 달 후, 나는 네덜란드 축구 잡지 〈하르트 흐라스(Hard Gras)〉에 나의 영웅을 만나 완전히 매료된 이야기를 썼다. 이를 본 크루이프는 분노했다. 크루이프는 내가 자기 몰래 그 인터뷰를 두 번 써먹어서 부자가 되고 있다고 생각했다. (〈하르트 흐라스〉에게 받은 원고료는 500달러 정도였다.) 크루이프는 내가 재단에 돈을 내야 한다고 재차 말했다. (나는 지금 그 인터뷰를 세 번째로 써먹고 있다.) 네덜란드 언론계에 있는 크루이프의 '예스맨'들은 내가 크루이프를 사기 혐의로 고발한 자기 표절자라고 썼다. (내 입장을 변호하자면, 이 주장들은 모두 거짓이었다.) 어린 시절 영웅과 관련해 나보다 더 속상한 경험을 한 사람은 없을 것이다.

문제가 생긴 지 몇 달 후, 나는 크루이프의 옛 동료이자 두 차례 월드컵 결승전에서 뛰었던 레전드를 만나 무슨 일이 있었는지 털어놨다. 그 레전드는 내 말에 공감하며 고개를 끄덕였다.

그는 크루이프가 예전 동료들보다 '애완 기자' 무리와 더 어울리느라 거의 볼 수 없다고 말했다. 이 말에 나는 위안을 느꼈지만, 그의 얼굴에는 공포의 기색이 스쳤다. "내가 말한 거 쓰지 말아요! 크루이프가 잡으러 올 거야!" 레전드가 부탁했다.

크루이프와의 경험이 내가 그를 좀 더 거리를 두고 지켜보며 그에 대한 글을 쓰는 데 도움이 됐다고 생각한다.

★

산기슭에 있는 그의 저택에서, 현대 바르사의 아버지는 한때 자신이 한탄했던 엔토르노의 대부로 변했다. 크루이프는 일종의 영구적인 무대 밖 소음이 됐다.[267] 그는 카탈루냐와 네덜란드에서 신문 칼럼을 이용해 그의 적들, 특히 누녜스와 루이스 판할을 공격했다. 판 할은 1997년부터 2000년까지 바르셀로나 감독을 맡았고, 2002/03 시즌에 다시 감독을 맡았다. 판 할이 사실상 자신의 잃어버린 형제라는 사실 따위는 크루이프에게 상관없었다. 크루이프보다 네 살 어린 판 할은 어린 시절 아버지를 여읜 암스테르담 동부 출신이었으며 강박적인 사색가였다. 1960년대에 10대였던 그는 미헬스가 이끄는 위대한 아약스를 사이드라인에 서서 지켜봤다. 선수 시절의 판 할은 ('우산을 삼키고 뛰는 것' 같다는 표현으로 유명할 정도로) 스피드가 없는 크루이프의 하위 버전 같았다. 판 할은 작은 클럽들에서 긴 커리어를 쌓기 전까지 아약스의 후보 팀에 머물렀다. 바르사는 판 할이 크루이프주의자라고 (정확하게) 봤기 때문에 감독으로 점찍었다. 크루이프보다 훨씬 더 엄격하게 선수들을 다루긴 했지만 말이다. 판할이 감독을 맡은 후, 크루이프는 매주 그를 맹렬히 비난했다.

2003년, 변호사이자 카탈루냐에서 가장 카리스마 있는 남자, 크루이프 팬인 주안 라포르타가 바르사 회장에 선출됐다. 그는 크루이프에게 누구를 감독으로 임명해야 할지 물었다. 크루이프는 다시 일하고 싶은 마음은 없었지만, 자신의 권력을 이용해 자신의 이미지가 투영된 후보를 추천하고 싶었다. 판 할처럼 노트북을 든 '학교 선생'이 아니라, 위대한 선수 출신으로 말이다. 크루이프는 자신과 싸운 후 아약스를 나갔고, 스파르타 로테르담 감독을 맡아 네덜란드 프리미어 디비전에서 막 강등됐던 프랑크 레이카르트를 추천했다. 레이카르트는 감독 후보 중 유일하게 바르사가 제안한 임금을 기꺼이 수용했고,[268] 바르사의 감독이 됐다. 크루이프는 또한 테크니컬 디렉터로 그의 드림 팀 출신인 치키 베히리스타인을 선정했다.

FIFA가 20세기 최고의 감독으로 선정한 미헬스는 2005년에 77세의 나이로 세상을 떠났다. 크루이프는 "제게 그만큼 큰 영향을 준 사람은 없었습니다. 저는 종종 그를 닮고자 노력했습니다."라고 말했다.[269] 크루이프가 말하길, 그가 했던 모든 것은 "미헬스의 원칙을 따르는 것"이었다.[270] 크루이프가 지나친 겸손을 떤 것이지만, 미헬스가 오늘날 바르사의 할아버지 격이라는 점은 사실이다.

레이카르트는 2006년 챔피언스리그 우승을 차지하며 바르사에서 성공을 거뒀다. 더 큰 성공은 그다음 장에서 나왔다. 2007년 12월, 레이카르트가 패배하기 시작한 후, 라포르타는 크루이프에게 잔여 시즌 동안 바르사 B의 36세 감독 과르디올라의 보좌를 받아 감독으로 복귀해 달라고 요청했다. 시즌이 끝나면 과르디올라가 감독을 맡을 수 있도록 말이다.

크루이프는 "펩은 준비가 됐습니다. 내가 필요하지 않아요. 바로 임명하면 됩니다."라고 답했다.[271] 즉, 크루이프는 바르셀로나의 챔피언스리그 우승 통산 5회 중 3회를 달성한, 2003년부터 2012년까지 재임한 두 감독을 모두 발탁한 셈이다. 후에 라포르타는 "우리의 모든 경기 관련 의사 결정은 크루이프가 검증했습니다."라고 말했다.

라포르타는 크루이프를 바르사의 '명예 회장'으로 임명했지만, 영웅을 언제나 자신의 통제하에 뒀다. 그는 크루이프에게 공식적인 직위를 주지 않았다. 이에 대해 라포르타는 "그가 주위의 모든 것을 대립시킬 거예요."라고 그 이유를 설명했다. 크루이프를 조직 외부에 천재로 그냥 둔 채, 그의 괴짜 아이디어를 조용히 폐기하는 편이 나았던 것이다.[272]

크루이프와 바르사의 관계는 2010년에 크루이프의 적 중 한 명인 산드로 로셀이 회장이 되면서 영원히 끊어졌다. 크루이프는 자신의 힘을 아약스로 돌렸고, 그곳에서 2011년 쿠데타를 일으켜 마르크 오버르마르스(Marc Overmars)와 에드빈 판 데르 사르(Edwin van der Sar) 같은 전 선수들을 데려와 클럽을 운영하게 했다. 재능 있는 선수 출신이 클럽을 이끌어야 한다는 1960년대적 믿음이 '지인 채용'으로 변질된 것이다. 하지만 바르셀로나에서 휴대폰 없이 살고 있던 크루이프는 자신이 임명한 사람들이 무엇을 하고 있는지 몰랐다. 크루이프가 아약스에 모습을 드러낼 때는 상황이 더 나빠졌다. 그는 이사회 멤버이자 선수 출신인 에드가 다비즈(Edgar Davids)에게 "네가 흑인이기 때문에 이곳에 있는 것"이라고 말했고, 변호사 마르얀 올퍼스(Marjan Olfers)에게는 그녀가 여성이라서 임명됐다고 말했다.

크루이프는 결국 아약스, 친형 헤니, 네덜란드 TV와 절연했다. 크루이프는 네덜란드 TV 앵커들이 자신의 견해에 의구심을 제기했다고 생각했다. 퇴직자가 된 크루이프는 집에서 말없이 경기를 보며 친구들에게 해설을 했다. 2014년 누녜스가 83세의 나이에 세금 탈루 혐의로 감옥에 간 것이 크루이프에게는 뒤늦은 위안이 됐다.[273]

싸울 일이 없을 때, 크루이프는 사랑스러운 남자였다. 바르셀로나나 암스테르담에서 그는 자칭 '갑옷'을 벗고[274], 동네를 산책하며 작은 상점을 애용했다. 부모님이 대형 슈퍼마켓과 경쟁하느라 애를 먹었던 기억이 있기 때문이었다. 그는 마주치는 사람들과 이야기를 나눴다. 흡연하며 자전거를 타는 한 여성에게 담배가 몸에 좋지 않다고 이야기하거나, 거리를 정비하는 일꾼들에게 부정확한 조언을 건넸다.[275] 내가 아는 어느 네덜란드 여성은 어느 날 아침 현관 앞 계단에 앉아 있다가 자전거를 타고 지나가는 크루이프를 봤다. 낯익은 얼굴이어서 자동적으로 "안녕하세요!"라고 말한 후에야 그를 텔레비전에서만 봤다는 것을 깨달았다. 크루이프는 무슨 일이 벌어졌는지 곧장 파악하고는 웃으며 "안녕하세요!"라고 답했다. 15분 후, 크루이프가 이 여성이 있던 자리에 다시 돌아와서는 "제가 또 왔네요!"라고 말했다.

크루이프 재단은 전 세계 도시 근교 지역에 작은 인조 구장인 '크루이프 코트'를 짓기 위해 모금을 했다. 이 아이디어는 크루이프가 어린 시절에 즐겼던, 사라져 버린 길거리 축구를 되살리기 위한 것이었다. 2014년 그의 고향 베톤도르프에 코트가 개장됐을 때, 크루이프는 보기 드물게도 눈물을 흘렸다고 한다.[276] 그는 또 장애아들을 지도하는 데 많은 시간을 보냈다. 한 영상을 보면, 크루이프가 다운증후군이 있는 골키퍼 어린이에게 페널티킥을 살짝 차 주는 모습을 볼 수 있다. 이 어린이가 공을 막아내자 크루이프는 하이 파이브를 청했지만, 어린이는 크루이프를 지나쳐 달려가 열광하는 동료들과 함께 기쁨을 나눴다. 그날 모두에게 최고의 순간이었다.

2016년 2월, 크루이프가 폐암 치료를 받는 동안, 메시는 크루이프가 1982년 헬몬트 스포르트와의 경기에서 성공시킨 페널티킥을 재현했다. 셀타 비고전에서 페널티 키커로 나선 메시는 네이마르가 달려들 것을 예상하고 공을 오른쪽으로 패스했다.

먼저 달려든 선수는 수아레스였고 그가 골을 성공시켰다.[277]

크루이프는 2016년 3월 24일, 68세의 나이로 가족들 곁에서 세상을 떠났다. 크루이프는 카탈루냐 산맥의 엘 몬타냐(El Montanyà)에 있는 여름 별장 정원에 묻혔다.[278] 크루이프는 내게 이렇게 말한 적이 있다. "저는 언제나 네덜란드인일 겁니다. 아주 간단한 이유 때문이죠. 네덜란드인의 사고방식을 가졌으니까요." 하지만 바르사의 스위스인 창립자 주안 감페르, 1950년대 헝가리인 스타 쿠발라가 그랬듯이, 크루이프는 카탈루냐를 영원한 고향으로 만들었다.

크루이프의 낡고 후줄근한 베이지색 레인코트는 이제 바르사의 박물관에 전시된다. 그의 아내는 드디어 그것을 치워 버릴 수 있어 기쁠 것이다. 2019년, 바르사는 캄 노우 바깥에 세워진 크루이프의 동상을 공개했다. 축구 선수 크루이프가 ('크루이프 턴'보다 훨씬 더 특징적인 포즈로) 어딘가를 가리키고 있는 모습이다. 그 밑에는 세 단어로 이뤄진 크루이프의 명언이 있다. '나가서 즐겨라(Salid y disfrutad).'

사후

크루이프가 세상을 떠나고 불멸의 존재가 되자, 아약스는 경기장에 그의 이름을 붙였다. 유스팀, 리저브팀, 여자팀이 경기하는 바르셀로나의 두 번째 경기장은 '아스타디 요한 크루이프 (Estadi Johan Cruyff)'가 됐다. 근처 벽에는 크루이프가 한 말이 적혀 있다. '축구는 두뇌로 하는 게임이다.' '우리가 공을 소유하면 상대는 가질 수 없다.' '우리 팀의 골키퍼는 첫 번째 공격수이고, 스트라이커는 첫 번째 수비수다.'[279] 바르사의 스포츠 분석 책임자 하비에르 페르난데스(Javier Fernández)는 종종 크루이프의 명언으로 이야기를 시작하고 끝맺는다고 말했다. "그는 아주 짧은 문장으로 본질을 종합해 표현하는 데 놀라운 능력을 가졌습니다." 박사 학위를 가진 바르사의 데이터 분석가들이 50년이 지난 뒤에도 연구하고 있는 시스템을 암스테르담 학교를 중퇴한 크루이프는 직감적으로 알고 있었다.

크루이프는 바르사를 자신의 이미지대로 재창조했다. 그는 '삼각형', '제3의 선수', '라인 사이', '수적 우위' 등의 언어를 바르사에 남겼다. 차비는 이렇게 말했다. "요한 크루이프라는 사람은 축구의 방식과 철학을 바꾼 사람이었어요. 주도권을 갖고, 공을 지키고, 경기를 통제하며, 공격적이고 매력적인 축구를 하고자 했죠. 그리고 우리는 지난 20, 30년 동안 그것을 연습해 왔어요."[280] 과르디올라는 축구에서 이렇게 오래 지속된 프로젝트는 거의 없다고 말한다.

크루이프는 또 스페인 축구의 힘의 균형을 뒤집었다. 1988년 그가 돌아오기 전까지 바르셀로나는 스페인 리그에서 10회, 레알 마드리드는 23회 우승을 차지했다. 1989년부터 2020년까지는 바르셀로나가 16회, 레알 마드리드가 11회 우승했다. 바르사가 유럽 정상급 클럽이 된 것은 크루이프 체제하였기에 가능한 일이었다. 바르사는 1992년까지 유럽 챔피언이 된 적이 없었지만, 그 이후로는 다섯 번이나 유럽 챔피언이 됐다. 이에 따라 마음가짐도 달라졌다. 발다노가 말했다. "피해자 클럽이었던 바르사는 이제 자만에 더 가까워졌습니다."[281]

그리고 크루이프는 축구 자체를 변화시켰다. 파비오 카펠로는 "현대 축구 역사에서 세 가지 위대한 유산은 네덜란드 학교, (밀란에서의) 사키의 시대, 그리고 (과르디올라의) 바르사의 시대"라고 정의한 바 있다.[282] 빠른 패스와 강한 압박을 구사하는 이 팀들은 크루이프에게 영감을 받았다.[283] 크루이프의 최고의 순간은 2010년 월드컵 결승전이었다. 스페인 대 네덜란드, 크루이프 대 크루이프였다. 이 경기에 뛴 7명의 스페인 대표팀 선수는 크루이프식 라 마시아 출신이었다. 7명의 네덜란드 대표팀 선수는 아약스의 크루이프식 아카데미 출신이었다. 크루이프는 좀 더 그의 스타일에 충실했던 스페인을 응원했다.

독일 작가 디트리히 슐츠마르멜링(Dietrich Schulze-Marmeling)은 크루이프식 '토털 풋볼'의 혁명적 요소들이 오늘날에 와서는 일상이 됐다고 설명한다. 공격적인 수비수, 전방 압박을 하는 수비 라인, 상대 진영에서의 강한 압박, 빠른 공수 전환, 소유에 대한 강조 등이 그렇다.[284] 위르겐 클롭은 수석 코치에게 대단히 압박을 잘하는 팀들의 영상을 모아 달라고 요청한 바 있는데,

이 영상은 1974년 크루이프의 네덜란드 대표팀에서 시작해 클롭의 리버풀로 마무리된다.[285]

크루이프가 가장 주목한 포지션은 골키퍼다. 마누엘 노이어(Manuel Neuer)와 마르크안드레 테어 슈테겐(Marc-André Ter Stegen)은 그들이 태어나기 전부터 크루이프가 이상적으로 생각했던 골키퍼다. 패스하는 골키퍼는 표준이 됐다. 잉글랜드 웹 사이트 스태츠퍼폼(Stats Perform)의 보고를 보자.

> 2000/01 시즌, 프리미어리그의 주전 골키퍼 중 62퍼센트가 넘는 패스 성공률을 기록한 골키퍼는 없었다. (62퍼센트는 첼시의 에트 더 후이[Ed De Goey]의 기록인데, 그는 크루이프의 네덜란드 대표팀에서 성장했다.)… 2019/20 시즌, 13명의 골키퍼들이 더 후이가 19년 전에 세운 기록을 뛰어넘었다.[286]

바르셀로나의 유스 지도자였던 카펠라스는 이제 잉글리시 챔피언십에서도 골키퍼를 시작으로 삼각 패스를 하는 팀을 볼 수 있다고 말한다. 이들은 아마도 직접적으로 크루이프의 영향을 받지 않았겠지만, 크루이프에게 영향을 받은 지도자들에게 간접적으로 영향을 받았을 것이다. 이 혈통은 1960년대 아약스의 훈련을 지켜봤던 10대 시절의 판 할에서부터 시작된다. 판할과 과르디올라는 후에 2014년 월드컵에서 우승을 차지한 독일 대표팀의 핵심이라 할 수 있는 바이에른 뮌헨의 형태를 만들었다.

　무리뉴조차 크루이프족의 말썽꾸러기라 할 수 있다. 무리뉴는 1996년부터 2000년까지, 감독이 되기 전 마지막 4년 동안 바르셀로나에서 보비 롭슨과 판 할을 보좌했다.[287] 바르사는 무리뉴가 훈련을 이끈 최초의 프로 팀이었고, 그는 때때로 바르사 B와 U-19 팀을 훈련시키기도 했다. 무리뉴는 바르셀로나를 떠나면서 이렇게 말했다. "레알 마드리드 감독을 한다면 오직 바르셀로나를 무너뜨리기 위해서일 겁니다. 나는 영원히 꾸레일 겁니다."[288] 그는 축구를 공간을 위한 춤이라 여기는 크루이프식 관점을 흡수했다. 크루이프가 공간을 만드는 데 집착했다면, 무리뉴는 상대의 공간을 차단하는 데 더 신경을 썼을 뿐이다.

　판 할, 과르디올라, 세이룰로 같은 사람들은 크루이프가 결코 할 수 없었던 일을 해냈고, 크루이프의 직관을 시스템으로 전환했으며, 그 안에서 선수들을 훈련시키는 방법을 만들었다. 축구는 발전했고, 크루이프는 뒤처졌다. 크루이프는 오른발잡이들을 왼쪽에서 뛰게 하고, 왼발잡이들을 오른쪽에서 뛰게 하는 걸 보며 격분한 채 세상을 떠났다. 그러나 과르디올라가 말했듯 "어떤 식으로든 감독들, 테크니컬 디렉터들, 해설자들, 우리 모두는 크루이프의 추종자다."[289] 리네커는 말했다. "현대 축구는 요한 크루이프로부터 시작된 아이디어에서 비롯됐습니다."[290]

PART THREE

황금기,
2008~2015

기숙 학교의 작은 아이들

- 유스 아카데미 그 이상

21세기로 접어드는 몇 년 동안, 바르셀로나의 유스 아카데미라 마시아는 축구 역사상 최고의 홈그로운 선수들을 배출했다. 2010년 월드컵 우승 팀 스페인의 핵심 선수들, 그리고 리오넬 메시였다. 또한 라 마시아는 선수의 키에 대한 편견을 버리고, 축구의 본질에 대한 혁신적인 아이디어를 내놓았다. 바르사는 전 세계 클럽들이 어린 선수들을 선발하고 가르치는 방법을 바꿔 놓았다.

★

크루이프가 아약스 유스팀의 꼬마였던 시절, 1군 선수들 절반 정도가 크루이프의 경기를 관전하고는 했다. "오랫동안 알고 지냈기 때문에 보러 왔던 것 같습니다."[291] 유스팀은 가끔 1군 경기

킥오프를 앞두고 같은 경기장에서 오프닝 매치를 치렀는데, 관중석에 앉아 있던 크루이프의 어머니는 그때마다 관중들의 탄성을 듣곤 했다. "저 작은 녀석은 축구 선수가 되겠는 걸!"[292] 아약스 팬들은 크루이프가 네덜란드 최고의 축구 선수 중 한 명이 될 수도 있을 거라고 생각했다.

크루이프는 자기 커리어를 돌이켜보며 이렇게 말했다. "가장 좋았던 시기는 아마 아약스에서 보낸 열두 살부터 열일곱 살까지일 거예요. 아직 아무것도 아니었던 때였고, 모두가 여전히 나를 도와주고 있었기 때문이죠."[293]

1973년 바르셀로나에 도착한 크루이프는 아이들을 지도할 새로운 방법을 생각하기 시작했다. 혼자는 아니었다. 1957년에 론도를 고안했다고 알려진 바르사 유스팀 감독 라우레아노 루이스(Laureano Ruiz)[294]는 이미 라 마시아 전체가 4-3-3 포메이션으로 '토털 풋볼'을 펼칠 수 있도록 노력을 기울이고 있었다.

당시 바르사의 수석 스카우트는 본업이 제약사 대표인 오리올 토르트였다. 토르트는 유소년 축구를 하루에 많게는 20경기씩 보며 모든 유망주들의 이름을 일일이 기록했다. 그의 스카우트 규칙은 이랬다. '첫인상이 가장 중요하다. 그 뒤로는 보면 볼수록 단점이 더 많이 보인다.'[295]

니콜라우 카사우스 같은 바르사 디렉터들은 카탈루냐 사람이 중심이 된 1군을 꿈꿨다.[296] 하지만 최고의 재능을 가진 선수들은 항상 해외에서 발굴됐다. 당시만 해도 이 칸테라(cantera)*는 그리 좋은 평가를 받지 못했다. 토르트는 소속 유스 선수들의 통학 가능 거리를 확장시키기 위해, 그때까지 스페인 축구에 존재하지 않았던 것을 만들기로 했다. 그건 바로 다른 지역 출신 유망주들이 거주할 수 있는 시설이었다. 1979년 라 마시아는 문을 활짝 열고, 어린 선수들을 받아들였다.[297]

시작부터 라 마시아는 유스 아카데미 그 이상이었다. 카탈루냐에서 모집된 소년들은 소시들의 아들들이었다. 대다수는 아마도 바르사의 팬이었을 것이다. 바르사를 좌지우지하던 상인 계급 사람들은 이 아이들이 부르주아가 갖고 있던 기존 이미지를 바꿔 주길 바랐다.[298] 라 마시아가 생기기 전인 1970년대부터 바르사의 유소년 선수였던 그라타코스(Gratacós)는 자신이 두 대학에서 학위를 따는 비용을 바르사가 모두 지불했다고 말했다. 당시 그의 가족은 학비를 절대 감당할 수 없는 형편이었다. 나중에 바르사는 모든 유스팀에 교사를 배정했다.[299] 이 시스템이 도입된 지 얼마 되지 않았을 당시, 한 학생의 모습을 떠올려 보자. 캄 노우에서 100미터 떨어진 학교에 다녔던 10대의 펩 과르디올라가 칠판에 복잡한 대수 방정식을 적는[300] 장면이다. 작은 마을의 벽돌공 아들로 태어난 이 소년은 카탈루냐 부르제지아의 모델이자, 문학과 진지한 영화를 사랑하는 어른으로 자랄

---

* 사전적 의미는 '채석장'. 스페인에서는 '축구 아카데미'를 뜻한다.

것이다.

토르트가 설립한 라 마시아에 과르디올라가 들어갈 수 있었던 이유는 '키'가 요구 조건에 부합했기 때문이었다. 카탈루냐 마을 산트페도르(Santpedor)에 살던 과르디올라는 어느 날 집으로 달려가 어머니에게 말했다. "의사 선생님이 제가 180센티미터가 될 거래요. 축구 선수가 될 수 있겠어요!"[301] 루이스는 "예전에는 감독실 문에 '키가 180센티미터 미만인 유소년 선수를 권하려거든 집으로 돌아가시오'라는 메모가 붙어 있었습니다"[302]라며 당시를 회상했다. 그 시절엔 뼈 스캔과 '손목 검사'를 통해 매직 신장(the magic height)이라 할 수 있는 180센티미터에 못 미칠 것 같은 소년들을 추려 냈다.[303] 바르사를 비롯한 모든 클럽이 수십 년간 비슷한 판단을 내렸다. 1960년대 북아일랜드 벨파스트(Belfast)에서도 그랬다. 글렌토랜, 울브스, 맨체스터 시티의 스카우트들은 허약해 보이는 160센티미터의 10대 윙어를 그냥 지나쳤다. 하지만 조지 베스트는 맨체스터 유나이티드에서 마침내 기회를 얻었다.[304]

라 마시아가 잘 운영되고 있던 1980년쯤, 미국에 있던 크루이프는 워싱턴 디플로매츠에 어린 미국 선수들을 위한 2군, 3군 팀을 구성할 것을 요청했지만 받아들여지지 않았다.[305] 이후 그는 암스테르담에서 풋볼 대디(football dad)가 됐다. 한때 자신이 뛰었던 경기장에서 벌어지는 아약스 유스팀 훈련과 경기에 아들 조르디를 실어 날랐다.[306]

1985년 아약스 감독이 된 크루이프는 유스 섹션을 재정비했다. 아약스의 유스 지도자들은 여느 빅 클럽 지도자들과 마찬가지로 구내식당 같은 곳에서 팀 승리를 뽐내고는 했다. 하지만 크루이프는 아카데미의 핵심은 대회 우승이 아니라고 규정했다. 아카데미의 목적은 좋은 축구 선수를 육성하는 것이고, 이를 위해서는 가끔은 패배도 필요하다는 것이었다. 만약 12세 소년이 또래에 비해 훨씬 뛰어나다면, 크루이프는 U-12팀이 우승하도록 그 선수를 거기 내버려두지 않고 U-15 팀으로 승격시켰다. 에이스를 놓친 U-12 팀 감독과 졸지에 어린 친구를 돌보게 된 U-15 감독에게는 짜증나는 일이었지만, 승격된 소년의 기량은 발전했다. 자기보다 나이 많은 선수들의 깊은 태클을 접하면 과도한 드리블을 자제하게 됐다. 크루이프 역시 어린 시절에 같은 경험을 했다. 크루이프는 "좋은 선수는 수치심과 실수를 통해 발전해야 합니다."라고 말했다.[307]

아약스 아카데미에서는 모든 게 배우는 과정이었다. 크루이프는 촉망받는 공격수들을 때때로 수비에 투입했다. 수비수들이 어떻게 생각하는지 이해할 수 있도록 하기 위해서였다. 데니스 베르캄프도 크루이프가 고안한 훈련을 소화했다. 크루이프는 유소년팀을 가르치기도 했다.[308] 노년이 되어서도 크루이프는 친구로부터 아약스 유스팀의 훈련 결과를 팩스로 전달받았다.[309]

1980년대가 되자 크루이프가 사랑했던 길거리 축구는 자동차 때문에 사라졌다. 길거리 축구를 훈련에 적용할 방법을 고민한 크루이프는 주차장에서의 훈련을 제안했다. 어린 선수들이 콘크리트에서 넘어지면 다칠 우려가 있다는 이야기를 들은 크루이프는 이렇게 답했다. "그러면 안 넘어져야죠." 똑바로 서 있는 것 역시 길거리 축구에서 배울 수 있는 기술 중 하나였다.[310]

1988년 바르사 감독이 된 이후, 크루이프는 토니 브루인스 슬롯 코치를 보내 유스 지도자들에게 새로운 훈련 방식을 전달했다. 브루인스 슬롯은 칠판에 몇 가지 패스 훈련 도안을 그리고는 간단한 스페인어로 말했다. "이것은 포지셔널 플레이입니다. 핵심은 공을 한 번, 많아야 두 번만 터치하는 것입니다." 유스 지도자들은 어리둥절한 표정으로 서로를 바라보다가, 마침내 누군가가 용기를 내어 물었다. "그게 답니까?" 그게 다였다. 세부적인 내용은 따로 없었다.

라 마시아는 '패스 대학교'가 됐다. 라 마시아에서는 동료들과 패스를 주고받는 게 일종의 대화가 됐다. 재즈 뮤지션들이 잼(jam)을 하면서 말없이 소통하는 것과 같았다. 패스를 어떻게 하는지에 따라 공이 이렇게 '말'을 거는 셈이었다. "오른쪽으로 이동해.", "원투 패스 하자.", "템포를 높여!" '패스 기계'라 할 수 있는 차비는 공의 속도가 그 자체로 메시지를 보낸다고 말했다. "슈팅할 수 있게 패스하려면 공을 더 세게 찰 필요가 있어요. 그래야 동료가 그 속도를 이용할 수 있거든요. 동료가 공을 원터치로 플레이할지, 아니면 공을 컨트롤할 시간이 필요한지 예측

해야 합니다. 곧바로 플레이를 해 나갈 가능성이 높다면 패스를 더 강하게 하는 식이죠."[311] 라 마시아의 모든 선수들은 각각의 패스를 읽는 법을 알아야만 했다.

론도는 어린 선수들에게 바르사의 언어, 즉 대각선 패스, 상대 라인 부수기, 제3자를 찾는 것(buscar el tercero) 등을 가르쳤다. "론도, 론도, 론도. 매일, 매일이요." 차비가 시드 로우 기자에게 말했다. "팡, 팡, 팡, 팡. 언제나 원터치예요. 술래가 되어서 중앙으로 들어가면 창피하죠. 다른 선수들이 박수를 치고 비웃어요."[312]

라 마시아 아이들은 일련의 패스가 무작위적인 단어가 아닌, 논리적인 문장과 같다는 것을 배웠다. 패스를 하는 순간에 적절한 위치를 잡아야 한다. 새로운 삼각형을 만들고, 다음 패스를 받기 위해서다. 바르사에서는 이렇게 말한다. "터치하고 움직인다.(Toco y me voy.)"

아이들이 10대 초반이 될 때까지는 이에 대한 설명이 거의 필요하지 않았다. 크루이프식 패스 문법을 오독하면 한가운데에 서 있는 돼지 신세가 되고 만다. 작은 공간에서 론도를 마스터하거나, 약 30미터 길이 경기장에서 10대10 경기에서 론도를 잘할 수 있다면, 실제 경기장에서 활짝 열린 공간을 찾을 수 있을 것이다. 카펠라스는 이걸 슈퍼맨에 비유한다. 슈퍼맨은 중력이 지구보다 훨씬 강한 크립톤 행성에서 태어났기 때문에 지구에서는 고층 건물을 쉽게 뛰어넘어 다닐 수 있다.

라 마시아에서는 거의 모든 훈련이 공과 함께 진행됐다. 크루이프는 16세 이하 선수들에 대한 근력 훈련과 크로스컨트리 달리기를 없앴다.[313] 나중에 메시는 라 마시아의 방식이 "피지컬 훈련이 훨씬 더 많았던 아르헨티나에서의 경험과 대조적"이라는 사실을 알게 된다. 메시는 또한 라 마시아가 승리보다 발전을 우선시한다는 사실에 놀랐다.[314]

하지만 라 마시아의 비밀은 결코 코칭이 아니다. 스카우팅이다. 뛰어난 재능을 가진 아이들을 찾을 수 있다면 해야 할 코칭이 확 줄어든다. 크루이프는 공격적인 선수들을 영입하는 것을 좋아했는데, 그런 선수들이 대체로 가장 기술적인 선수들이었기 때문이다. 크루이프가 과르디올라에게 그랬고, 과르디올라가 마스체라노에게 그랬던 것처럼, 그런 선수들은 향후 수비수 훈련을 통해 상황에 따라 수비수로 전환시킬 수 있었다. 습득력이 좋은 덕분이다. 세이룰로는 연습 게임에서 이니에스타가 수비수를 맡은 것을 보고는 "팀 내 최고의 수비수예요. 다른 어떤 수비수들보다 나아요. 공을 되찾는 방법만이 아니라, 무언가를 만들어 내기 위한 움직임도 시작할 줄 알거든요."라고 말했다.[315]

크루이프는 라 마시아 스카우트들이 '공을 바른 방향으로 받고, 머리를 들고 경기장 전체를 훑어보며 플레이하는' 아이들을 찾는다고 말했다. 이는 자동차 운전과 같다. 크루이프는 운전을 할 때 대시보드나 기어가 아니라 도로를 봐야 하지 않느냐고 말했다. 차비는 이렇게 말했다. "바르셀로나에서 처음으로 배운 내용은 머리를 들고 플레이하는 것이었습니다. 커리어를 쌓는 동안 훌륭한 조언을 많이 들어 왔지만 여전히 첫 번째 교훈을 가장 중요하게 생각합니다."[316] 어느 수준에서 뛰든 경기력을 향상시키는 가장 빠른 방법은 더 많이 주위를 살피는 것이다. 축구 경기에서 정보는 금이다. 눈으로 정보를 수집해야 한다. 그저 계속 달리기만 하는 선수는 주변에서 일어나는 많은 일들을 놓치기 마련이다.

크루이프는 스카우팅 영역에서 큰 혁신을 이뤘는데, 그것은 바로 체격에 대한 관점이었다. 크루이프의 방침은 본질적으로 '작은 것이 아름답다'였다. 크루이프는 "십중팔구 이상하게 들리겠지만, 결국에는 작은 사람이 유리합니다."라고 말했다. 이런 판단은 크루이프의 경험에서 비롯됐다. 열다섯 살 때 크루이프는 코너킥 상황에서 골문 앞 경쟁을 힘겨워했다. "그래서 더욱 매 순간에 맞게 대응해야 했죠. 체격이 작고 빠르지 않다면, 판단과 대응이 더 빨라야 합니다. 스피드가 좋은 선수라면, 달리면 그만이니 그 정도로 주의를 기울일 필요가 없겠지만요."

크루이프는 차비, 이니에스타, 메시에 대해 "기술적으로 완벽하고 반응 속도가 엄청나요. 체격이 작기 때문에 해야만 했던 것들 덕분이죠."라고 말한 바 있다.[317] 차비는 신체적 약점 때문에 자신이 "시속 200킬로미터"에서 생각할 수밖에 없었다고 말했다.[318] 체격이 큰 상대 선수가 달려들기 전에 공을 움직여야 했기 때문이다.

작은 선수들은 긴 팔다리와 높은 무게 중심을 가진 선수들보다 더 빨리 가속하거나 정지할 수 있다. 방향 전환도 빠르다. 열여덟 살 정도가 되면 체격의 중요성이 떨어지기 시작하는데, 이 시점에 작은 선수들은 이미 더 많은 것을 배운 상태가 된다. 크루이프의 격언에서 우리는 삶에 대한 보편적인 진실을 느낄 수 있다. '모든 약점에는 강점이 있다.' 스포츠 과학자들은 이제 이것을 (덜 우아하게도) '보상 현상(compensation phenomenon)'이라 부른다. 어느 한 부분이 부족한 선수는 그걸 보완할 만한 강점을 개발하게 된다는 의미다.[319]

크루이프가 감독으로 있는 동안 유스팀은 여전히 캄 노우 옆 경기장에서 시합을 했다. 크루이프는 주기적으로 칸테라에 들렀다. 아들 조르디를 보러 가는 것이었지만, 아카데미가 잘되어 가고 있는지 확인하러 가는 것이기도 했다. 크루이프가 바르사에서 머문 8년 동안 약 30명의 아이들이 라 마시아를 거쳐 캄 노우로 갔다. 기예르모 아모르(Guillermo Amor, 175센티미터), 알베르 페레(Albert Ferrer, 170센티미터), 세르지 바르주안(Sergi Barjuán, 170센티미터)과 같은 기술 좋은 칸테라노들이 호마리우(167센티미터), 에우세비오 사크리스탄(170센티미터) 같은 영입 선수들과 함께 크루이프의 드림 팀에서 뛰었다.

코너킥과 프리킥 상황에 취약하다는 이유로 작은 선수들을 반대하는 사람이 있다면 크루이프는 이렇게 답했을 것이다.

"그게 바로 우리가 어떤 것도 양보하지 말아야 하는 이유입니다."[320] 팀의 키는 전술 형성에도 영향을 미친다.

크루이프는 축구 인재 시장에 만연한 편견을 발견했다. 미국 야구에서도 비슷한 일이 벌어지고 있었다. 오클랜드 애슬레틱스의 단장이자, 마이클 루이스(Michael Lewis)의 책《머니볼(Moneyball)》의 주인공인 빌리 빈(Billy Beane)은 1990년대 야구 스카우트들이 온갖 종류의 '시각적 편견'을 가지고 있다는 것을 발견했다. 그들은 뚱뚱한 선수나 마르고 작은 선수를 차별했고, '작은 오른손잡이 투수'를 차별했다. 열일곱 살의 빈이 그랬던 것처럼 잘생기고 건장한 유형의 선수들은 과대평가됐다. 애슬레틱스와 바르셀로나는 이 같은 시장의 편견을 활용했다.

바르사의 소시들은 1군에서 '라 마시아 출신'들을 보길 원했다. 아이스 링크 카페에서 커피를 마시는 직원들도 마찬가지였다. 라 마시아 지도자에게 유소년 선수의 1군 데뷔는 누구도 알아주지 않던 지난 10년간의 노력에 대한 보상이었을 것이다. 크루이프도 같은 생각이었다. 이반 데 라 페냐(Iván de la Peña, 169센티미터)가 1995년 1군에 데뷔했을 때, 크루이프는 "페냐가 열한 살일 때 그의 부모님과 대화를 나눴던 게 기억납니다."라고 말했다.[321] 1군 선수 절반이 어린 시절부터 같은 시스템에서 성장했다면, 감독 입장에서는 복잡하면서도 혁명적인 시스템을 안착시키기도 더 편했을 것이다.

1996년 5월 크루이프가 경질됐지만, 라 마시아에는 큰 영향이 없었다. 크루이피즘(Cruyffism, 크루이프식 축구 철학)*이 주입된 1세대 바르사 축구 선수들은 이미 완성되고 있었다.

크루이프가 떠난 지 4개월이 됐을 때, 이니에스타 가족이 에어컨이 없는 낡은 포드 오리온을 타고 푸엔테알비야(Fuentealbilla) 마을에서부터 500킬로미터를 운전해 라 마시아에 도착했다. 토르트가 선발한 작고 창백한 열두 살짜리 꼬마가 라 마시아에 합류한 순간이었다. 하지만 이니에스타의 공식 전기(The Artist: Being Iniesta)에 따르면, 작별 인사를 할 시간이 되자 이니에스타의 아버지인 호세 안토니오(José Antonio)는 후회에 사로잡혀 이니에스타를 다시 집으로 데려가고 싶어 했다. 축구에 대한 아버지의 꿈은 가족이 떨어져 살도록 만들었다.

이니에스타는 라 마시아에서 엉엉 울며 첫날 밤을 (그리고 이후 여러 날을) 보냈다. 이니에스타는 가족이 있는 집 대신, 작은 탁자와 금고, 서랍이 딸린 2층 침대를 갖게 됐고, 농구 선수만큼 키가 큰 신입 선수들과 한 방을 썼다. 다행히 라 마시아에 있는 형들, 예를 들어 열여덟 살 카를레스 푸욜과 열네 살 골키퍼 빅토르 발데스 등이 이니에스타의 형 노릇을 자처했다. 푸욜은 나중

---

*   스페인 사람들은 '엘 크루이피스모(el cruyffismo)'라고 부른다.

에 1군으로 올라가면서 이니에스타에게 매트리스를 물려주기도 했다. 여느 기숙 학교와 마찬가지로 라 마시아의 소년들은 함께 생활하며 평생의 친구가 됐다.

운 좋게도 라 마시아에서 가까이 살았던 소년들은 가족이 있는 집에 계속 거주할 수 있었다. (어린 센터백 시절에도 '보스(El Jefe)'로 알려진) 제라르 피케는 라 마시아에서 5분 거리에 살았다. 피케는 열세 살부터 1987년생 소년들로 구성된 '아기 드림 팀'에서 뛰었다. 아르헨티나에서 온 이민 가정 출신의 작은 소년 세스크 파브레가스도 함께였다. 티토 빌라노바가 잠시 이 팀을 지도했다.

메시, 피케, 파브레가스는 그들 모두가 1군이 되리라고는 예상하지 못했다. 매 시즌이 끝나면 모든 팀에서 8~10명의 소년이 탈락하고 새로운 선수로 교체된다. 라 마시아에서 아이들은 평균 3년을 버티기도 어렵다. 바르셀로나가 선수를 내보내겠다는 의사를 전달하면, 보통 어머니와 선수는 눈물을 흘리고, 아버지는 이유를 따져 묻곤 했다.[322] 살아남은 선수들은 언제 자기 차례가 올지 걱정하며 남는다. 여덟 살에 바르셀로나에 입단한 발데스는 열여덟 살까지의 생활을 이렇게 회상했다. "압박감이 너무나 컸어요. 마음이 편안한 적이 없었죠. 다음 일요일 경기를 생각하는 것만으로도 소름이 끼쳤어요."[323]

동료들이 연이어 사라지는 것을 보며 자란 피케는 열일곱 살이 될 때까지 1군 선수가 되는 꿈조차 꾸지 않았다. 결국 피케는 바르셀로나를 떠나 맨체스터 유나이티드로 갔고, 그 즈음 파브레가스 또한 바르셀로나 1군에 대한 희망을 접고 아스널에 합류했다. 그 뒤 해외 스카우트들이 라 마시아를 괴롭히기 시작했다. 한번은 라 마시아 경기를 촬영하던 한 관중이 알고 보니 리버풀 소속인 게 밝혀진 사건도 있었다.[324]

맨체스터에서 피케는 반려 동물로 토끼를 샀다. "저는 일인자보다 더 외로웠어요." 나중에 피케가 그 시절을 이렇게 회상했다.[325] 토끼는 피케가 임대한 아파트로 가는 길을 먹어 치웠는데, 이 일로 땅 주인이던 알렉스 퍼거슨 경이 경악한 일이 있었다.

해외 생활의 외로움 때문에 많은 어린 축구 선수들의 꿈이 망가졌고, 때로는 일생일대의 기회도 날려 버렸다. 라 마시아가 아프게 얻은 교훈이다. 지난 30년간 라 마시아를 졸업해 1군 주전 선수가 된 사례 중 스페인 사람이 아닌 선수는 메시와 티아고 알칸타라 두 명뿐이었다. 두 명 모두 해외 생활을 했지만 부모와 함께 살았다는 공통점이 있다. 티아고의 아버지 마지뉴는 1994년 브라질의 월드컵 우승 멤버였는데, 스페인에서 선수 생활을 그만뒀다. 이후 그는 갈리시아 지방의 도시 비고(Vigo)에 설립한 자신의 축구 학교를 닫고, 바르셀로나로 이주해 두 아들의 커리어를 관리했다.[326] 2022년 현재, 티아고는 리버풀에서 뛰고 있고, 그의 동생 하피냐(Rafinha)는 레알 소시에다드에서 뛰고 있다.

이니에스타는 스페인 사람이었지만, 부모님과 따로 떨어져

라 마시아에서 6년을 버티며 고군분투했다. 아버지 호세 안토니오는 종종 주말에 차를 몰고 이니에스타의 경기를 보러 왔다. 열여섯 살이 되자 이니에스타는 1군 훈련에 참가할 수 있게 됐다. 학교에 절대 빠지지 않으며 모범적으로 행동한 게 부분적으로 영향을 줬을 것이다. 이때 1군에는 라 마시아 출신 선배 과르디올라와 차비가 있었다. 그들은 늘 유스팀의 은사들에게 유망주들에 대해 물어봤는데, 그래서인지 1년 전부터 이니에스타에 대해 알고 있었다. "그 녀석이 우리 둘 다 은퇴시킬 거야." 과르디올라가 차비를 놀렸다.[327] 이니에스타의 전기에 따르면, 당시 바르사의 유스 지도자였던 로렌소 세라 페레(Lorenzo Serra Ferrer)는 이니에스타가 1군과 함께한 첫 번째 훈련에 대해 이렇게 말했다. "경기 속도를 올려야 하면 그렇게 하고, 경기 속도를 낮춰야 할 때는 그렇게 하더군요. 이니에스타는 경기와 바르셀로나의 철학을 이해하고 있었어요. 잘못할 리가 없었죠."[328] 이 10대 소년은 곧 플레이메이커로 임명됐다. 아르헨티나 출신의 후안 로만 리켈메(Juan Román Riquelme)를 비싼 몸값으로 영입하기 전이었다. 과르디올라와 마찬가지로 벽돌공의 아들이었던 이니에스타는 1군에서 뛰며 대학에도 다녔다.

2000년대 초반에 라 마시아 출신 선수들 여럿이 같은 시기에 1군으로 승격해 파워 블록을 형성했다. 2003년쯤 바르사가 바닥을 쳤을 때, 그들은 함께 모여 앉아 이기적인 스타플레이어들을 더 이상 용인하지 않기로 결의했다. 그들은 라커룸을 스스로 관리하기로 했다. 몇 년이 지나서 호나우지뉴와 데쿠가 선을 넘었고, 곧 둘 다 쇠락의 길을 걸었다.

차비, 이니에스타, 메시 같은 좋은 선수들이 1군에 올라가는 것은 당연해 보이지만, 사실 꼭 그런 것은 아니다. 그들이 다른 빅 클럽에 있었다면 결코 그 자리까지 가지 못했을 것이다. 차비는 바르사이기 때문에 자신이 성공했다고 말했다. 크루이프가 작은 선수들을 지지한 덕분이다.[329] 크루이프 시대 이전이었다면 차비는 라 마시아에 들어가는 것조차 힘들었을 것이다. '뼈 스캔 규정'이 있던 시절, 바르사 스카우트는 차비가 여섯 살일 때부터 영입하고 싶어 했지만, 체격에 대한 우려 때문에 그럴 수 없었다. 결국 차비는 열한 살에 영입됐다. 크루이프가 책임을 맡게 된 뒤였다.[330] 물론 이후에도 차비가 너무 작다며 우려하는 목소리들은 있었다. 이니에스타는 1군 정규 선수가 되기까지 몇 년이 걸렸다. 라 마시아조차도 작은 선수들에 대한 의심을 항상 잠재울 수는 없었다. 2000년대 초반까지도 키에 대한 차별은 이어졌다.

다른 클럽들이었다면 값비싼 호르몬 치료와 가족의 이주 비용이 아까워 열세 살의 작은 메시를 영입하지 않았을 수도 있다. 프랑스를 보자. 앙투안 그리즈만은 너무 작다는 이유로 여섯 개의 유스 아카데미에서 거절당했다. 열네 살이 되던 2005년, 이 미래의 세계 챔피언은 레알 소시에다드 아카데미에서 주는 기회를 잡기 위해 스페인으로 이주해야 했다. 프랑크 리베리

(Franck Ribéry), 나빌 페키르(Nabil Fekir), 마티외 발부에나(Mathieu Valbuena) 같은 다른 작은 프랑스 선수들도 같은 이유로 거절을 경험했다. 은골로 캉테(N'Golo Kanté, 169센티미터)는 열아홉 살에 프랑스의 작은 클럽인 US 불로뉴와 아마추어 계약을 체결하기 전까지 프로 클럽들로부터 완전히 무시당했다. 바르사의 예외주의(exceptionalism)를 보여 주는 한 가지 지표는 2010년대 팀의 평균 신장이 유럽 상위 42개 팀 중 최하위라는 점이다.[331]

너무나 많은 작은 축구 선수들이 거절을 당했지만, 여전히 많은 세계 최고의 축구 선수들은 키가 작다. 이 두 사실을 종합해 보면, 작은 선수들이 차별을 극복할 만큼의 재능을 지녔다는 것을 알 수 있다. 이런 형태의 차별이 사라진다면 작은 선수들이 축구를 지배할 수도 있을 것이다.

★

바르셀로나 1군이 유럽 챔피언을 차지했던 2009년의 어느 날, 나는 길에서 벗어나 라 마시아로 걸어 들어갔다. 경비원이 있었는지는 모르겠지만 보지는 못했다. 당시 아카데미는 여전히 캄 노우 옆에 있는 오래된 벽돌 농가(masia, 카탈루냐어로 마시아)에 본부를 두고 있었고, 정면에는 1702년과 해시계가 새겨져 있었다.

농가 내부의 검소하고 엄격한 장식은 신학교를 떠올렸다. 선수들이 학교에 있을 시간이었기 때문에 2층 건물은 거의 비어 있었다. 조리용 모자를 쓴 한 여성이 집밥 냄새 가득한 식당에서 나무 식탁을 차리고 있었고, 배달원으로 보이는 한 소년이 주방으로 커다란 햄을 옮겼다. 한 친절한 영혼이 내게 커피를 권했을 때 나는 깨달았다. 바르사는 사실 작은 클럽이라는 것을 말이다.

나는 당시 라 마시아의 코디네이터였던 알베르트 카펠라스와 수석 스카우트인 펩 보아데(Pep Boade), 유스팀 감독 겸 교사인 루벤 보나스트레(Ruben Bonastre)를 만나러 간 차였다. 그들은 식당의 회백색 벽을 장식한 라 마시아의 과거 사진을 지나쳐 내 쪽으로 걸어왔다. 희끗희끗한 머리의 보아데는 1979년의 사진에서 긴 곱슬머리를 한 10대 소년을 가리켰다. 바로 자신이었다. "옛날 생각나네요." 그가 한숨을 내쉬며 말했다. 숭어 떼가 찍힌 1988년 사진에서는 바르셀로나 감독인 과르디올라를 찾을 수 있었다. 사진 속 다른 두 소년, 티토 빌라노바와 아우렐리 알티미라(Aureli Altimira)는 그를 보좌하는 코치가 됐다. 마치 가족처럼 역할은 계속 바뀌더라도 평생 바르사 사람인 것이다.

거대 클럽의 아카데미 출신 선수가 1군에서 장기간 기회를 얻는 경우는 천재이거나 아니면 감독이 신뢰를 갖고 투자를 하는 경우다. 대부분의 클럽에서 감독은 외부에서 영입된 사람이고, 아카데미를 알아 가기에는 임기가 짧다. 당장 우승하지 못하면 경질될 수도 있기 때문에 감독 입장에서는 이미 검증된 값 비싼 선수들을 경기에 내보내게 된다. 운 좋게도 바르사에는 크루이프와 과르디올라가 있었다. 이 두 감독 덕분에 바르사 1군은 라 마시아와 친밀한 관계를 맺을 수 있었다.

여기 두 선수의 커리어를 살펴보자. 느린 키다리 미드필더 세르지오 부스케츠와 어리숙한 작은 스트라이커 페드로다. 누가 봐도 둘 다 정상급 선수는 아니다. 과르디올라는 2007년 스페인 4부 리그에 속한 바르사 B의 감독을 맡으며 지도자 생활을 시작했는데, 이때 부스케츠를 지도했다. 카펠라스는 과르디올라에게 이렇게 말했다고 한다. "'부시(Busi, 부스케츠)'가 최고의 선수처럼 보이진 않지만, 지도해 보면 스타라는 것을 알게 될 거예요." 부스케츠는 (그 이전의 차비, 이니에스타, 파브레가스와 마찬가지로) 드림 팀의 플레이메이커였던 과르디올라를 모델로 삼아 성장했다.[332]

2007년 당시 스무 살이던 페드로는 한 단계 낮은 바르사 C에서 뛰고 있었다. 카펠라스는 "페드로가 환상적인 선수라는 것을 모두가 알고 있었어요. 하지만 어떤 이유에서인지 C팀에서 좋은 활약을 펼치지 못했죠."라고 말했다. 페드로의 바르사 커리어는 그렇게 끝나는 듯했다. 카펠라스는 그에게 바르셀로나 외곽의 해변 마을에 위치한 4부 리그 소속의 클럽 CF 가바(Gavà)를 추천했다. 하지만 과르디올라는 "페드로는 우리가 충분한 선수를 확보할 때까지 프리시즌 첫 몇 주 동안은 바르사 B와 함께

해야 해요."라고 말했다. 프리시즌 동안 카펠라스는 페드로의 이적을 계속 추진하고자 했지만, 과르디올라는 더 기다리라고 했다. 결국 과르디올라는 페드로를 바르사에 남기기로 했다.

2007/08 시즌 과르디올라의 바르사 B팀은 페드로, 부스케츠와 함께 3부 리그 승격에 성공했다. 시즌 중반에 페드로는 4-0 대승을 거둔 무르시아(Murcia)와의 경기에 교체 출전하며 1군 데뷔전을 치렀다. 그가 공을 잡을 때마다 캄 노우에는 긴 "올레에에에에에!(Oléééééé!)"가 울려 퍼졌다. 관중들이 라 마시아 출신 선수를 환영한 것이다. 2008년 여름, 과르디올라가 1군 감독으로 부임하면서 페드로를 데려갔다. 부스케츠는 처음에는 B팀에 머물렀지만 B팀의 새 감독 루이스 엔리케(Luis Enrique)가 제대로 쓰지 않자 과르디올라는 부스케츠도 데려갔다. 과르디올라는 선수의 뛰어난 재능이 컨디션 난조로 인해 때때로 가려질 수 있다는 것을 개인적인 경험을 통해 알고 있었다. 또한 고집 있는 지도자의 결정이 선수의 커리어를 좌지우지할 수도 있다는 것을 알았다. 부스케츠와 페드로는 2008년 9월 산탄데르와 1-1 무승부에 그쳤던 홈경기에서 리그 데뷔전을 치렀다. 그리고 이후 22개월이 지나기도 전에 그들은 스페인 챔피언이 됐고, 챔피언스리그와 월드컵에서 우승을 차지했다.

2009년 그 마법 같은 기간의 중반을 지나고 있을 때 라 마시아의 진입로에서 카펠라스가 내게 말했다. "'들어가라'고 말해줄 누군가가 위에 있어야 합니다." 그는 발로 땅에 원을 그렸다.

라 마시아 출신의 과르디올라는 1군 감독이 됐고, 그 자리에서 라 마시아를 끌어올렸다. 감독으로서 그는 클럽의 모든 유망주들을 알고 있었다. 과르디올라와 코치들은 항상 유스 지도자들에게 어린 선수들이 어떻게 지내고 있는지를 물었고, 1군의 빈 자리를 곧장 채울 수 있는 선수를 찾아냈다.

2009년의 과르디올라는 3년 안에 라 마시아에서 누구를 1군으로 올릴지를 이미 염두에 두고 있었다. 과르디올라는 크루이프와 마찬가지로 세계 정상 10위권 안의 선수이거나, 라 마시아가 채울 수 없는 포지션의 선수가 아니면 영입하지 않았다. 과르디올라 체제 아래서 원은 둥글었다.

안드레우 카세스 문뎃(Andreu Cases Mundet)은 열두 살이었던 2009년 골키퍼로 라 마시아에 합류했다. 11년 후 나는 캘리포니아 북부의 산타클라라 대학교에서 축구 장학금을 받으며 공부하고 있는 카세스 문뎃에게 연락했다. "바르사에 들어갔을 때, 클럽의 모든 사람들이 철저히 라 마시아를 신뢰하고 있다는 것을 느낄 수 있었습니다. 그게 우리를 다른 사람들과 다르게 만드는 지점이었습니다." 문뎃의 회고다. 당시 바르사는 영입하고 싶은 어린 선수를 1군 라커룸에 데려가, 거기서 푸욜이나 차비 같은 라 마시아 출신 1군 선수들과 함께 공을 차게 했다. 어린 선수에게는 결코 잊지 못할 경험이 됐을 것이다. 카세스 문뎃 역시 발데스에게 골키퍼 훈련을 받았다.

당시 라 마시아에서 1군으로 올라가는 문턱은 놀라울 만큼 낮았다. 어떤 면에서 바르사 1군이 되는 일은 브라질이나 영국에서 온 베테랑 스타 선수보다 라 마시아 출신 소년에게 더 쉬운 일이었다. 라 마시아에서 성장한 소년들은 1군 선수들과 알고 지냈고, 어린 시절부터 바르셀로나 시스템에 적응해 왔으며, 거대한 경기장에 압도되는 일도 없었다. 말 그대로 그곳에서 살았기 때문이다. (기숙사 규모는 최초 기숙사 건물을 금세 뛰어넘었다.) 물론 그때 역시 1군 감독에게 실수는 용납되지 않았고, 1군에 올라온 선수들 외에는 지도할 시간도 없었다. 하지만 라 마시아 지도자들은 어린 선수 육성에 노력을 쏟았다.

유스팀 감독인 보나스트레는 이렇게 말했다. "라 마시아 선수들은 1군에서의 훈련을 편하게 생각합니다. 아카데미 선수들보다 차비, 이니에스타와 함께 축구하는 게 더 쉽기 때문이죠." 물론이다. 차비는 언제나 동료들이 주로 쓰는 발쪽으로, 적절한 타이밍에 정확한 패스를 해 줬다.

1군에 새롭게 합류한 선수는 론도의 술래가 되어 패스를 가로채기 위해 이리저리 쫓아다녀야 했지만, 라 마시아 출신 선배들의 존재에 의지할 수 있었다. 라 마시아 출신 선수가 1군에 올라가면 유스팀 지도자들은 이니에스타에게 이렇게 말할 것이다. "안드레스, 그 친구 잘 돌봐 줘." 그러면 이니에스타는 "걱정마요. 우리가 잘 관리할게요."라고 답할 것이다.

이런 일이 모든 클럽에서 이뤄지는 것은 아니다. 남아프리카공화국 출신의 젊은 선수 마크 번(Mark Byrne)은 수십 년 전 포츠

머스에 테스트를 받으러 가서 전 잉글랜드 스트라이커 폴 마리너(Paul Mariner)를 마크했다. 번은 테스트가 끝나고 이마에 네 바늘, 정강이에 세 바늘을 꿰매야 했다. "이게 다 뭔가요?" 번이 마리너에게 묻자 마리너가 대답했다. "못 받아들이겠으면 꺼져." 번은 진정한 프로의 표식을 얻은 것이었다.[333]

이 책을 쓰기 전에 나는 이류(二流) 선수가 프로 경력을 쌓을지 말지는 운에 달려 있을지 몰라도, 스타들은 어떤 상황에서도 성공할 수 있으리라 믿었다. 더 이상은 그렇게 생각하지 않는다. 뛰어난 선수일지라도 성인 축구 무대로 올라가는 시기와 장소에 따라 그의 커리어가 꽃을 피울 수도 시들어 버릴 수도 있다. 페드로와 부스케츠가 자기들이 누군지도 모르는 1군 감독이 이끄는 클럽에 있었다면 무슨 일이 벌어졌을지 상상해 보라. 특히 부스케츠는 과르디올라처럼 크루이프식 축구에 최적화된 선수다. 과르디올라가 아니었다면 부스케츠는 작은 클럽의 모래 바닥에서 공을 차다가 커리어를 마무리했을지도 모른다.

카펠라스는 과르디올라가 없었다면 페드로가 스페인 2부 리그에서 커리어를 쌓았을 것이라고 말했다. 크루이프가 없었다면 과르디올라가 다른 직종에서 성공했을지도 모를 일인 것처럼. 오직 가장 용감한 감독만이 이렇게 말할 수 있다. "아무도 이 소년을 믿지 않는다 해도 저는 믿습니다. 2,000만 파운드의 검증된 스타 대신 그를 팀에 넣을 것입니다."

레알 마드리드에서는 수년간 얼마나 많은 부스케츠와 페드로가 사라졌을까? 카펠라스는 레알 마드리드 유스 아카데미에 있던 선수들 역시 바르사만큼이나 뛰어났지만, 결국 1군에 올라가지 못했다고 말했다. 마드리드의 원은 둥글지 않았던 것이다.

라 마시아는 축구 이상의 것들에 대해서도 책임졌다. 라 마시아에 들어간 어린 선수들 중에는 공부를 싫어하는 선수들도 있었다. 그저 축구가 하고 싶었을 뿐이었다. 메시도 그랬다. 하지만 2009년까지 바르셀로나는 그런 태도를 용납하지 않았다. IT든 영어든 모두 무언가를 배워야만 했다. 내가 방문했던 날, 위층 놀이방의 테이블 축구 기구와 당구대는 천으로 덮여 있었다. 그것보다는 공부가 먼저였기 때문이다. 매일의 훈련은 고강도였지만, (모든 패스와 위치 선정이 기록되는) 약 90분 동안만 진행됐다.

라 마시아는 청소년들이 하루 종일 축구만 생각하는 것을 원하지 않았다. 어찌 됐든 그들 중 대부분은 축구 선수로서의 커리어를 이어 가지 못하기 때문이다. 모든 유스 아카데미에는 그저 머릿수를 채우기 위해 선발된 소년들도 있다. 1군 근처에는 얼씬도 못할 것이라 예상되는 소년들일지라도, 16세 이하 팀을 꾸리기 위해서는 18명 안팎의 선수가 필요한 것이다. 2015년 하버드 비즈니스 스쿨의 연구에 따르면, 그해 여름까지 530명 이상의 축구 선수가 라 마시아를 거쳤고, 그중 14퍼센트만이 바르셀로나 1군에서 데뷔 경기를 치렀다. 33퍼센트는 다른 곳에서 프로 생활을 했으며,[334] 그중 대부분은 한두 시즌밖에 소화하지 못했다.

　라 마시아는 어린 선수들이 적절한 교육을 받도록 독려했다. 2015년 당시 라 마시아의 디렉터였던 카를레스 폴게라(Carles Folguera)는 하버드와의 인터뷰에서 이렇게 말했다. "유럽 정상 클럽들 가운데 우리는 높은 비율(50퍼센트)로 18~19세의 선수들이 대학 공부를 합니다. 대부분의 다른 클럽들과 달리, 우리는 어린 선수들이 체육관에서보다는 공부하는 데 많은 시간을 보내는 것을 좋아합니다."[335] 라 마시아의 선수들은 외국에서 온 동료들에 비해 대체로 중산층이라는 인상을 준다. 바르사는 어린 선수들이 축구 이외의 삶을 준비할 수 있도록 했다. 어린 선수들에게 정중하게 말하도록 권하고, 문신이나 염색을 하지 않도록 하며, 지나치게 화려한 축구화를 신지 않도록 했다. 어린 선수들이 눈에 띄어야 할 곳은 경기장이기 때문이다. 심지어는 콘플레이크에 우유를 너무 많이 붓는 것도 지적했다. 바르사는 조금 인색하게 보일 수 있지만 선수들에게 임금을 지나치지 않은 수준으로 줬다. 특정 선수가 높은 임금을 받으면 다른 선수들의 질투를 유발하고 분위기를 망칠 수 있기 때문이다. 2009년 라 마시아는 열일곱 살의 덴마크 신동 크리스티안 에릭센을 영입하고자 했지만 에이전트의 과도한 요구 때문에 생각을 접었다.

　이런 방식은 잘 먹히는 것처럼 보였다. 대부분의 라 마시아 선수들은 스타가 된 뒤에도 겸손하게 행동했다. 메시의 옷차림을 보라. 차비는 "저는 바르사 학교의 학생일 뿐이에요. 그게 아니면 저는 아무것도 아니죠."라고 말했다.[336] 이니에스타의 경우, 스물네 살까지 부모님과 누이와 함께 살았다. 바르사 팬들조차 그가 너무 재미없는 사람이라 여겼는데, 한 지역 스포츠 신문은 그가 1면에 나오면 판매량이 떨어진다고 했다. 풍자 TV 쇼 '크랙코비아(Crackòvia)'에서는 이니에스타를 항상 농부 어머니 옆에서 장바구니와 초리소*를 들고 있는 모습으로 묘사했다.[337] 이 겸손한 스타들은 라 마시아 소년들의 롤 모델로 떠올랐다. 큰 성공을 이뤘음에도 평범하게 행동하면 사람들에게 언제나 좋은 인상을 준다.

즐라탄 이브라히모비치는 바르사의 평범함을 좋아하지 않았지만 그것이 현실임을 인정했다. 2009년부터 2011년까지 바르사에 있었던 즐라탄은 놀라워했다. "바르셀로나는 약간 학교 같았어요. 아니면 특정 목적을 가진 단체라든지요. 선수 중 누구도 슈퍼스타 행세를 하지 않았어요. 이상했죠. 메시, 차비, 이니에스타를 비롯해 모든 선수들이 그냥 학생 같았어요. 세계 최고의 축구 선수들이 고개를 숙이는 게 이해되지 않았어요. 희한하더군요." 즐라탄 입장에서는 "바르셀로나에서는 훈련 때 페라리나 포르셰를 타고 오면 안 돼."라는 과르디올라의 말이 달갑지 않았다.[338] 과르디올라는 1군에 가서도 자신이 타던 폭스바겐 골프를 몇 년간 계속 탔던 사람이다. 마음속에 라 마시아의

---

* 양념을 많이 한 스페인 소시지.

소년이 남아 있던 것이다.[339] 라 마시아 소년들은 스타가 된 후에도 일반인이 된 과거 룸메이트들과 친분을 이어 갔다. 또한 성인이 될 때까지 바르사에서 살아남은 선수들은 계속 서로를 도왔다. 2009년 이니에스타는 한 달 정도 우울증으로 보이는 개인적인 위기를 겪었는데, 이때 이 스물다섯 살의 청년은 부모에게 한 침대에서 같이 잘 수 있냐고 물었다.

바르사는 이니에스타를 전폭적으로 지원했다. 과르디올라는 이니에스타가 원할 때마다 훈련을 빠질 수 있게 했다. "허락을 구할 필요 없어. 그냥 가. 네 자신이 가장 중요해. 너 말이야. 오직 너." 이니에스타는 그의 조언에 따라 훈련 중에 종종 말없이 라커룸으로 갔다. 과르디올라는 바르사가 전문가의 의견을 존중했다고 밝혔다. "난 이니에스타의 증상을 어떻게 치료할지 몰라요. 우리는 전문가가 필요합니다." 바르사는 이니에스타를 정신과 의사 인마 푸치에게 보내 몇 달간 치료를 받게 했고, 매 훈련 때 10~15분 일찍 와서 준비할 수 있게 했다.[340] 이니에스타는 프로 생활 초기에 공황 장애를 앓았던 라 마시아의 선배 보얀 크르키치(Bojan Krkić)와 긴 대화를 나누기도 했다.

당시에는 많은 클럽들이 정신 질환에 대한 이해도가 낮았다. 그러나 과르디올라와 코치들은 이니에스타를 어린 시절부터 알고 있었고, 이니에스타를 믿었다. 무엇보다도 그들은 이니에스타를 사랑했다.

2010년 7월, 요하네스버그에서 스페인이 월드컵 우승을 차지했을 때다. 연장 후반 11분에 터진 결승골을 축하하는 스페인 선수들 사이에서 두 선수가 끌어안고 눈물을 흘렸다. 결승골의 주인공 이니에스타와 훈련복을 입은 후보 골키퍼 빅토르 발데스였다. 발데스는 그의 라 마시아 형제가 그 자리에 가기까지 얼마나 많은 일을 겪었는지 알고 있었다.

당시 바르사 운영진은 점차 자신감에 도취됐다. 그들은 축구 선수 육성 비결에 통달했다고 생각했다. "마드리드는 '올해의 선수'를 영입하지만, 우리는 '올해의 선수'를 만듭니다." 최근 사임한 클럽 회장 라포르타가 자랑했다.[341] 바르사 1군의 50퍼센트를 라 마시아에서 수급하겠다는 목표를 60퍼센트로 상향 조정하고자 했다. 그 무렵 나는 바르사의 최고 경영자 주안 올리베(Joan Oliver)에게 바르사가 그저 운이 좋았던 것은 아닌지 물었다. 그들이 매 세대마다 메시, 차비, 이니에스타를 만들어 낼 수는 없지 않은가? 올리베는 이렇게 답했다. "맞아요. 어디서나 운은 존재하죠. 유스 아카데미가 항상 세계 최고의 선수를 배출할 수는 없을 겁니다. 하지만 우리는 꾸준히 예닐곱 명의 1군 선수를 얻을 수 있죠."

2012년 11월 25일, 바르사는 레반테 원정에서 4-0 승리를 거뒀다. 전반 14분 마르틴 몬토야(Martín Montoya)가 부상당한 다니 아우베스(Dani Alves)를 대신해 투입되면서, 그라운드 위에 있던 바르셀로나 선수 11명은 모두 라 마시아 출신이 됐다. (푸욜과 페드로의 경우 라 마시아에서 최소 1년을 보냈다.) 심지어 감독이었던 티토 빌라노바 역시 라 마시아 출신이었다. 라 마시아에서 오랫동안 지도자 생활을 했던 그라타코스는 내게 "경기를 보면서 우리는 언제나 과거의 영광이나 미래의 가능성을 떠올리게 되지만, 레반테와의 경기는 라 마시아의 정점이었어요. 그보다 좋을 수는 없었죠."라고 말했다.

★

나는 라 마시아에 다니는 열네 살짜리 소년의 어머니와 이야기를 나누면서 라 마시아에서의 삶을 더 잘 이해하게 됐다. 바르사가 연결해 준 것은 아니었다. 소년의 어머니는 내 친구의 친구였다. 줌(Zoom)을 통해 그녀의 이야기를 들었다. (이때는 코로나바이러스가 한창이던 2020년이었고, 이로 인해 카탈루냐에서만 수천 명이 사망했다.) 직장 문제로 온 가족이 바르셀로나로 이사한 후, 아들이 지역 유소년 축구 클럽에 가입했다. 바르사는 카탈루냐의 모든 유소년 축구 클럽을 체크하는데, 이 가족 역시 바르사 옷을 입은 코치가 아들의 경기를 보고 있다는 것을 금세 알게 됐다. 바르사가 아들에게 깊은 관심을 보이자 어머니는 주변 사람들에게 축하를 받기 시작했다. 결국 아들은 바르사에 들어갔고, 기숙사가 아닌 집에 거주하면서 라 마시아를 오갔다.

첫 훈련을 마치고 집에 돌아온 아들은 무척 들떠 있었다고 했다. 앞으로 일이 어떻게 될지는 상관없었다. 적어도 기회는 얻었으니까. 바르사 관계자들이 경기력을 칭찬하기는 했지만, 프로 선수가 될 가능성에 대해서는 전혀 언급하지 않았다. 바르사의 메시지는 오직 "라 마시아는 훈련하고 발전하는 곳"이라는 것이었다.

아들은 바르셀로나 데뷔전에서 레드카드를 받았다. 경기 종료 휘슬이 울린 후 주심에게 항의를 했기 때문이다. 코치들은 이 사건을 무게감 있게 다뤘다. 꾸짖는 동시에 배움의 기회로 삼도록 했다. 아들은 결국 심판에게 사과했다. 어머니는 "존중(respect)이 이곳에서는 최우선"이라고 설명했다. 2016년 아들이 속한 바르사 U-12 팀은 월드 챌린지에서 일본 팀을 이겼고, 경기 후 아들과 동료들은 울고 있는 상대 선수들을 위로했다.

바르사는 연락관을 두고 선수들의 수면, 숙제, 영양 및 학습 습관에 대한 정보를 정기적으로 가족에게 전달했고, 선수들의 학업을 모니터링했다. 부모들은 만족했다. "언제든 질문을 하면 바로 답을 들을 수 있고, 대체로 친절하거든요."

아들은 처음에는 일주일에 3일을 훈련했고, 열네 살부터는 일주일에 4일을 훈련했다. 경기는 일주일에 한두 번이었다. "라 마시아에서는 과도한 훈련을 하지 않아요. 훈련은 한 시간 반 정도인데 그 이상은 하지 않아요. 이 부분이 정말 합리적이라고 생각해요. 가족 친화적인 느낌이라 좀 놀랐어요." 어머니가 말했다.

"그럼 이기는 건 중요하지 않나요?" 내가 이렇게 묻자, 어머

니가 웃었다. "중요하죠. 라 마시아 지도자들은 '경기력이 별로
였다.'고 말하기도 하지만, 말할 때를 골라서 해요. 경기를 정말
잘한 것에 대해서는 말하지 않을지 모르지만, 그렇지 않은 상황
이라면 적절한 비판을 하죠."

바르사는 선수 부모들에게도 바른 언행을 요구한다. 부모들
은 훈련을 지켜보는 게 허락되지 않고, 심판에게 고함을 칠 수
없다. 그녀가 말을 더했다. "제가 사랑하는 건 경기가 끝난 후
아이를 안아 주고 뽀뽀해 주는 거예요. 그러고 나서는 할머니,
할아버지와 점심을 먹는 거죠." 때때로 부모들은 자기 자식이
아닌 선수들도 안아 준다. 가족 간의 경쟁심은 거의 찾을 수 없
다. 자식들이 라 마시아에서 수년을 보내는 사이, 학부모들 역
시 끈끈한 관계를 이룬다.

아들이 바르사에서 탈락한 부모들도 바르사에서 뛸 기회를
가졌다는 것만으로도 기뻐한다고 했다. 어떤 경우든 탈락이 충
격으로 다가오는 일은 거의 없다. 아이의 경기 출전 시간이 줄
어드는 게 경고 신호라는 걸 알고 있기 때문이라는 것이다.

그녀의 아들은 잘 해내고 있다. 그녀가 보기엔 아들이 라 마
시아에서 즐겁게 축구를 하고 있는 것 같다. 간간이 팀의 주장
을 맡기도 한다. 아들이 열한 살에서 열두 살이 되자 어머니는
스포츠 의류 회사, 다른 클럽, 해외 에이전트로부터 연락을 받
기 시작했다. 라 마시아의 많은 동료들은 에이전트를 고용했지
만 아직 그러지는 않은 상태다. 어머니는 "솔직히 아직 어리둥

절해요."라고 말했다. 아들은 인스타그램을 통해 연락해 오는 에이전트들을 차단했다.

"경기 때 당신 옆에 에이전트가 앉지 못하도록 해요." 어머니는 누군가에게서 얻은 조언을 따르고자 했지만, 그럼에도 몇몇 에이전트와 친해졌다. 어느 작은 스페인 에이전시는 꾸준히 아들의 경기를 지켜보며 피드백을 보냈고, 아들 또래의 카탈루냐 대표팀에 대한 내용을 전달했다. 6개 정도의 에이전시에서 한 달에 한 번씩 "정중하게" 연락을 취해 상황을 확인한다. "그들은 훌륭해요." 어머니가 말했다. 이야기를 나눌 당시 어머니는 아들이 열다섯 살이 됐을 때 에이전트를 고용하는 것을 고려하고 있었다. 어머니는 아들에게 말한다. "계속 꿈을 꿔. 네 꿈이 이뤄지고 있어."

에이전트들은 열여섯 살을 전환점으로 본다. 그 나이가 되면 일부 선수들은 라 마시아 후베닐(Juvenil) 단계로 올라가거나 다른 나라로 떠나게 된다.

"부상을 당하면 어떡하죠?" 내가 물었다.

어머니는 "만약 아들이 부상을 당해 축구를 그만두게 되더라도, 아들은 이미 놀라운 경험을 했고, 인생에서 다른 놀라운 일들을 해 나갈 거예요."라고 말했다.

라 마시아의 이러한 선수 육성 방식은 미국의 시스템과 대조적이다. 미국의 어떤 부모들은 시간 당 225달러짜리 운동 치료사를 고용하거나, 경기 중 자식들에게 고함을 지르고, 심판에게 따지고 든다. 만약 자식이 별 탈 없이 고등학생이 되었다면, 대학에 장학생으로 입학시키기 위해 일종의 브로커를 고용하는 경우도 있다.[342] 이 선수들 중 일부는 프로가 될 기회가 전혀 없음에도 일주일 내내 운동을 하며 만성 피로에 시달린다. 체육 장학금을 받고 대학에 가는 경우는 소수이지만, 그동안 쌓인 가족의 빚을 갚는 건 매우 힘들다.

1986년 미국 체조 챔피언이 된 제니퍼 세이(Jennifer Sey)의 경우, 어린 시절의 대부분을 잦은 골절과 변비약 더미, 늘 굶주린 상태, 어머니와의 좋지 않은 관계로 보냈다. 세이의 어머니는 자기 정체성을 자식의 성공에서 찾으려고 했다. 세이가 운동을 그만두고 싶어 하자, 어머니는 이렇게 말했다. "아무것도 못 먹어! 옷장에 가둬 버리겠어! 투자한 돈과 시간이 얼마인데, 포기 못 해!"[343]

마이클 루이스(Michael Lewis)는 유스 스포츠의 프로화에 관한 책에서 다음과 같이 썼다.

진짜로 미쳐 가는 사람들을 보고 싶다면 자식이 운동하는 걸 지켜보는 부모들이 있는 곳에 가라. 민주당원과 공화당원의 싸움은 별것 아닌 것처럼 보일 것이다… 산업적인 측면에서 유스 스포츠는 미국 소비자들이 모든 프로 스포츠에 지불하는 금액을 합친 것보다 더 규모가 크다.[344]

유스 소프트볼 선수였던 루이스의 딸은 2019년 한 해 동안 호텔에서 37일을 보냈다. 루이스는 딸의 일정이 마치 대기업 영업 사원의 출장 같았다고 말했다.[345]

반면 바르사는 어린 축구 선수들을 어린이로 대한다. 순전히 이타심에서 그러는 건 아니다. 축구에서 인간성은 경쟁하는 측면에서 이점이 있다. 첫째, 부모들은 집에서 함께 저녁 식사를 하는 인간적이고 친절한 스카우트가 있는 아카데미에 자식을 보내기를 원한다. 둘째, 이타심은 괴롭힘 때문에 재능 있는 아이들이 사라지는 것을 막는다. 셋째, 어린 선수들 스스로 자신이 스타가 아닌 평범한 사람이라는 걸 되새기게 함으로써 명성에 대한 유혹을 뿌리칠 수 있게 한다.

마지막으로, 말도 안 되는 소리처럼 들릴 수도 있겠지만, 바르셀로나 선수는 자신의 모든 개성을 경기장에서 보여 줘야 하기 때문에 인간성은 필수 요소다. 사람들이 '바르사 시스템'이라고 부르는 것은 실제 시스템이 아니라 자율적으로 사고하는 개인들의 집합이다. 선수들은 단순히 감독의 지시를 따르지 않는다. 그러기에 축구는 너무나 역동적인 스포츠다. 사실 훌륭한 선수들은 감독이 필요하지 않다. 그들은 스스로 패스나 위치 선정에 대한 결정을 내리는 법을 배우기 때문이다. 세이룰로는 말했다. "선수란 사교적이고, 정서적이며, 감정적이고, 상호작용하며, 결국엔 표현하고 또 창조해 내는 존재입니다. 자유 의지를 가진 인간이 하는 것이니까요."

VII

어떻게 하는 걸까?
리오넬 메시 이해하기

2015년의 어느 밤, 나는 캄 노우에서 열린 바르사와 아틀레티코 마드리드의 경기를 어느 바르사 관계자 옆에 앉아서 지켜 봤다. 경기가 시작되자 관계자는 "메시를 봐요."라고 말했다.

기이한 광경이었다. 경기가 시작되자 메시는 공과 관계없이 상대 수비진 주위를 산책하듯 움직였다. 관계자는 "메시는 처음 몇 분 동안은 그냥 경기장을 돌아다녀요."라고 설명했다. "상대 선수들을 보고 있는 거예요. 누가 자기를 마크하는지 확인하고 어떻게 협력 수비를 하는지 보는 거죠."

메시는 관찰한 것들을 시각적 기억으로 머릿속에 저장하고 있는 것이다. 킥오프 몇 분 만에 바르셀로나의 센터백 하비에르 마스체라노가 패스를 줬지만 메시는 관여하지 않았다. 아직 준비가 안 된 것이다. 메시는 매 경기마다 의식(儀式)처럼 이런 행동을 한다. 그를 오랫동안 지도한 과르디올라는 "5~10분이 지나면 메시는 머릿속에 지도를 그릴 수 있습니다. 정확히 어디에 공간이 있는지 전체를 조망할 수 있는 거죠."라고 설명했다.[346]

메시는 신기할 정도로 언급이 안 되는 선수다. 워낙 오랫동안 뛰어난 활약을 펼쳐 온 선수라 그 탁월함이 당연한 것처럼 여겨지는 것이다. 아르센 벵거는 메시를 "플레이스테이션 축구 선수"라고 표현했고, 사뮈엘 에토오는 "만화 같다"고도 했다. 축구 해설자들은 메시의 플레이를 보며 "마술사!"라고 외친다. 나는 이 마술을 조명하려고 한다.

햇볕이 내리쬐는 2월의 어느 아침, 주안 감페르 훈련 단지에서 벌어진 일이다. 이런 낙원 같은 도시에서 모두가 신나는 직업을 가질 수 없다는 건 불공평한 일이라는 생각을 하고 있을 때, 메시가 나를 지나쳐 주차장으로 가는 게 보였다. 야구 모자를 눌러 쓴 메시는 후원 받은 '럭셔리 크로스오버 SUV'를 타고 있었다. 그 모습을 보니 궁금해졌다. 메시가 바르사 1군에 데뷔한 2004년 이후 바르사는 메시를 어떻게 관리했을까? 메시는 매주 무엇을 어떻게 해 왔을까? 바르셀로나는 어떻게 솔리스트 (solist)를 팀 플레이어로 변모시켰을까? 그리고 어떻게 메시를 그렇게 오랫동안 데리고 있을 수 있었을까? 15년에 걸쳐 진행된 메시 전략, 즉 작업장 전체를 최고의 직원 한 명을 중심으로 만드는 것을 포함한 구상은 아마도 축구 역사상 가장 성공적인 장기 인재 관리 프로젝트였을 것이다. 이것이 효과적일 수 있었던 이유는 메시의 커리어가 축구가 가장 스타 친화적인 시대와 겹쳤기 때문이다. 이 챕터에서는 2015년까지의 메시 이야기를 다룰 예정이다. 이후에는 FC 바르셀로나가 FC 메시로 전락하며 결국 메시를 떠나보내게 되는데, 이 내용은 마지막 챕터들에서 다룰 것이다.

나는 메시와 인터뷰하지는 않았다. 바르사와 구축한 좋은 관계를 다 써먹어 버리지 않으려고 주의했다. 메시와 15분짜리 인터뷰 자리를 요청하는 것만으로도 바르사가 내게 줄 수 있는 호의의 선을 넘어 버린다는 걸 알았다. (바르셀로나의 누구도 메시에게 무엇을 하라고 말하지 않는다.)

물론 15분짜리 인터뷰는 그만한 가치도 없었을 것이다. 메시는 서른 살이 될 때까지 공개적인 자리에서 흥미를 끄는 얘기를 입 밖에 낸 적이 한 번도 없는 선수다. 메시를 두 번 인터뷰한 동료 기자 존 칼린(John Carlin)은 세 번째 기회가 주어지면 거절할 것이라고 말했을 정도다. 메시는 나이가 든 뒤 입을 열기 시작했지만, 자신이 바르사에서 가진 힘이나 기술에 대해서 설명할 생각이 전혀 없는 것 같았다. 설명할 수는 있었는지도 잘 모르겠다. 대신 나는 메시를 유심히 관찰하고 그와 가까운 사람들의 이야기를 들으며 메시를 이해하려고 애썼다.

★

메시의 고향 로사리오(Rosario) 출신 남자가 메시의 등장을 예고했던 적이 있다. 2000년 10월, 나는 부에노스아이레스에서 만화가 겸 소설가인 로베르토 폰타나로사(Roberto Fontanarrosa)라는 유쾌한 축구광과 커피를 마셨다. 그는 마라도나 같은 선수는 아르헨티나에서만 나올 수 있다는 아르헨티나 사람들의 신앙을 설파했다. 폰타나로사의 전언에 따르면, 드리블로 경기를 지배하던 포테로(potero, 맨땅) 출신의 '피베(pibe, 소년)' 마라도나는 1920년대나 그 이전부터 전해져 내려오는 아르헨티나 스타일의 선수였다. 폰타나로사 역시 아르헨티나가 또 다른 마라도나를 배출할 거란 믿음을 갖고 있다는 걸 인정하는 사람이었는데, 결국 세상을 뜨기 전 그 믿음이 이뤄지는 걸 볼 수 있었다. 2007년 폰타나로사의 장례식 행렬은 그가 사랑했던 로사리오 센트랄의 홈구장 옆에서 잠시 멈춰 섰다.

내가 폰타나로사와 커피를 마시던 그때, 로사리오 출신의 열세 살 소년은 아버지와 함께 바르셀로나와의 계약을 애타게 기다리고 있었다. 당시 리오넬 안드레스 메시 쿠치티니(Lionel Andrés Messi Cuccittini)의 키는 아홉 살짜리들의 평균인 143센티미터에 불과했지만, 바르사 테크니컬 디렉터 레샤크의 눈에 드는 데는 5분도 걸리지 않았다. 메시가 자신보다 큰 소년들 사이에서 플레이하는 것을 본 레샤크는 이렇게 외쳤다. "쟤 누구야? 세상에! 우리 당장 쟤랑 계약해야 해." 누군가 메시를 테이블 축구 선수 같다고 하자 레샤크는 "저런 테이블 축구 선수가 있으면 전부 우리 팀에 데려와. 죄다 영입할 테니까."라고 말했다.[347]

몇 달 후인 2000년 12월, 드디어 레샤크는 지금은 전설이 된 종이 냅킨에 사인을 휘갈겼다.[348] 바르사는 메시의 성장 호르몬 치료법 비용을 지원하는 것에 동의했다. 그게 아니었다면 메시는 현재 신장인 169센티미터에도 이르지 못했을 것이고, 여느 가난한 나라 출신 사람들처럼 최고 수준의 스포츠에 적합하지 않은 체격으로 남았을 것이다. 축구에서 작은 것은 아름다울 수 있지만, 너무 작은 것은 아름다울 수 없다.

메시가 어렸을 때 뛰었던 뉴웰스 올드 보이스(Newell's Old Boys)는 선견지명이 있었던지 메시가 뛰었던 경기를 촬영해 놓았다.[349] 다섯 살 당시의 메시를 보면 거의 완벽한 '피베(pibe)'인 상태로 바르셀로나에 왔다는 것을 확인할 수 있다. 메시는 마치 슬로우 모션으로 다가오는 상대를 볼 수 있는 드리블러 같았다. 한 영상에는 머리를 뒤로 넘긴 자그마한 꼬마가 생각보다 쿨하게 카메라를 향해 미소 지으며 이렇게 말하는 장면이 담겼다. "내 이름은 리오넬 메시예요. 열세 살이고요. 바르셀로나에서 뛰고 싶어요. 바르셀로나가 세계 최고의 축구팀이라고 생각해요."[350] (그때는 아니었다.)

바르사는 매우 이례적으로 메시가 가족과 함께 바르셀로나로 이주할 수 있도록 비용을 지원했다. 어린 선수에게 연간 12만 유로라는 임금을 제시한 것은 메시의 가족들을 모두 지원하기 위해서였다. 아마 라 마시아에서 유례가 없던 일이었을 것이다.[351] 열세 살짜리 막내아들이 이민 가정의 가장이 된 셈이다.

열두 살의 크루이프가 아버지 사망 이후 그랬던 것처럼, 메시는 갑작스럽게 유년기를 끝내고 가족 부양의 책임을 떠안게 됐다. 로사리오 공항으로 가는 택시 안에서 메시 가족은 모두 눈물을 흘렸지만, 나중에 메시는 가족과 함께 이주한 것을 아주 좋은 선택이었다고 회상하게 될 것이다.[352] 메시의 어머니와 형제자매들은 향수병 때문에 고작 몇 달 후 아르헨티나로 돌아갔지만, 메시의 아버지는 계속 바르셀로나에 머물렀다. 가족 모두와 동떨어진 채로 바다 건너 기숙사에 혼자 살면서 매일 성장 호르몬 주사를 맞아야 했다면 아무리 메시라도 견딜 수 없었을 것이다. 일단 호르몬 요법이 효과를 발휘하자 메시는 어떤 것도 극복해낼 수 있다고 생각했다.

라 마시아의 다른 가족들과 달리 메시 가족은 돈을 좇지 않는다는 데 뜻을 모았다. 그들은 메시가 바르셀로나에서 성장하는 과정을 참을성 있게 기다렸다. 메시와 가까운 어느 관계자는 내게 말했다. "메시에게는 계획이 있었습니다. 좋은 건지 나쁜 건지는 모르겠지만, 그걸 갖고 있었죠." 아버지의 보호를 받고 있던 메시는 축구 안에서 아버지상을 찾을 필요가 없었다. 메시가 지도자들에게 그다지 관심을 두지 않는 것도 아버지 때문이다. 하지만 메시의 형 로드리고는 나중에 이렇게 말했다. "우리 가족은 잘 적응하지 못했어요. 끈끈하긴 했지만 한 사람을 위해서 나머지는 아무것도 하지 못하는 상태였죠. 그래서 가족 모두 제 나름의 어려움을 겪었어요."[353]

청소년기부터 프로 운동선수였던 메시는 과거의 위대한 선수들보다도 더 제한적이고 규율이 있는 생활을 했다. 마라도나와 크루이프가 각각 아르헨티나와 칼뱅주의적인 네덜란드의 산물이었던 반면, 메시는 가족과 축구 아카데미로만 이뤄진 사회에서 자랐다.

라 마시아에서 메시를 지도했던 페레 그라타코스는 메시가 열일곱 살에 바르셀로나 1군에 들어가 공을 달라고 하는 동료들을 만나기 전까지는 패스를 하지 않는 선수였다고 회상했다. 메시는 패스하는 것을 "잊어버렸어요."라고 했다. "팀을 위한 플레이를 하려고 애썼지만 쉽지 않더라고요. 제가 고집이 아주 세거든요."[354]

바르사는 메시에게 팀 스포츠로서의 축구를 가르치기 위해 노력했다. 감독들은 메시가 공을 너무 오래 끈다는 이유로 두 차례나 선발에서 제외하기도 했지만, 라 마시아는 메시를 크루이프식 축구에 어울리는 선수로 완전히 바꾸지 못했다. '아기 드림 팀'에서 메시는 개인플레이로 골을 만들어 냈다. 그것은 좋은 징조가 아니었다. 차기 마라도나로 꼽혔던 아르헨티나 피베들, 즉 파블로 아이마르(Pablo Aimar), 아리엘 오르테가(Ariel Ortega), 마르셀로 가야르도(Marcelo Gallardo), 2001년 바르사 1군 계약을 했던 하비에르 사비올라(Javier Saviola) 중에 길거리 축구 스타일을 유럽식 팀 스포츠 스타일로 바꾸는 데 성공한 선수는 없었다.

독일 작가 로날트 렝(Ronald Reng)은 메시에게는 걱정될 정도로 어린애 같은 구석이 있었다고 표현했다. 과르디올라는 공항의 나이키 매장에서 아버지와 함께 서 있는 수줍은 꼬마 메시를 처음 만났을 때 '얘가 정말 그렇게 잘하나?'라고 생각했다고 한다. 메시는 항상 운동복 차림이었고 흔한 청바지 하나 없는 것 같았다. 메시가 읽은 책이라고는 마라도나의 전기뿐이었고(그마저도 다 읽지 않았다.) 메시의 동료들은 플레이스테이션 게임을 하다가 흥분해서 한마디를 내뱉기 전까지 메시가 말을 못하는 사람인 줄 알았다.[355] 그라타코스는 "축구가 메시의 의사소통 수단이었습니다."라고 말했다

하지만 메시가 열여섯 살이 돼 1군행이 임박했을 때, 바르사 상황은 절망적이었다. "우리에게 저주가 내려졌어요." 2002/03 시즌 잠시 1군 감독이었던 라도미르 안티치(Radomir Antić)는 지루한 축구를 하며 리그 6위에 그친 뒤 한숨을 내쉬었다. 차비가 말했다. "2003년에 저는 '바르셀로나의 암적인 존재'였죠." 차비의 플레이 스타일은 시대에 뒤떨어진 것처럼 보였다. 다른 빅 클럽들은 대부분 중앙 미드필더 자리에 거구의 선수들을 기용하고 있었다. 바르사의 부채는 연간 수익보다 훨씬 높은 1억 8,600만 유로로 추산됐고, 선수들의 임금이 전체 매출을 넘어섰다. 2003년 바르사의 최고 경영자로 부임한 페란 소리아노는 당시 바르사가 "돈 먹는 기계"였다고 말했다. 또, 당시 바르사가 레알 마드리드보다는 발렌시아에 가까운 '소규모 로컬 브랜드

로 남을' 위험에 처해 있었다고 했다.[356] 이때까지 바르사가 챔피언스리그에서 우승한 횟수는 단 한 번이었다. 반면 마드리드는 아홉 번이나 우승을 한 상태였다.

그해 여름 라포르타가 데이비드 베컴 영입을 공약으로 내세워 바르사의 새 회장으로 선출됐다. 베컴은 바르사가 아끼는 갈락티코(galáctico)가 될 전망이었다. 하지만 베컴은 당연하게도 레알 마드리드의 갈락티코들과 함께하길 더 원했다. 게다가 바르사는 열여덟 살의 포르투갈 윙어 크리스티아누 호날두를 영입하는 데에도 실패했다. 호날두는 바르사 대신 맨체스터 유나이티드에 입단했다. "1,800만 유로는 너무 비싸다고 판단했습니다." 나중에 소리아노가 인정했다.[357] 10대의 호날두와 메시가 함께 뛰며 써 내려갔을지도 모를 축구의 역사를 상상해 보라.

바르사는 급히 파리 생제르맹에서 브라질 출신 플레이메이커 호나우지뉴를 영입했다. 당시 호나우지뉴는 벤치의 요구에 따라, 옛날 잉글랜드 스타일의 타깃맨 센터 포워드로 서는 등 기복 있는 시간을 보내고 있었다.

바르사 관계자들은 열여섯 살 메시를 1군에서 훈련시키기 위해 신임 감독 프랑크 레이카르트를 설득하느라 고생했다. 레이카르트는 결국 허락했고, 한 관계자가 경기장에서 조금 떨어진 메시의 형 로드리고의 아파트에 가서 메시를 데려왔다. "긴장되니?" 메시가 차에 오르자 관계자가 친절히 물었다. "아니요." 메시가 답했다. 훈련이 끝난 후 관계자는 호나우지뉴에게 바가지

머리를 한 아르헨티나 소년이 팀 훈련을 소화할 만큼 잘했는지 물었다. "걘 이 팀에서 진작 뛰었어야 했어요." 호나우지뉴가 말했다.

2003년 11월, 메시는 (바르사 출신의 젊은 감독 조제 무리뉴가 맡고 있던) FC 포르투와의 친선 경기를 통해 1군 데뷔전을 치렀다. 레이카르트의 수석 코치였던 헹크 텐 카터(Henk ten Cate)는 "메시는 전혀 긴장하지 않았어요."라고 당시를 회상했다.[358] TV로 축구를 거의 보지 않았던 메시는 상대 선수들의 이름이나 축구 역사를 잘 알지 못했다.[359] 메시는 그런 것에 관심을 두지 않았다. 자신이 바르사 1군에 있다는 것만 알았을 뿐이다. 하지만 메시는 자신의 재능을 뽐내지 않음으로써, 이미 힘든 시간을 보내고 있던 유명한 선배 선수들의 기분을 상하게 하지 않는 법을 빠르게 익혔다. 2003년 12월, 바르사가 말라가에서 1-5로 대패하자 〈엘 문도 데포르티보(El Mundo Deportivo)〉는 '수치 아니면 참을 수 없는?'이라는 1면 헤드라인을 두고 고심했다. '우스꽝스러운'이라는 표현은 너무 강해서 이미 제외한 상태였다.[360] 바르사의 전환점은 2004년 초에야 왔다.

매번 훈련이 끝날 때마다 선수들은 체육관으로 갔다. 다른 선수들과 달리 메시는 웨이트 트레이닝을 하지 않았다. 메시는 브라질 출신 풀백 시우비뉴(Sylvinho)와 함께 테니스 축구를 했다. 텐 카터는 "처음에는 시우비뉴가 매번 이겼는데, 얼마 안 가 메시가 시우비뉴를 이기기 시작했죠. 그다음에는 메시가 호나우지뉴를 이겼어요."라고 말했다. 레이카르트의 또 다른 수석 코치 에우세비오 사크리스탄도 메시와 테니스 축구를 했는데, 메시는 항상 11-0 완승을 거두려고 했다. "메시는 위닝 멘탈리티 (winner's mentality)를 가졌어요. 평범한 선수들은 그렇지 않거든요." 에우세비오가 말했다

바르사는 나이나 지위가 상관없는 민주적인 곳이었다. 라커룸에서 호나우지뉴는 자신의 옆자리를 메시에게 내줬다. (바르사의 라커룸은 기둥으로 분리돼 있는데, 이로 인해 자연스럽게 그룹이 나뉘었다. 과르디올라는 후에 이것이 선수들에게 부정적인 영향을 준다는 것을 파악하고, 맨체스터 시티의 감독이 됐을 때 라커룸을 타원형으로 만들었다.)[361]

2004년 10월 16일, 메시는 에스파뇰전에서 교체 멤버로 공식 데뷔전을 치렀다. 6개월이 조금 지난 후, 열일곱 살의 메시는 바르셀로나 역대 최연소 득점자가 됐다. 알바세테(Albacete)와의 경기였고, 멘토 호나우지뉴의 로빙 패스를 로빙슛으로 연결해 골을 터트렸다. 호나우지뉴는 메시를 업어 주며 골을 축하했다. "이 선수를 봐 주세요. 우리 모두를 뛰어넘을 겁니다." 호나우지뉴가 말했다.[362]

내가 메시를 처음 본 것은 그의 열여덟 번째 생일이 막 지난 2005년 6월 28일이었다. 네덜란드 위트레흐트에서 열린 브라질과 아르헨티나의 U-20 월드컵 준결승전이었다. 나는 앞으로 몇 년간 기사에 담게 될 미래의 스타에 대해 알고 싶었다.

메시는 아르헨티나 U-20 대표팀에서 가장 키가 작았고, 가

장 어렸다. 메시는 첫 경기를 벤치에서 시작했지만, 아르헨티나가 1차전에서 미국에 패한 뒤 선발 출전하기 시작했다. 메시는 팀이 준결승에 진출하기까지 네 경기에서 세 골을 넣었다. 라포르타는 메시의 월급을 (알려진 바에 따르면 30배) 인상해 혹시 모를 경쟁 클럽들의 영입 시도를 저지하기 위해 네덜란드로 달려가야 했다.[363] 4강에 오른 선수들 중에는 메시 말고 유럽 팀과 계약한 선수가 한 명도 없을 때였다. 당시 썼던 노트를 보면 내가 킥오프 때부터 메시에게만 집중했던 것을 알 수 있다. '원 톱처럼 뛰고 있음. 공이 없는 상황에서 활동량이 그리 많지 않음. 머리를 숙이고 어슬렁거림.' 내가 경기 초반에 적어 둔 것들이다. 하지만 그 이후에는 이렇게 적었다.

전반 7분, 메시가 처음으로 뭔가 보여 줌. 골문에서 약 20여 미터 떨어진 곳에서 공을 받아 자신을 마크한 상대 선수를 제친 뒤 박스 바깥에서 왼발 슛으로 휘어 차 골문 상단 구석에 꽂아 넣음. 훌륭하다.
메시는 피치 위에서 드리블로 상대 선수들을 제치는 유형의 선수. 메시가 공을 잡으면 관중이 환호한다…
경기력이 아주 꾸준하고 집중력이 높음. 볼 소유를 잃지 않음. 언제나 지능적인 패스 〉형들보다 더 노련한 플레이…
메시가 좀 더 경기에 개입하면 좋겠다. 단순히 득점만 잘하는 게 아니라 패스가 최고…

메시는 공중 볼은 안 다룬다. 시도조차 거의 안함.

나흘 후 아르헨티나와 나이지리아의 결승전을 보기 위해 위 트레흐트를 다시 방문했다. 나는 네덜란드 스카우트 피트 더 피서(Piet de Visser) 옆에 앉았는데, 여러 차례 암과 싸워 이겨 낸 더 피서는 위까지 절제한 가냘픈 70대 노인이었다. 당시 첼시를 위해 일하고 있던 걸 숨기고 싶어 했지만 소용없었다. 더 피서는 전 세계를 다니며 유소년 축구를 보는 데 평생을 바쳤고, 지구 상에 있는 재능 있는 10대 축구 선수들을 모두 알고 있었다. 나이지리아가 선수 교체를 하자 더 피서가 말했다. "그렇지. 11번을 넣는 게 나아요. 11번이 15번보다 잘해요."

경기 초반 더 피서는 아르헨티나의 7번(미드필더 페르난도 가고)을 칭찬했다. "최고예요. 저 7번은 실수를 안 해요. 1분 동안 패스를 6~8회 했는데 다 정확해요. 보카의 에이스죠? 멋진 선수예요."

더 피서는 아르헨티나 주장 파블로 사발레타에 대해서는 그저 그런 반응을 보였다. "저 선수가 할 수 있는 건 저것뿐이죠. 볼 컨트롤. 근데 저 선수한테는 공을 주면 안 돼요."

잠시 후 메시가 페널티킥을 얻어 냈다. 메시는 골키퍼가 움직일 때까지 기다렸다가 반대쪽으로 공을 부드럽게 차 넣었다. "그렇지. 잘하네." 더 피서는 만족했다. 그는 몇 년 전 핀란드에서 열린 U-17 월드컵에서도 메시가 최고였다고 말했다.

결승전의 수준은 매우 높았다. 후반전 들어 관중도 신이 나 박자를 맞춰 박수를 치기 시작했다. 하지만 눈앞의 선수들 중 누가 세계 최고가 될 것인지 묻는다면, 관중 대다수는 나이지리아 미드필더 존 오비 미켈(Jon Obi Mikel)을 꼽았을 것이다. 미켈이 아르헨티나의 페널티 에어리어에서 세 명의 선수를 제쳐 버리자 더 피서가 외쳤다. "저 선수 좀 봐요! 대단하죠? 미드필드를 지배하고 있어요. 가고를 능가해요."

그래도 더 피서는 20분을 남겨 두고 가고가 나가고, 루카스 비글리아(Lucas Biglia)가 들어오자 소리쳤다. "저 멍청한 감독! 우~! 절대 안 될 일이야."

경기 막바지에 아르헨티나는 또 한 번 페널티킥을 얻어 냈고, 메시가 또 성공시켰다. 더 피서가 말했다. "참 냉철한 친구죠. 메시는 골키퍼가 움직이기를 기다려요. 골키퍼가 가만히 있었으면 곤란했을 겁니다." 골키퍼는 가만히 있으려 했지만, 오른쪽 다리에 체중을 살짝 싣는 순간 메시가 반대쪽으로 차 넣었다. 그렇게 아르헨티나는 청소년 월드컵 챔피언이 됐다. 메시는 대회 최다 득점 선수에게 주어지는 골든 부트와 대회 최고의 선수에게 주어지는 골든 볼을 받았다. 미켈의 나이지리아는 준우승을 차지했다. 이날 경기에 나선 6명의 아르헨티나 선수(가고, 비글리아, 사발레타, 메시, 에세키엘 가라이, 후반 12분 교체 투입된 세르히오 아궤로)는 9년 후 리우데자네이루에서 열린 2016 브라질 월드컵 결승인 독일전에도 출전하게 된다.

이 대회 이후 메시는 바르셀로나의 주전 선수가 됐고, 오른쪽 윙어로 뛰었다. 중앙에서 뛰고 싶어 했던 메시는 처음에는 오른쪽 윙 포지션을 싫어했지만, 왼발잡이가 오른쪽에서, 오른발잡이가 왼쪽에서 뛰면서 안쪽으로 파고드는 공격을 펼치는 게 당시 새롭게 떠오른 전술 트렌드였다. 오른쪽 윙 포지션은 이후 메시 커리어의 원형이 됐다. 메시는 2005년 10월 오사수나와의 경기에서 첫 선발 출전해 11회의 드리블을 성공시켰다.

메시는 아르헨티나 성인 대표팀에서도 뛰기 시작했다. 팀에서 막내였지만 선발로 나섰다. 아르헨티나 축구협회는 바젤에서 크로아티아와의 친선 경기를 치른 후 메시를 저가 항공인 이지젯에 태워 바르셀로나로 돌려보냈다.[364]

1군 생활 초기, 메시는 형의 아파트에 살며 경기장까지 걸어가곤 했다. 메시는 캄 노우의 스타였지만, 형의 아파트에서 콜라를 마시고, 컴퓨터 게임을 하며, (자주 밤에 메시를 깨웠던) 어린 조카를 돌봤다.[365] 바르사 의무팀 직원은 메시가 그 시절에 이미 천하무적의 천재 선수였다며, 그때부터 보통의 운동선수처럼 살 필요가 없었다고 말했다. 메시는 곧 (1973년 크루이프 가족이 거절했던 동네인) 카스텔데펠스에 집을 한 채 매입했다.[366]

등으로도 패스를 할 수 있던 호나우지뉴는 당시 세계 최고의 선수였다. 2005년에 메시는 "호나우지뉴의 볼 컨트롤 능력이 질투가 나요."라고 말한 적이 있다.[367] 호나우지뉴는 바르셀로나에서 남은 평생을 보낼 계획이었다. "제가 이곳보다 더 잘 지낼 수 있는 곳은 없어요."[368] 하지만 바르사는 호나우지뉴의 활약이 오래가지 못할까 봐 걱정하고 있었다. 훌륭한 선수가 캄 노우에 와서 잠시 빛을 발하다 사라지는 것은 예상 가능한 시나리오였다. 크루이프가 그랬고, (1982년부터 1984년까지 바르사에서 뛰었던) 디에고 마라도나도 그랬고, 독일의 베른트 슈스터도 그랬다. "모든 스타들은 바르셀로나를 떠날 때 뒷문으로 나가게 됩니다."[369] 슈스터의 말이다. 브라질의 호나우두는 겨우 스무 살이었던 1997년 인테르 밀란으로 떠났다. 호나우두의 이적은 바르사 디렉터들이 레스토랑에서 호나우두의 재계약을 축하하고 있던 그날 오후, 호나우두의 에이전트들이 성사시킨 거래였다. 바르사 디렉터들이 사무실에 돌아와 계약서에 사인하려 했을 때는 이미 한 발 늦은 뒤였다.[370]

2006년 5월 바르사는 파리에서 열린 챔피언스리그 결승전에서 메시 없이 아스널을 2-1로 이겼다. 메시는 부상에서 회복 중이었고, 레이카르트는 메시를 경기 내내 벤치에 앉혔다. 경기 후 팀이 샹젤리제 거리에 있는 나이트클럽에서 축하 파티를 하는 동안, 메시는 부루퉁한 얼굴로 구석에 있는 소파에 홀로 앉아 있었다. 경기에 나서지 못한 선수가 팀의 승리에 불만을 갖는 것은 흔한 일이지만, 열여덟 살짜리가 그것을 드러낼 만큼 뻔뻔하게 구는 경우는 드물다. 그날 밤이 호나우지뉴 시대의 시작이 될 줄 알았지만 사실은 종말이었다. 당시 스물다섯 살에 불과했던 호나우지뉴는 남은 커리어에서 그 이상의 경기력을 보여 주지 못했다. 이 무렵 나와 친한 한 기자가 호나우지뉴의 자서전 대필을 위해 바르셀로나에 갔다. 이 기자는 숙소에 들어가 기다렸는데, 새벽 2시경 전화벨이 울렸다. 호나우지뉴가 측근과 함께 나이트클럽에서 기다리고 있다는 것이었다. 내 친구는 그곳에 가서 호나우지뉴를 만나 몇 분 이야기를 나누고는, 호나우지뉴가 차분히 자기 인생 얘기를 들려주는 데에 집중하지 못하는 사람이라는 걸 깨달았다고 했다.

얼마 지나지 않아 호나우지뉴는 배가 나오기 시작하더니 훈련에도 늦기 시작했다. 걱정되게도 메시 또한 가끔 밤에 호나유지뉴와 어울려 다녔다. 호나우지뉴의 나쁜 습관은 바르사의 다른 선수들에게도 나쁜 영향을 미쳤다. 2007년 바르사의 최고경영자 소리아노는 한 선수에게서 이런 보고를 받았다.

> 제가 전에 뛰던 클럽에서는 선수들이 훈련 시작 한 시간 전에 도착했습니다. 감독님은 이미 와 계셨고요. 그런데 여기서는 훈련이 11시 정각에 시작하면 어떤 선수들은 5분 전에 오고, 어떤 선수들은 심지어 11시가 지나서 옵니다. 처음에는 꽤 일찍 오려고 했는데, 이제는 저도 다른 선수들처럼 5분 전에 도착합니다.[371]

크루이프는 이렇게 말한 적이 있다. 뛰어난 선수들이 커리어에서 가장 큰 위기를 맞는 시점은 스무 살쯤이거나, 갑자기 부와 명성을 얻게 될 때라고. 특히 미혼이거나, 자식이 없으면 더 그렇다. 이 시점에 선수들은 바른 길에서 벗어날 위험이 가장 크다.

메시는 호나우지뉴에 비해 지인이 아닌 가족과 함께 사는 내향적인 성격의 소유자라는 게 장점이었다. 또한 메시는 호나우지뉴에 비해 축구에 더 관심이 많았다. 2007년 메시는 '세계 최고의 선수'를 뽑는 투표에서 브라질의 카카에 이어 2위를 차지했다. 3위는 포르투갈의 젊은 윙어 크리스티아누 호날두였다. 메시와 호날두 모두 3위 안에 든 게 처음이었다. 그런데 메시와 호날두가 정장을 차려입고 무대에 올랐을 때, 실수로 호날두가 2위 트로피를 받게 됐다. 당시 FIFA 회장이었던 제프 블라터가 실수를 알아차렸고, 호날두는 굳은 표정으로 메시에게 트로피를 건네줘야 했다.[372] 아마도 처음이었을 둘의 첫 만남이 웃음거리가 된 순간이었다.

이 무렵의 메시는 여전히 솔리스트였다. 메시는 바르사에서 첫 세 시즌 동안 경기당 평균 7~8개의 드리블을 성공시켰다. 2019년 스태츠봄(StatsBomb)은 '메시의 이 기록은 지난 두 시즌 동안 유럽 빅 리그에서 뛴 어떤 선수보다도 많은 기록이다. 많은 팀들이 전체 경기에서 기록한 드리블 수보다도 많다.'며 놀라워했다. 2008년 1월, 메시는 한 경기에서 수비수 한 명을 여섯 번이나 제쳐 버렸다. 그 불행한 수비수는 에스파뇰의 클레멘테 로드리게스(Clemente Rodríguez)였다.[373] 2007/08 시즌, 메시는

90분당 드리블 8.6개라는 신기록을 세웠다. 하지만 드리블만으로는 부족했다. 상대 선수들은 메시를 막을 방법을 찾아냈다. 바로 그를 걷어차는 것이었다. 2006년 챔피언스리그 경기에서 첼시의 주장 존 테리는 페널티 에어리어에서 메시에게 달려들어 그를 깔아뭉개 버렸다. 뻔뻔한 반칙에 당황한 것인지, 주심은 페널티킥을 선언하지 않았다. 몇몇 바르셀로나 선수들은 메시가 너무 이기적인 플레이를 한다고 생각했다. 또한 작은 체격과 프로페셔널하지 못한 생활을 감안하면 메시가 커리어를 오래 이어 나가는 게 불가능해 보였다. 당시만 해도 메시의 커리어는 반짝 스타로 끝날 것만 같았다.

레이카르트 역시 메시를 걱정했다. 2008년 3월, 나는 캄 노우 내부에 있는 창문 없는 감독 사무실 '동굴(The Cave)'에서 레이카르트를 인터뷰했다. 청바지 차림에 긴 다리를 책상에 걸치고 담배를 피우는 그의 모습은 1970년대 영화의 주인공 같았다. 당시 메시는 근육 부상으로 명단에서 제외된 상태였다. 레이카르트가 말했다. "메시는 경기가 끝나면 또 다른 경기가 시작된다는 것을 알아야 해요. 휴식을 취하고 부상을 예방하면서 자기 몸을 돌볼 줄 알아야 하죠. 이렇게 부상이 반복되면 메시도 알게 되겠죠. 또 이런 일을 반복하지 않으려면 말이에요."

레이카르트는 메시의 플레이를 비판했다. "90분 동안 혼자서 열한 명을 상대하는 것 같아요. 메시가 수많은 킥을 시도했지만, 그래 봤자 경기는 1-0으로 이기거나, 0-0으로 비기거나,

0-1로 지는 경기를 했단 말이죠." 레이카르트는 메시가 (더 이상 매번 드리블만 하지 않고) 경기 중 다양한 시도를 하는 것에 대해 칭찬했지만, 전반적으로 "잠재력이 있지만 더 잘해야 한다."는 소견을 내놨다.

내가 의례적으로 메시와 마라도나를 비교하자 레이카르트는 이의를 제기했다. "우리는 마라도나를 그의 전체 커리어를 놓고 판단할 수 있지만, 메시는 아직 스무 살입니다. 일단 부상에서 회복되길 바랍시다. 물론 선수가 얼마나 발전하느냐에 따라 2년 뒤에 이렇게 말할 가능성은 있겠죠. '전부 이뤘으니 이제 마라도나 이야기를 해 보죠.'" 레이카르트는 어쩌면 호나우지뉴를 떠올리고 있었을 것이다.

돌이켜 보면 메시는 모든 스포츠 천재들이 겪는 성장통을 겪고 있었던 것 같다. 모든 천재들이 그 과정을 극복해 내는 것은 아니다. 이름을 밝혀 미안하지만, 나는 2019년 로저 페더러를 그의 전용기에서 인터뷰했을 때 깨달았다. 글로벌 스타로서의 위상은 훨씬 낮지만, 페더러는 테니스계의 메시라 할 수 있는 인물이다. 메시는 2011년 페이스북에 가입한 뒤 7시간 만에 페더러의 팔로워 수 670만 명을 넘어섰다.[374]

페더러는 축구를 좋아한다. 내가 메시를 언급하자 신이 나서 메시를 만난 적이 있냐고 물었다. 그러고는 이렇게 말했다.

우습게 들리겠지만 메시에 대해서 마음껏 얘기를 나눠 본 적이 없거든요. 제가 메시 플레이에서 가장 좋아하는 부분은 공을 잡고 상대 골문을 향해 몸을 돌려서 시야를 완전히 확보했을 때예요. 그러면 좋은 패스나 드리블을 할 수도, 그냥 슈팅을 때릴 수도 있거든요. 메시에게는 언제나 세 개의 선택지가 있는데, 그렇게 할 수 있는 사람은 몇 명 없어요.

페더러도 비슷하다. 페더러는 열두 가지의 포핸드 방식을 갖고 있는 것으로 알려져 있다. 페더러는 많은 선택지를 갖는 게 "확실히 유리해요. 어린 선수라면 언제 어떤 것을 사용할지가 걱정이겠지만."이라고 말했다. 페더러는 "테니스 코트를 오가며 밤낮으로 포핸드와 백핸드를 구사하는 데에만 능한 제한적인 스타일의 선수"에게는 삶이 더 단순하다고 설명했다. (축구로 치환하면 공을 빼앗아 가까운 동료에게 전달하는 선수가 될 것이다.) 구사할 수 있는 기술이 제한된 스타일의 선수들은 선택의 문제를 겪을 일이 없다. 뛰어난 선수들이 선택의 문제를 겪는다. 페더러가 이어 말했다.

우리(즉, 다재다능한 천재들)에게는 매 순간이 도전입니다. 이번 샷이나 패스를 위해 가방에서 어떤 클럽을 꺼낼까 고민하는 거죠. 이건 정말 재미있는 일이에요. 그게 아마 제가 테니스를 사랑하는 이유인지도 몰라요. 지오메트리, 앵글, 어떤 샷을 언제 칠지, 서브를 할지, 발리를 할지, 물러서야 할지, 칩

샷을 할지, 차지샷을 할지, 크게 칠지, 그런 것들을 생각하는 거요.

테니스와 마찬가지로 축구 또한 매 순간 결정을 내려야 하는 스포츠다. 드리블로 누군가를 제쳐야 하는 경우를 생각해 보자. 크루이프는 1972년에 이렇게 설명했다. "이 원칙을 이해해야 합니다. 누군가를 제쳤어요. 공간이 생겼어요. 이제 뭘 해야 할까요? 다른 선수를 또 제칠까요? 패스를 할까요? 네, 바로 '뭘 할 건가'예요."[375] 과르디올라는 메시의 플레이를 볼 때 그가 공을 잡은 순간 일시 정지 버튼을 누르라고 말했다. 메시는 항상 최선의 선택을 했다.[376] 물론 메시가 그 경지까지 오르는 데는 몇 년이 더 걸렸다. 2005년과 2008년 사이에 메시의 스루 패스 성공률과 어시스트는 계속 늘었다. 그 후 메시는 드리블 빈도를 조금 낮추는 대신 성공률을 높이기 시작했다. 서른두 살이 된 메시는 과거를 돌이켜 보며 말했다. "저는 경기를 더 잘 읽는 법을 배웠어요. 어디서 어떤 순간에 더 효율적이고 결단력 있게 플레이해야 하는지 알게 됐죠."[377]

메시의 성장은 부분적으로 크루이프식 패스 학교, 바르사에 입단한 덕택이다. "바르셀로나와 메시는 운명이었다고 생각해요. 메시는 그가 있어야 할 최고의 클럽에 온 거죠."[378] 크루이프의 아들 조르디의 말이다. 메시는 바르셀로나 1군에서 호나우지뉴, 데쿠, 에토오와 같은 선수들을 만나 패스로 소통했다. 또한 메시는 승리에 대한 열망이 있었기 때문에 기꺼이 배우려고 했다. 메시는 연습을 할 때도 모두 이기고 싶어 했고, 이기지 못하면 동료들과 싸웠고, 때로는 그들을 걸어찼다.[379] 2007년 아스널에서 바르셀로나로 이적한 티에리 앙리는 이렇게 말했다.

훈련 중에 감독이 파울을 불지 않으면 메시는 "아! 이게 파울이 아니라고요? 좋아요." 한 다음에 공을 잡고는 모두를 제쳐 버리고 골을 넣어요. 만약 당신이 공을 잡잖아요? 쫓아가서 공을 뺐고 또 득점해요. 메시가 다시 차분해질 때가 되면 알게 돼요. 당신이 1-3으로 지고 있다는 걸 말이죠.[380]

데뷔 후 4년쯤 지난 2008년 여름까지 메시는 바르셀로나에서 42골을 기록했다. 그해 여름 메시는 페더러가 첫 번째 그랜드 슬램을 달성한 나이와 같은 스물한 살이 됐고, 세계 최고의 축구 선수로 성장했다. 이후 네 시즌동안 메시는 211골을 추가해 바르셀로나 역대 최다 득점 선수가 된다.[381]

★

2008년 여름이 지나면서 바르셀로나는 메시의 시대로 접어들었다. 서른일곱 살의 과르디올라를 감독으로 선임한 것도 중요했지만, 더 중요한 것은 이 시점부터 바르사가 메시 전략을 채

택했다는 것이다. 바르사는 메시를 만족시키는 것을 우선순위로 뒀다. 과르디올라는 "바르셀로나를 지도하는 건 기본적으로 메시를 행복하게 만드는 일이었습니다."라고 말했다.[382] 선수 출신의 바르사 관계자 페페 코스타(Pepe Costa)는 메시의 절친한 친구이자 보디가드이면서 '그림자' 역할을 맡았다.[383] 이 시점에 메시는 거의 말을 하지 않았다. 바르사에서 메시의 물리 치료사였던 후안호 브라우(Juanjo Brau)는 메시의 신뢰를 얻은 비결을 "메시의 공간과 침묵을 존중한 것"이라고 말했다.[384] 하지만 바르사 코치진은 계속해서 메시가 무슨 생각을 하는지 알아내고 싶어 했다. 과르디올라는 메시가 누가 자신을 지도하는지를 별로 신경 쓰지 않는다는 걸 알게 됐다. 하지만 메시는 바르사가 아니면 유럽의 그 어떤 빅 클럽들에서도 더 나은 환경을 제공하지 못할 것이라는 걸 믿어야 했다. 이때부터 바르사는 메시를 위해 다른 선수들과 감독을 기꺼이 희생시켰다. 처음으로 한 명의 뛰어난 축구 선수가 바르셀로나의 거물이 되기 시작한 것이다.

어색한 일이지만, 메시 전략의 첫 번째 단계는 메시의 영웅을 파는 것이었다. 과르디올라는 호나우지뉴의 이적을 공개적으로 발표했다. 예상 이적료를 떨어뜨리는 발표였지만 어쩔 도리가 없었다. 바르셀로나는 호나우지뉴가 팀에 나쁜 영향을 준다고 판단했지만, 메시의 생각은 달랐다. 호나우지뉴가 바르셀로나를 떠난 직후, 메시는 호나우지뉴와 갈등이 있었던 것으로 알려진 라파엘 마르케스(Rafael Márquez)와 훈련장에서 싸웠다. 다행스럽게도 과르디올라를 비롯한 코치진은 선수들을—특히 라마시아 출신 선수들을—인간으로 대할 줄 아는 바르셀로나 출신이었다. 훈련이 끝난 후 과르디올라는 메시에게 마치 라 마시아 소년을 대하듯 말했다. "레오, 누구든 자신이 싫어하는 것을 싫다고 말할 수 있는 거야." 5분간의 대화를 통해 과르디올라는 바르사의 변함없는 사랑을 메시에게 전했다.[385]

또한 과르디올라는 절제된 생활 습관을 강조했다.[386] 한 바르사 관계자는 메시가 이 시점에 갈림길에 서게 됐다고 말했다. 과르디올라는 메시를 바른 길로 인도했다. 메시는 건강한 식습관을 갖게 됐고, 부상 없이 최상의 컨디션을 유지할 수 있게 됐다. 메시는 원래부터 수비수들을 속이는 데 일가견이 있었지만, 이때부터는 수비수들에게서 더 빨리 도망칠 수 있는 힘을 갖게 됐다. 상대 선수들은 반칙으로도 메시를 막기 어려워졌다. 당시 바르셀로나의 수석 스카우트였던 펩 보아다는 이렇게 말했다. "과르디올라가 메시 전략을 짰습니다. 존 테리가 메시를 발로 차면, 팀 전체가 메시를 보호하는 겁니다."

바르사는 한 사람만을 위한 프로젝트에 돌입했다. 2007년 바르사는 아르헨티나 수비수 가브리엘 밀리토(Gabriel Milito)와 계약했다.[387] 메시와 친하다는 점도 영향을 미쳤다. 1년 후 베이징 올림픽이 다가왔을 때, 바르셀로나는 메시를 아르헨티나 대표팀에 보내지 않아도 된다는 법원 판결을 받았지만, 메시는 결국 중국으로 날아갔다.[388] 어떻게 됐을까? 과르디올라는 메시에게 전화를 걸어 금메달을 따라고 말했다.[389] 물론 메시는 그렇게 했다. 메시는 아궤로, 앙헬 디 마리아, 후안 로만 리켈메와 함께 올림픽에서 다시는 볼 수 없을 무시무시한 공격을 펼쳤다.

어린 메시는 보통 뚱하고 말이 없었는데, 과르디올라는 메시와 소통하는 데에 전문가가 됐다. 과르디올라는 바르사가 5-0으로 이기고 있더라도 메시가 항상 풀타임을 뛰고 싶어 한다는 것을 알아냈다. 메시가 끊임없이 개인 득점 기록을 경신하고 싶어 했기 때문이다. 메시는 시작 단계에서부터 일생의 작품을 그리고 있었던 것이다. 커리어 막바지가 되기 전까지는 메시를 절대 교체 아웃시키지 않는다는 것에 암묵적 동의가 이뤄졌다.

2009년 바르사가 즐라탄을 영입하자, 메시는 과르디올라에게 이 스웨덴 출신의 거구가 중앙에서 자신의 침투를 막는 것을 원치 않는다는 뜻을 전했다. "다른 선수들을 측면으로 빼 주세요."[390] 시간이 지나도 쉽게 변하지 않을 메시의 축구 철학은 이랬다. '감독은 최고의 선수를 선발하고 전술에 대해서는 너무 걱정하지 말아야 한다.'[391]

즐라탄은 이 사실을 알고 분개했다. 충분히 화낼 만한 일이었다. 즐라탄은 바르사에서 뛴 다섯 경기에서 모두 득점을 기록했다. 다른 클럽에서라면 최고 선수 영입을 반대하는 동료가 참으라는 말을 들었을 것이다. 즐라탄은, 카탈루냐 사람답게 얼굴을 맞대고 얘기하지 않는 과르디올라를 비난하며 소리를 질렀다. 즐라탄은 나름의 예를 갖춰 뜻을 전한 과르디올라의 태도를 남자답지 못한 것으로 받아들였다. 사실 즐라탄은 자기 위상을 과대평가하고 있기도 했다. 몇 년 뒤 과르디올라는 "조연 배우가 주연 자리를 차지하고 싶어 하는 것 같았습니다."라고 말했다.[392] 메시는 이미 '보스 베이비'가 된 상태였다.

바르셀로나의 메시 특별 대우는 축구에서 흔히 볼 수 있는 풍경이 아니었다. 클럽이 한 선수에게 모든 것을 맞추는 것은 축구만의 위계질서를 해치는 것이기 때문이다.

권위주의자들은 선수가 권력을 갖는 게 바람직하지 않다고 생각한다. (떠나기 전 2년 동안의 호나우지뉴처럼) 간혹 어떤 선수들은 훈련에서 게으름을 피우거나, 또는 파벌을 만드는 데 자신이 가진 권력을 남용한다. 이것은 모든 일터에서 발생할 수 있는 문제다. 사람들에게 많은 권력을 부여하면 더 나은 결정을 내리는 경우도 있지만, 더 농땡이를 부릴 수도, 또는 둘 다 보여 줄 수도 있다.

그러나 바르셀로나는 크루이프가 만든 클럽이었다. 크루이프는 아약스 훈련장에서 국가 대표팀을 들락날락하는 베테랑 선배들에게 지시를 내리곤 했던, 열다섯 살 때부터 선수 권력을 지지해 온 인물이다. 크루이프는 (지도자가 된 후에도) 선수들에게 권력과 책임을 함께 줘야 한다고 주장했다. 뛰어난 선수들이라면 더욱 그렇다고 말했다. 크루이프의 격언 중에는 이런 것이 있다. '평범한 선수는 자기 활약에만 책임이 있지만, 뛰어난 선수는 팀의 경기력에도 책임을 진다.'

이것은 크루이프 자신의 이야기이기도 했다. 크루이프는 이에 따르는 극심한 스트레스로 줄담배를 피웠지만, 항상 자기가 짊어진 책임을 받아들였다. 지네딘 지단도 마찬가지였다. 지단과 프랑스 대표팀에서 함께 뛰었던 동료 선수는 지단이 경기 전 라커룸에서 조용히 유니폼을 입는 장면을 묘사했다. 지단은 21명의 다른 월드 클래스 선수들과 함께 걸어 나가 승리를 따내야 한다는 걸 알고 있었다. 그 책임이 자신에게 있다는 걸 느끼고 있었던 것이다.

메시도 마찬가지였다. 메시는 가끔씩 극심한 스트레스 때문에 경기 직전에 화장실에서 구토를 했다.[393] 과르디올라는 경기에 졌을 때의 메시를 이렇게 회상했다. "화가 난 걸 넘어 격분했죠. 하지만 다른 사람에게 불평하지 않고 집에 갔어요."[394] 최고의 선수는 팀 성적을 책임져야 한다. 바르셀로나가 경기력이 좋지 않을 때면 메시는 자신이 해결사가 돼야 한다고 느꼈을 것이다. 메시에게 리그 우승은 완수해야 할 임무처럼 여겨졌을 것이다.

뛰어난 선수가 팀의 성적을 책임져야 한다면, 그 과정에서 발언권을 가질 필요가 있다. 즐라탄이 떠나야 한다고 메시가 판단했다면, 그 판단이 옳다고 증명할 책임도 메시에게 있다. 메시는 다가올 결과의 주인인 셈이었다. 반대로 바르사가 메시의 바람을 무시한다면, 메시는 어깨를 으쓱하면서 "난 그저 내 업무를 하는 것뿐이야."라고 말할 수 있다.

당시 바르셀로나의 최고 경영자였던 주안 올리베는 2009년에 이렇게 말했다. "어느 정도 메시를 위해 팀을 구성해야 할 필요가 있어요. 하지만 메시에게도 팀이 필요하다는 걸 깨닫게 해줘야 합니다. 그에게 축구계 최고의 환경을 만들어 준다면 떠나기는 어려울 겁니다."

바르셀로나는 선수 권력이라는 크루이프의 신조를, 충돌 없이 마찰을 일으키는 스페인/카탈루냐식 정신과 배합했다. 메시에게 바르사의 열쇠를 준 것이다. 메시는 경기장 밖에서는 별 존재감이 없었지만, 자신을 드러내며 발언할 수 있는 권한을 갖게 되었다. 메시가 경기 도중 동료에게 포지션이나 패스 패턴을 바꾸라고 얘기하면 모두 그걸 따르는 식이다. "메시는 과한 제스처를 취하지 않으면서도 경기장에서 그가 원하는 바를 모두에게 전달하고 있습니다. 드러나지 않을 만큼 미묘하게요." 올리베가 말했다.

메시는 서서히 경기장 밖에서도 더 많은 목소리를 내기 시작했다. 바르사의 전 관계자는 이렇게 말했다. "메시는 다른 선수들과의 협상이 어떻게 돌아가는지에 관심이 많았어요. 다음 시즌에 전력이 어떻게 될지 항상 알고 싶어 했죠." 간혹 메시는 영입 대상 선수를 추천하기도 했다. 친구인 세르히오 아궤로나 앙헬 디 마리아가 그런 경우다. 메시가 바르사의 의사 결정에 직접 참여하지 않은 것은 사실이다. 그렇기에는 바르사 내부에 다른 기류가 많았다. 예를 들자면, 2014년 바르사는 아궤로 대신 루이스 수아레스를 영입했다. 하지만 바르사의 의사 결정권자들은 점차 선수 이적, 핵심 전술 채택, 지도자 인사 등에 대해 메시의 의견을 고려했다. 메시의 바람들은 종종 매우 분명했다. 메시는 바르사 밖에서 자신을 드러낼 필요를 느끼지 못했지만, 바르사 안에서는 달랐다. 2010년부터 2014년까지 바르셀로나의 회장을 지낸 로셀은 이렇게 말했다. "메시는 말할 필요가 없습니다. 메시의 보디랭귀지는 내 평생 본 것 중 가장 강합니다. 라커룸에 있는 메시를 본 적이 있는데, 그가 어떤 의견에 동의하는지 아닌지를 모두 알아요. 그럼 끝입니다. 메시는 사람들이 생각하는 것보다 훨씬 영리해요."

"메시가 원하는 게 뭡니까?" 내가 물었다.

"메시는 축구를 원합니다." 로셀이 대답했다. 메시는 바르사가 자신이 정확히 원하는 대로 플레이하기를 바랐다. 크루이프는 이렇게 말했다. "매 경기 최고의 선수가 될 자신이 있다면 조금은 독재자가 돼야 합니다. 메시가 그렇죠. 그의 명예가 걸린 일이니까요."[395]

프로 축구팀은 보통 엄격한 위계를 가지고 있다. 나이가 많은 선수들이나 쿨한 선수들, 남을 괴롭히는 선수들이 윗자리를 차지하는 경우도 많지만, 최고 수준의 팀에서는 실력이 모든 것을 압도한다. 최고의 선수가 모든 것을 지배하는 것이다. 메시의 한 동료는 믿을 수 없다는 듯 말했다. "메시는 오른발도 왼발도 헤더도 누구보다 뛰어납니다. 수비와 공격 모두 뛰어나죠. 빠르고, 드리블도 잘하고, 패스도 잘합니다."

"골키퍼 역할은 못하겠죠?" 내가 물었다.

그가 웃음을 터트렸다. "메시가 시도한다면 조심해야 할 걸요!"[396]

이 찬사가 설득력이 있는 이유는 이 말을 한 동료가 바로 차비이기 때문이다. 차비와 이니에스타조차 자신의 역할이 메시를 돕는 것임을 인정했다. 그들은 영광을 차지하려 하지 않았다.

몇몇 동료들은 메시를 두려워했다. 한번은 메시가 이렇게 고백한 적이 있다. "저는 어떤 일에든 화를 내요. 보통은 어리석은 일에요. 경기장 안에서는 잘 보이지 않겠지만 저는 아주 빨리 열을 받아요."[397] 레알 마드리드에서 뛰었던 골키퍼 예지 두덱(Jerzy Dudek)은 이렇게 회상했다. "저렇게 조용하고 예의 바른 친구가 페페나 라모스한테 그런 끔찍한 소리를 할 거라곤 아무도 생각 못했을 걸요."[398] 심판들도 메시가 상습적으로 불평하는 선수라는 걸 알고 있다. 네덜란드 심판 비욘 퀴퍼스(Björn Kuipers)는 메시에게 영어로 이렇게 소리친 적이 있다. "이봐, 메시! 심판을 존중하라고! 메시! 매번 이러는군! 왜 이래? 당장 돌아가!"[399]

메시 또한 인정했다. "정신과에 가 봤어야 했는데 한 번도 방문한 적이 없어요. 왜냐고요? 저도 모르겠어요. 그게 필요하다는 건 알지만 실행하는 게 어려워요. 안토넬라(메시의 아내)가 여러 번 권했는데도요. 하지만 모든 걸 혼자 감당하려는 성격입니다. 제 이야기를 잘 하지 않는 편이죠. 정신과 상담이 도움이 되리라는 것은 알지만 가 보지 못했습니다."[400]

어떤 감독도 이런 메시에게 참견할 수 없었다. 과거에는 미헬스, 1988년의 크루이프, 바이스바일러, 메노티(César Luis Menotti), 판 할이 구세주가 될 수 있으리라는 기대를 받았다. 하지만 2012년 과르디올라가 떠난 후, 바르사는 그보다 이름값이 떨어지는 감독을 선임했다. 과르디올라의 수석 코치였던 티토 빌라노바였다. 빌라노바는 메시가 가장 좋아했던 유스 지도자였다. 빌라노바가 인후암에 걸렸을 때는 아르헨티나 출신의 무명 감독, 헤라르도 다니엘 '타타' 마르티노가 후임을 맡았다. 마르티노는 메시의 고향인 로사리오 출신이자 메시가 뛰었던 뉴웰스 올드 보이스 출신이다. 얼마 지나지 않아 마르티노는 메시의 임시 지원 스태프로 강등됐다.

2014년 마르티노의 후임으로 부임한 루이스 엔리케는 메시와 권력 다툼을 벌였다. 엔리케는 먼저 에이바르와의 경기에서 메시를 교체 아웃시키려고 했다. 하지만 메시가 이를 거부하며 괜찮다는 의미로 엄지를 들어 올려 이슈가 됐다. 경기 후 엔리케는 미디어와의 인터뷰에서 "교체하기 전에 항상 선수의 의사를 묻습니다."라며 수습에 나섰다. 하지만 메시는 여전히 누가 보스인지를 보여 주고 싶어 했다. 엔리케는 훈련 중 메시가 골을 넣는 것을 허용하지 않았고, 2015년 1월 레알 소시에다드와의 경기에서는 메시를 하프 타임까지 벤치에 머물게 하더니 패배하고 말았다. 당시 차비와 마스체라노를 비롯한 다른 선수들이 조정에 나섰다. 메시를 위한 규칙과 다른 선수들을 위한 규칙에 대해 설명을 들은 엔리케는 결국 항복했다. 5개월 후 바르사는 트레블을 달성했다.[401] 엔리케는 누가 보스인지 알게 됐다.

아르헨티나 대표팀에서도 마찬가지였다. 조용했던 초창기, 친구인 아궤로와 디 마리아가 메시의 의중을 파악해 전달해야 했던 시기를 비롯해, 최소한 2008년부터 메시는 팀을 구성하고 전술을 선택하는 데 관여했다.[402] (마찬가지로 로사리오에서 초등학교에 다닐 때는 한 소녀가 메시의 대변인 역할을 했다.)[403] 2014년 월드컵에서는 경험이 부족한 알레한드로 사벨라(Alejandro Sabella)가 아르헨티나 대표팀 감독으로 선임됐는데, 사벨라가 메시를 적극 따르겠다는 의지를 보였기 때문이다. (사벨라 자신은 그걸 모르고 있을 수도 있겠지만.) 페르난도 가고와 곤살로 이과인이 팀에 합류한 것도 메시의 의견에 따른 것이었다.

아르헨티나 대표팀과 바르셀로나는 모두 메시의 놀라울 정도로 긴 전성기에 큰 영향을 받았다. 페더러도 감탄했다. "꾸준함의 수준이… 이제 600번째 골을 터트렸잖아요. 들어본 적도 없는 수치예요. 이렇게 계속 기록이 경신되는 일이 지금 농구에서도 벌어지고 있죠. 사람들은 메시 기록을 더 잘 알고 있지만요. 제 생각에 더 노력할수록 더 프로페셔널해지는 것 같습니다."

세계 최고의 선수 자리를 놓고 호날두와 경쟁을 펼친 것도 메시에게는 동기 부여가 됐다. 프랑스 스트라이커 킬리안 음바페는 최고의 선수들이 늘 서로를 의식하고 있다고 말했다. 최고의 제빵사들이 그러는 것처럼 말이다. 음바페는 이렇게 말했다.

메시와 호날두의 존재는 서로에게 잘된 일이라고 생각해요. 저에게 그들은 역사상 최고의 선수들이지만, 어느 한 쪽이 없었다면 15년 동안이나 최고의 자리에 있지 못했을 수도 있어요. 아마 어떤 시점에서 발전을 멈췄을지 모르죠. 같은 리그의 라이벌 팀에 똑같이 좋은 선수가 있다는 것은 최고의 동기부여라고 생각해요.

2018/19 시즌, 유럽 내 최다 득점자가 되기 위한 경쟁을 펼치는 동안, 음바페는 메시가 계속 자신을 앞서가는 것을 알아차렸다. "제가 두 골을 넣으면 메시는 세 골을 넣고, 제가 세 골을 넣으면 메시는 네 골을 넣었어요. 미치겠더라고요. 저는 우스만(뎀벨레, 바르셀로나에 있는 음바페의 친구)에게 그랬어요. '말도 안 돼! 일부러 그러는 거야? 내가 몇 골 넣는지 메시가 체크해?'" 뎀벨레는 답했다. "당연하지. 메시는 너를 지켜보고 있어!" 결국 메시는 36골로 그 시즌 유럽 내 최다 득점자가 됐다. 음바페보다 3골 앞선 기록이었다.[404]

2008년 호날두가 세계 최고의 축구 선수에게 주어지는 발롱도르를 처음으로 수상하자, 호날두의 에이전트인 조르제 멘데스는 호화로운 뷔페를 주최했다. 2009년 메시가 첫 발롱도르를 타자 메시 가족은 슈퍼마켓에서 파는 피자를 준비했다. 발롱도르를 주관하는 〈프랑스 풋볼〉 매거진 대표가 해 준 이야기다.[405] 2008년에서 2021년 사이, 13개의 발롱도르 중 메시가 7개, 호날두가 5개를 가져갔다. 그들 이전의 어떤 선수도 발롱도르를 세 번 이상 차지한 적이 없다.

2019년 모나코에서 열린 챔피언스리그 조 추첨식에서 메시와 호날두가 나란히 앉았다. 인터뷰에서 메시가 말했다. "아름다운 경쟁 관계라고 생각해요. 특히 호날두가 마드리드에 있을 때 그랬죠." 메시의 말을 들은 호날두가 덧붙였다. "저희 둘이 15년 동안 경쟁을 했잖아요. 축구에서 이런 일이 전에도 있었는지 모르겠어요. 물론 우리는 좋은 관계를 유지하고 있습니다. 같이 저녁을 먹은 적은 없지만, 언젠가는 먹고 싶어요…" 호날두는 저녁 제안이 과했다고 생각했는지 당황한 듯 웃었다.[406]

메시와 호날두 중에 누가 더 뛰어난 선수인지에 대한 논쟁은 무의미하다. (굳이 따지자면 메시가 아주 조금 낫다. 둘 모두 최고의 공격수이지만, 메시는 최고의 플레이메이커이기도 하기 때문이다.) 진짜 중요한 것은 호날두의 말처럼, 어떻게 이 둘이 과거 어떤 위대한 선수들보다도 (알프레도 디 스테파노를 제외하면) 오랫동안 전성기를 유지할 수 있었는지다. 정답은 이렇다. 축구는 메시와 호날두가 등장하기 10년 전에 슈퍼히어로에게 유리하도록 재설계되었다!

과거의 위대한 선수들은 록 스타처럼 살았다. 팬들에게 쫓겨 다녀야 했고, 서른 살이 지나면 몸이 쇠약해진다고 여겨졌다. 재산을 모으는 대신 사치스럽게 살았다. 결국 천재로 사는 건 열심히 훈련할 필요가 없다는 걸 의미했다. 1950년대의 페렌츠 푸슈카시(Ferenc Puskás)는 뚱뚱했고, 1960년대의 조지 베스트

(George Best)는 알코올 중독자였다. 크루이프는 골초였고, 마라도나는 코카인을 복용했다. 스타덤의 유혹은 대단했고, 굴복할 수밖에 없었다.

1968년 이후 최고의 선수들, 그리고 마라도나와 펠레는 대부분의 커리어를 평범한 동료들과 함께 뛰었다. 나폴리에서 마라도나는 (그런 동료들에게도 친절하게 박수를 보내긴 했지만) 정확하지 않은 패스를 받을 때가 많았다. 마라도나는 클럽과 대표팀에서 모두 혼자 플레이하는 법을 터득해야 했다. 이 중에서 아주 극소수의 선수들만 매주 뛰어난 활약을 펼치길 갈망했다. 펠레는 돈이 되는 경기를 하기 위해 전 세계를 돌았다. 마라도나는 월드컵 기간엔 최고의 활약을 펼쳤지만, 그 사이에는 그 정도 활약이 드물었다. 많이 걷어차인 것도 둘의 공통점이다. 1966년 월드컵에서 펠레는 절뚝거리며 경기장을 나와야 했다. 몇 년 후 크루이프가 바르셀로나로 가기 전 레알 마드리드 회장 산티아고 베르나베우는 네덜란드 선수에게 스페인 리그는 어울리지 않는다고 경고했다. "크루이프의 가느다란 다리는 3주 안에 부러질 거거든."[407]

크루이프가 바르셀로나에서 뛰었던 영상을 보면 거의 모든 상대 선수들이 크루이프를 넘어뜨리려고 하거나, 팔꿈치로 치거나, 양발 태클을 하거나, 그게 아니면 적어도 그것들을 하려고 시도하는 모습을 볼 수 있다. 크루이프의 첫 경기였던 그라나다전 당시 동료들은 코너킥 상황에서 크루이프를 페널티 에

어리어에 들어가지 못하게 했다. "넌 박스 안에서 쟤네들 상대 못해."[408]

1983년 마라도나는 '빌바오의 도살자' 수비수 안도니 고이코에체아(Andoni Goikoetxea)에 의해 발목이 부러지면서 바르셀로나와의 계약이 사실상 끝나 버렸다. 고이코에체아는 "마라도나는 살아 있잖아요."라며 징계 감경을 원했다. 때때로 위협은 괴상한 심리전으로도 나타났다. 고이코에체아의 공격이 있기 한 달 전, 바르셀로나는 잉글랜드의 노팅엄 포레스트와 프리시즌 친선 경기를 가졌다. 노팅엄 감독인 브라이언 클러프(Brian Clough)는 경기 전 터널에서 마라도나에게 다가가 말했다. "네가 축구는 제법 잘하는지는 모르겠지만 네 놈 거시기를 꽉 쥐어 버릴 수도 있어." 그러고는 곧바로 그렇게 하기 시작했다. 당시 노팅엄의 미드필더였던 스티브 호지가 회상한 내용이다.[409]

스타의 운명을 바꾼 것은 TV였다. 1990년대 이전에는 생방송으로 중계된 경기가 거의 없었다. 그 뒤 루퍼트 머독(Rupert Murdoch)과 실비오 베를루스코니(Silvio Berlusconi)가 축구 전문 TV 채널을 만들었다. 클럽들은 갑자기 콘텐츠 생산자가 됐고, 스타들은 프리미엄 콘텐츠가 됐다. 클럽들은 스타 선수들에게 새로운 제안을 하기 시작했다. '프로답게 살면 큰돈을 벌게 해 주겠소.' 메시와 호날두는 이 제안을 받아들였다.

축구 기관들은 백태클을 금지해 스타 선수들을 거친 반칙으로부터 보호했다. 2005년 메시는 말했다. "프로 축구에는 심판이 있기 때문에 아무 일도 일어나지 않습니다. 학교에서는 정말로 발로 걷어차는 일들이 벌어지거든요."[410] 2008년쯤 국제적인 보물로 여겨지게 되면서 메시는 그 이상의 보호를 받게 됐다. 심판이 반칙 상황을 놓쳤다 하더라도 반칙한 선수는 카메라에 걸리지 않았을지 걱정해야 하는 처지가 됐다. 크루이프는 "TV가 기술 수준을 높였습니다. 이제야 선수들이 보호를 받게 됐군요."라고 말했다.[411] 크루이프가 그런 보호를 받았다면 더 대단한 선수가 됐을 것이다.

방송에 적합한 정비된 경기장 또한 선수 보호에 도움이 됐다. 메시는 크루이프가 어린 시절 뛰었던 진흙 바닥에서 공을 찰 필요가 없었다. 질퍽한 경기장에서는 넘어지지 않는 것만 해도 다행이었다. 또한 메시는 박싱데이(Boxing day)에 얼어붙은 경기장에서 뛰다 무릎을 다칠 일도 없었다. 1962년 브라이언 클러프가 그랬던 것처럼 말이다.

TV 시대가 되면서 최고의 선수들은 소수의 부자 클럽으로 집결했다. 메시는 커리어 내내 최상의 플레이를 펼칠 수 있게 해 주는 월드 클래스 동료들과 함께 뛰었다. 창의성은 혼자 있는 것보다 모여 있을 때 더 잘 발휘된다. 존, 폴, 조지, 링고가 솔로 아티스트로서보다 비틀스라는 팀으로서 더 좋은 음악을 했던 것과 마찬가지로, 바르셀로나에는 차비, 이니에스타, 메시가 있었다. 2014년부터 2017년까지는 'MSN'이라 불린 메시, 수아레스, 네이마르가 공격 라인을 구성했다. (MSN은 독특하게도 감독

의 구체적인 주문 없이 그들 스스로 포메이션을 구성하며 플레이를 펼쳤다.[412])

메시에게 이런 '밴드'가 필요하다는 사실은 평범한 미드필더, 수비수들과 함께 뛴 아르헨티나 대표팀 소속으로 모든 대회에서 고전하면서 명백해졌다. 메시는 기본적인 원투 패스나 원터치 패스를 하지 못하는 선수의 마음을 상상조차 할 수 없었다. 2010년 월드컵 당시, 나는 뉴캐슬 유나이티드 소속의 실력 없는 윙어 호나스 구티에레스(Jonás Gutiérrez)에게 무척 놀란 적이 있다. 구티에레스는 똑바로 서 있는 것도 힘들어 보이는 선수였지만 아르헨티나 대표팀의 라이트백 역할을 했다. 그다음 월드컵에서는 중앙 수비수 페데리코 페르난데스(Federico Fernández)가 그랬다. 페르난데스는 그 자리가 자기 실력에 비해 과분하다는 것을 알았고, 공을 받으면 겁이 나서 얼른 가까운 동료에게 패스했다.

한 국가 대표팀을 지휘하고 있는 감독이 바르사에서의 메시와 아르헨티나 대표팀에서의 메시가 어떻게 다른지 설명해 준 적이 있다. 바르사에서의 메시는 일반적으로 여러 선수와의 짧은 패스 플레이 후 상대 페널티 에어리어 근처에서 공을 받았다. 메시를 중심으로 20여 미터 이내에는 5명 정도의 동료가 있고, 그들이 상대 수비수들을 유도해 냈다. 덕분에 메시는 다양한 패스나 드리블을 선택해 시도할 수 있었고, 종종 일대일 기회를 잡기도 했다. 무리뉴가 말했다. "메시가 일대일 기회를 잡았다면 상황은 끝난 겁니다. 그걸 막을 방법은 없어요."

반면에 아르헨티나는 시스템이 없는 팀이다. 아르헨티나는 상대 골문 근처에서 공을 따내는 적이 별로 없다. 메시가 공을 달라고 할 때보다는 그들 시야에 메시가 보이면 메시에게 패스를 한다. 이런 상황은 대체로 미드필드에서 일어나고, 메시 주변에는 동료가 없다. 마치 마라도나가 잉글랜드를 상대로 혼자 골을 만들어 냈던 장면을 재현하기만을 바라는 것 같다. 메시 가까이에 있는 상대 선수들은 유용한 정보를 얻게 되는데, 그건 바로 메시가 드리블을 할 가능성이 높다는 것이다.

아르헨티나는 메시가 '피베'처럼 플레이할 수밖에 없는 팀이었다. 2014년 월드컵에서 메시는 46회의 드리블을 했다. 가까운 라이벌 네덜란드의 아르연 로번보다 17회나 많았다. 반면 패스는 고작 242회였다. 독일 골키퍼 마누엘 노이어보다 2회 적었다. 메시는 더 이상 '피베'가 되고 싶지 않았다. 마라도나가 시스템을 뛰어넘고자 했던 사람이었던 반면, 메시는 바르셀로나에서 크루이프식 팀플레이에 적응했다. 아르헨티나에서 좌절감을 느낀 메시는 동료나 심판과 다투기 시작했다. 2011년에 열린 한 경기에서 메시에게 제대로 패스를 하지 못한 수비수 니콜라스 부르디소(Nicolás Burdisso)는 라커룸에서 메시와 떨어져 있어야 했다.[413] 1970년대 크루이프는 대표팀에서 뛰는 것을 좋아했다. 네덜란드 대표팀이 바르사보다 수준이 높았기 때문이다.[414] 메시는 그 반대의 경우였다.

오직 바르셀로나만이 메시가 최상의 실력을 펼칠 수 있는 환경을 만들었다. 어느 날 오후, 카스텔데펠스에서 거주하는 한 여성이 메시가 예전에 살던 집으로 데려다줬다. 나는 메시가 꾸준하게 뛰어난 축구 실력을 보여 줄 수 있는 근간이 지루한 일상이라는 것을 깨달았다. 메시는 해변에서 떨어진, 평범한 마을의 높은 자리에 있는 집을 사서 작은 축구 경기장이 딸린 건물을 지었다. 야자수와 부겐빌레아 덩굴, 흰 벽이 사생활을 보호했다. 메시는 바르사가 설치해 주기 전까지 보안 카메라나 경보기 없이 몇 년을 살았다. 메시는 이곳에서 아르헨티나의 혼란스러움과 멀어질 수 있었다.

(어린 시절 로사리오에서 만난) 아내 안토넬라는 메시가 일이 끝나면 축구와 거리를 둘 수 있도록 도왔다. 메시는 어린 세 아들을 키우느라 밤마다 '녹초가 된' 상태로 일찌감치 잠이 들었다고 말했다.[415] 메시는 소수의 친구들과만 어울렸는데, 로사리오 억양이 완벽하게 유지된 것만 봐도 그의 좁은 인간관계를 알 수 있다. 그 지역에서 20년 넘게 살아도 카탈루냐어를 할 줄 몰랐던 크루이프와 같았다. (이민 2세대인 메시의 아이들은 할 줄 안다.) 메시의 물리 치료사인 브라우는 말했다. "메시에게 가장 중요한 건 가족입니다. 항상 함께하죠."[416]

집 밖으로 나오면 메시는 사진을 찍으려 휴대폰을 들이대는 사람들에 둘러싸이곤 했다. 메시는 그것을 무시하는 법을 배웠다. 카스텔데펠스에서 20분만 가면 시제스의 밤 문화를 접할 수 있었지만 메시는 그렇게 하지 않았다. 아들들을 학교에 데려다

주거나, 바르사의 감페르 트레이닝 센터에서 진행되는 훈련에 데려다줬다. 저녁에는 가끔씩 현지 식당의 외진 테이블에서 가족과 식사를 했는데, 마을 사람들 누구도 그를 귀찮게 하지 않았다.

20년 가까이 메시의 동료였던 피케가 말했다. "어릴 때는 축구를 잘하는 게 전부였어요. 하지만 나이가 들면 다른 많은 것들을 알게 됩니다. 스스로를 챙기고 밤에는 잠을 자는 것처럼 말이죠. 그런 의미에서 레오는 많이 성장한 것 같아요."

15년 동안 메시의 일과는 이랬다. 캄 노우에서 맹활약을 한 뒤 텅 빈 고속도로를 따라 25분 거리의 집으로 돌아가는 것. 사흘이 지나면 똑같은 것을 반복했다.

★

필요할 때 발휘되는 특출한 기량은 이상하게도 지루해질 수 있는 요소다. 마라도나가 내면의 자신과 싸우는 모습을 보여 준 반면, 메시와 호날두의 위대함은 자동적으로 나오는 것처럼 보인다. 스페인 기자 산티아고 세구롤라가 말했다. "마라도나는 가끔 마라도나였습니다. 메시는 매일 마라도나예요."[417] 크루이프는 위대한 선수들이 24~25세쯤 '그냥 축구 선수'에서—소속 팀이 일용할 양식을 위해 뛴다는 걸 알게 되는, 그래서 언제나 뛰어난 활약을 펼쳐야 하는—이른바 '빵 축구 선수'로 바뀐다고 말한 적이 있는데,[418] 메시는 그 변화를 몇 년 앞서 이뤄냈다.

'평범한' 위대한 선수는 정상에서 5년 정도 머무른다. 메시는 15년 넘게 그 자리에 있었다. 〈파이낸셜 타임스〉 동료인 데이터 저널리스트 존 번머독의 계산에 따르면, 메시는 2019/20 시즌까지 열한 시즌 동안 경기당 1득점 1도움 이상을 기록했다. 호날두보다 두 시즌 더 긴 기록이다. 비교를 위해 언급하자면, 로번과 앙리는 네 시즌, 에토오와 드록바는 두 시즌 동안 그런 수치를 보였다.[419]

메시는 완벽하게 프로페셔널한 천재성을 발휘한다. 마치 클로드 모네(Claude Monet)가 일주일에 두 번씩 걸작을 만들어 보내는 계약을 체결하는 것과 마찬가지다. 하지만 우리는 얼떨떨함을 떨쳐 내고 질문을 던져야 한다. 메시는 어떻게 그럴 수 있을까? 어떻게 그렇게 자주 세 명의 상대 선수를 제친 후 골문 구석에 공을 꽂아 넣는 걸까? 이 질문에 대한 답을 찾으려는 노력은 축구를 이해하는 데 도움이 된다. 메시는 최고의 실시간 축구 분석가이기 때문이다. 많은 전문가들의 도움을 받은 메시의 플레이에 대한 내 해석이 여기 있다.

메시는 바르셀로나와 아르헨티나에서 모두 경기 대부분의 시간을 걸어 다니며 보낸다. 예를 들어, 2014년 월드컵에서 메시는 경기당 경기장 내 활동 반경이 매우 좁았다. 브라질 센터백 치아구 시우바(Thiago Silva)를 제외한 모든 필드 플레이어보다 좁았다.[420] 세이룰로는 "메시에 대한 모든 연구에 따르면, 메시는 최소한으로 달리고, 최소한으로 스프린트하며, 경기에도 최소한으로 개입한다는 걸 알 수 있습니다."라고 평했다.[421]

이것은 우리가 현대 축구에 대해 알고 있는 모든 것에 정면으로 맞서는 것이다. 과르디올라가 바이에른 뮌헨에서 선수들에게 말한 것도 그렇다. "뛰지 않으면 아무것도 안 됩니다. 동료들에게 공을 내 앞 공간이 아닌 발밑으로만 달라고 하면, 우리는 탁월함을 잃게 될 겁니다."[422]

하지만 메시는 독특한 목적을 가지고 걷는다. 축구 선수에 대해 탁월한 통찰력을 보여 주는 제임스 어스킨(James Erskine)의 다큐멘터리 '원더(Wonder)'에 등장한 메시를 노트북으로 보는데, 과르디올라가 이런 말을 한다. "메시가 걸어 다니는 것… 그건 제가 가장 좋아하는 겁니다. 메시는 머리를 오른쪽, 왼쪽, 왼쪽, 오른쪽으로 움직이죠." 과르디올라는 자신의 머리를 이리저리 돌리며 그 모습을 흉내 낸다.[423]

메시가 걷는 것은 정찰 임무 같은 것이다. 대체로 좋은 축구 선수일수록 경기장을 더 많이 살펴보는데, 메시는 수비를 면제받아 얻은 시간을 경기장을 누구보다 많이 살피는 데 활용한다. 메시는 다음 움직임을 위한 지도를 그리는 것이다. 바르셀로나 여자 축구팀의 스타 리커 마르턴스는 의사 결정 능력을 높이기 위해 메시를 연구했다고 한다. 마르턴스는 내게 "메시는 공을 잡기 전에 이미 무엇을 할지 알고 있어요."라고 말했다.

나는《사커매틱스(Soccermatics)》의 저자이자 함마르뷔(Hammarby)

축구 클럽의 고문인 데이비드 섬프터(David Sumpter) 스웨덴 웁살라 대학교 수학과 교수에게 더 많은 것을 배울 수 있었다. 우리는 캄 노우에서 열린 데이터 분석 콘퍼런스에서 만났는데, 경기장 카페에서 맥주를 마시면서 메시에 대해 이야기를 나누었다.

섬프터가 지적한 내용은 놀라웠다. 메시가 얼마나 자주 마크에서 벗어난 상태로 공을 받는가에 대해서다. 필드 위의 메시는 언제나 위협적인 공격 자원이고, 걸어 다닐 때가 더 많다. 그런데 어떻게 움직이기로 마음먹은 순간에 상대 선수로부터 자유로워질 수 있는 것일까?

메시는 종종 단순히 1미터 정도 움직여 좋은 위치를 차지함으로써 동료가 대각선 패스를 할 수 있게 한다. 크루이프가 항상 말했듯이, 좋은 위치에서 한 발짝이라도 떨어져 있으면 뛰어봤자 소용없다. 그런데 메시는 움직이지 않고서도 공간을 찾을 때도 있다. 게리 리네커는 "움직이지 않고 있으면 얼마나 많은 사람들이 멀찍이 떨어지는지 놀라울 정도죠."라고 말했다.[424] 맨체스터 유나이티드의 마커스 래시포드(Marcus Rashford)는 처음으로 메시를 상대할 때 이것을 알게 됐다. 래시포드는 동료에게 말했다. "메시는 움직이지 않는데 어디에나 있어. 다른 사람들을 움직이게 만들기 때문이야."[425] 상대 선수들이 자신으로부터 멀어지면, 메시는 동료에게 공을 달라고 한다.

메시는 움직이다가 갑자기 멈추기도 한다. 자신을 마크하는 상대 선수보다 날렵하게, 공을 받고 싶어 하는 지점에 정확히 멈추는 것이다. 하지만 더 중요한 것은 두 번째 달리기다. 메시의 첫 번째 달리기는 공을 달라고 하기 전 상대 선수를 유인하기 위한 것이라고, 섬프터는 설명했다. 그런 뒤에 수많은 위대한 공격수들처럼 메시는 두 번째 달리기를 시작한다. 바르셀로나 선수들은 메시가 두 번째 달리기를 할 때에만 패스를 한다. 아르헨티나 선수들은 그 기회를 잡지 못하는 것 같다.

바르사는 메시에게 지속적으로 패스를 건네는 걸 목표로 삼았다. 메시가 계속 흥미를 잃지 않도록 하기 위한 목적도 있었다. 바르사에서 오랫동안 라이트백으로 뛴 다니 아우베스는 이렇게 회상했다. "펩은 풀백과 윙어들의 (수직적인) 패스를 싫어했어요. 하지만 저는 메시랑 그런 패스를 자주 주고받았어요. 펩은 짜증 났을 거예요. 제가 펩에게 그랬어요. 만일 메시가 2분마다 공을 잡지 못하면 우리와 단절될 거라고요. 그러니 늘 연결되어 있게 만들 필요가 있었어요. 펩도 동의하더군요."

좋은 선수는 상대 골문을 바라보는 상태로 공을 받는다. 사실 크루이프에게 그것은 좋은 선수의 정의나 다름없었지만, 메시의 경우에는 정확한 위치 선정으로 한 단계 더 나아갔다. 메시는 종종 가까운 상대 선수가 돌아서는 사이에 패스를 받을 수 있는 상황을 만들어 낸다.

메시는 보통 상대 수비와 미드필드 사이 공간에서 공을 받는다. 메시는 커리어 초기부터 이 영역을 활용했는데, 2009년 과르디올라가 메시를 '가짜 9번'으로 활용하면서 이 부분에 더욱 힘이 실렸다. 과르디올라는 (센터 포워드가 없었던) 미헬스의 아약스가 만든 혁신을 재현했다.

거구의 잉글랜드 센터백들은 '가짜 9번'에 특히 어려움을 겪었다. 그들은 큰 센터 포워드와 싸워 이기는 경기에 익숙해져 있었다. 대표적인 경기가 1977년 웸블리에서 열린 잉글랜드와 네덜란드의 경기다. 당시 네덜란드가 2-0으로 이겼는데, 잉글랜드는 5명의 전문 센터백을 세웠음에도 '가짜 9번'으로 나선 크루이프를 막지 못했다. 34년 후 같은 경기장에서 맨체스터 유나이티드와 바르셀로나의 챔피언스리그 결승전이 열렸고, 맨유 센터백 리오 퍼디난드는 메시를 찾았다. "메시는 가까이 오지도 않아요. 하프 라인에 있는 저랑 (네마냐) 비디치는 서로 쳐다보기만 했죠." 퍼디난드가 어리둥절하며 고개를 저었다. "우리는 거기 서서 생각했죠. '누굴 건드리지도 못했어'."[426]

메시는 보통 공을 받으면서 방향을 바꾼다. 그런 다음 센터백들을 향해 드리블을 하는데, 이 때문에 센터백들은 딜레마에 빠진다. 크루이프가 수십 년 전에 설명했던 그 딜레마다. 센터백들이 드리블을 하는 선수에게 다가가면 뒤 공간을 노출하게 되고, 다가가지 않으면 드리블을 하는 선수는 전진하게 된다.

메시는 엄청나게 빠른 선수는 아니지만, 공을 가지고 있을 때도 공이 없을 때만큼 빠르다. 메시는 종종 안으로 파고들어 급정지를 하는데, 그렇게 하면 수비수는 메시를 놓치게 된다. 크루이프처럼 메시 역시 두 번째 가속을 한다. 크루이프처럼 수비수가 어떤 발에 무게 중심을 뒀는지 확인하고 제치는 것이다. 공을 가지고 있는 동안 메시는 어떻게든 상황을 살핀다. 리네커는 "메시에게는 사각지대가 없는 것 같습니다."라고 말했다.[427] 메시는 극도로 효율적이며, 과도한 페인트 동작이나 네이마르 스타일의 수비수 농락을 하지 않는다.

결정적으로 메시는 잔발로 움직이는데, 작은 키를 감안해도 스텝이 짧다. 덕분에 공을 계속 터치하면서 새로운 동작을 할 수 있다. 크루이프는 "호날두는 초당 두 번 공을 터치하는데, 같은 시간 동안 메시는 세 번 터치합니다… 메시는 템포나 위치 변화가 더 빨라요."라고 말했다.[428] 게다가 메시는 상대 수비수가 지면을 한 번 디딜 때 세 번을 딛는다. 세이룰로에 따르면, 키가 큰 선수는 두 발을 지면에서 떼는 데 더 오래 걸리고, 완전히 지면에서 떨어진 상태에서는 방향 전환을 할 수 없다.[429] 그렇기 때문에 메시는 옛 무성 영화에서 경찰을 피하는 개처럼 수비수를 따돌릴 수 있는 것이다. 어스킨의 다큐멘터리에서 퍼디난드는 허공에 팔을 휘둘렀다. "가까이 가면 작고 빠른 메시는 밑으로 빠져 나가요." 누구도 메시를 '거칠게' 다룰 수조차 없었다.[430]

2015년 통계 웹 사이트 파이브서티에이트(Fivethirtyeight)가 계산한 바에 따르면, 메시가 드리블로 수비수를 이기는 비율은 55퍼센트인데, 이는 축구에서 가장 높은 성공률이다.[431] 태클을 당해 공이 헛돌아도 메시는 다시 균형을 잡고 빠르게 '세컨드 볼'을 잡아낸다.

섬프터는 메시의 드리블을 일종의 기하학으로 본다. 섬프터가 가장 좋아하는 영상은 메시가 2015년 아틀레틱 빌바오의 수비를 뚫는 영상이다. 메시는 오른쪽 터치라인 근처에서 세 명의 수비수들에 둘러싸인 채 달리다가, 급히 멈춘 후 한 발짝 안으로 들어가 완벽한 삼각형을 그리며 자신을 둘러싸고 있던 수비수들을 제쳐 버린다. 섬프터는 설명했다. "갑자기… 메시 주변에 있던 선수들이 그에게서 최대한 멀리 떨어지게 됩니다. 간단한 수학적 계산이죠. 상대 선수와의 거리가 멀수록, 즉 공간이 많을수록 더 많은 시간적 여유를 가질 수 있는 것입니다." 그다음 메시는 깨진 삼각형을 뒤로 하고 중앙에 있는 상대를 제친다.

섬프터가 계속 말을 이어 갔다. "대부분의 사람들은 4차원 이상으로 생각할 수 없습니다. 메시는 다른 선수들보다 몇 차원 더 생각할 수 있어요. 22 곱하기 2는 44, 공간 차원을 더해서 48차원이요." 이쯤에서 섬프터의 이야기를 이해하는 척하기를 그만뒀지만, 요점은 메시가 크루이프식 공간을 해석하는 데 있어 타의 추종을 불허한다는 것이다.

메시의 축구에 대해 흥미롭게도 예측이 가능한 부분이 있다. 우리는 대체로 메시가 어느 방향으로 가는지는 알고 있다. 메시는 '공을 받기 가장 쉬운 위치는 어디지?', '이 수비수들을 어떻게 지나갈까?'를 생각하는 대신 더 앞을 내다본다. '결국 어디에서 결정을 지을 것인가?' 메시가 가장 좋아하는 목적지는 경기장에서 가장 가치 있는 공간이다. 그가 계속 있기보다는 잠깐 지나가는 공간, 상대 페널티 에어리어 가장자리의 반원이 그곳이다. 메시는 보통 그 공간에 동료를 두고 (대부분 왼발로) 패스를 한다. 몇 년간 그 자리에서 패스를 받은 동료는 주로 수아레스였다.

"저는 전형적인 골잡이가 아닙니다." 메시가 말했다. "저는 좀 더 아래쪽에서 공을 잡아 기회를 만드는 것을 좋아해요. 골을 넣는 것도 좋아하지만 득점만을 위해 뛰지는 않아요." 섬프터는 아케로, 아마도 해리 케인과 살라 역시 골잡이로서는 분명 메시만큼 뛰어나지만, 메시만큼 반복적으로 슈팅을 때릴 수 있는 위치로 침투하지는 못한다고 말했다.

지금까지는 냉정하게 분석적인 용어들을 쓰느라 어려웠다. 잠시 멈추고 메시가 전 세계 축구 팬들의 행복을 위해 무엇을 했는지 생각해 보자. 크루이프의 전기 작가 스헤입마커의 표현을 빌리자면, 메시의 존재는 우리 삶을 보다 풍요롭게 만들었다. 우리는 메시의 시대를 살고 있고, 이 시대를 사는 최고의 방법은 메시의 플레이를 지켜보는 것이다. 정신 건강에 문제가 있었던 한 친구는 몇 년간 바르셀로나의 모든 경기를 보려 했었다고 말했다. "나한테 메시를 보는 건 일종의 치료 행위야. 메시는 기본적으로 비교적 적은 비용으로 매주 볼 수 있는 천재라고."

메시는 조국을 위해 뛸 때도 특출하다. 아르헨티나 대표팀에서의 메시는 실망스러워 보일 때도 있지만, 그것은 바르사에서의 메시나 1986년 월드컵에서의 마라도나를 비교 대상으로 삼기 때문이다. 스포츠 통계학자 벤자민 모리스(Benjamin Morris)에 따르면, 사실 '세계 최고의 두 선수'는 바르셀로나의 메시와 아르헨티나의 메시일 것이다.[432] 2007년부터 2021년까지를 생각해 보자. 메시는 아르헨티나 대표팀에서 다섯 번 결승에 올랐다. 네 번은 코파 아메리카에서, 한 번은 2014년 월드컵에서다. 가장 최근 경기를 빼고는 모두 패하긴 했지만, 세 번의 패배는 아주 아쉽게 당한 패배였다. 2014년 마라카낭에서 전반전 초반 이과인이 노이어와의 일대일 기회를 놓치지 않았다면, 아마 평범한 동료들을 이끌고 세계 챔피언이 된 국가적 구세주 마라도나보다 지금의 메시가 더 믿음직하다고 칭송받고 있을 것이다. 그 경기에서 아르헨티나는 연장전에서 마리오 괴체(Mario Götze)에게 골을 내주며 졌고, 2015년과 2016년 코파 아메리카 결승전에서는 두 번 모두 칠레에게 승부차기로 졌다. 이런 아쉬운 패배들은 운이 없었다고 밖에 할 수 없다.

이런 패배들을 근거로 메시의 위대함을 깎아내릴 수는 없다. 메시가 쓴 전설이 줄어든 것뿐이다. 메시에게는 큰 고통이었을 것이다. 메시는 2010년 월드컵 결승전에서 스페인의 결승골을 넣은 이니에스타에 대해 말하며 웃은 적이 있다. "그런 중요한 순간에 골을 넣다니 이니에스타에게는 정말 행운이에요!"[433] 아르헨티나에서 메시가 마라도나만큼 거대한 존재가 되지는 못할 것이라는 건 분명하다. 마라도나는 삶의 대부분을 아르헨티나에서 보냈고, 포클랜드 전쟁 4년 후 잉글랜드를 꺾었으며, 월드컵을 들어 올렸고, 독특한 성격을 지녔으며, 가장 먼저 등장한 선수이기 때문이다.

마라도나는 메시에 대한 국가적 멸시에 동참했다. 2016년 파리에서 열린 광고 행사에서 마라도나와 펠레의 사적인 대화가 마이크를 통해 전달되며 알려진 것이다.

펠레: 디에고?

마라도나: (뱃살을 드러낸 채 기대 있었다.) 네?

펠레: 메시를 개인적으로 알아요?

마라도나: 네, 근데⋯

펠레: 좋은 사람이에요?

마라도나: 네, 좋은 친구예요. 근데 개성이 없어요. 리더가 될 자질은 없죠.

펠레: 아, 그렇군요. 우리 시대에는 많은 리더들이 있었죠.

마라도나: 맞아요! 많았죠.[434]

그들의 생각은 틀렸다. 메시는 바르사 조직 전체의 우산 같은 존재가 됐다. 메시 이전에 바르사는 종종 매 경기가 위기인 상황을 맞닥뜨렸다. 2005년부터 2019년까지 메시의 존재는 바르사의 운영을 상대적으로 쉽게 만들었다. 6년간 챔피언스리그 우승을 세 번 차지하면(이전 반세기보다 두 번 많은 횟수), 불안과 파벌 싸움은 잦아든다. 캄 노우에는 하얀 손수건이 사라졌다. 바르사는 2003년부터 2020년 1월까지 한 시즌 만에 감독을 경질한 적이 없다.

메시의 존재는 매년 축구의 일상을 바꿨다. 캄 노우의 분위기는 스포츠 경기라기보다는 오페라 공연에 가까웠다. 누구도 메시를 대체할 수 없었기에 새로운 영입은 필요 없었다. 바르사가 레알 마드리드를 6-2로 이긴 다음 날 아침, 바르사의 모든 직원들은 편안하게 미소를 지으며 사무실로 걸어 들어갔다.

메시는 이사회의 미심쩍은 결정도 좋아 보이게 만들었다. 소리아노는 그가 최고 경영자로 있던 2003년부터 2008년까지 바르사가 수익을 두 배 이상 늘렸다고 주장했다. "우리는 투자를 계속했고, 높은 전문성과 최고의 경영 시스템을 통해 클럽을 운영했습니다." 그는 "챔피언이 되는 것은… 운으로 이뤄지는 것이 아닙니다."라고 주장했지만,[435] 나는 그것이 메시와 관련이 있다고 생각한다.

2020년까지 바르사는 메시가 떠날 걱정을 할 필요가 없었다. 바르사 회장 바르토메우는 "메시에게는 바르사의 피가 흐릅니다. 절대 떠나지 않을 거예요."라고 말한 적이 있다.[436] 다른 어떤 클럽도 메시를 영입하는 데 적극적으로 나서지 않았다. 2008년에 맨체스터 시티가 시도한 적이 있는데, 그것은 태국 출신의 고위 간부가 (이적 시장 막판 침대 의자에서 마사지를 받다가) 강한 억양으로 "아주 엉망(messy)이야, 엉망. 엉망이 되고 있어."라고 말한 것을, 한 관계자가 '메시(Messi)를 데려오자'는 말로 잘못 알아들어 벌어진 해프닝이었다. 당시 맨체스터 시티는 7,000만 파운드를 제안했고, 바르셀로나는 전화를 걸어 진짜인지 물었다.[437]

메시가 진지하게 이적을 고려한 것은 딱 한 번이었던 것으로 보인다. 2013/14 시즌 스페인 국세청과 문제가 발생했을 때다. 2013년 6월, 메시의 사건을 담당한 변호사 이니고 후아레스(Iñigo Juárez)는 호르헤 메시에게 이메일을 보내, 2억 5,000만 유로에 메시를 영입하려는 레알 마드리드의 대표자들을 만났다고 말했다. 마드리드는 메시의 세금 문제를 해결하기 위해 당시 스페인 총리였던 마리아노 라호이(Mariano Rajoy)에게 도움을 청하겠다고 제안하기도 했다. 후아레스는 '마드리드 관계자들은 라호이 총리를 압박해서 아드님이 가능한 한 유리할 수 있도록 해결책을 마련하겠다고 말했습니다.'라고 썼다.

마드리드는 이길 수밖에 없는 제안을 한 것이었다. 메시가 예상대로 마드리드의 제안을 거절하더라도 최대 라이벌의 영입 제안으로 인해 바르사가 임금 예산을 크게 늘릴 수밖에 없는 것이다. 2014년 5월, 바르셀로나는 임금을 크게 인상해 메시와 재계약했다.[438] 2005년부터 2020년까지 메시에게는 아홉 번의 임금 인상이 있었는데, 그중 하나였다.[439] 이 계약에는 메시가 매 시즌 종료 시점에 이적료 없이 떠나는 것을 허용하는 조항이 포함돼 있어, 바르사가 계속해서 메시를 행복할 수 있도록 노력할 수밖에 없었다.

세금 사건은 메시와 그의 아버지에게 범죄 기록을 남겼다. 2016년 스페인 법원은 그들에게 탈세 혐의로 벌금과 징역 21개월을 선고했다. 초범이었던 그들은 집행 유예를 받았고, 바르사가 메시의 벌금을 보전해 줬다.[440] 하지만 이 사건은 메시의 비즈니스가 아마추어처럼 운영되고 있다는 경고 신호였다.

이 선고는 메시의 평판에 큰 영향을 미치지는 않았다. 메시가 경기장 밖에서 하는 일에 대해서 관심을 갖는 축구 팬은 거의 없다. 경기장 안에서 메시는 업그레이드 된 호나우지뉴다. 실제로 메시는 상상 이상으로 좋은 선수가 됐다. 2008년 잉글랜드의 크리켓 전문가 에드 스미스(Ed Smith)는 저서《스포츠가 인생에 대해 이야기하는 것(What Sport Tells Us About Life)》에서 모든 스포츠를 통틀어 역사상 뛰어난 선수가 호주 크리켓 선수 돈 브래드먼(Don Bradman)이라고 주장했다. 1928년부터 1948년까지 브래드먼은 테스트 크리켓에서 이닝당 평균 99.94의 타율을 기록했다. 2021년 기준으로 테스트 경기를 20회 이상 치른 선수 중역사상 타율 2위는 호주의 스티브 스미스(Steve Smith, 61.80)였다. 브래드먼은 다른 선수들과는 차원이 다른 선수였던 것이다.

2008년 에드 스미스는 '또 다른 브래드먼은 절대 없을 것'이라고 썼다. 스미스는 전체적인 선수 수준이 올라갔기 때문에 어떤 현대 스포츠에서든 다른 모든 선수들보다 월등히 뛰어난 선수가 나오는 게 불가능하다고 주장했다. 스포츠 전반에 걸쳐서 약한 상대들이 능력을 향상시켰다. 그들은 방어하는 법을 배웠고, 스타 선수들에 대한 많은 정보를 (영상, 데이터 분석, 정찰 활동 등을 통해) 얻었다. 따라서 스미스는 보다 전문적인 시대에는 가장 재능 있는 선수들이 여전히 정상을 차지하긴 하지만, 다른 선수들과의 차이는 크지 않다고 설명했다.

스미스의 주장에는 근거가 있다. 야구를 예로 들면, 1941년 테드 윌리엄스(Ted Williams) 이후로 시즌 평균 4할대 타율(평균 10타석 4안타 이상)을 기록한 타자는 없었다. 축구의 경우, 약팀들이 수비를 강화하면서 골이 줄었다. 위대한 선수와 다른 모든 선수들의 격차가 줄어든 것이다.

그러나 우리에게는 메시가 있다. 위대한 크리켓 선수와 위대한 축구 선수를 통계상으로 비교하는 것은 불가능하지만, 1970년대 이후 최고의 득점자를 나타낸 존 번머독의 차트를 보면 다른 선수들과는 다른 차원에 존재하는 한 선수를 찾을 수 있다.

메시는 또 다른 브래드먼이다. 메시 같은 선수는 없다. 리버풀 FC의 연구 디렉터 이안 그레이엄(Ian Graham)은 최고의 축구 선수는 같은 포지션의 평균적인 선수보다 한 시즌에 승점 5점을 더 많이 벌어다 준다고 했다. 2019년 그레이엄은 내게 말했다. "만일 제가 바르셀로나라면, 저기에 한 선수가 있는 거죠." 그는 자신의 오른쪽에서 멀찌감치 떨어진 곳을 가리켰다. "5점보다 훨씬 더 많은 점수를 벌어 줬으니까요."

번머독 차트의 2위는 음바페다. 음바페는 자기 세대 선수들 중 세계 최고라 널리 알려져 있지만, 스스로가 메시나 호날두

아래 점들 중 유독 하나가 눈에 뛴다:

1970년대 이후 모든 엘리트 성인 축구 대회의 통산 최다 득점자 194명●의 페널티킥 유무에 따른 득점율. (● 영국, 스페인, 독일, 이탈리아, 프랑스의 최상위 리그에서 최소한 50경기 이상을 출전한 선수들.)

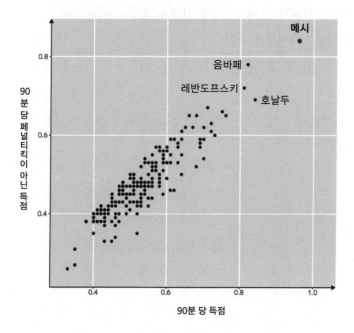

자료: 월드풋볼(worldfootball)의 데이터 분석. 2020년 12월 3일 업데이트.

© 존 번머독, 〈파이낸셜 타임스〉

만큼 뛰어나지 않다는 것을 안다고 말했다. "나만 그렇게 생각하는 건 아닐 걸요." 음바페가 웃었다. "모두가 알아요. 자기가 메시나 호날두보다 잘한다고 생각하는 사람이 있다면, 그건 자신감이나 자존감이 아니고 현실 인식을 못하는 거예요. 메시와 호날두는 비교할 수 없는 선수들이에요. 모든 기록을 깼죠."

바르사가 메시에게 열쇠를 준 것은 당연한 일이었다. 15년에 걸쳐 그 선택은 결실을 맺었고, 메시를 계속해서 머물게 했다. 그러나 한편으로는 메시라는 존재가 조직을 게으르게 만들었다. 경기장에 메시가 있는 한, 바르사는 어렵게 생각할 필요가 없었다.

VIII

독보적인 스타일, 2008~2012

2012년, 과르디올라는 기진맥진한 채로 바르사를 떠났다. 우리들이 이제껏 보았던 최고의 축구팀을 이끄는 감독 자리에서 4년을 보낸 뒤였다. 몇 달 후 멕시코에서 열린 한 콘퍼런스에 참석한 과르디올라는 바르사의 비밀에 대한 질문을 받고 이렇게 대답했다. "비결은 하나뿐입니다. 바르사 선수들은 축구를 사랑했어요… 모든 것을 이룬 선수들도 있었지만, 열정을 잃게 된다면 다른 선수에게 자리를 내줄 거라는 사실을 잘 알고 있었습니다."[441]

대부분의 프로 선수들은 축구를 사랑하지 않는다. 선수들에게 축구는 스트레스로 가득 찬 직업일 뿐이다. 매 경기가 선수들에게는 살얼음 위를 걷는 것과 마찬가지다. 잔류 경쟁과 강등, 팬들의 위협, 언론의 비판과 외면, 그리고 앞으로 얼마나 지속될지 알 수 없는 커리어에 대한 불안은 재미와는 거리가 멀다. 이니에스타나 메시 같은 선수들에게 농락당하지 않기만을 바라며 경기장에 나서는 것 역시 마찬가지다. 중소 규모 클럽에서 선수 생활을 하는 동안 정기적으로 바르셀로나를 상대해야 했던 메흐디 라센(Mehdi Lacen)은 메시에게 '알까기'를 당한 영상이 2주 동안 트위터를 달궜을 때 정말 두려웠다고 털어놨다.[442]

하지만 이니에스타나 메시로 살거나, 그들과 함께 뛰는 건 즐거운 일이다.

심지어 과르디올라 감독이 이끄는 팀에서 이니에스타, 메시와 함께 뛰는 경험을 한 선수들은 이것이야말로 자신들이 경험한 최고의 축구라는 걸 깨닫게 됐다. 과르디올라호가 해체된 지 몇 년이 지난 후에도 과르디올라의 축구는 선수들의 머릿속에 남아 있었다. 앙리는 심판이 종료 휘슬을 불 때면 놀라면서도 아쉬운 마음이 자주 들었다고 회고했다. '벌써 끝이라고? 한창 재밌는 중인데!'[443] 매 경기 평균 120차례의 볼 터치를 기록한 차비는 이 팀의 '주인공'으로 '완전한 행복'을 느꼈다고 말했다.[444] 한편, 아비달은 경기 도중 혼잣말로 이렇게 중얼거린 적이 있다고 했다. "축구란 얼마나 아름다운가! 쉬운 건 아니지만 아름다워."[445] 선수들이 느낀 즐거움은 팀이 발전해 나가는 원동력이었다. 덕분에 현대 축구의 그 어떤 팀들보다 오랫동안 전성기를 누릴 수 있었다. 같은 시기 보루시아 도르트문트의 감독을 맡았던 위르겐 클롭은 "바르사 선수들은 매번 골을 넣을 때마다 그게 첫 골인 것처럼 셀러브레이션을 펼치더군."이라고 말하

기도 했다.[446]

하지만 과르디올라가 멕시코에서 제시한 답변에는 사실과 다른 측면이 있다. 실은 과르디올라가 이끌던 바르사에서는 그가 직접 고안한 것들을 비롯해 여러 가지의 성공 비결이 숨어 있었다. 축구에서 감독의 역할은 과대 포장되는 경우가 많은데, 과르디올라는 드물게 나온 예외적인 인물, 즉 차이를 만들어 내는 감독이다. 바르사에서 그는 훌륭한 선수들을 물려받아 이들이 훌륭한 팀으로 발전하도록 이끌었다. 과르디올라가 이끈 네 시즌 동안, 바르사는 모든 대회에서 우승을 따냈다. 과르디올라의 바르사는 심지어 크루이프가 이끌던 드림 팀보다도 더 크루이프의 축구 철학을 잘 구현한 팀이었다. 그렇다면 그 비결은 무엇이었을까? 과르디올라의 바르사는 어떻게 그 정도로 좋은 팀이 될 수 있었을까?

★

2008년 3월, 캄 노우에서 함께 점심을 먹던 바르사의 한 여성 디렉터가 펩 과르디올라를 차기 감독으로 선임하고 싶다는 얘기를 꺼냈다. "정말요?" 나는 놀라서 물었다. 당시 서른일곱 살이었던 과르디올라는 바르사 B팀을 맡고 있었고, 성인 무대 지도 경력은 단 1분도 없는 상태였다. 그녀의 대답은 이랬다. "빅토르 발데스는 아직 세계 최고 수준이 아니던 시절부터 바르사의 골문을 지켰어요. 경험을 통해 발전을 한 거죠. 우리 팀은 카탈루냐 사람들에게 기회를 줘야 해요." 당시 나는 이 결정이 민족주의적 환상에서 비롯된 것이라고 썼다. 언젠가 과르디올라가 바르셀로나의 감독이 될 수도 있겠지만, 성인 무대 감독 경력을 바르사에서 시작하진 않을 거라고 생각했다.

그 어떤 빅 클럽도 이런 식의 감독 계약을 고려해 본 적은 없었을 것이다. 하지만 바르사 사람들은 수십 년에 걸쳐 서로를 잘 알고 있었다. 라포르타 회장, 크루이프, 이사회 멤버인 아바리스트 무르트라(Evarist Murtra), 당시 단장을 맡고 있던 베히리스타인 모두 과르디올라를 특별한 인재로 여겼다.

그럼에도 2008년 레이카르트의 후임으로 유력하게 거론되던 후보는 당시 최다 우승 기록을 보유하고 있던 감독이었다. 막 첼시에서 물러난 조제 무리뉴는 바르사 출신이라는 추가적인 이점도 갖고 있었다. 무리뉴에게는 축구계에서 가장 재능 있는 팀을 지도하고픈 열망이 있었다. 바르사의 몇몇 의사 결정권자들은 무리뉴가 가진 세계적 인지도와 클럽의 글로벌 브랜드 파워를 결합하고 싶었다. 무리뉴의 에이전트인 조르제 멘데스는 바르사 관계자들을 구워삶았고, 리스본에서 비밀리에 진행된 면접에서 무리뉴는 프레젠테이션을 훌륭하게 해냈다.[447] 한편, 과르디올라는 바르사 감독직 면접을 마친 뒤 디렉터였던 마르크 잉글라(Marc Ingla)에게 이렇게 물었다고 한다. "왜 무리뉴 감독을 선임하지 않습니까? 그게 더 쉬운 길일 텐

데요."[448]

2008년에는 거의 모든 사람들이 무리뉴가 과르디올라보다 더 많은 우승컵을 들어 올릴 거라는 데 표를 던졌을 것이다. 문제는 무리뉴가 바르사의 방식으로 우승하지는 않았을 것이라는 데 있었다. 당시 바르사 관계자들은 신임 감독이 충족시켜야 할 아홉 가지 항목을 문서로 정리했다. 그중에 감독의 미디어 대응 관련 항목에는 이런 내용이 있었다.

· 감독은 항상 조심스럽게 행동해야 한다.
· 상대 팀, 심판, 기타 관계자들을 존중하라.—페어 플레이[449]

무리뉴는 카탈루냐 자본가들이 이끄는 클럽을 대표하기에는 너무 품위가 없는 인물이었다. 게다가 무리뉴의 팀이 하는 축구는 크루이프식 축구와는 거리가 멀었다. 당시 바르사 경제 위원회 회장을 맡고 있던 콜롬비아 대학교의 경제학자 차비에 살라이 마르틴은 나중에 보내 온 이메일에서 이렇게 밝혔다. "바로 이 원칙 때문에 우리가 모두의 추천을 받아들이지 않았습니다. 모든 사람들이 무리뉴를 추천했지만, 우리는 펩 과르디올라에게 감독직을 제안했어요."[450] 나중에 이 사실을 알게 된 무리뉴는 라포르타 회장에게 바르셀로나가 큰 실수를 저지른 것이라고 말했다.[451]

과르디올라의 감독 부임 결정은 클럽의 가족적인 분위기를 엿볼 수 있는, 전형적으로 바르사다운 장면이었다. 라포르타는 과르디올라가 갓 태어난 딸과 함께 머물고 있던 지역 산부인과 병동을 방문해 감독직을 제안했다. 대부분의 가족들이 그렇듯, 보이는 것만큼 평온한 풍경은 아니었다. 과르디올라는 2003년 회장 선거에서 라포르타가 아닌 다른 후보를 지지했다. 하지만 그 일과 상관없이 가족이 됐다.

축구의 측면에서 보자면, 과르디올라는 크루이프가 지은 대성당 안에서 자란 '크루이프의 아들'이었다. 과르디올라에게 영향을 미친 것이 그게 전부는 아니다. 그는 스스로를 '아이디어 도둑(thief of ideas)'이라고 불렀다. 지위 고하를 막론하고 누구에게서든 아이디어를 훔칠 것이라고 했다. 하지만 저변에는 언제나 크루이프의 축구 철학(cruyffismo), 즉 상대 진영에서 플레이하면서 공격하고, 공간에 집착하며, 자기 생각을 고집하는 축구가 깔려 있었다. 과르디올라는 바르사 B팀 감독을 맡은 첫 시즌에 정기적으로 크루이프의 저택에 들러, 함께 맥주를 마시며 조언을 구했다. 1군을 지도하게 된 뒤에도 과르디올라는 감사하는 마음을 전하려 계속 크루이프를 찾아갔다.[452]

과르디올라는 "나는 바르사의 감독이지만 바르사는 크루이프가 만들어 놓은 팀입니다."라고 말했다.[453] 물론 과르디올라는 축구가 매주 계속해서 발전한다는 것을 알고 있었다. 크루이프의 드림 팀에서 과르디올라와 함께 뛰었던 에우세비오 사크리스탄은 크루이프 시대 이후 감독들이 전문성을 갖게 됐고, 전술을 더 연구하면서 '주인공'이 됐다고 말했다. 크루이프 대성당의 일부는 엉성한 채 남아 있었고, 과르디올라는 그것을 보수하고 싶어 했다.

과르디올라는 늘 감독의 역할은 크지 않다고 주장했다. 언젠가는 자신을 선수들에게 맞는 골프채를 건네주는 캐디에 비유한 적도 있다. 일리 있는 이야기지만, 바르셀로나와 아르헨티나에서 감독을 맡았던 세사르 루이스 메노티는 웃어넘기며 이렇게 말했다. "과르디올라는 팀에 좋은 선수들이 있는 덕분이라고 말하던데, 바보들이나 믿을 소리죠."

그렇다면 과르디올라는 왜 계속 이런 말을 하는 걸까? 메노티의 대답은 이랬다. "그럼 무슨 말을 하겠어요? 내가 최고다? 과르디올라 이전의 피케를 생각해 봐요. 페드로는요? 부스케츠는요? 이니에스타조차도 선발이 아니었어요." 메노티는 과르디올라가 "라커룸 문을 열고 안부 인사만 건네도 선수들이 어떤 플레이를 해야 할지 알 수 있게 하는, 세계에서 몇 안 되는 감독 중 한 명"이라고 말했다.[454]

★

2008년 6월 29일, 과르디올라가 감독으로서 첫 번째 공식 경기를 치르기 하루 전, 라 마시아 출신 선수 네 명이 뛰는 스페인 대표팀이 빈에서 독일을 1-0으로 물리치고 유럽 챔피언 자리에 올랐다. '라 호하(La Roja)[*]'의 감독 루이스 아라고네스(Luis Aragonés)는 바르셀로나 아카데미와 그걸 따라하는 팀들이 배출하고 있던, 작지만 공을 잘 다루는 미드필더들을 기용하기로 결심했다. 2013년에 세상을 떠난 아라고네스는 사망하기 석 달 전쯤 당시 결정을 이렇게 회고했다. "저는 선수들에게 화(furia)를 내려놓아야 한다고 말했습니다. 그때는 우리 축구가 최고였으니까요." 마침내 스페인은 이른바 '티키타카(Tiki-taka)' 또는 '엘 토크(El toque, 터치)'라 불리는 자신들만의 스타일을 발견하게 된다.

역사적으로 카탈루냐 팬들은 스페인 대표팀을 냉대했다. 스페인은 카탈루냐의 적대적인 분위기를 고려해 카탈루냐에서 A매치를 개최하지 않는다. 캄 노우에서 열린 스페인 대표팀의 마지막 경기는 1987년이었다. 유로 2008 당시 바르셀로나 시청(市廳)은 스페인과 독일의 결승전 중계를 위한 대형 스크린 설치를 거부했다. 하지만 경기 후에는 행복에 겨운 지역 주민들이 거리를 가득 메웠고, 많은 사람들이 스페인 국기를 흔들었다. 여론 조사에 따르면, 바르셀로나 시민들 대부분이 스페인 대표팀을 응원했다고 한다. 우승 다음 날 차비는 사람들로 가득 찬 바르셀로나 광장에 나타다 "비바 에스파냐!(Viva España!, 스페인이여 영원하라!)"라고 외쳤다.

---

[*]   'The Reds'. 스페인 대표팀의 별칭.

그렇다고 해서 차비나 그 팬들이 카탈루냐의 정체성을 버리고 있던 것은 아니다. 오히려 대부분의 카탈루냐 사람들처럼 카탈루냐의 정체성과 스페인의 정체성을 함께 느꼈다. 프랑코는 이해하지 못했던, 새로운 종류의 스페인 민족주의라 할 수 있다.[455]

그해 여름 스페인 사람들은 '민족주의'를 강하게 체감했다. 2005년 6월, 열아홉 살의 라파엘 나달이 프랑스 오픈에서 우승한 뒤 땀에 젖은 손을 관중석으로 내밀어 후안 카를로스 왕의 손을 잡자 스페인 사람들은 기쁨에 겨워 TV를 시청했다. 나달은 차비처럼 카탈루냐어를 썼지만 스페인 사람으로 인식됐다. 곧이어 스페인 F1 드라이버인 페르난도 알론소(Fernando Alonso)와 스페인 농구 대표팀도 세계 챔피언 자리에 올랐다. 2006년부터 2009년까지 스페인 사이클 선수들이 투르 드 프랑스에서 연이어 우승을 차지하기도 했다.

과르디올라는 그 모든 것에 매혹됐다. 크루이프와 마찬가지로, 과르디올라 역시 다른 종목에서 영감을 얻으려고 했다. 과르디올라의 오른팔이라 할 수 있는 마누엘 에스티아르테(Manuel Estiarte)는 '수구계의 마라도나'였다. 유스팀 시절, 과르디올라는 세이룰로의 지시에 따라 몸을 단련하기 위해 바르사의 핸드볼 팀에서 종종 훈련을 받았다.

과르디올라는 많은 스포츠가 전술과 훈련 방법 측면에서 축구보다 앞서 있다는 것을 알고 있었다. 캄 노우는 다른 종목에서 아이디어를 훔치기에 좋은 장소였다. 과르디올라가 부임했을 때 바르사의 주요 스포츠 팀들은 모두 카탈루냐 사람들이 지도했다. 마르크 카르모나(Marc Carmona)가 풋살, 파란 푸할테(Ferran Pujalte)가 롤러 하키, 차비 파스쿠알(Xavi Pascual)이 농구, (멋지게도 정말 같은 이름의) 또 다른 차비 파스쿠알(Xavi Pascual)이 핸드볼을 맡았다. 다섯 팀 모두 세이룰로의 방식을 채용했다. 공을 사용해 훈련하고, 패스를 통해 의사소통하며, 선수들이 스스로 판단해 결정을 내리도록 독려하는 게 특징이었다. 카탈루냐 감독 5명은 치료식(治療食)을 위해 정기적으로 만나 똑같이 고민하는 문제들을 논의하기 시작했다. 여기에는 담당 종목을 관리하는 경영진과 이사진을 어떻게 다루는지 같은 바르사 특유의 문제들이 포함됐다.

풋살 감독인 카르모나는 이런 이야기를 한 적이 있다. "펩은 호기심이 많은 사람이에요. 다른 사람들이 어떻게 일하고 있는지 알고 싶어 해요. 만나면 몇 시간씩 얘기를 나누곤 했어요. 저는 우리 모두가 많이 배웠다고 생각하지만, 펩은 계속 질문했죠. '이건 어떻게 해요? 저건 어떻게 해요?' 예를 들어, 펩은 코너킥에 대해 혁신적인 생각들을 갖고 있었어요. 농구나 핸드볼, 풋살에서 일반적으로 구사하는 블로킹을 축구에 도입하고 싶어 했어요." 실제로 과르디올라의 바르사는 데드볼 상황에서 최초로 (공을 받기로 한 선수에게 다가가는 상대 선수를 막아서는 등의 방식으로) 조직적인 블로킹을 활용한 축구팀 중 하나라 할 수 있다.

과르디올라가 자신의 오랜 멘토인 세이룰로를 피지컬 코치로 선택한 것은 당연한 수순이었다. 프랑스 기자 티보 르플라 (Thibaud Leplat)에 따르면, 세이룰로는 '피지컬 트레이닝을 믿지 않는 피지컬 트레이너'였다.[456] 세이룰로는 고된 체력 훈련, 예를 들어 신(神)과 팬들을 달래기 위한 윈드 스프린트나 산 뛰기에 대한 축구계의 믿음을 거부했다. 그는 선수들이 한 번에 3분 이상 뛰지 않게 했고, 그것도 프리시즌 훈련에서만 뛰게 했다. 모든 피지컬 훈련은 화기애애했다. 동료의 허리를 끌어안고 전력 질주를 해야 하기도 했다.[457] 훈련 중에 세이룰로가 내게 말했다. "훈련 시간의 98.93퍼센트는 공을 패스할 길을 찾아요."

세이룰로는 축구가 빠른 의사 결정과 좁은 공간에서의 섬세한 발 기술을 필요로 하기 때문에 그 부분을 훈련해야 한다고 믿었다. 세이룰로는 이것을 '피지컬 준비(physical preparation)'가 아닌 '축구 준비(football preparation)'라고 불렀다. 과르디올라는 2007년 〈마르카〉에 실린 세이룰로와 아르헨티나 감독 앙헬 카파의 대담을 스크랩한 것으로 알려졌다.

카파: 언젠가 디에고 마라도나와 함께 마이클 조던의 경기를 본 기억이 납니다. 내가 '조던은 정말 대단한 선수군. 그렇지 않나, 디에고?'라고 묻자, 그가 '네, 대단해요. 저 역시 존경심이 생겨요. 하지만 조던은 손으로 플레이한다는 걸 잊지 말아요, 안 그래요?'라고 답하더군요.
세이룰로: 발을 주로 써야 한다는 게 축구가 어려운 이유죠.

그로 인해 운동 기능에 많은 제약이 생기고, 선수 간의 상호 작용이 복잡해지니까요. 선수들이 자주 제게 묻습니다. "파코, 왜 우리는 스피드 훈련을 안 하나요?" 저는 우리가 매일 하고 있는 게 그거라고 답을 합니다. 스피드와 가속, 그게 바로 축구니까요. 공과 상관없이 뛰는 종목이 아니죠. 상대 선수나 공이 있는 상황에서 뛰는 거죠. 축구는 공을 필요한 속도로 다루고, 원하는 방향으로 플레이하는 것, 이 두 가지로 이뤄집니다.[458]

세이룰로와 과르디올라 체제에서 바르셀로나 선수들은 축구 경기를 하면서 축구 훈련을 받았다.

간단히 말해, 과르디올라는 스페인 대표팀의 아라고네스 감독이 제시한 크루이프 2세대 스타일을 바탕으로, 크루이프 철학을 가진 세이룰로 코치와 함께, 다른 종목에서 영감을 얻은 아이디어에 둘러싸여 감독직을 시작한 것이다. 그 배경에는 세계적 금융 위기도 한몫했다. 2008년 9월 15일, 과르디올라가 바르셀로나에서 첫 홈경기를 치른 이틀 뒤, 미국 은행 리먼 브라더스가 파산했다. 2009년 초까지 스페인인 여섯 명 중 한 명은 실직 상태였다. 과르디올라는 경기를 보기 위해 먹을 것을 아껴 35유로를 지불하는 팬들을 생각하라고 종종 선수들을 다그쳤다.[459]

피케가 말했다. "사람들은 축구 선수들이 격리된 채 살고 있다고 생각해요. 외부에서 일어나는 일들과 단절돼 있다고 여기죠. 하지만 우리에게도 지금의 위기 때문에 고통을 겪는 형제자매들, 친척들, 친구들이 있어요. 물론 제가 깊이 공감하더라도 이들과 똑같은 고통을 느낄 수는 없겠죠. 하지만 우리가 사는 세상이나 지금 벌어지고 있는 일들을 잘 알고 있습니다." 과르디올라의 바르셀로나는 이전 바르셀로나 팀들보다 훨씬 큰 도덕적 사명을 느꼈다. 이러한 생각을 보여 주기라도 하려는 듯, 과르디올라의 바르셀로나는 대부분의 시기를 유니세프를 가슴에 새긴 채 경기를 했다.

레이카르트는 궤도를 벗어난 놀라운 팀을 남겼다. 과르디올라는 큰 골칫덩어리였던 호나우지뉴와 데쿠를 팔았고, 사뮈엘 에토오 역시 내보낼 계획을 세웠다. 하지만 에토오가 프리시즌에 좋은 활약을 펼치자 바르사의 주장단은 과르디올라를 설득해 에토오를 잔류시켰다.[460]

훌륭한 선수를 두 명이나 내보내는 것은 신인 감독 입장에서는 매우 용감한 결단이었다. 티에리 앙리 대신 어린 페드로를 선발 라인업에 넣은 것도 마찬가지였다. 과르디올라는 결과가 잘못될 경우 벌어질 논쟁은 모두 '엔토르노(entorno)'에게 맡겼다. 그러면서도 죽어도 자기 생각을 버리지 않으려고 했다.

★

처음에는 과르디올라가 자기 생각에 파묻혀 죽어 버릴 것처럼 보였다. 누만시아전 패배로 시즌을 시작했고, 그다음 경기에는 홈에서 라싱 산탄데르와 비겼다. 하지만 과르디올라는 걱정하지 않았다. 그는 결과가 아닌 과정을 평가했다. 핸드볼 감독 차비 파스쿠알은 이렇게 말했다. "좋은 경기를 하고 질 때도 있고, 반대인 경우도 있어요. 경기는 이겼지만 과정은 엉망인 경우 말이죠." 이니에스타는 과르디올라의 사무실에 찾아가 아무것도 바꾸지 말아 달라는 말로 과르디올라를 안심시켰다.[461] 그리고 이어진 21경기에서 바르사는 20승 1무를 기록하며 승점 61점을 얻었다.

과르디올라는 선수들에게 전에 없던 규율을 내세웠다. 전임 감독 레이카르트는 선수들을 성인으로 대했다. 나는 레이카르트에게 특정 선수들이 파티에 가는 것을 막기 위해서 왜 경기 전에 훈련 캠프를 진행하지 않느냐고 물은 적이 있다. 그는 "스포츠인들의 성실함과 프로페셔널함을 믿어야 해요."라고 답했다. 반면 과르디올라는 누구도 믿지 않았다. 바르사 레프트백 에릭 아비달은 르플라 기자를 만나 혀를 내둘렀다. "과르디올라는 모든 선수들의 집 전화번호를 알고 있어요. 규칙도 많이 만들었죠. '클럽 폴로 셔츠를 입어야 한다', '훈련에 늦지 말라', '평일에는 자정 전에 집에 있어야 한다'. 우리 모두 문서에 서명을 해서 집에 가져가게 했어요."

과르디올라는 종종 팀 전체 식사 도중 한 선수를 지목해 "일어나서 벌금을 내야 하는 이유를 설명해 봐."라고 말했다. "무슨 벌금요?" 선수가 물으면 과르디올라는 모두가 모인 자리에서 말했다. "몇 월 며칠 몇 시 몇 분에 어디어디에 있었잖아."[462]

그 무렵이 과르디올라의 지도자 커리어 중 가장 열정적인 시기였다고 할 수 있다. 과르디올라는 선수들의 대외 활동도 세심하게 관리하고 싶어 했다. 레이카르트 체제를 괴롭혔던 파벌 문제를 완전히 뿌리 뽑기 위해 과르디올라는 아비달과 앙리가 서로 프랑스어로 대화하는 것을 금지했다.[463]

경기장 안에서의 규율은 더욱 엄격했다. 모든 선수들은 공을 따내려 움직이다 조직력을 흐트러뜨리는 대신, 공이 올 때까지 자기 자리를 지켜야 했다. 시즌 초 스포르팅 리스본과의 경기에서는 앙리가 골을 터뜨리며 활약했지만 규칙을 어겼다는 이유로 교체됐다.[464] 다음은 2011년 아스널에서 바르셀로나로 복귀한 세스크 파브레가스가 건넨 얘기다.

> 바르사는 아주 구체적인 시스템을 갖고 있고, 모두가 이에 적응해야 해요. 모든 게 밀리미터 단위로 연구돼 있어요. 이적 초반에는 적응하는 데 애를 먹었습니다. 신경 쓸 것 없이 경기장 전체를 누비고 다니던 아스널에서의 플레이에 익숙했기 때문이죠. 여기는 정말 많이 달라요. 모든 선수들에게 각자의 자리가 있고, 시야에서 벗어나면 안 돼요. 저는 다시 기본 원칙들을 숙지하기 위해 바르사에서의 어린 시절을 떠올려야 했습니다.[465]

과르디올라의 엄격함에도 불구하고, 그가 지휘하는 바르사는 선수들에게 친근한 직장이었다. 몇몇 선수들은 라 마시아 기숙사 시절부터 서로를 알고 지냈다. 바르사 특유의 플레이 스타일, 패스를 통해 '대화'하는 것은 선수들의 친밀감을 높였다. 차비는 이니에스타에게 보낸 공개 메시지에서 "너와 말 없이 축구를 통해 대화하는 것"을 좋아한다고 밝혔다.[466] 사교성은 바르사 축구의 핵심 중 하나다. 세이룰로는 "그게 우리가 패스를 많이 하는 이유예요. 그래야 모든 선수들이 경기에 참여할 수 있어요."라고 말했다. 1976년《그저 한 경기일 뿐이라고?(Only A Game?)》의 저자 에이몬 던피(Eamon Dunphy)는 한 발 더 나아갔다.

훈련장에서 그저 공을 주고받기만 해도 둘 사이에 관계가 형성됩니다. 표현의 한 형태인 것이죠. 누군가를 사랑하는 것과 마찬가지로 소통을 하게 되는 것입니다. 미드필드에서 함께 뛰는 두 선수를 생각해 보세요. 둘은 축구를 통해 마치 연인처럼 친밀하게 서로를 알게 됩니다. 자일스(Giles)와 브렘너(Bremner)*를 예로 들 수 있습니다. 둘은 함께 문제를 해결하면서 매우 밀접한 관계를 만들어 가죠. 말이 필요 없는 관계이

---

* 1963년부터 1975년까지 리즈 유나이티드에서 함께 뛴 미드필더 콤비다. 조니 자일스와 빌리 브렘너는 리즈에서 둘이 합쳐 115골을 넣었고, 8개의 우승 트로피와 유러피언컵 준우승(1975)의 성과를 냈다.

지만, 움직임으로 이야기하고, 경기를 통해 말을 하는 거죠. 서로 어떤 패스를 주고받는지, 어떤 상황을 함께 만들어 가는지를 통해 파악을 하는 겁니다. 사회적 의미로 친해질 필요는 없지만, 말 없이도 이해할 수 있는 관계를 발전시켜 나가는 것이죠.[467]

사춘기 시절부터 10년 넘게 세상 누구보다 더 잘 알고 지낸 사람과 함께할 때의 감정을 상상해 보라.

과르디올라는 후보 선수의 수를 최소화해 선수단을 작게 유지하며 조화를 이뤘다. (크루이프는 항상 '조화'를 의심했다.) 기량이 명백하게 월드클래스에 미치지 못했던 선수는 2008년부터 2014년까지 바르사 소속이었던 후보 골키퍼 호세 마누엘 핀토가 유일했는데, 그렇게 오래 팀에 있을 수 있었던 가장 큰 이유는 메시와 친했기 때문이다.

용품 담당이나 물리 치료사와 같은 지원 스태프들 역시 선수단의 일원으로 받아들여졌다. 그들은 아비달이 주최한 바비큐 파티에 와서 평화롭게 수다를 떨거나 농담을 할 수 있었다. (원정 경기 전 호텔에서는 웨이터들이 항상 함께 있었다.)[468]

피케는 분위기를 밝게 만드는 역할을 했다. 피케는 맨체스터 유나이티드에서 4년을 보내고, 스물한 살이었던 2008년에 바르사로 돌아왔다. 수염과 느긋한 걸음걸이, 공을 가졌을 때의 침착함 때문에 피케는 일요일에 공원에서 공을 차며 돌아다니는 힙스터처럼 보였다. 피케의 목표는 자신의 우상인 매직 존슨이 농구를 할 때 그랬던 것처럼 '웃으면서' 축구를 하는 것이었다.

고향에 돌아와 행복했던 피케는 처음부터 시끄러운 존재였다. 그는 맨체스터 유나이티드 시절 라커룸에서 배운 유치한 장난들을 써먹기 시작했다. 피케는 메시의 휴대폰에서 몰래 배터리를 뺐는데, 순진한 메시는 그 사실을 전혀 몰랐다. 피케는 센터백 파트너인 카를레스 푸욜과 경기 중에 이런 대화를 나누기도 했다.

> **푸욜:** 제리, 제리, 제리!
>
> **피케:** 왜?
>
> **푸욜:** 아무것도 아냐. 그냥 네가 집중하고 있는지 알고 싶었어.

과르디올라는 피케가 샤키라를 만난 후 체중이 증가하고 스스로를 덜 돌보는 게 아닌지 의심했다. 하지만 피케는 동료들과 오랫동안 패스 연습을 하며 시간을 보냈다. 피케는 감독과 대부분의 선수들이 '강박'을 보이던 라커룸 분위기에 정서적 균형을 맞췄다.[469]

펩의 플레이북

과르디올라와 세이룰로가 이끄는 기본 훈련은 강도가 높았다. 체력적인 면보다 정신적인 면에서 더 그랬다. 크루이프의 드림 팀 시절에 그랬던 것처럼, 론도를 가장 잘하는 사람은 나이 서른일곱에 허리가 좋지 않던[470] 과르디올라 감독이었다. 앙리의 말을 빌리면, 훈련 때 "공이 발에 붙어 있지 않으면 금방 빼앗겼다." 공 없이 하는 훈련을 중요하게 여기지 않던 세이룰로의 신념 덕택에 바르사의 훈련 시간은 다른 빅 클럽보다 10분 정도 짧았다.[471] 길게 보면 선수단이 지치지 않을 수 있게 도움이 된 조치였다.

과르디올라는 역대 바르사 감독들 가운데 처음으로 기자들의 훈련장 출입을 금지한 사람이다.[472] 바르사는 지금까지도 기자 출입을 금지하고 있다. 세간의 시선이 닿지 않는 곳에서, 과르디올라는 선수들이 크루이프 철학을 엄격하게 따를 수 있도록 하는 몇 가지 규칙을 정해 훈련을 시켰다. 크루이프는 "1-0으로 이기는 것보다 5-4로 이기는 걸 더 좋아합니다."[473]라고 말할 만큼 공격을 최우선으로 여겼다. 과르디올라는 아예 5-0으로 이기길 원했다. 공격을 강조했지만, 수비에도 똑같이 집착했다. 크루이프가 지은 대성당에 기둥을 더 세운 셈이다.

과르디올라가 지휘하는 바르사 경기를 보면 즉흥적인 것처럼 보이는 것들이 있다. 대개의 경우 즉흥적으로 나온 플레이지만, 미식축구 선수들처럼 훈련된 플레이도 있다. 바르사 선수들은 크루이프의 1970년대 아약스와 달리 각자 맡은 역할을 너무나 잘 알고 있어서 말 한마디 없이도 플레이할 수 있었다. 셀틱에서 뛰었던 켈빈 윌슨(Kelvin Wilson)은 바르사를 상대한 뒤 "그들은 공을 원하는 위치나 타이밍을 서로 얘기하지 않더군요. 그냥 알고 있더라고요."라고 말했다.[474]

호르헤 발다노는 "바르사 공식을 만든 건 크루이프이지만, 그걸 푸는 방식을 알아낸 건 과르디올라였죠."[475]라고 말했다.

다음은 과르디올라의 플레이북에 있는 규칙들 가운데 일부다.*

★ **15회 패스 룰:** 농구에서는 공격과 수비가 구분된다. 한 팀이 공격을 하면, 다른 팀은 골대 앞에서 수비를 한다. 하지만 축구는 수비와 공격을 명확히 나눌 수 없다. 상대는 아무 때나 불쑥 나타날 수 있다. 세이룰로는 이것을 '나쁜 의도'로 나타나는 것이라고 농담을 던졌다. 공격은 순식간에 수비로 바뀔수 있다. 그렇기 때문에 이상적인 공격은 동시에 수비도 구축한다. 이를 위해 과르디올라는 15회 패스 빌드업을 고안했다. 공을 소유할 때마다, 최소 15회의 패스를 거친 뒤에야 득점을 해야 한다는 게 과르디올라의 주장이었다.

과르디올라는 이 방식을 '짧은 패스로 전진하기(salir en corto)'라 불렀다. 선수들은 십자말풀이를 하듯이 공을 위아래, 좌우로 전달했다. 경기장 아래쪽에서 촘촘한 포메이션으로

---

* (저자 주) 2012년 2월, 네덜란드 올림픽 훈련 센터에서 이 플레이북을 제공한 알베르트 카펠라스에게 깊은 감사를 드린다.

패스 할당량을 채우는 한편 3초 앞을 미리 대비했다. 공 소유권을 잃었을 때 곧장 수비로 전환할 수 있도록 준비하는 것이다. 그들은 공 주위에서 항상 상대보다 수적 우위를 갖고자 했고, 그 덕분에 공을 잃었을 때 빠르게 되찾을 수 있었다.

끝없는 빌드업을 지켜보는 일은 크루이프조차 종종 지루하게 여길 정도였지만, 그는 빌드업의 진가를 알았다. "바르셀로나가 어떻게 그리 빠르게 공 소유권을 되찾아 오는지 아십니까?" 크루이프가 물었다. "그건 바르사가 10미터 역주행을 할 필요가 없기 때문입니다. 10미터가 넘는 긴 패스를 절대 하지 않으니까요."

★ **점유가 경기의 9할이다:** 과르디올라에게 점유는 그 자체가 목표였다. 과르디올라의 바르셀로나는 경기의 3분의 2가량 공을 소유하는 것을 목표로 했다. 2011/12 시즌, 바르셀로나의 점유율은 리그에서 매 경기 평균 72퍼센트 이상을 기록하며 정점을 찍었다.

이 논리는 두 요소로 구성된다. 먼저 크루이프의 격언에 따르면, '공은 하나뿐이다. 우리가 공을 소유하고 있다면 상대 팀은 득점할 수 없다.' 과르디올라의 팀은 태클을 잘하는 선수가 부족했고, 따라서 공을 빼앗기지 않는 것으로 수비를 해야 했다. 경기에서 앞서기 시작하면, 끝없는 론도로 공을 돌리다 경기를 끝내는 경우가 잦았다.

두 번째는, 바르사가 공을 소유하게 되면 상대는 피로도가 높아졌고 패스를 쫓아다니느라 조직력에 틈이 생겼다. 바르사는 상대가 공을 건드리도록 내버려두지 않았고, 그래서 상대 팀 선수들은 좀처럼 숨 돌릴 틈이 없었다. 바르사의 경기는 '유효 경기 시간'(경기가 멈춘 때를 제외한 플레이 시간)이 매우 길었다. 바이어 레버쿠젠 감독 로빈 두트(Robin Dutt)는 바르사와의 경기에서 패한 뒤 "선수들이 마침내 공을 소유하게 됐을 때, 팀원 전체의 심박수는 분당 200회에 달했습니다."라며 혀를 내둘렀다.[476] 이처럼 높아진 심박수는 바르셀로나의 다음 압박을 피하기 어려운 이유가 됐다. 또한 점유는 심리적인 무기이기도 했다. 특히 바르셀로나가 골을 넣게 되면, 상대 팀 선수들은 희망을 잃었다.

바르사에는 축구에 두 종류의 팀이 있다는 얘기가 있다. 공을 중심으로 조직적으로 움직이는 팀과 공을 쫓다가 조직이 무너지는 팀이다.

★ **상대 팀의 라인을 깨뜨려라:** 상대 팀의 라인은 피해야 하는 부비 트랩 경고 같은 존재였다. 바르사 선수들은 공을 받아 자유롭게 움직이기 위해 '라인 사이'에 자리를 잡았다. 예를 들어, 메시는 보통 상대 센터백들과 수비형 미드필더 사이의 자리를 노렸다.

이상적인 패스는 상대의 라인을 깨뜨린다. 피케가 패스한 공이 상대 스트라이커를 지나쳐 부스케츠에게로 향하는 장면, 또는 차비가 상대 센터백들 뒤로 공을 보내 페드로가 침투할 수 있게 만드는 장면을 떠올려 보라.

★ **중앙을 공략하라:** 크루이프가 윙 플레이를 좋아했던 반면, 과르디올라는 득점을 위한 가장 빠른 루트인 경기장 중앙을 최우선으로 여겼다. 수학 교수 데이비드 섬프터는 데이터 분석을 통해 중앙이 축구에서 가장 가치 있는 지역이라는 게 증명됐다고 말했다. 메시가 자신의 오른쪽 측면으로는 거의 패스한 적이 없는 걸 보면, 이러한 사실을 본능적으로 알고 있었던 것 같다.

과르디올라는 이니에스타를 보면서 '센터백 공략의 중요성'을 배웠다고 말했다. "아무도 그렇게 하지 않아요. 하지만 보면 알 수 있습니다. 중앙 수비수가 앞으로 나서면 모든 것이 열립니다. 수비 전체가 조직력이 흐트러지고, 이전에 없던 공간이 나타나게 되는 거죠." 과르디올라가 덧붙였다.[477]

메시, 이니에스타, 차비는 모두 1950년대 인사이드포워드(inside-forward)의 기질을 가진 선수들이다. 이 세 명은 바르사가 중앙 지역을 통제할 수 있게 만들었다.

바르사의 윙어들은 상대적으로 구경꾼에 가까웠다. 그들의 역할은 터치라인 근처에 있으면서 경기장을 넓게 쓰도록 만드는 것이었다. 윙어들은 상대 페널티 에어리어에 가기 전까지는 공을 받지 않아도 괜찮았다. 그러고는 자유롭게 안쪽으로 잘라 들어왔다.

과르디올라는 나중에 바이에른 뮌헨과 맨체스터 시티의 감독을 맡았을 때, 풀백들을 중앙 미드필더 위치로 자주 밀어 넣었다. "대부분의 다른 감독들은 풀백들이 바깥쪽에 위치하길 원합니다. 제가 더 낫다고 말씀드리는 건 아니에요. 이건 제 방식일 뿐입니다." 과르디올라가 말했다.[478] 중앙에 집중하는 과르디올라의 방식은 점차 다른 많은 감독들에게 영향을 미쳤다.

★ **4초(또는 5초) 룰:** 크루이프의 바르셀로나는 매우 자발적이면서도 조직적이지 않은 방식으로 압박을 했다. (호마리우는 신경도 쓰지 않았다.) 과르디올라의 바르셀로나는 미리 계획한 대로 압박을 했다. 아마도 이전까지는 그 어떤 팀도 상대의 빌드업 과정에 끼어들려고 하지 않았을 것이다.[479] 바르사는 공 소유권을 잃는 순간, 힘을 합쳐 4초 안에 공을 되찾으려 했다. 피로도가 높은 플레이였지만, 바르사는 여간해서는 공 소유권을 잘 잃지 않았기 때문에 무리가 없었다. 바르사는 4초 정도의 압박으로 45미터를 되돌아 뛰어가야 하는 수고를 덜 수 있었다.

과르디올라의 바르셀로나에서는 누구도 압박에서 열외가 될 수 없었다. 클롭은 이렇게 말했다. "제 생각에 공 소유권을 잃은 뒤 가장 많이 공을 되찾아 오는 선수는 리오넬 메시입니다… 바르셀로나 선수들은 내일이 없는 것처럼 압박을 해요. 마치 상대 팀이 공을 가지고 있을 때가 축구에서 가장 즐거운 순간인 것처럼 말이죠… 제가 축구에서 본 가장 모범적인 모습입니다."[480]

'15회 패스 룰'과 마찬가지로 '4초 룰'은 이름이 간단해서, 과르디올라가 하프 타임 토크나 경기 중 벤치에서 내지른 함성을 통해 선수들에게 해당 내용을 상기시키기에 수월했다.

반대로 생각하면, 4초 룰은 소유권을 잃는 것이 바르사에게 기회가 된다는 것이다. 이제 막 공을 가진 상대 선수는 위기에 처한다. 태클이나 인터셉트를 하기 위해 경기장 전체를 보던 시야를 좁혀 전력을 다했던 이 선수는 이제 2~3초 만에 시야와 에너지를 되찾아야 한다. 바르사는 이 선수가 좋은 위치에 있는 동료에게 패스를 하기 전에 공을 가로채려 한다.

바르사가 계속해서 공 소유권을 빠르게 되찾으면 상대는 점점 더 좌절에 빠진다. 좌절감은 축구 경기에서 다루기 힘든 감정이다. 세이룰로는 경기에서 팀이 더 이상 뛰지 않는 현상은 지쳐서라기보다 낙담해서라고 생각했다.[481]

만약 상대가 4초 이상 공을 가지고 있으면서 위협적인 공격을 전개해 나가면, 바르사는 종종 반칙으로 경기를 끊었다. 그렇지 않으면 물러서서 10명으로 벽을 만들고 사실상 상대에게 이렇게 말했다. "여길 통과해 봐." 벽에 있는 최전방 선수(보통 메시)와 최후방 수비수(예를 들어 피케) 사이의 거리는 20~25미터밖에 되지 않았다. 그런 촘촘한 미로를 통과하는 패스를 할 수 있는 선수는 거의 없다. 한편, 바르사는 4초간 전력을 쏟은 뒤 회복할 시간을 갖는다. 세이룰로의 생리학에 기반을 둔 규칙이다.

★ **압박 신호:** 바르셀로나는 벽을 쌓은 뒤 다시 압박을 시작하기 위해 미리 정해 둔 신호를 기다렸다. 하나는 상대가 볼 컨트롤을 실수했을 때다. 공이 상대 선수의 발에서 튕겨 나오면 이 선수는 공을 찾기 위해 아래를 봐야 하기 때문에 경기장 전체를 볼 수 없다. 바르셀로나는 이 순간을 노렸다.

또 다른 신호는 공을 잡은 상대 선수가 자신의 골문을 향해 돌아섰을 때였다. 이때 이 선수는 전진 패스를 할 수 없다. 바르사 선수들이 이 선수가 백패스를 하도록 압박하면 그만큼 공간을 얻었다.

★ **3-1 룰:** 과르디올라는 이탈리아에서 이 규칙에 대한 영감을 얻었다. 상대 선수가 바르셀로나의 페널티 에어리어 근처에서 공을 잡으면, 한 명의 수비수가 이 선수를 막기 위해 전진하고, 다른 세 명의 수비수는 그로부터 2~3야드 뒤에 링을 형성해 두 번째 보호막을 만드는 것이다.

★ **갑작스런 공격은 없다:** 바르셀로나는 상대에게 공을 빼앗았을 때 특이한 행동을 했다. 즉시 공격을 시도하지 않는 것이다. 공을 빼앗아 경기장 전체를 보지 못한 선수는 보통 가까운 동료에게 공을 줬고, 바르사는 15회 패스 빌드업을 다시 시작할 수 있었다.[482]

대부분의 강팀들(특히 무리뉴의 팀)은 농구에서 '턴오버(turnover)'라고 불리는, 공의 소유권이 바뀌는 때를 결정적인 순간으로 본다. 그 순간, 상대는 대개 자기 자리를 벗어나 있다. 빠르게 역습을 할 수 있다면 좋은 득점 기회를 잡을 수 있다.

바르사는 상대 페널티 에어리어 근처에서 공을 빼앗았을 때만 이렇게 했다. 이 경우 공을 빼앗은 선수가 곧장 골문을 향한다. 메시의 천재적인 공 빼앗기 기술이 여기서 발휘된다. 메시는 뛰어난 반사 신경을 통해 때때로 공을 뺏긴 지 1초 만에 공을 되찾기도 했다. 하지만 득점 경로가 짧고 오픈 찬스가 아닌 이상, 바르사는 15회 패스 루틴에 돌입했다.

무리뉴는 역습 기회를 포기하는 게 어리석은 짓이라고 비판했다. 무리뉴는 역습이야말로 득점을 하는 가장 쉬운 방법이라고 주장했다. 상대가 우리 진영에 여러 선수를 놔둔 채 공 소유권을 잃으면 수비 라인이 완전히 열리기 때문이다. 하지만 바르사의 방식 역시 효과가 있는 듯했다. 아니면 적어도 바르사 선수들의 능력이 그것을 가능하게 했다.

DVD 시청이 본업

크루이프는 상대들을 보는 데 시간을 쓰지 않았다. 수석 코치인 브루인스 슬롯에게 이 일을 맡겼다. 처음에는 브루인스 슬롯이 분석 결과를 크루이프에게 전달하면, 크루이프가 선수들에게 설명했다. 하지만 크루이프가 매번 세부 내용을 틀리자, 결국 브루인스 슬롯이 직접 선수들에게 내용을 전달했다. 중요한 부분은 아니었다. 크루이프는 상대에게 관심이 없었다. 크루이프의 바르사는 자신들만의 플레이를 했다.

과르디올라는 달랐다. 다음은 과르디올라의 설명이다.

> 선수 시절에 제가 가장 당황스러웠던 일은 상대가 무엇을 할지 모른 채 경기를 하는 것이었습니다. 그래서 바르사 B 감독을 맡은 첫날부터 항상 경기 전에 선수들에게 이야기합니다. "여러분, 이게 오늘 일어날 일입니다. 우리는 이렇게 하면 이깁니다."[483]

사실 과르디올라는 감독보다 비디오 분석가에 가깝다. 과르디올라는 근무일에 보통 90분 동안은 선수들과 훈련을 하고, 6시간 동안은 '동굴'이라고 불리는, 캄 노우 안쪽에 깊이 위치한 창문 없는 감독실에서 상대의 DVD를 시청했다.[484] (그는 감독실을 덜 우울하게 만들기 위해 조명과 카펫을 들였다.) 과르디올라는 2011

년 카탈루냐 의회에서 언제까지 시청을 하는지 말했다.

> …결국 제 일을 이해하는 멋진 순간이 옵니다. 저를 믿으세요. 저는 이 순간을 위해서 감독이 된 것입니다. 나머지는 다 부가적인 일들이죠. 제가 처리해야 하는… 그 순간은 1분 20초, 1분 30초, 때로는 1분만 지속될 겁니다. 때때로 저는 다음 상대의 두 경기를 전부 다 봐야 할 때도 있습니다… 그래도 제가 "됐어. 알았어. 우리가 이겼어."라고 말하는 순간이 옵니다.[485]

그 순간이란 상대의 치명적인 결함을 발견하는 때다. 가장 잘 알려진 것은 2009년 5월 1일 저녁이다. '가짜 9번'으로 나설 메시가 점유할 수 있는, 레알 마드리드 중앙 수비수들의 앞 공간을 발견한 것이다.

선수들에게 자신의 통찰을 설명하는 측면에서 본다면, 과르디올라는 크루이프보다 한 수 위였다. 피케는 다음과 같이 말했다.

> 과르디올라는 스포츠 자체를 이해하게 해 줍니다. 상대를 분석한 다음, 그들이 이렇게 하기 때문에 우리는 저렇게 해야 하고, 그러면 이곳과 저곳에 공간이 생길 것이라고 설명해 주죠. 그러면 실제 경기에서 그런 일이 벌어집니다. 가장 어려운 부분이죠. 그럴 때면 자신이 옳았다는 것을 무척 자랑스러

위했습니다. 과르디올라는 경기를 하기 전에 경기를 만들어 내는 사람이에요.

과르디올라 체제에서 바르사의 스타일은 어느 때보다도 더 지능적이었다. 내가 크루이프의 격언인 '축구는 머리로 하는 스포츠다.'를 인용하자 피케가 이렇게 답했다. "우리는 아마 그 말을 최대한 실행한 팀이었을 거예요." 크루이프와 마찬가지로 과르디올라는 선수들을 '배우는 과정'으로 이끌었고, 선수들이 경기하는 동안 냉철한 실시간 분석가가 되도록 가르쳤다. 과르디올라는 지나친 압박에 시달리던 골키퍼 발데스에게 말했다. "이렇게 하면 네 커리어가 끝날 때까지 하루도 이 멋진 일을 즐기지 못할 거야. TV로 축구를 보고, 경기를 분석해 봐. 왜 저 스트라이커는 왼쪽으로 움직일까? 저 플레이메이커가 어떤 패스를 하려는 걸까? 축구를 더 이해하면 축구를 더 사랑하게 될 거야."[486]

과르디올라는 특정 팀의 치명적인 약점을 공략하기 위해 정기적으로 특별한 포메이션을 고안했다. 바르사는 종종 경기 시작 10분 만에 이 포메이션으로 변화를 줘서, 상대가 대응하기 어렵게 만들었다.[487] 때때로 과르디올라가 발견한 결함은 세부적인 것이었다. 예를 들면, 상대 팀의 오른쪽 측면에는 왼발잡이가 없다거나 하는 등이다. 바르사의 레프트백 아비달은 상대의 오른발을 막아서 상대가 매번 안쪽으로 돌거나, 왼쪽으로 짧은 백패스를 할 수밖에 없게 만들었다. 바르사 선수들은 모두 상대의 패스를 예측할 수 있었기 때문에 쉽게 공을 가로챌 수 있었다. 과르디올라가 바르사를 이끌던 시절, 레알 마드리드가 가진 최대의 약점은 공격수 크리스티아누 호날두가 수비하러 내려오지 않는 것이었다. 그래서 바르사는 호날두 자리에서 공격을 마무리하는 걸 목표로 삼았다. 아비올라(Abiola)가 말했다. "바르사는 이런 수백 개의 작은 디테일로 이뤄진 팀이었습니다."[488]

경제학자 살라 이 마르틴은 과르디올라를 스페인의 패스트 패션 기업 자라(Zara)에 비유했다. 자라는 그 어떤 경쟁사보다도 빠른 2주 간격으로 신상품 컬렉션을 출시했다. "과르디올라는 매 경기 전술을 조금씩 바꿔서 상대를 놀라게 해요. 펩은 끊임없이 혁신을 이룹니다!"[489]

마무리는 길거리 축구로

"바르사의 스타일은 세계 최악입니다." 리카르도 모아르(Ricardo Moar)가 데포르티보 라 코루냐의 스포팅 디렉터를 맡고 있을 때 한 말이다.[490] 과르디올라는 앞쪽에 발생하는 공간이나 예측 불허의 요소들을 배제했다. 바르사가 '15회 패스'를 완수하는 동안 상대는 일종의 '핸드볼 수비' 형태를 갖췄다. 팀 전체가 골문을 지키는 것이다. 모아르의 요점은 여기에 있었다. 그렇다면 바르셀로나는 어떻게 득점을 했던 것일까?

연습한 세트 플레이를 활용한 적도 있다. 차비가 상대 레프트 백과 센터백 사이에 있는 메시를 향해 패스하면, 세 번째 선수인 아비달이 메시의 크로스에 대비하기 위해 왼쪽 측면으로 달려 나간다. 아비달이 말했다. "매번 농구팀에서 쓰는 전술이 연상되더군요. 농구 선수들은 공을 소유하게 되면 서로에게 어떤 플레이를 할지 신호를 보내잖아요. 그런 느낌을 받았어요."[491]

과르디올라는 일반적으로 모든 구기 종목에서 득점하는 비결이 한쪽 측면에 힘을 실어 상대 선수들을 유인한 뒤, 다른 쪽 측면으로 공을 전환하는 것이라고 말했다.[492] 그의 규칙은 '왼쪽에서 시작했다면 오른쪽에서 끝내라'는 것이다. 아비달이 르플라트 기자에게 말했다. "우리가 넣은 모든 골은 항상 같은 패턴입니다. 한쪽 측면에서 시작해 다른 쪽 측면에서 끝내는 거죠."[493]

하지만 과르디올라의 바르셀로나는 공을 전환한 뒤 마지막 25미터 부근에서는 조직적인 축구가 아닌 길거리 축구 형태로 변화를 줬다. 이상적인 공격은 메시(또는 앙리나 에토오)가 골문 근처에서 일대일 기회를 만드는 것이다. 일단 이런 상황이 주어지면 그다음은 공격수 개인의 창의성이 규칙을 대체한다. 과르디올라가 메시에게 수비수를 이기는 방법까지 알려 주지는 않는다. 공격수가 드리블을 하기 시작하면, 다른 바르사 선수들은 공간을 만들어 주기 위해 그에게서 떨어졌다. 선수들의 창의성이 자연스럽게 서너 명의 연계 플레이를 만들어 낼 때도 있었다. 공은 메시와 앙리, 에토오를 거쳐 골문 안으로 들어갔다.

크루이프는 예측 불가능한 솔로이스트의 필요성을 강조했다. 그의 격언 중에는 '축구팀은 열 명의 사람과 한 명의 아웃사이드레프트(outside-left)로 구성된다.'는 말이 있다. 수비가 점점 더 조직화됨에 따라 솔로이스트의 중요성은 더 커졌다.

훌륭한 솔로이스트의 존재는 바르셀로나와 스페인 대표팀의 결정적인 차이였다. 스페인 대표팀은 바르셀로나처럼 패스하고, 바르셀로나처럼 압박했으며, 바르셀로나처럼 벽을 세웠다. 하지만 솔로이스트가 없었기 때문에 바르셀로나처럼 득점하지는 못했다. 스페인은 2010년 월드컵에서 7경기 8득점 2실점으로 우승을 차지했다.

장엄한 행진

2009년 5월 6일 첼시와 바르셀로나의 경기. 후반전 추가 시간 3분에 이니에스타가 바깥 발로 때린 슈팅이 바르셀로나를 챔피언스리그 결승전으로 이끌었다. 과르디올라의 첫 시즌에서 가장 격정적인 순간이었다. 이 골이 터진 뒤 정확히 9개월 후, 좀처럼 변화가 없던 바르셀로나의 출산율이 16퍼센트나 치솟았다.[494]

로마에서 있었던 맨체스터 유나이티드와의 챔피언스리그 결승전이 열리기 전날 밤, 바르사가 묵었던 호텔은 선수들의 자녀와 아내 들로 북적였다. 나중에 앙리는 당시 상황이 놀라웠다고 회고했다. "저는 자정까지 그러고 있었어요! 여자 친구와 친구들은 커피를 마시며 수다를 떨었죠. 다른 팀에서 뛰는 것 같았어요. '이거 하지 마, 저거 하지 말고. 안 돼, 너 집중해야 돼.'"[495] 과르디올라는 선수들이 언제 축구에 몰두해야 할지를 잘 알고 있었다.

바르사의 수비수 세 명은 결승전에 출전할 수 없었다. 과르디올라에게 자극이 되는 지적인 도전이었다. 과르디올라는 미드필더야야 투레를 중앙 수비수로 투입함으로써 문제를 해결했다. 야야 투레가 어느 포지션에서나 잘 뛸 수 있다고 여겼기 때문이다.

경기 시작 10분 후, 이니에스타가 감아 찬 패스를 에토오가 선제골로 연결했다. 이 패스는 바르사의 언어였는데, 에토오에게 그를 마크하는 상대 선수를 벗겨 내는 방법을 전달했다. 에토오는 나중에 이렇게 말했다. "저는 몸을 살짝 움직이는 것만으로도 상대 선수를 제칠 수 있었어요. 나머지는 패스가 다 했으니까요."[496] 바르사의 두 번째 골은 메시가 터트렸다. 차비가 맨유의 197센티미터의 장신 골키퍼 에드빈 판 데르 사르의 키를 넘겨 크로스한 공을, 메시가 190센티미터의 리오 퍼디난드보다 높이 뛰어올라 헤더로 연결한 것이다. 축구계의 신장에 대한 편견을 깨트리는 순간이자, 메시가 자신이 세계 최고의 선수임을 선언하는 순간이었다.

과르디올라는 바르사 감독으로서 치른 첫 시즌에 스페인 리그, 코파 델 레이, 챔피언스리그에서 트레블을 달성했다. "커리어의 끝이었죠. 이미 모든 걸 다 이룬 거니까요." 과르디올라가 농담을 던졌다.[497]

나는 이 경기를 UEFA 관계자들과 함께 봤다. 경기 후 취기가 오르자 그들은 기뻐하며 통계를 읊었다. 경기에 뛴 13명의 바르사 선수 가운데 8명이 라 마시아 출신이라는 것이다. 이것은 크루이프의 아약스가 유러피언컵에서 우승했던 시절을 떠올리게 하는, 유럽 축구의 한 모델이었다.

이어진 2009/10 시즌, 바르사는 승점 99점을 따내며 스페인 리그에서 우승을 차지했다. 주전 선수 절반은 곧장 남아프리카공화국으로 날아가 월드컵 트로피를 들어 올렸다. 나는 피케에게 스물세 살의 나이에 세계 챔피언이 된 것을 어떻게 받아들였는지 물었다.

모든 게 빠르게 일어났고, 우승이 별것 아닌 것처럼 여겨졌어요. 우승에 실패하기 시작했을 무렵에야 내가 이룬 모든 것들을 이해하기 시작했죠. 월드컵이든 리그든, 대회만 나가면 다 우승할 것 같던 시절이었죠. 모든 대회에서 우승하기 시작하면 이런 생각이 듭니다. '난 최고야. 그러니까 우승해야 해. 이런 기회를 놓쳐서는 안 된다고.' 누구를 만나든 꺾을 수 있다고 생각할 때였죠.

과르디올라의 바르셀로나는 라이벌전에서도 운이 좋았다. 레알 마드리드는 바르사를 막기 위해 무리뉴를 감독으로 선임했지만, 사실상 무리뉴는 레알 마드리드의 '악당'이 돼 버렸다. 무리뉴는 기자 회견에서 과르디올라를 도발했고, 엘 클라시코에서 극단적인 수비 전술을 펼쳤으며, 빌라노바의 눈을 손가락으로 찔렀고, 경기 전 터널에서 카를레스 푸욜의 뺨을 때리기도 했다. 단순한 '심리전'이 아니었다. 무리뉴는 오만하고 점잔 빼는 바르셀로나에게 거부당했던 기억에서 벗어나지 못했다.

2010년 11월 레알 마드리드를 5-0으로 이긴 기쁨은 바르사에 역사적인 기록으로 남았다. 바르사는 1974년과 1994년에 레알 마드리드를 5-0으로 이긴 적이 있었다. (과르디올라의 바르사는 항상 어깨에 '크루이프의 바르사'라는 유령을 지고 있었다.) 경기 후 피케는 경기장을 찾은 팬들에게 다섯 손가락을 들어 보였고, 팬들 또한 다섯 손가락을 들어 화답했다. 이런 순간에 전통적으로 사용됐던 '작은 손짓(manita)'이었다.[498] 라커룸에 돌아간 선수들은 1분간 서로에게 기립 박수를 보냈다.[499]

하지만 바르사에게는 레알 마드리드가 필요했다. 무리뉴의 레알 마드리드는 바르사가 매주 더 강해지도록 동기를 부여할 만큼 좋은 팀이었다. 바르사는 레알 마드리드뿐 아니라 다른 모든 스페인 팀들도 이겨야 했다. 레알 마드리드와의 승점 차가 얼마 되지 않았기 때문이다. 이 경쟁 관계로 인해 경제 위기에 처한 중소 국가인 스페인은 지구상 최고의 두 팀을 보유하게 되었다.

2011년 3월 중순, 아비달이 간암 진단을 받았다. 아비달은 과르디올라에게 이 사실을 선수단에 전해 달라고 부탁했다. 과르디올라는 첫 두 번의 수술을 받은 아비달을 찾아 갔는데, 당시 아비달은 표준 체중보다 15킬로그램이 빠져 있었고, '텔레토비처럼 노란색'이었다.[500] 아비달은 퇴원 후 소파에서 일어나는 것조차 힘들어했다. 하지만 5월 초, 아비달은 다시 축구를 시작했다. 5월 28일, 표준 체중에서 5킬로그램이 빠진 상태였지만, 과르디올라는 웸블리에서 열린 맨체스터 유나이티드와의 챔피언스리그 결승전에 아비달을 내보냈다.

맨유는 당연히 아비달을 공략했다. 경기 시작 몇 분 동안 맨유의 윙어 안토니오 발렌시아는 아비달을 상대로 두 번의 돌파를 시도했고, 세 번의 파울을 범했다. 바르셀로나는 점차 점유율을 높여 갔다. 과르디올라는 바르셀로나가 두 골을 넣은 후반 23분까지의 상황을 이렇게 설명했다. "그건 완벽한 그림이었어요. 우리가 맨유를 상대로 어떤 플레이를 펼치길 원했는지 보여주는 것이었죠. 우리 젊은 코치진은 개성 넘치는 우리 선수들이 뭔가 다른 것을 할 수 있게끔 노력해 왔는데 그게 4년 동안 잘 이뤄졌어요."[501]

아마도 이 경기는 내가 본 최고의 축구 경기였을 것이다. 경기 막바지에 무력하게 공을 쫓던 맨유 선수들은 상대 선수들에게 욕설을 해댔다.[502] 바르셀로나의 3-1 승리는 1971년 아약스가 파나티나이코스를 이긴 것, 1992년 바르사가 삼프도리아를 제압한 이후, 웸블리에서 이룬 세 번째 크루이프식 유럽 제패였다. 경기 후 푸욜은 아비달에게 주장 완장을 줬고, 암을 이겨낸 아비달은 트로피를 하늘로 들어 올렸다.

실로 완벽한 밤이었다. 알렉스 퍼거슨 감독이 심판에게 큰소리를 치다가 이 밤을 망쳐 버릴까 걱정될 정도였다. 다행히 퍼거슨은 준우승 메달을 받으러 웸블리의 39개의 계단을 오를 때 미소를 짓고 있었다. 후에 그는 말했다. "누구도 우리에게 틈을 주지 않더군요. 내가 감독을 하면서 만난 팀 중 최고였습니다."[503] 자정이 30분쯤 지났을 무렵, 바르사의 용품 담당 직원이 경기장을 나와 버스로 향했다. 한 손에는 서류 뭉치를, 다른 한 손에는 트로피를 들고 있었다.

10개월 후 아비달의 암이 재발했을 때, 바르사의 라이트백 다니 아우베스는 아비달에게 간 일부를 이식해 주겠다고 나섰다. 아비달의 시련은 해피 엔딩이 됐고, 덕분에 선수단은 단단히 결속됐다.

하지만 4년은 정상을 지키기에 너무 긴 시간이다. 2012년까지 14개의 트로피를 들어 올린 과르디올라는 머리카락을 거의 다 잃고 지쳐 있었다. 선수들은 과르디올라의 완벽주의에 지쳐 갔다. 디렉터들은 서로 싸웠고, 과르디올라는 종종 바르사의 홍보 담당 역할까지 맡아야 했다. 2010년 라포르타는 한때 동지였던, 어릴 적 같은 팀에서 조기 축구를 했던 산드로 로셀에게 회장직을 내줬다. 산드로는 1970년대 바르사의 이사였던 자우마 로셀의 아들이었다. 과르디올라는 새 회장이 자신에게 힘을 실어 주지 않을 수도 있다고 생각했다.[504] 로셀은 FIFA와 UEFA, 스페인 축구협회 등 시기 어린 시선으로 쳐다보는 외부인들을 상대하고 있었다. 로셀이 내게 말했다. "언제나 이기는 팀이 사랑받기는 어렵습니다. 스포츠가 더 커지려면, 최강 팀이 여럿이어야 한다는 주장에 저도 동의합니다."

과르디올라가 사임하자 로셀은 빌라노바에게 그 자리를 맡아 달라고 요청했다. 4년 전의 과르디올라와 마찬가지로 빌라노바는 스페인 4부 리그 외에는 감독 경험이 없었다. 빌라노바가 감독직을 수락하자 과르디올라는 불쾌했다. 오랜 친구인 빌라노바가 자신과 함께 바르셀로나를 떠날 것이라 믿었기 때문이다. 과르디올라와 빌라노바는 사이가 틀어졌다. 빌라노바가 유일하게 감독을 맡았던 2012/13 시즌, 바르셀로나는 기록적인 승점 100점을 달성하며 리그 우승을 차지했다. 하지만 빌라노바는 암 진단을 받았고, 시즌 중반 치료를 위해 몇 주간 뉴욕에 가야 했다. 맨해튼에서 안식년을 보내고 있던 과르디올라는 딱 한 번 빌라노바를 찾아갔고, 빌라노바의 가족은 몹시 실망했다. 빌라노바는 2014년에 마흔다섯 살의 나이로 사망했다. 빌라노바의 아내는 과르디올라를 장례식에 참석하지 못하게 했다.[505]

오랜 친구 사이가 틀어지는 것은 바르사에서 흔한 일이다. 크루이프와 레샤크, 로셀과 라포르타, 펩과 티토. 다른 클럽들에 비하면, 바르사 사람들은 모두 사적으로 알고 지내는 사이다.

평생의 우정이나 개인적인 야망, 바르사와의 탯줄과도 같은 인연은 떼려야 뗄 수 없이 얽혀 있다. "권력이 분열을 조장하는 법이죠." 로셀이 한숨을 쉬었다.[506]

과르디올라와 빌라노바가 남긴 것은 역대 가장 위대한 축구 팀의 기억이다. 무리뉴도 이 팀을 "최근 20~30년 중 최고의 팀"이라고 불렀다.[507]

과르디올라는 멕시코에서 크루이프의 아이디어를 완벽하게 구현했는지를 질문받고 이렇게 답했다 "저도 잘 모르겠지만, 이것은 축구 그 이상에 관한 얘기입니다. 개인적으로 저는 여러 방면에서 부모님보다 낫습니다. 더 많은 기회를 통해 배운 것들이 있으니까요. 예를 들면, 여행처럼요. 제 자식들은 저보다 더 나을 겁니다. 이건 당연한 거예요. 그러니 미래의 지도자들은 틀림없이 저를 능가하게 될 겁니다."[508] 과르디올라는 크루이프를 뛰어넘었고, 그 과정에서 바르사는 그들만의 변함없는 스타일, 크루이프의 축구 철학을 가진 흔치 않는 클럽이라는 것을 확인했다. 과르디올라는 크루이프의 대성당을 완성했다. 하지만 뒤를 이어 작업을 물려받은 뛰어난 장인들은 과르디올라를 계승한 건축가들의 말을 더 이상 듣지 않았다.

PART FOUR

재능과 만나다

'재능'이란 무엇인가

바르사에서 시간을 보내는 동안, 나는 특정 팀들과 시대를 초월한 질문에 관심을 기울이게 됐다. 경기장 안팎에서 위대한 선수가 된다는 것은 무엇일까? 그들은 어떤 부류의 사람들일까? 어떤 삶을 살고 있을까? 평범한 우리들과 다른, 그들만의 성향과 태도는 무엇일까? 소속 클럽과는 어떤 관계를 맺고 있을까? 다른 클럽이 아닌 바르셀로나에서 위대한 선수가 되는 것은 어떤 차이가 있을까? 이어지는 네 개의 챕터는 이러한 질문들에 대한 답을 얻기 위한 필자의 노력이 담겨 있다. 여기에는 전·현직 바르사 직원, 선수 들과의 인터뷰에 기반한 내용이 포함되어 있다.

톱클래스 축구에 필요한 게 무엇인지를 가장 그럴 듯하게 이해했던 순간은 1992년 키이우(Kyiv)에서 아주 오래된 컴퓨터 앞에 앉아 있을 때였다. 나는 디나모 키이우(Dynamo Kyiv)와 소련 대표팀에서 선수들을 선발할 때 쓰는 컴퓨터 테스트를 고안한 아나톨리 젤렌초프(Anatoly Zelentsov)라는 과학자와 함께 있었다. 당시 나는 그때까지 내가 받아 본 테스트 가운데 가장 어려운 테스트를 치렀다. 한 점이 복잡한 궤적을 그리며 미로를 지나가면, 나는 조이스틱을 써서 그 길을 쫓아가야 했다. 하지만 나는 그 길을 전혀 기억할 수 없었다. 미로는 아주 좁고 구불구불한 데다 끊임없이 움직였기 때문에 나는 계속 벽에 부딪혔다. 물론 이 테스트는 손과 눈의 협응과 시각적 기억력에 대한 것이었고, 덕분에 나는 위대한 축구 선수들이 타고난 재능이 무엇인지 깨달을 수 있었다. 수년간 연습을 했더라도, 나는 그 미로를 통과할 수 없었을 것이다.

대부분의 위대한 축구 선수들은 자신의 능력을 당연하게 여긴다. 크루이프는 재능이 없는 사람들에게 자신이 해낸 것을 설명할 수 있는 아주 드문 사람이었다. 한번은 크루이프가 "당신이 수준 높은 경기에서 패스를 받는 선수라면 어떨지 상상해 보세요."라고 말한 적이 있다.

상대 선수가 당신에게 다가오고 있습니다… 공은 튈 수도 있고, 휘어질 수도 있지요. 당신은 바람을 고려해 동료 선수에게 패스를 해야 하죠. 동료는 일정한 속도로 달리면서 플레이할 준비를 하고 공을 받아야 합니다. 정상급 축구 선수라면 100분의 1초 만에 할 수 있는 일이지만, 컴퓨터는 2분이 걸려도 할 수 없습니다. 그러니까 정상급 선수의 두뇌는 명석하게 작동해야 합니다. 저는 그게 바로 지능이라고 생각해요. 하지만 사람들은 그걸 지식과 혼동하더군요.[509]

톱클래스 축구는 F1의 속도에서 발로 체스를 두는 것과 비슷하다. 운동 기하학(geometry in motion)에 비범할 정도로 숙달되어야 한다. 에스파뇰전을 앞둔 날 바르셀로나 훈련장을 찾아갔을 때, 에르네스토 발베르데* 감독이 수비수들에게 상대 팀의 누가 공을 갖고 있는지에 따라 점유해야 할 공간이 어디인지, 에스파뇰이 어느 방향으로 패스를 하게끔 유도해야 하는지를 알려 주는 모습을 볼 수 있었다.[510]

하지만 최고의 축구 선수들은 주위에서 일어나는 광적인 움직임들을 아주 느긋하게 감지한다. 포르투갈 대표팀 감독 카를루스 케이로스(Carlos Queiroz)**는 작가 존 칼린(John Carlin)에게 이렇게 말했다. "두 대의 차가 충돌한다고 상상해 보십시오. 우리에게는 보통 속도로 보이지만, 위대한 선수들에게는 느린 동작으로 보입니다. 똑같은 시간 동안 훨씬 더 많은 디테일을 잡

---

* 1964년생의 스페인 축구 감독. 1988년부터 2년간 크루이프가 이끌던 바르셀로나에서 후보 공격수로 뛰었다. 2017년 5월부터 2020년 1월까지 바르셀로나 감독을 맡았고, 2022년 10월 현재, 아틀레틱 빌바오 감독으로 재직 중이다.

** 2022년 10월 현재, 이란 대표팀 사령탑이다.

아낼 수 있는 것이죠. 그들은 당신과 내가 본 것보다 더 많은 디테일을 머릿속으로 계산할 수 있습니다. 그러니 그만큼 더 여유를 갖게 되는 거죠."⁵¹¹

AC 밀란의 '밀란 연구소'에서 오랫동안 디렉터를 맡았던 벨기에 출신의 장피에르 미얼스먼(Jean-Pierre Meersseman) 박사는 신속한 패턴 인식이 축구에서 가장 중요한 능력일 수 있다고 말했다. 그런 재능을 가진 선수가 누구인지 묻자, 그는 브라질의 호나우두를 예로 들었다.

클럽은 선수들에게 이런 능력을 가르치기 위해 할 수 있는 게 별로 없다. 특히 성인 선수들이라면 더욱 그렇다. 바르사의 데이터 분석가는 부스케츠가 어떻게 상대 선수를 자신 쪽으로 유인한 다음, 뒤 공간으로 패스하는지 설명할 수 없었다. 사실 그 반대였다. 축구가 어떻게 이뤄지는지 이해하기 위해, 바르사 분석가는 부스케츠와 메시의 플레이를 연구했다. 분석가는 컴퓨터 모델링을 활용해 경기장 내 효율적인 공간을 식별해 냈는데, 이미 바르셀로나 선수들이 그 공간을 잘 활용하고 있다는 것을 알고 놀랄 수밖에 없었다.

"위대한 선수들이 저보다 축구를 더 잘 분석한다고 말씀드릴 수밖에 없네요." 발베르데가 내게 말했다. 그러고는 이렇게 덧붙였다.

분석이라는 말보다는 경기 도중에 플레이를 해석한다는 표현이 더 어울릴 것 같습니다. 축구는 연속성이 강한 스포츠죠. 경기 중에 감독은 별다른 영향력을 발휘할 수 없습니다. 적어도 농구에 비해서는 그래요. 선수 교체는 세 번뿐이고, 경기를 (작전 타임으로) 멈출 수도 없습니다. 경기가 시작되면 나는 저쪽에 있는 선수들에게 소리를 지르지만, 그 선수는 듣지도 않아요. 내 근처에 있는 선수도 마찬가지죠. 축구는 거의 선수들이 진행하는 스포츠입니다.

내가 '거의'라는 표현을 되묻자, 발베르데는 정정했다. "'거의'라고 할 수도 없죠. 축구는 선수들에 의해 이뤄집니다. 한 번에 45분 동안, 멈추지 않고, 선수들은 스스로 결정을 내립니다." 필드 위에서 매 순간 선수들은 스스로 퍼즐을 푸는 것이다. 5미터를 전진해야 할까? 누구에게 패스를 해야 하지? 마크맨이 없는 선수는 누가 막을 거야?

발베르데는 선수들에게 다음에 만날 상대 팀에 대해 설명했지만, 자신의 조언은 한계가 있다고 덧붙였다. "경기가 시작되면 항상 놀랍니다. 상대가 무엇을 준비했는지 알 수 없으니까요. 예를 들면, 한번은 아틀레틱 클럽(빌바오)과의 경기에서 매우 강한 압박을 예상했는데, 실제로는 그렇게 강하지 않았던 적이 있어요. 아이고, 우리는 경기 초반에 조금 당황할 수밖에 없었습니다."

바르사의 데이터 분석가 중 한 명은 자신이 팀 승리에 도움을 준 적이 없는 것 같다고 말했다. (리버풀의 연구 디렉터 이안 그레이엄 [Ian Graham]은 그 얘기를 전해 듣고 이렇게 물었다. "그럼 왜 그만두지 않는 거죠?") 계속 되묻자 분석가는 그제야 "0.01퍼센트" 정도는 도움이 됐을 거라고 시인했다. 축구는 선수들의 게임인 것이다.

머릿속에서 벌어지는 경기

패턴 인식과 의사 결정에 발 기술을 더하면 축구에 필요한 재능이 무엇인지를 알아보는 일에 한 발 더 다가설 수 있다. 하지만 정상급 선수에게는 올바른 심리적 자질도 필요하다. 어떤 게 더 중요한 자질일까? 15년 동안 바르사에서 일한 심리학자 인마 푸치는 이렇게 말했다. "위대한 선수들은 압박감을 도전으로 여기지만, 평범한 선수들은 압박감을 위협으로 여깁니다. 그게 차이죠."

축구 선수는 며칠에 한 번씩 로마의 콜로세움으로 걸어 들어가 새롭게 자신을 증명해야 한다. 성공한 선수들은 이처럼 끝없는 도전을 즐기는 사람들이다. 프랑스 수비수 릴리앙 튀랑은 바르사 선수 시절이던 2008년에 이렇게 말한 적이 있다.

축구가 아름다운 건 끊임없이 자기 자신에게 질문을 던진다는 겁니다. 이전에 했던 경기는 잊어 버려야 해요. 축구의 마법 같은 순간은 두 팀이 나란히 서서 경기장으로 걸어 들어가, 관중과 인사를 나누고, 심판이 휘슬을 불기까지의 시간입니다. 그제야 새로운 경기를 써 갈 수 있으니까요. 그게 축구가 매력적인 이유라고 생각합니다.

하지만 이런 상황은 두려움을 주기도 한다. 어떤 선수들은 매 경기 전 라커룸에서 구토를 하거나, 화장실을 들락거린다. "주르륵!" 한 바르셀로나 의사가 설사가 장을 빠져나오는 것을 흉내 내 내며 외쳤다. 한 선수가 일을 마칠 때까지 경기장에 나서지 못하는 경우도 있다. 정상급 선수들 역시 두려움을 느끼기는 마찬가지다. 차이가 있다면 정상급 선수들은 두려움을 동기 부여의 수단으로 이용한다는 점이다. 타고난 재능이 있는 선수라 해도 두려움을 다스리지 못하면 경력이 끝장난다. 어쩌면 청소년 대표팀 데뷔전에서 이런 일이 벌어질지도 모른다. 미국의 피아니스트 찰스 로즌(Charles Rosen)은 이런 말을 했다. "아마추어와 프로페셔널의 차이가 그겁니다. 무대 공포증은 둘 다 갖고 있어요. 아마추어는 그걸 드러내지만, 프로페셔널은 숨기는 거죠."[512]

또 다른 재능은 집중력이다. 정상급 선수들은 90분 내내 경기장에 관중이나 다른 누가 존재하지 않는 것처럼 경기에 집중할 수 있다. 그들의 귀에는 동료들의 목소리만 들린다. 국가 연주 동안 무릎을 꿇는 바람에 미국 관중들에게 야유를 받았던 메건 라피노(Meg Rapinoe)는 "1만여 관중이 가서 엿이나 먹으라고 외치는 소리도, 한데 섞이면 무시할 수 있다는 걸 알았습니다."라고 말했다.[513] 뤼랑은 경기가 끝났을 때 누가 이겼는지 모를 때는 없지만, 점수가 몇 대 몇인지는 모를 때도 있다고 말했다. 팀이 몇 골을 넣었는지도 마음속에서 지워 버리기도 한다. 자신의 본업인 수비와 관련이 없기 때문이다.

톱클래스 선수들이 감독에게서 심리적인 동기 부여를 얻고 싶어 한다는 통념이 있다. 애절한 영국 북부 억양으로 축구 감독을 연기했던 코미디언 피터 쿡(Peter Cook)은 자신이 잘 연기한 비결이 "모오오올티베이션, 모오오올티베이션, 모오오올티베이션!(Moooorrtivation, moooortivation, mooorrtivation!) 세 개의 M."이라고 말했다. 동기 부여(Motivation)는 많은 축구 미디어에서 집착하는 단어다. 선수들이 자발적인 동기 부여 능력을 갖지 못하는 아이나 마찬가지라, 감독이 윈스턴 처칠 같은 경기 전 연설로 승부욕에 불을 붙여 줘야 한다는 고정 관념이 있기 때문이다.

하지만 실제로 최고 수준의 무대에서 뛰는 거의 대부분의 선수들은 감독을 위해 뛰지 않는다. 바르사는 경기장에 나가기 전 라커룸에서 선수들과 코치진이 한데 모여 "하나, 둘, 셋, 바르사!"를 외친다. 외부적인 동기 부여라 할지라도 이것은 팀에서 나오는 것이지 감독에게서 나오는 게 아니다. 본질적인 동기 부여는 내부에서 비롯된다. 바르사에서 판 할을 보좌했던 수석 코치 헤라르트 판 데르 렘(Gerard van der Lem)은 바르사의 일주일을 압력솥에 비유했다. "월요일에 선수들이 들어오면 밥솥은 매일 조금씩 뜨거워집니다. 일요일에 뚜껑을 열면 22명의 살인자들이 튀어나와요. 그들이 경기장에서 보여 주는 강렬함은 믿을 수 없을 정도였습니다."[514]

감독 경력 35년의 아르센 벵거는 이렇게 말했다.

> 스물세 살이 되면 최고 중의 최고인 선수는 다른 선수들과 구분됩니다. 지속적인 동기 부여와 스스로를 극한으로 밀어붙이는 욕구의 측면에서 더 높은 단계에 이른 선수들이죠. 이런 선수들에게 돈은 그렇게 큰 영향을 미치지 않습니다. 자기 자신을 한계까지 밀어붙이는 내적 동기 부여 능력을 갖고 있는 거죠. 이런 선수들은 많지 않습니다.

나는 벵거에게 감독의 역할 중 동기 부여가 어느 정도인지 물었다.

> 과대평가됐다고 봅니다… 토요일에 열리는 경기를 위해 매주 선수들에게 동기를 부여한다는 생각은 버리십시오. 톱클래스 선수들에게는 달성하려는 목표가 있고, 스타가 되고 싶어 합니다. 선수들에게 도움이 될 방법은 그것 말고도 많습니다. 선수들이 좋아하지 않고, 원하지도 않는 일을 하는 건 시간 낭비입니다. 물론 가끔은 필요하겠죠. 하지만 세계적인 선

수들은 이미 동기 부여가 되어 있습니다.

이탈리아 감독 카를로 안첼로티(Carlo Ancelotti)도 같은 의견이었다. "우리 일은 선수들에게 동기를 부여하는 게 아니에요. 선수들이 재능을 발휘할 수 있는 도전 과제와 목표를 제공해 의욕을 잃지 않도록 하는 게 우리 일입니다."[515] 만약 어떤 선수가 감독의 지도 방식이 이류(二流)라고 느낀다면, 다른 곳에서 본질적인 동기 부여의 방법을 찾으려고 할지 모른다.

과르디올라는 2012년 바르셀로나 감독직을 내려놓은 걸 회고하며 말했다. "바르사를 떠나기로 한 건 선수들에게 동기를 부여하는 데 실패해서가 아닙니다. 저는 마음을 여는 데 실패했던 거예요!"[516]

감독은 선수들이 자신의 아이디어를 받아들이도록 마음을 열게 만들어야 한다. 감독이 선수에게 동기를 부여하는 것이 하향식 관계라면, 감독이 선수의 마음을 여는 건 동등한 관계를 의미한다고 할 수 있다. 현대 축구에서 감독은 군대를 이끄는 장군이라기보다는 영화감독에 가깝다. 권위적인 통치는 다른 고도로 숙련된 직업군보다도 축구에서 훨씬 빠르게 소멸되었다. 1995년의 보스만 판결 덕분에 선수들은 소속 클럽을 쉽게 떠날 수 있게 됐다. 그 뒤로 선수들에게 보다 많은 권력이 주어지는 추세다. 이러한 경향이 다른 클럽보다 바르사에서 더 강하게 나타난 것은 사실이지만, 따지고 보면 거의 모든 곳에서 비슷한 일이 벌어졌다. 선수 권력은 라이벌 클럽의 디렉터들이 경기를 앞두고 식사를 할 때 나누는 대표적인 푸념거리다.

축구 선수들의 마음을 여는 방법? 심리학자 푸치는 선수들도 다른 노동자들이 고용주에게서 원하는 것과 같은 것을 원한다고 결론을 내렸다. 그것은 바로 사랑과 인정이다. "게다가" 그녀는 웃으며 말했다. "그건 무료예요!" 인정을 표현하는 최고의 제스처는 2005년 바르사가 스페인 리그 우승을 차지한 뒤 당시 감독인 레이카르트가 선수들에게 공개적으로 고개 숙여 인사한 것이다.

정상급 선수들에게는 자기 주도적인 계획이 있다. 자신을 위해, 직업적 소명을 위해, 커리어를 위해 성공하기를 원한다. 종종 이런 에고(ego)는 팀에 해를 끼치는 것으로 여겨지는데, 실제로 가끔은 그런 일이 벌어진다. 과르디올라는 "팀을 괴롭히는 문제의 거의 대부분은 에고에서 비롯됩니다."라고 말했다.[517] 사실 그중 일부는 과르디올라 자신의 에고에서 비롯된 것이기도 하다. 하지만 정상급 선수들의 자기중심적 추진력은 팀이 성공하는 데 도움이 된다. 선수가 잠깐 에고를 내려놓고 더 큰 성취를 위해 자신을 희생할 때도 마찬가지다. 원래 포지션이 아닌 자리에서 뛰거나, 불평 없이 벤치에 앉아 있을 때조차, 선수는 감독에게 개인적으로 인정받기를 원할 것이다.

이직이 잦은 편이고 기복이 심한 축구 선수 커리어의 특성은 자기중심적 성향을 부추긴다. 재미있는 것은 가장 자기중심적인 선수가 최고의 선수 자리에 오르는 경향이 있다는 점이다. 케이로스는 "최고 중의 최고인 선수들은 자신의 특별함과 독특한 재능을 철저하게 이해하고 있습니다. 그건 자만이 아니에요. 그걸 뛰어넘은 거죠."라고 말했다.[518] 순종적인 병사들만 관리하기를 원하는 감독이라면 일은 더 쉬워질지 몰라도 최고의 재능들을 포기해야만 할 것이다.

현실적인 감독은 선수들이 동료들을 파트너이자 라이벌로 여긴다는 것을 받아들인다. 과르디올라는 항상 후보 선수들이 팀의 패배를 바란다고 생각했다. 그래야 다음번에는 그들이 선발로 나설 것이기 때문이다. "사람들은 '우리는 다 함께 싸운다!'라고 하지만, 글쎄요, 사진으로 보면 좋아 보여도 라커룸에서는 아무도 그렇게 생각하지 않아요."[519] 과르디올라의 말이다.

동료들과 일을 위해 서로 좋은 관계를 유지해야 하지만, 끈끈한 형제일 필요는 없다. 실제로도 그런 경우는 별로 없다. 튀랑이 말했다. "모든 사람이 당신을 좋아하기를 바라서는 안 될 거예요. 브라질 사람은 이탈리아 사람처럼 생각하지 않지요. 문화 차이가 있으니까요." 선수들은 서로를 싫어할 자유가 있다. 그들은 그저 서로의 재능을 믿으면 된다.

선수들에게 축구는 일이고, 소속 클럽은 고용주다. 팬으로 시작해 갓 무대 뒤를 보기 시작한 외부인, 예를 들어 기자나 클럽 관계자 들은 종종 그 사실을 깨닫고 환멸을 느낀다. 이런 경험을 했던 한 바르사 디렉터는 일을 그만두더라도 축구의 어두운

면을 말하지 말아야 할 책임이 있다고 말했다. 팬들에게 그것을 알리고 싶지 않기 때문이었다. "불법적인 것들 말고요." 그가 덧붙였다. 그는 일상적인 무절제함에 대해 얘기했을 뿐이다.

이 책을 쓰기 시작했을 때, 나는 대부분의 톱클래스 축구 선수들이 다른 분야의 고도로 숙련된 직업인들과 비슷할 거라고 생각했다. 선수와 클럽의 관계도 대부분의 의사나 은행원, 교수들이 고용주와 맺은 관계와 다를 바 없을 거라고 예상했다. 내 생각에 축구 선수들은 직업적 성취와 높은 임금이 보장되고, 인정받을 수 있는 조직에서 일하고 싶어 한다. 현재 소속된 클럽에서 이런 욕구를 충족하지 못한다면 미련 없이 떠날 것이다. 선수들은 팬들처럼 생각하지 않는다. 선수들은 클럽의 엠블럼이나 감독, 동료들을 위해 뛰지 않는다.

이 책을 쓰면서 나는 선수와 클럽이 생각보다 훨씬 더 사무적인 계약 관계라고 믿게 됐다. 사실 대부분의 선수들은 계약직이나 마찬가지다. 선수들은 특정 클럽에 모여 다른 계약직들과 함께 단기 프로젝트를 수행한다. 배우들이 모여 함께 영화를 만드는 것과 마찬가지다. 선수들은 하루에 세 시간 정도 클럽을 위해 일하는 한편, 스폰서를 위해, 국가 대표팀을 위해, 자선 단체를 위해 일하고, 때로는 개인 브랜드를 만들기도 한다.

감독이 할 수 있는 최선은 이 단기 프로젝트를 통해 선수 개개인이 자기중심적인 야망들을 실현할 수 있을 거라 설득하는 것이다. 음바페는 파리 교외 지역에서 축구 지도자로 일했던 아버지에게 감독처럼 생각하는 법을 배웠다고 말했다. 하지만 대부분의 선수들은 그렇지 않다. "선수들은 보통 자기 자신과 커리어에 대해서만 생각합니다. 축구는 단체 스포츠 중에서 가장 개인적인 스포츠예요." 음바페가 말했다.

★

정상에서 살아남으려는 축구 선수에게는 동기 부여, 발 기술, 패턴 인지력, 집중력 등 모든 능력이 필요하다. 잉글랜드 축구 선수 필 네빌(Phil Neville)은 심리적인 자질은 가졌지만, 발 기술과 패턴 인지력이 부족했던 것으로 유명하다. 반대로 몇몇 재능 있는 선수들은 심리적 자질이 부족했다. 나는 1990년대의 재능 있는 미드필더를 떠올렸다. 그는 프렌치 리비에라(French Riviera)의 수영장 옆에서 빈둥거리며, 열심히 하는 동료들에게 불평했다. "뭐하러 그래? 가족들과 행복하게 사는 게 더 중요하지." 그 선수는 바르사에서 실패했지만 한 단계 아래 수준에서는 좋은 커리어를 쌓았다.

어떤 축구 선수는 야망이 부족하다. 다른 직업군의 많은 노동자들과 마찬가지로 나이가 들면서 일에 대한 열정을 잃거나, 만족스러울 만큼 많이 이뤘다고 생각하는 것이다. 호나우지뉴는 2005/06 시즌에 세계 최고의 선수가 된 순간에 야망을 잃었다. 대신 그는 바르셀로나라는 도시를 즐겼다. 2008년 당시 감독이었던 레이카르트는 내게, 호나우지뉴가 목표를 위해 정신적, 육체적으로 기꺼이 헌신해야만 최고의 모습으로 돌아올 수 있을 것이라고 말했다. "그렇게 될 수도 있겠지만 그러려면 내적 동기 부여가 필요합니다." 그런 일은 벌어지지 않았다. 바르셀로나는 호나우지뉴를 잃었다. 하지만 호나우지뉴가 자기 자신을 잃어버렸다고 하는 편이 옳을 것이다.

마리오 발로텔리(Mario Balotelli)는 정상급 선수들에게 필요한 외골수 기질이 부족했던 가장 최근 사례로 꼽힌다. 2022년에 별세한 발로텔리의 에이전트 미노 라이올라는 발로텔리가 사랑에 빠지면 종종 본업에 집중하지 못한다고 생각했다. "발로텔리는 의식적으로든 무의식적으로든 축구를 삶의 중심에 두질 않았어요. 그래서 주위에 늘 경기력에 영향을 주는 것들이 있었어요. 즐라탄도, 포그바도, 네드베트도 그렇지 않았는데 말이죠."

나는 라이올라에게 재능을 가진 많은 선수들이 그다지 정상에 오르고 싶어 하지 않는 것 같다고 말했다. 왜 그러는 걸까? 엄청난 노력을 하지 않고도 최상위 레벨에 올라설 수 있는데.

라이올라의 답은 이랬다. "음, 맞는 말이에요. 그래서 저는 요즘 선수들과 대화할 때 중요한 질문을 던집니다. '왜 축구를 하는 거야? 원동력이 뭐지?'"

선수들은 뭐라고 답했을까?

"글쎄요. 대부분은 아직 생각해 본 적이 없다고 답해요. 집에 데려다주면서 이야기하죠. '가서 생각해 봐.'"

속도나 힘, 크기와 같은 비범한 신체적 특성은 다른 스포츠에 비해 축구에서는 항상 덜 중요한 요소였다. 사이클링이나 미식축구 또는 럭비의 특정 포지션에서 뛰는 의욕적인 선수들은 매일 먹는 음식과 훈련에 신경을 써 (간혹 경기력 향상을 위한 약물을 복용해) 완벽한 몸을 만들어 부족한 재능을 어느 정도 보완할 수 있다.

하지만 축구에서는 필수 자질이 곧 재능이다. 최근까지도 패턴 인지력부터 발 기술에 이르기까지 모든 자질을 갖춘 선수는 다른 선수들에 비해 적은 육체적 노력과 덜 프로페셔널한 생활로도 성공할 수 있었다. 그 첫 번째 증거는 골초였던 크루이프다. 그의 드림 팀에 있었던 호마리우도 대표적인 예다. 그는 훈련이나 중요도가 낮은 경기에서는 좀처럼 100퍼센트를 발휘하지 않았다. 호마리우의 우선순위에는 섹스와 나이트클럽, 리우데자네이루에서의 파티 등이 있었다. 열심히 하는 선수들은 호마리우에 대해 불만을 표출했지만, 크루이프는 항상 호마리우를 감쌌다. 호마리우는 거래의 이면을 이해했던 것이다. 그는 중요한 경기에서는 성과를 내야 했다.

축구와 마찬가지로 기술 기반의 스포츠라 할 수 있는 농구에서도 같은 유형의 선수들을 찾을 수 있다. 앨런 아이버슨(Allen Iverson)은 커리어 동안 '너무 무거워서' 웨이트 트레이닝을 거부했다.[520] 이에 대해 감독이 할 수 있는 일은 많지 않았다. 아이버슨은 여전히 팀 내 최고의 선수였기 때문이다.

FC 바르셀로나 수준의 팀에서 축구를 하려면, 재능은 필수적이다. 어떤 선수의 역할을 그만큼 잘 해낼 수 있는 사람은 지구상 어디에도 없을 것이다. 만약 있더라도, 대체 선수를 영입하려면 이적료만 1억 유로(약 1,330억 원)를 지불해야 할 수도 있다. 게다가 대체자가 바르사에 잘 적응하리란 보장도 없다. '클럽보다 더 큰 선수는 없다.'는 격언은 클럽이 다루기 힘든 스트라이커를 비슷한 실력의 다른 누군가로 대체할 수 있는 중간 수준의 클럽에서는 맞는 말일지 모른다. 하지만 최고 수준의 클럽에는 적용되지 않는다.

톱클래스 축구 클럽은 업계에서 가장 실력 지상주의인 곳이다. 오늘날에는 누구도 혈연이나 학연에 기대어 바르셀로나 선수가 될 수 없다. 선수들은 동료의 실력이 자신들의 까다로운 기준을 충족하기만 한다면 피부색이나 아마도 성 정체성, 심지어 사교성까지도 별로 신경 쓰지 않을 것이다.

선수 은퇴 후 인종 차별 반대 운동가로 활동 중인 튀랑이 말했다. "축구계에서 인종 차별주의자를 만나 본 적은 없습니다. 인종 차별주의자가 있을 수도 있겠지만 저는 보지 못했어요. 그 이유를 아세요? 인종 차별주의자들은 다른 사람을 알려고 하지 않아요. 축구는 함께하는 스포츠예요. 그리고 우리는 경기력으로만 평가받기 때문에 인종 차별을 당하는 일은 거의 없는 거죠."

최고의 축구 선수들은 자신이 매주 벌어지는 실력 지상주의 경쟁의 승리자라고 여긴다. 그들은 종종 반항하고 (그럴 여유가 있기 때문에) 자신의 주장을 고집한다. (감독보다 축구를 잘 '해석'하기 때문이다.) 그들의 눈에 우리 같은 사람들은 평범하고 지루한 일에 수십 년을 보내는 흉한 지방 덩어리 같을 것이다. 그들이 가끔씩 무시하는 마음을 숨기기 어려워하는 것도 이상한 일은 아니다.

크루이프는 말했다. "최고의 무대에서는 아주 특별한 사람들을 대하게 됩니다. 최고의 능력을 가진 사람들, 자부심이 엄청난 사람들, 천재적인 사람들 말이죠. 당신이 설득해야 하는 대상이 바로 이런 사람들입니다… 다루기 쉬운 정상급 선수는 거의 없어요. 최고의 선수들은 반발심이 많거든요."[521]

X

스타 선수가 좌우한다

1999년 12월 20일 월요일, 브라질 공격수 히바우두는 캄노우 근처 프린세사 소피아 호텔에서 눈을 떴다. 가족들은 크리스마스 연휴를 보내기 위해 이미 브라질로 떠난 상태였다. 히바우두는 텅 빈 저택에 홀로 있고 싶지 않았다.[522]

오전 9시에는 구단에 도착해야 했다. 루이스 판 할 감독이 전날 밤 2−1로 승리한 아틀레티코 마드리드전의 경기 분석을 마치자, 히바우두가 발언권을 요청했다. "제가 하고 싶은 말은…" 히바우두가 포르투갈 억양이 섞인 스페인어로 말을 꺼냈다. "감독님과 동료들의 생각을 모두 존중합니다. 하지만 저는 더 이상 왼쪽 윙 포지션에서는 뛰지 않을 겁니다." "오케이." 판 할이 차분하게 말했다. "더 이야기할 사람 있나?"

이어 가벼운 훈련이 이어졌고 히바우두는 기자 회견에 참석했다. 기자 회견장에 모인 20명의 기자들은 히바우두가 선수단에게 한 말을 몰랐기 때문에, 발롱도르 투표와 관련된 질문만 꺼냈다. 〈프랑스 풋볼〉 매거진이 1956년부터 수여해 온 이 상은, 수상자를 '전설'의 반열에 올리는 권위가 있었다.

이런 질문에 히바우두는 "노 코멘트"로 일관했다. 투표 결과는 아직 알려지지 않았지만, 기자들은 "모두가 당신이 수상하는 걸로 알고 있어요."라며 질문을 계속했다.

그 뒤 히바우두는 스페인 국왕 후안 카를로스의 사위인 핸드볼 선수 이냐키(Iñaki)를 만나기 위해 공항으로 차를 몰았다. 오후에 자선 행사가 있었기 때문이다. 히바우두와 그의 에이전트인 마누엘 아우세트(Manuel Auset)("나는 그의 에이전트가 아니라 친구입니다.")는 내게 그것에 대해 쓰지 말아 달라고 했다. 히바우두는 자신의 이미지 때문에 자선 행사를 하는 선수가 아니었다.

검은색 옷을 차려입은 히바우두는 약속보다 세 시간 늦게, 완전히 지친 모습으로 프린세사 소피아 호텔 19층에 도착했다. 이냐키가 탄 비행기가 연착되는 바람에 자선 행사는 예정보다 늦게 진행됐다. 히바우두는 내가 준비한 긴 질문지를 보고 난처한 표정을 지었지만, 자리에 앉아 성실히 인터뷰에 임했다. 그러던 중 히바우두가 이렇게 말했다. "얼마 동안 윙 포지션에서 뛰고 있는데, 이제 다시 중앙 공격수 자리에서 뛰고 싶습니다. 수 년 동안 팀을 위해 뛰느라 제가 하고 싶은 걸 하지 못했어요. 이제는 원래 제 포지션에서 뛰면서 축구를 더 즐기고 싶습니다."

인터뷰가 끝난 뒤, 히바우두는 축구화 스폰서를 위한 사진 촬영을 진행했다. 그 사이 히바우두의 노키아 휴대폰으로 계속 전화가 걸려 왔는데, 히바우두는 휴대폰을 마누엘에게 넘겼다. 수많은 언론사에서 히바우두의 발롱도르 수상을 보도하자, 모두가 축하 인사를 전하기 위해 전화를 걸어오고 있었다. "난 여기 없는 거야." 히바우두가 바람 빠진 공을 들고 포즈를 취하며 말했다. "히바우두의 수상이 공식적으로 발표된 건가요?" 마누엘은 이렇게 답했다. "글쎄요, 모르죠. 아직 들은 게 없어요."

"〈프랑스 풋볼〉에 전화해 봐." 히바우두가 제안했다. 좋은 생각이었다. 마누엘이 번호를 누르니 한참 동안 통화 대기음이 이어졌고, 마침내 파리의 누군가가 전화를 받았다.

"뱅상!" 마누엘이 말했다. 히바우두는 마누엘 옆에서 통화 내용을 엿들었다. 뱅상은 히바우두가 1999년 발롱도르 수상자가 됐다고 확인해 줬다. "오케이, 오케이, 오케이.(Vale, Vale, Vale.)" 히바우두가 말했다. 우리는 그에게 축하 인사를 건넸다.

"고마워요." 히바우두는 마누엘에게 휴대폰을 넘겨받은 뒤 옥상 테라스로 향했다. 홀로 도시 너머의 티비다보산을 바라보는 히바우두의 앞에는 엘 코르테 잉글레스(El Corte Inglés) 백화점이 있었다. 백화점 건물의 외벽 시계는 19시 23분을 알리고 있었다. 이제부터 히바우두는 공식적으로 전설이 된 것이다.

히바우두는 자신이 발롱도르를 타게 된다는 사실을 이미 알고 있었을까? 마누엘이 웃으며 답했다. "그랬죠. 이미 트로피를 들고 사진까지 찍었거든요."

이미 자축을 끝낸 걸까?

"자축이요? 히바우두는 오늘 점심도 못 먹었어요. 너무 바빴으니까!"

히바우두는 휴대폰을 마누엘에게 돌려준 뒤 다시 촬영을 이어 갔다. 마누엘이 보여 준 휴대폰 액정에는 세 명의 발신자가 대기 중이었다. 그중 한 명이 전화를 끊으면 곧장 다른 사람이 전화를 걸어왔다.

히바우두는 조명이 쏟아지는, 창문이 없는, 작고 더운 방에 앉아서 한 시간 더 TV 인터뷰에 임했다. 많은 사람들이 그와 함께 사진을 찍고, 또 사인을 받기 위해 들락거렸다. 히바우두의 피로를 눈치챈 사람들은 가벼운 농담을 하거나 위로의 말을 건넸다. 오후 9시가 돼서야 히바우두는 호텔 로비에 도착할 수 있었다. 호텔 직원들에게 둘러싸인 히바우두는 빠른 걸음으로 수많은 취재진을 지나쳐 벤츠 승합차로 향했다. 하지만 기자들은 추격을 멈추지 않았다. 히바우두는 앞길을 가로막는 기자들 때문에 차에 타는 데 애를 먹었다. 몇 분간의 대치 끝에 마침내 히바우두는 빈집으로 차를 몰 수 있었다. 욕조에 몸을 담그고서야 그날 하루를 돌이켜 봤을 것이다.

다음 날 판 할은 히바우두를 윙 포지션에 뛰기를 거부했다는 이유로 선수단에서 제외했다. 하지만 바르사는 히바우두 없이 치른 첫 경기에서 무승부를 기록했고, 여론은 히바우두 편에 섰다. 주장 과르디올라는 판 할에게 히바우두가 10번 자리에서 플레이하게 해 달라고 요청했다. 판 할은 마지못해 이에 동의했다. 몇 년 후 판 할은 조나단 윌슨(Jonathan Wilson) 기자에게 이렇게 투덜댔다. "히바우두를 10번 자리에서 뛰게 했는데 우리는 더 이상 이기지 못했어요. 한마디로 카오스였으니까요!"[523]

판 할은 브라질 선수들과 여러 차례 갈등을 겪었고, 그 시즌을 끝으로 아무런 성과도 없이 바르사를 떠났다. 판 할은 현대 축구에서 스타 선수와 클럽이 부딪히면 무슨 일이 벌어지는지 알게 됐다. 그건 바로 선수가 이긴다는 것이다.

많은 팬들은 이러한 현상을 이해하지 못한다. 팬들은 여전히 감독이 1950년대에나 볼 수 있는, 불량 학생 교정 학교의 고지식한 교장 선생님처럼 선수들을 지휘할 수 있을 거라 예상한다. 하지만 실제로 선수들의 의지를 꺾으려는 마초적인 감독이나, 과하게 동기 부여를 시도하는 엄격한 스타일의 감독은 스타 선수들의 이탈을 유발한다. 현대 축구의 클럽들은 활발하고 다국적이며 백만장자에다 대체 불가능하기까지 한 선수들을 통제하겠다는 판타지를 내다 버린 지 오래다. 이런 스타 선수들은 대부분 자기중심적인 사고와 에이전트, 언론에 종사하는 추종자들로 무장하고 있다. 선수로 굴러가는 사업이 선수들에게 좌지우지되는 건 불가피한 현상이다. 바르사의 전 회장 산드로 로셀은 이렇게 말했다.

축구는 열한 명에게 달린 스포츠예요. 그리고 기계가 아닙니다. 좋은 회장이 되느냐 마느냐는 이 열한 명의 선수들이 얼마나 완벽한 활약을 하느냐에 달려 있죠. 회장은 선수들을 바꿀 수는 없어도 감독을 교체할 수는 있습니다.

최고위 임원인 회장이 무보수로 일하는 건 매우 이상한 상황이죠. 단장은 아랫사람인 감독보다 임금이 적습니다. 감독의 임금은 (항상 그렇지는 않지만) 아랫사람인 선수들보다 적고요. 지위가 높을수록 임금이 낮은 직장은 세상에 여기밖에 없을 거예요. 미친 거죠! 폭스바겐에서 일한다고 쳐 봅시다. 차를 만드는 사람이 회장보다 백배나 더 돈을 많이 받을 수 있겠어요? 어떻게 이런 일이 가능한지 설명 좀 해 줘 봐요.

축구에서 돈은 선수 권력을 측정할 수 있는 가장 좋은 척도다. 리버풀의 연구 디렉터 이안 그레이엄에 따르면, 빅 클럽은 수익의 50~70퍼센트를 선수 임금에, 20~40퍼센트를 이적료에 사용한다고 한다. 다시 말해, 선수에 투입되는 돈이 클럽 수익의 90퍼센트에 달하는 경우도 있다는 것이다.

바르셀로나는 크루이프가 감독으로 재임하던 시절에 직접 도입한 성과급 시스템을 지금도 활용하고 있다.[524] 바르사의 단장 라울 산예이(Raúl Sanllehí)는 2015년 하버드에 다음과 같이 설명했다.

임금의 약 60퍼센트는 고정적입니다. 1군에서 선발로 출전 가능하고 부상이 없는 선수라면 10퍼센트를 추가합니다. 팀이 챔피언스리그에서 일정 수준까지 올라가면 10퍼센트가 더 추가되죠. 나머지 20퍼센트는 국왕컵, 스페인 리그, 특히 챔피언스리그 우승 여부에 따라 달라집니다.[525]

하지만 바르사가 우승컵을 들어 올릴 때마다 선수 에이전트들은 더 많은 돈을 요구했다. 로셀은 "그래서 클럽은 우승을 차지해도 피해자가 됩니다."라고 말했다. 결국 선수들이 협상권을 쥐게 됐다. 로셀의 전임자인 라포르타도 똑같이 느꼈다. 바르사가 2006년 파리에서 열린 챔피언스리그 결승전에서 우승한 뒤 비행기를 타고 바르셀로나로 돌아가는 길이었다. 아마도 생애 처음 술에 취했을 메시는 마이크를 잡고 소리를 지르면서 평소라면 절대 하지 않을 것 같은 말들을 꺼냈다. "회장님! 보너스 있어요, 없어요? 회장, 앞으로 나와서 보너스 줄지 말지 결정하세요! 시계는 안 주셔도 됩니다. 우리가 농담하는 것 같죠? 하지만 저 지금 심각합니다. 우리는 집을 원해요, 회장님!"[526]

선수들의 임금이 치솟으면서 선수 개인을 지원하는 스태프의 수도 늘어났다. 이런 스태프들은 클럽으로부터 선수를 보호하는 역할을 했다. 오늘날 최고의 선수는 에이전트, 소셜 미디어 관리자, 개인 물리 치료사, 스타일리스트 등을 거느린 작은 사업체와 같다. 단적인 예로, 2021년 레알 마드리드의 스트라이커 비니시우스 주니오르(Vinícius Júnior)는 개인 요리사, 카메라맨, 사진작가, 가족 사무실 직원을 포함한 12명의 정규직 직원과 27명의 시간제 직원을 고용했다. 필연적으로 이러한 지원 시스템은 선수의 클럽에 대한 의존도를 감소시켰다.[527] 호르헤 발다노는 레알 마드리드 단장으로 재직 중이던 2010년에 일찍이 이렇게 한탄했다.

> 25년 전에는 클럽과 선수의 계약은 아주 직접적으로 이뤄졌습니다. 모든 것이 훨씬 간단했죠. 선수는 권리와 의무를 모두 지닌 클럽의 피고용인이었습니다. 이제는 클럽과 선수 사이에 수많은 층이 겹겹이 있습니다. 때로는 선수와 직접 대화를 할 수 있지만, 어떤 때는 선수의 아버지, 선수의 에이전트, 선수의 커뮤니케이션 디렉터, 선수의 애인과 대화를 나눠야 합니다.[528]

아르센 벵거도 이를 비판한 바 있다. "변호사, 에이전트, 가족 관계인 고문 등의 중개자들이 선수와 감독 사이를 점점 멀어지게 하고 있습니다."[529]

바르셀로나에서 세이룰로는 이렇게 불평한 적이 있다. "예전에는 요한(크루이프)이 말하는 것이 곧 법이었어요. 이제는 선수 주변에 있는 사람들이 주인공이에요." 현대 축구에서 클럽은 선수를 움직일 힘이 거의 없기 때문에 반격을 위한 편법을 사용하고자 하는 유혹에 빠질 수도 있다. 예를 들어, 라포르타 회장 시절 이사진은 바르사 선수단을 감시하기 위해 사립 탐정을 고용한 적이 있다.[530] 바르토메우 회장이 소셜 미디어에서 선수들을 공격하기 위해 홍보 회사를 고용했다는 혐의를 받고 있는 것처럼 말이다. 하지만 선수들이 경기장에서 활약을 펼치기만 한다면, 권력 투쟁의 승자는 언제나 선수들이 될 것이다.

적응하거나 사라지거나

축구 선수가 커리어에서 가장 스트레스를 받는 순간 중 하나는 이적할 때다. 최종 계약 협상을 위해 측근과 함께 바르셀로나에 도착한 선수는, 공항 옆문을 통해 몰래 빠져나올 수도 있다. 에이전트가 바르사와 협상을 하는 동안, 선수는 기자들을 피해 프린세사 소피아의 스위트룸에서 불안한 시간을 보낼 것이다.

표준 계약에는 선수가 클럽의 명시적 허가 없이 (보통 허가되지 않는) 패러글라이딩이나 수상 스키를 타는 것은 금지돼 있다. 계약을 하고 나면 선수는 중년의 이사진들과 포옹을 하게 되어 있다. 이것은 앞으로 선수가 겪게 될 수많은 시련 중 첫 번째일 뿐이다.

1986년 에버턴에서 바르셀로나로 이적한 게리 리네커는 수십 년이 지난 뒤 이렇게 회상했다.

비행기에서 내린 순간부터 수백 명의 포토그래퍼와 기자들을 볼 수 있었습니다. 잉글랜드에서는 없던 일이죠… 그런 다음 '프레센타시온'이라 불리는 순서가 시작되더군요. 새로 계약한 선수들이 함께하는 훈련인데, 그걸 캄 노우에서 한다는 겁니다! 저는 (웨일스의 스트라이커) 마크 휴스와 함께 이제 막 계약서에 사인을 한 참이었죠. 우리는 "오늘 경기장에서 훈련을 할 거다. 너희를 관중에게 소개하는 거지."라는 얘기를 들었습니다. 그래서 생각했죠. '음, 누가 온다는 거지? 아마 30~40명쯤 오려나?' 그런데 약 6만 명이 모였습니다. 새로 계약한 선수들을 응원하면서 간단히 훈련을 하는 걸 보기 위해서 말이죠. 그때부터 이런 생각이 들었습니다. "음, 여긴 좀 다른 곳인데?"

그런 다음에는 바르사 훈련장에서 좀 더 사적인 행사가 이어진다. 새로 영입된 선수들은 동료들이 두 줄로 늘어선 사이를 내달려 지나가야 한다. 기존 선수들은 새로 온 동료의 머리를 가볍게(원칙적으로는 부드럽게) 두드리며 환영한다. 다음 테스트는 첫 훈련에서 이뤄진다. 축구에서 가장 까다로운 론도에 맞서는 것이다. "내게 무슨 일이 벌어진 거지?" 바르사 여자 팀에 합류한 리커 마르턴스가 말했다. "여기서는 아주 빠르게 론도가 진행됩니다." 빠르고 날카롭게 오가는 공을 제대로 다루지 못하면 몇 초 안에 체면을 구길 수도 있다.

메시의 시대에 바르사 남자 팀에 합류한 신입생은 어린 시절부터 서로를 오랫동안 알아 온 선수들 사이에서 자리를 잡느라 더 애를 써야 했을 것이다. 2020/21 시즌의 주장단 네 명(메시, 부스케츠, 피케, 세르지 로베르토)은 모두 홈그로운 선수들이었다.

어떤 클럽에서는 새로 합류한 선수가 기존 선수들에게 위협이 된다. 기존 선수 중 한 명이 주전 자리를 내줘야 하기 때문이다. 이런 위기의식이 이기적으로 작동하면 바로 파벌이 형성된다. 한편 클럽에서 오랫동안 커리어를 쌓은 선수들은 장기적인 관점에서 책임감을 느끼는데, 이것이 보통 선수들의 이기심을 누그러뜨린다. 어린 시절부터 자신이 응원했던 클럽인 아틀레티코 마드리드에서 뛰었던 스페인 공격수 페르난도 토레스(Fernando Torres)는 이렇게 말했다. "(득점 기회에서) 실수를 하면 고통스러워요. 내 잘못인 걸 아니까요. 내가 응원하는 팀이 나 때문에 이기지 못하는 거잖아요. 매년 더 발전해야 한다는 책임감이 커집니다." 흔치 않은 경우지만 선수와 클럽 간의 관계에도 사랑이 스며든다. 안드레스 이니에스타는 기자 회견에서 바르사를 떠난다고 알리며 울었고, 카를레스 푸욜은 울음을 참으려 애써야 했다.

바르사에 오래 머문 선수들은 비교적 신입 선수들을 반기는 쪽이었던 것으로 보인다. 카탈루냐인 피케와 세르지 로베르토의 유치한 행동들, 예를 들어 동료의 휴대폰을 숨기는 게 축구계 최고의 유머인 그들의 실없는 장난은 신입 선수가 적응하는 데 도움이 됐다. 네이마르는 바르셀로나에 입단했던 시절을 이렇게 돌아봤다. "저는 굉장히 수줍은 사람이에요, 하지만 선수들이 먼저 농담을 걸면서 잘 대해 줬어요. 월드컵에서 브라질을 이길 준비가 됐다면서 말이죠. 다들 장난스러웠는데 뭔가 건전한 느낌이었어요."

하지만 친근한 동료들이 있다 해도 이민은 힘든 일이다. 고국을 떠나온 외국인 선수는 바르셀로나든 맨체스터든 새 집, 새 라커룸, 아이들을 위한 새 학교는 물론, 새로운 언어를 감당하고 익숙한 삶과 이별해야 한다. 남자들만 있는 직장이니 동정해 줄 사람도 거의 없을 것이다. 특히 대부분의 선수가 고향을 떠난 적이 없는 바르사 같은 클럽에서는 더 그럴 것이다. 바르사가 이미 스페인과 스페인 축구에 대해 알고 있는 선수들에게 프리미엄을 부여하는 것은 당연하다. "다니 아우베스 영입에는 다른 나라 리그 출신 수비수들보다 더 많은 돈이 들었습니다. 5년간 세비야에서 뛴 경력이 있었으니까요." 소리아노 전 회장의 말이다.[531] 세이두 케이타, 아드리아누, 이반 라키티치, 클레망 랑글레 역시 세비야에서 스페인 축구를 경험한 뒤 바르셀로나에 합류했다.

모든 빅 클럽들이 그렇듯 바르사가 영입한 외국인 선수에는 적응에 실패한 경우도 많았다. 리네커는 이를 목격한 인물이다. "시작은 좋았습니다. 첫 출전 20분 만에 두 골을 기록했으니까요. 하지만 마크 휴스*는 그러지 못했고 바르사는 금방 그에게

---

*   맨체스터 유나이티드, 바이에른 뮌헨, 바르셀로나, 첼시 등 여러 클럽에서

등을 돌렸어요."

휴스는 캄 노우에서 기가 '죽은' 선수 중 한 명이었을까? "약
간 그런 면이 있었던 것 같아요." 리네커가 동의했다.

마크 휴스는 아주 힘이 넘치는 선수였습니다. 휴스는 상대를
등지는 플레이를 즐기는 공격수였는데, 스페인에서는 그럴
때마다 반칙이 선언되더군요. 잉글랜드에서라면 절대 그럴
리 없는 상황에서도 말이죠. 제 생각엔 그래서 꽤 당황했던
것 같습니다. 관중들은 휴스가 반칙을 범하는 장면에 당황했
던 것 같고요.

휴스는 그때 스물한 살이었습니다. 저보다 경험이 부족한 선
수였어요.[*] 아마 그에게는 때가 조금 일렀던 것 같습니다. 정
말 힘들어했는데 그게 저에게도 느껴졌으니까요. 저는 첫 아
내와 매주 두세 번 스페인어 학교에 다녔습니다. 휴스도 다녔
지만 2주 만에 그만뒀어요. 꽤 외로워 보였습니다. 우리도 최
선을 다했지만 쉽지 않더군요. 그때 휴스는 너무 어렸던 것

활약한 웨일스 국가 대표 공격수. 선수 은퇴 이후에는 웨일스 국가 대표팀,
맨체스터 시티, QPR 등의 감독을 맡았다. 현재 잉글랜드 4부리그 클럽 브
래드포드 시티의 감독이다.

[*] 리네커는 휴스보다 세 살이 더 많았고, 바르셀로나 입단이 첫 이적이었던 휴
스와 달리 레스터 시티에서 에버턴으로 이적을 경험한 상태였다. 리네커는
바르셀로나 입단 직전, 1986년 멕시코 월드컵에서 득점왕에 오르기도 했다.

같아요. 하지만 외국인 선수에 대한 기대 수준이란 게 있었습니다. 바르사에 몸담았던 외국인 선수들은 당시 감독이던 크루이프나 마라도나 같은 인물들이었으니까요. 바르사는 월드클래스 선수들에게 익숙해진 상태였죠. 그게 부담을 배가시켰습니다.

2002년 바르사에 입단할 당시, 아르헨티나 플레이메이커 후안 로만 리켈메는 세계 최고 수준이면서 스페인어를 쓰는 선수였다. 그럼에도 당시 감독이던 판 할은 리켈메에게 "너를 원했던 적도, 영입을 요청한 적도 없었어."라고 얘기했다. 문제는 그게 전부가 아니었다는 점이다. 리켈메가 바르사에 입단한 지 1년이 지났을 즈음, 리켈메를 집에 데려다주던 바르사 직원은 그가 사는 아파트에 아르헨티나산(産) 마테 차 한 통을 빼면 개인용품이 거의 없다는 것을 알아차렸다. 바르사의 신임 사장 소리아노는 그 얘기를 듣고 리켈메의 배경을 조사하기로 마음먹었다. 소리아노는 리켈메가 보카 주니어스에 입단한 열여덟 살이 될 때까지 고향인 부에노스아이레스 서부 지역에서만 거주했다는 사실을 알아냈다. 보카에 입단한 뒤에야 도심 쪽으로 20마일 정도 가깝게 이사했을 뿐이었다. 소리아노는 당시를 이렇게 떠올렸다.

리켈메나 리켈메의 커리어를 잘 아는 사람들은 그가 바르셀로나에 제대로 적응하지 못했다고 하더군요. 리켈메는 어릴 적부터 살던 고향과 친구들, 마당에서 굽던 스테이크 같은 것들을 그리워했습니다… 그래서 그는 돈 토르쿠아토(Don Torcuato)의 엘 비에호 비베로(El Viejo Vivero)에 예쁜 집을 지었습니다. 고향에서 몇백 미터 정도 밖에 떨어지지 않은 곳이었죠… 다시 말해, 2002년에 바르셀로나는 부에노스아이레스에서도 달라진 환경에 적응할 수 없었던 사람을 영입했던 겁니다… 리켈메 영입이 성공적일 수 없을 거라는 건 충분히 예측 가능하고 논리적인 일이었던 것이죠. 리켈메는 지금 부에노스아이레스에서 살고 있는데, 아마 돈 토르쿠아토에 거주하지 않을까 싶습니다.[532]

어떤 이적생들은 이민을 일종의 도전으로 여긴 덕분에 바르셀로나에서 성공하기도 한다. "해외에서 성공한다는 것은 무언가에 적응해야 한다는 것을 의미합니다. 다른 상황, 다른 클럽, 다른 생활에 적응해야만 하는 순간부터 더 강해질 수 있습니다." 튀랑의 말이다.

이주를 그다지 심각하게 여기지 않는 덕분에 성공하는 이적생들도 있다. 바우더베인 젠던은 1998년 바르사에 합류한 지 얼마 지나지 않았을 무렵, 아침에 호텔 방 커튼을 열고 도시 풍경과 캄 노우를 바라봤다. "낯설지 않아?" 젠던이 PSV 에인트호번에서 함께 이적한 네덜란드인 룸메이트 필립 코쿠(Phillip Cocu)

에게 물었다. "우리가 바르셀로나에서 살면서 바르사에서 뛰고 있다니 말이야." 코쿠 역시 낯설다는 데에 동의한다고 답했지만, 그냥 그렇다는 말이었다. 그런 뒤 하루 일과를 시작했다. 코쿠는 바르사에서 뛴 외국인 선수 가운데 (나중에 메시가 경신한) 최다 출전 기록을 세우게 된다.

이적생의 다음 시험은 바르사의 독특한 축구에 적응하는 것이다. 튀랑은 서른네 살에 바르셀로나에 입단해 크루이프식 축구를 만난 뒤, 그때서야 온전한 축구 선수가 됐다는 걸 처음으로 느꼈다고 했다. 심지어 튀랑은 자신이 지금까지 해 온 스포츠가 무엇이었는지 의아하게 여기기까지 했다.[533] 많은 이적생들은 이 과정에서 기쁨과 충격을 함께 느낀다. 그들은 바르사에서 훈련하면서 이전 소속 팀을 거치며 얻은, 예를 들어 볼 소유를 잃게 되면 수비 진영으로 내려간다든지 하는 오랜 습관들을 없애기 위해 노력해야 했다. "바르사식 축구 언어를 익혀야 했던 거죠." 우크라이나 출신 수비수 디미트로 치그린스키(Dmytro Chygrynskiy)도 인정했다.[534] 하지만 최고 수준의 팀에서 경기에 나서는 선수들에게 배울 시간은 거의 없다. 당시 바르사의 CEO였던 주안 올리베는 자신이 '1초 룰'이라 불렀던 것을 공식화했다. "공을 기다리는 동료 선수를 찾는 데에 1초라도 더 걸리면 거기서 승패가 갈리게 되는 겁니다."

바르사는 이적생들이 적응할 시간을 보장해 주려고 노력한다. 2009년, 올리베는 치그린스키와 계약한 뒤 이렇게 말했다.

"이적해 온 선수가 첫 시즌에 보여 주는 경기력은 아마도 아주 아주 형편없을 겁니다. 일반적으로 선수는 이해하려고 애쓰는 과정을 겪게 되죠. '오케이, 내 역할은 무엇이고, 어떻게 플레이 해야 하는 걸까?'" 예를 들어, 새롭게 합류한 선수는 경기장 안에서 메시의 보디랭귀지를 알아채지 못할 것이다. '바로 지금' 공을 달라고 하는 신호 같은 것들 말이다. 하지만 시간이 지나도 그렇다면 감독과 동료, 그리고 팀을 둘러싼 분위기가 그 선수를 포기하게 될지 모른다. 치그린스키는 1년도 안 돼 사라졌다.

신입생들은 또 신분 변화에도 적응해야 한다. 메시가 바르사에 있을 때는 특히 더 그랬다. 바르셀로나에 합류한 선수라면, 대체로 전 소속 팀이나 국가 대표팀을 비롯해 아마도 여섯 살 이후 뛰었던 모든 팀에서 리오넬 메시의 위상을 가졌을 것이다. 그러다 갑자기 바르사 입단과 함께 메시의 부하 직원이 되어 위대한 선수에게 공간을 만들어 주기 위해 뛰어다니거나 메시의 수비를 대신해 주게 된다. 크루이프는 말했다. "영입한 선수 10명 가운데 9명은 작은 클럽에서 에이스였던 선수들이었어요. 하지만 이 선수들이 빅 클럽에서도 에이스가 될 수 있을까요?"[535]

축구 재능 vs 비즈니스 '재능'

일반 기업의 많은 관리자들은 성공적인 스포츠 감독을 본보기로 삼는다. 은퇴 감독이나 선수 들은 기업에서 강연을 하며 돈을 번다. "서로의 눈을 바라보며 팀에서 '개인'은 없다고 말했어요. 그게 우리가 월드컵에서 우승한 이유입니다." 이런 이야기를 전달하는 것이다.

사실 스포츠는 비즈니스에 그다지 유용한 본보기가 아니다. 오히려 그 반대다. 많은 스포츠 클럽들은 너무나 부실하게 운영되고 있기 때문에 일반 기업을 본보기로 삼을 필요가 있다. (많은 클럽에서 훌륭하게 운영되는 파트는 선수단뿐인 경우가 많다.)

하지만 더 근본적으로 살펴보면, 축구 클럽은 은행이나 로펌, 다국적 석유 회사와는 다른 존재다. 가장 큰 차이점은 바로 재능의 역할이다.

기업의 리더들은 '우리 구성원들의 재능'에 대해 떠드는 걸 좋아하지만, 실제 대기업들은 대체 가능한 인사 정책을 기반으로 운영된다. 최고 마케팅 책임자가 떠나면 다른 사람을 고용하면 된다. 후임자는 떠난 사람과 조금 다른 면이 있겠지만, 그렇다고 대단한 재능을 가질 필요는 없다. 그저 하루하루 잘 해내기만 하면 된다. (많은 직업이 그저 출근하는 것만으로도 90퍼센트는 성공적이다.) 일을 너무 망치지만 않으면 된다. (스탠포드 대학교의 로버트 I. 서튼 교수는 '또라이 제로 법칙(No Asshole Rule)'을 대중화시켰다.)

기업은 비범한 재능보다는 효율적인 프로세스 덕분에 성공한다. 슈퍼마켓 체인을 예로 들어 보자. 이 기업은 올바른 식품을, 적절한 매장에, 빠르고 저렴하게 공급해야 한다. 대부분의 직종에서 창의성이나 비범한 재능은 문제만 일으킬 뿐이다. 병원은 외과 의사들이 광범위한 연구를 통해 검증된 기본 방식으로 무릎 수술을 진행하기를 바란다. 개인의 영감에 따라 창의적으로 수술하는 의사는 환자들을 위험에 빠뜨릴 수 있다.

로버트 피커링(Robert Pickering)은 2014년 〈파이낸셜 타임스〉에 게재한 글에서 경제 분야에 떠도는 재능에 대한 신화를 이렇게 꼬집었다.

> 몇 년 동안 투자 은행을 운영하면서 회사를 떠나는 사람들을 붙들어 두려면 임금을 올려 줘야 한다는 압박에 늘 노출되어 있었다. (이직하려는 회사는 보통 골드만 삭스였고, '여기서 받는 것의 두 배'를 제안했다.) 임금을 올려 줄 때도 있고 그렇지 않을 때도 있었지만, 장기적인 실적은 대체로 동일했다. 사람들이 오고 가고, 사업이 오르락내리락하는 와중에도 삶은 지속됐다. 2000년 그 뜨거웠던 시기, 내 선임은 200년 역사를 가진 우리 회사의 생존이 업계에서 18개월 정도 경력을 쌓은 20대 직원 한 명을 계속 붙들 수 있느냐에 달려 있다는 얘기를 들었다. 우리는 그 직원에게 임원 자리를 제안했지만 그는 떠났다. 몇 년이 지난 뒤, 내가 고위 경영진에게 이 사건을 상기시켰을 때 나를 포함한 우리 중 누구도 그 직원의 이름을 기억하지 못했다.[536]

이제 이것을 축구 클럽과 비교해 보자. 축구 클럽들 역시 몇몇 '20대 선수'의 임금을 끊임없이 올려 줘야 한다. 피커링의 은행과 마찬가지로 개인이 떠나도 클럽은 살아남을 것이다. 하지만 은행과 달리 재능 있는 선수가 떠난다면 클럽의 성적은 나빠질 것이다. 메시, 차비, 이니에스타, 부스케츠가 전성기 때 떠나 버렸다면 바르셀로나에 무슨 일이 벌어졌을지 상상해 보라. 축구에서 최고의 재능은 대체될 수 없다.

일반 기업과 달리 정상급 스포츠 팀은 매주 최고의 경기력을 추구한다. 아스널 감독 경험을 바탕으로 기업 콘퍼런스에서 경영에 대한 강연을 한 벵거는 스포츠에서의 교훈을 일반 기업에 전달하는 것이 쉽지 않다고 인정했다. "선수들이 활약하려면 자신이 가진 잠재력을 100퍼센트에 가깝게 발휘해야 합니다. 일상생활에서는 그럴 필요가 없지요." 레알 마드리드를 꺾으려면 가능한 한 완벽에 가까운 팀이 되어야 한다. 만약 '또라이' 한 명이 그걸 도울 수 있다면, 그의 능력이 필요하다. '또라이'는 그렇게 권력을 갖게 된다.

스타 선수가 사는 법

제라르 피케의 아버지는 직접 차를 몰아 바르사와 레알 마드리드의 경기에 아들을 데려다준다. 차 안에서 그들은 산에서 채취한 버섯에 대해서 잡담을 나눈다. 경기장에 도착하면 피케는 캄 노우 내부에 있는 방으로 가서 다른 선수들과 경기 전 식사를 한다. 거기에는 과일 그릇과 바나나, 샐러드 등도 있지만 덜 건강한 음식인 햄도 있다. 선수들은 이제 막 도착한 동료들의 패션 센스를 놀린다.

루이스 수아레스는 카스텔데펠스의 이웃인 메시와 늘 그렇듯이 함께 차를 타고 경기장에 온다. 뒷좌석에는 수아레스의 아들과 딸, 메시의 아들이 타고 있다. 수아레스의 아내는 이제 막 셋째 아이를 낳았다. 팔에 붕대를 감은 메시는 오늘 경기에 출전하지 않는다. 메시는 사람들이 알아보지 못하도록 후드티를 입은 채 수아레스의 아이들과 함께 관중석에 앉는다. 수아레스가 페널티킥 골을 성공시키자 메시는 자랑스러운 삼촌처럼 아이들을 향해 미소를 짓는다. 수아레스가 한 골을 더 넣은 뒤 관중석으로 달려와 아이들을 끌어안는다. 수아레스가 해트트릭을 완성하자 메시는 다치지 않은 팔로 수아레스의 아이들을 끌어안는다. 바르사는 5-1 승리를 거뒀고, 경기장을 가득 메운 사람들은 모두 다섯 손가락을 쫙 편 채로 승리를 자축한다. 팬들을 대표하는 선수라 할 수 있는 피케 역시 마찬가지다. (피케는 두 번이나 다섯 손가락을 펼쳐 보였는데, 레알 마드리드 선수들이 못 봤을까봐 반복한 거라고 나중에 삐기듯 얘기했다.)

경기가 끝난 뒤, 메시와 수아레스는 각자 아들을 라커룸으로 데려간다. 선수들은 자리에 앉아 휴대폰으로 쏟아지는 메시지들을 읽고 있다. 피케는 바르사의 스폰서인 '일본 아마존' 라쿠텐과의 저녁 식사에 참석해 영어로 환영 인사를 한다. 나중에 피케는 그 자리에서 라쿠텐의 최고 경영자 히로시 미키타니가 발베르데 감독에게 선수들이 뉴욕에서 열리는 뒤풀이에 가게 해달라고 요청했던 것을 떠올렸다. "기억나세요?" 피케가 물었다. "제가 감독님한테 가서 이렇게 말했잖아요. '발베르데 감독님, 우리 뒤풀이 가는 겁니다.'" 피케는 발베르데 감독 흉내를 냈다. "왜? 왜? 왜?" 피케는 웃으며 말을 이었다 "우리가 뒤풀이 파티에 가야 할 이유를 이해시키려고 감독님을 다섯 번이나 만났잖아요. 그래도 이해를 못하시더군요. '너희가 파티에 가야 할 이유를 전혀 모르겠어.' 그래서 제가 말했죠. '상관없어요. 어쨌든 우리는 갈 거니까!'"[537]

위 이야기들은 라쿠텐이 제작한 다큐멘터리 '매치데이(Matchday)'의 일부다. 피케는 바르사가 주저했던 선수 밀착 취재가 이뤄지게 만들었다. 처음부터 라쿠텐의 스폰서십을 주선한 것도 피케였다. 물론 '매치데이'는 바르사의 검열을 받았지만, 흔히 보기 힘든 선수의 삶을 엿볼 수 있는 다큐멘터리다.

거의 모든 스포츠 팬들은 궁금해한다. '스타플레이어들처럼 산다는 것은 어떤 기분일까?' 현대 축구 선수들은 집과 직장에서 어떻게 생활할까? 그리고 그들은 스트레스와 명성, 돈 때문에 어떻게 망가질까?

라커룸 생활

바르사의 라커룸은 흥겨운 분위기가 넘치는 공간으로 알려져 있다. 1997년, 아약스에서 부임한 루이스 판 할 감독은 놀라움을 금치 못했다. "여기는 라커룸에 라디오가 켜져 있고 선수들이 커피를 마시더군요. 경기 직전에는 더 시끄러워요."[538] 2014년 네이마르는 이렇게 귀띔했다. "정말 놀랐어요. 바르셀로나 라커룸은 정말 활기차거든요. 모두가 수다를 떨면서 장난을 칩니다. 브라질 사람들처럼요. 라커룸에는 경기 직전이나 직후에 노래가 나옵니다. 이것도 브라질이랑 비슷해요." 바우더베인 젠던은 바르사의 라커룸이 네덜란드에 비하면 "더 따뜻한 곳"이라고 했다. "선수들은 서로 집으로 놀러 가기도 하고, 가족들과 함께 만나서 저녁을 먹기도 해요. 아주 잘 뭉칩니다."

이처럼 따뜻한 관계가 유지되는 저변에는 선수들이나 감독들이 서로 불편한 진실을 잘 이야기하지 않는 스페인 특유의 분위기가 자리한다. 판 할은 바르사에서 네덜란드식으로 직접적인 비판을 해대다 반발에 부딪혔다. 젠던이 말했다. "만약 우리가 전반전을 0-1로 뒤진 채 하프 타임이 됐는데 판 할 감독이 '잘 들어. 윙어들이 약간 안쪽으로 움직여야 해.'라고 얘기했다 칩시다. 그러면 피구가 이렇게 말하려고 이미 손을 들고 있을 거예요. '무슨 소리예요? 윙어들 때문에 0-1이 된 게 아니잖아요. 수비수들이 더 수비를 잘하면 되는 겁니다.' 곧바로 공격받는 거죠."

바르사에서는―그리고 일반적으로 스페인 사람들의 일상에서는―예의에 대한 기대치가 높다. 공개적인 비판은 용납되지 않는다. 직접 말하길 꺼려하는 이런 문화는 문제가 될 수 있다. 왜 아무도 부스케츠나 피케에게 이제 한물갔으니 떠날 때가 됐다고 말하지 않는지를 이해하는 데에 (바르사 특유의 가족적인 분위기와 더불어) 근거가 되는 문화다.

"서로 대화를 나누고 토론하는 것은 최상위 레벨의 스포츠에서는 필수적입니다." 젠던이 말했다. 하지만 스페인에서는 "어떤 선수와 공개적으로 충돌하는 경우, 저절로 다시 사이가 좋아지는 경우는 없습니다."라고 덧붙였다. 어떤 비판이든 사적인 방식으로 전달돼야 하고, 조심스럽게 표현돼야 한다.

거의 언급되지 않지만 라커룸 생활에서 중요하게 여겨지는 또 다른 측면은 바로 노출이다. 일반 사무실이나 식당 같은 곳에서 하나의 성별만으로 이뤄진 모든 직원들이 옷을 벗고 매일 함께 샤워한다고 상상해 보라. 축구에서 노출은 구성원들이 확실히 서로 절친하게 지낼 수 있게 만드는 요소지만, 축구에서 이 주제는 금기시되기 때문에 제대로 취재할 수 없었다.

스트레스, 악성 댓글, 그리고 캄 노우의 침묵

정상급 스포츠 선수들이 경기력에 대한 부담을 갖는 것은 어쩔 수 없는 일이다. 그런 부담을 느끼지 않는다면 선수들은 발전하기 어렵다. 하지만 이런 부담은 역대 가장 뛰어난 성공을 거둔 선수들조차 힘들어 하는 부분이다. 1972년 제작된 다큐멘터리 '14번(Nummer 14)'에서 크루이프는 자신이 나쁜 경기력을 보이자 기자들과 동료들의 태도가 달라지는 것을 보고 깨달음을 얻었다고 설명했다. "나를 대하는 태도가 달라진 게 느껴지면, 집에 가서 TV를 켰을 때 혹평이 쏟아지는 걸 보게 되는 거죠. 월요일자 신문도 마찬가지고요. 모두가 나에게 등을 돌린 것 같다는 생각에 외로워집니다." 다음 경기에서 그라운드에 입장하면, 걷는 내내 관중석을 쳐다보면서 이런 생각이 든다고도 했다. '이 사람들은 나를 보러 온 것일까? 난 뭘 해야 하지? 어떻게 해야 하지? 어떻게 플레이를 해야 하는 걸까? 멋지게 달려야 할까? 아니면 정말 축구를 해야 할까?'

크루이프는 그때 기분을 이렇게 떠올렸다. "모두가 저를 바라보지만, 경기가 끝나면 곧바로 혼자가 되는 겁니다. 그런 뒤 차를 몰고 집에 가면… 잘 모르겠네요." 그러고는 인터뷰어에게 애원하듯 말했다. "그러면 너무나도 외로워요."

크루이프는 네덜란드의 여왕이 된 것 같은 기분이 들었다고 말했다. 사람들은 여왕을 보면서 '돈도 많고, 큰 집에 살잖아. 나도 저렇게 살고 싶어.'라고 생각한다. 하지만 여왕에게는 결코 개인의 일상이 주어지지 않는다. 개인적인 생각을 드러낼 수도 없다. 크루이프는 머리를 긁적이더니 머리칼을 쓸어 넘기며 말했다. "어떤 기분이 든다는 건지 알려 드리기가 너무 어렵네요." 아약스에서 2년 연속 유러피언컵 우승을 차지하고, 두 번째 발롱도르 수상을 눈앞에 뒀을 무렵, 크루이프는 이렇게 큰 불안감에 휩싸여 있었다.[539]

스무 살짜리가 전 세계 미디어의 공격을 자주 받는 직업은 거의 없다. 악성 기사와 댓글은 선수의 일상을 망칠 수 있고, 선수에게 심리적 타격을 주기도 한다. 선수들은 웹 사이트나 신문이 자신의 경기력을 평가하는 한마디에 특히 민감하다. 리네커는 "선수들이 그런 거 안 본다고 얘기한다 해도" 실제로 모든 축구 선수들이 그 평가를 본다고 말했다.

스트레스를 받은 선수는 때때로 동료에게, 아마도 바르사의 주장단 중 한 명에게 "도움이 필요해요."라고 털어놓게 될 것이다. 선수단이 아닌 측근에게 고민을 털어놓는 선수도 있을 것이다. 가장 좋지 않은 경우는 자기만의 세계에 스스로를 가둔 채 라커룸에 조용히 앉아 있는 선수다. 명확한 생물학적 지표가 없기 때문에 클럽 주치의도 선수가 만성 스트레스 때문에 경기에 출전할 만한 상태가 아니라고 감독에게 말하기 어렵다.

바르사는 이런 선수들을 도와주려 노력한다. 필리피 쿠티뉴(Philippe Coutinho)* 가 2019년 에스파뇰전에서 또다시 부진 끝에 교체되고 괴로워하자, 바르사 회장 주제프 마리아 바르토메우와 부회장 조르디 메스트라(Jordi Mestre)는 그를 위로하러 라커룸을 찾았다. "많은 사람들이 자네를 응원하고 있네." 바르토메우가 말했다. "몇 안 되는 사람들만 자네와 나, (메스트라를 가리키며) 저 친구를 야유하지. 자네는 좋은 팀에서 뛰는 훌륭한 선수야. 너무 신경 쓰지 말게." 정장을 차려입은 회장은, 상의를 벗어 문신을 드러낸 채 좌절에 빠진 슈퍼스타를 껴안았다. 곧 임대로 내보낼 선수였다.[540]

---

* 리버풀 시절 프리미어리그 최고 수준의 선수로 각광받은 브라질 공격수. 바르셀로나 입단 후 부진해 바이에른 뮌헨에서 임대 선수로 뛰었고, 이후 리버풀 시절 동료인 스티븐 제라드 감독이 이끄는 애스턴 빌라에 입단했다.

캄 노우에서는 더 가혹한 비판이 가해질 수 있다. 소시들은 보는 눈이 높고, (그들에게 상대 팀은 보통 장식에 불과하다) 홈 팀에 대해서만 관심을 크게 가지며, 특정 선수를 특별히 지지하지도 않는다. 크루이프는 "경기장의 문제는… 우리 팀에서 뛰는 스페인 선수들에게 특히 엄청난 압박감을 준다는 거예요."라고 말했다.[541] 리네커도 1985년에 바르사에 입단했을 때 느꼈다고 한다.

> 믿기지 않는 분위기였습니다. 마치 연극이나 오페라에서처럼 박수를 받기 위해 공연을 해야 하는 것 같았거든요. 경기가 대부분 일종의 침묵 속에 진행됐습니다. 영국 노동자 계층 사람들처럼 축구를 보러 와서 술을 좀 마시거나, 소리를 지르고, 노래를 부르고, 박수를 치는 분위기가 아니었어요. 여기 관중들은 일종의 중산층이었습니다. 모두 시즌 티켓을 가진 멤버였죠.
>
> 분위기가 달랐어요. 더 차분했죠. 관중들이 자리에서 일어나게 하려면 흥겹게 만들어야 했습니다. 레알 마드리드와의 엘 클라시코만은 예외였어요. 경기 초반부터 흥분된 분위기였죠. 하지만 대부분의 경기에서는 초반에 여러 골이 터지지 않는 한 휘파람 몇 번이나 전통적인 하얀 손수건*을 흔드는 모

---

* 스페인에서는 기쁘거나 슬프거나 화가 나는 등 감정을 격하게 표현할 때 하얀색 손수건(Pañuelos blancos)을 꺼내 들고 흔드는 문화가 있다.

습이 전부라 빡빡하게 느껴질 수 있습니다.

관중을 흥분시키는 건 선수들의 몫이지만, 관중은 선수들의 기분에 영향을 미치지 않았습니다. 정말 중요한 것은 '경기장에서 어떤 활약을 펼치느냐'였어요. 선수가 골을 넣으면 사랑을 주지만, 선수가 골을 넣지 못하면 전혀 좋아하지 않습니다.

바르사에는 열심히 뛰거나, 우스운 외모로 컬트 히어로가 되는 경우가 없다. 오직 성공과 실패만 있을 뿐이다.

캄 노우의 분위기는 1989년 리네커가 떠난 이후부터 2020년 코로나 팬데믹이 시작되는 시기까지도 크게 바뀌지 않았다. 관중은 경기 전후에 '바르사 찬가'를 불렀지만, 그 밖에는 보통 조용했다. 소시들은 승리를 그들의 권리로 여기는 법을 배웠다.

바르셀로나에서 첼시로 이적한 젠던은 홈에서 열린 뉴캐슬전을 무승부로 마치며 잉글랜드에서의 커리어를 시작했다. 경기 후 첼시 팬들은 주차장에 따라와 젠던에게 말했다. "걱정 마, 잘했어.", "다음 주에는 이길 거야." 젠던은 놀랐다. "바르셀로나에서 리그 첫 경기를 비긴다면, 무슨 일이 벌어질지 바로 알게됩니다."[542]

그래도 유럽 선수들은 쉬운 편이다. 1999년 히바우두를 만났을 때, 바르셀로나 팬들이 주는 압박이 전 세계 축구계를 통틀어 가장 크지 않느냐고 순진하게 물어본 적이 있다. 히바우두는 내 견해를 바로잡아 주었다. "그렇게 생각하지 않아요. 브라질의 코린치안스와 팔메이라스에서 가장 큰 부담을 경험했거든요. 거기 팬들은 가족을 위협하거나 차를 부숴요. 좀 복잡하죠. 만약 우리가 최근 바르셀로나의 경기력을 팔메이라스에서 보여 줬다면, 거리를 걸어 다니지도 못했을 겁니다."

바르사 팬들이 독특한 것은 승리만으로 충분하다고 여기지 않는다는 점이다. 그들은 아름답고 공격적인 크루이프식 축구를 원한다. 유벤투스에서 온 튀랑은 말했다. "이탈리아에서는 경기를 잘했냐 못했냐가 중요하지 않아요. 승리가 중요합니다. 여기서는 2-0으로 이겨도 볼거리가 없으면 관중들은 만족하지 못해요." 발다노는 레알 마드리드 팬들은 다른 태도를 가졌다고 말했다. "레알에서는 승리를 향한 열정이 엄청납니다. 승리를 위해 모든 것을 쏟아내는 선수에게 열광하죠. 또한 볼거리도 중요하게 생각해요. 이게 순서입니다. 바르셀로나에서는 그 반대예요. 경기 내용이 첫 번째고, 결과는 그다음입니다."[543]

바르사에서는 팀의 경기력이 나쁜 상황에서도 서포터들이 지지할 것이라고 기대하면 안 된다. 캄 노우는 기준들을 정했고, 그것을 충족하는 게 바르사 선수들의 임무다. 자신이 소시였기에 소시들을 이해하는 과르디올라는 2008년 새롭게 구성된 선수단을 발표하며 그날 경기장을 찾은 관중들에게 말했다. "여러분들의 확신을 얻기 위해 노력하는 건 저희들에게 훌륭한 도전이 될 겁니다."[544]

거대하지만 열정적이지 않은 캄 노우의 독특한 특성 때문에 바르셀로나 선수들은 여타 빅 클럽에서보다 더 큰 부담감을 느낀다. 1995년 로날트 쿠만이 바르사를 떠나 페예노르트로 이적하자 크루이프는 생각에 잠겼다. "물론 어떤 면에서는 이해할 수 있습니다. 이 정도 수준과 환경에서는 선수들이 많은 부담을 느끼기 마련이니까요."[545] 은퇴한 어느 바르셀로나 출신 선수는 산드로 로셀 회장에게 이런 말을 한 적이 있다. "산드로, 저는 벤치에 있을 때가 행복했어요. 경기에 나가면 다리가 후들거렸거든요." 심지어 메시조차도 "캄 노우에서는 경기장에 발을 내딛는 것이 쉽지 않아요."라고 말한 적이 있다.

독일 골키퍼 로베르트 엔케가 바르사에서 보낸 1년은 팀이 코파 델 레이에서 3부 리그 팀에게 참패를 당하면서 엉망이 되고 말았다. 엔케는 깊은 절망감에 빠졌다. 2003년 여름, 페네르바체로 이적한 그는 호텔 메모장에 이렇게 적었다.

> 바르셀로나에서의 1년은 나를 많이 변화시켰다. 리스본에서 3년 동안 쌓아 온 자신감이 다 날아갔다… 경기에 뛰지 않을 때 늘 기뻤다. 연습 경기에서조차 그랬다… 사이드라인 근처에서 경기를 지켜볼 때가 실제로 편안하고 행복했다. 대중과 언론, 사람들의 시선이 너무나 두렵다. 두려움에 마비된 것 같다.[546]

그로부터 6년 후, 로날트 렝(Ronald Reng)의 전기《짧디 짧은 인생(A Life Too Short)》에 자세히 담긴 내용처럼, 엔케는 기차에 몸을 던졌다. 모든 자살에는 여러 가지 원인이 있지만, 렝은 축구에 대한 스트레스가 그 원인 중 하나라고 생각했다.

훨씬 큰 성공과 인기를 얻은 선수인 이니에스타조차 바르사를 떠나 일본으로 간 후 이렇게 말했다. "바르사를 위해 플레이한다는 건 단지 축구 경기를 하는 게 아닙니다. 혹독한 압박과 끊임없는 긴장 속에 매일 완벽하게 훈련을 해내고 모든 경기에서 최고가 되는 겁니다." 그는 "이것을 100퍼센트 즐기는 것은 어려운 일입니다."라고 결론 내렸다.[547]

측근들과 어항 속 물고기

정상급 선수들은 경기장을 떠나서도 슈퍼스타의 삶을 사는 법을 배워야 한다. 모든 선수들이 잘 해내는 것은 아니다.

가족과 함께 사는 선수들과 측근들을 거느리고 생활하는 선수들 사이에는 커다란 차이가 있다. 젊은 외국인 선수들은 에이전트, 물리 치료사, 애인, 나이 많은 친척, 신원을 알 수 없는 수행원, 사실상 빌붙어 지내는 오랜 고향 친구들을 바르셀로나 집으로 데려오기도 한다. (카메룬의 사뮈엘 에토오처럼 가난한 국가 출신의 축구 선수들은 고향에 있는 수십 명을 경제적으로 책임지고 있을 수도 있다.) 특히 스페인어를 잘하지 못하는 선수라면 바르사 선수단보다는 편안한 측근들에게 더욱 기댈 위험이 있다. 훈련을 마치고 집에 돌아와 측근들에게 동료나 감독에 대한 불평을 늘어놓을 것이다.

1982년부터 1984년까지 바르사에서 뛰었던 마라도나는 세련된 동네인 페드랄베스에 있는 집에서 친구들, 친지들, 개인 의사, 트레이너로 구성된 '대가족'과 함께 살았다. 디에고 마라도나가 간염에서 회복 중일 때 그의 집에 방문한 적이 있는 현지 기자는 2020년 마라도나가 사망했을 때 이렇게 회상했다. "디에고는 정원에 있는 침대에 있었습니다. 주위에는 열 명이 넘는 사람들이 오후 6시부터 먹고 마시고 있었어요. 마치 파티를 하듯이 말이죠. 탁구대 코너에서 하얀 가루를 들이마시는 사람도 있었습니다. 그런 건 처음 봤어요."[548]

당시 바르사 감독이었던 메노티 역시 밤 문화를 좋아했다. 때로는 마라도나 무리와 함께 어울리기도 했고, 이런 습관들 때문에 오전 훈련을 오후 3시로 옮기기도 했다.[549] 나중에 호나우지뉴와 네이마르는 마라도나 무리의 얌전한 버전이라 할 수 있는 측근들을 바르셀로나에 데려왔다. 네이마르는 미용사까지 동행했다.

모든 측근들이 선수의 성공에 헌신하는 것은 아니다. 옛 고향 친구들은 때때로 선수와 반대되는 관심사를 가지고 있다. 그들은 하루 종일 할 일 없이 집을 돌아다닌다. 밤에는 밖으로 나가 선수 친구라는 것을 이용해 나이트클럽의 가장 좋은 테이블에서 공짜 술을 마시고 여자들을 유혹한다. 선수는 그들과 함께 다닌다. 경기력이 떨어지는 것을 바로 눈치 채지는 못하지만, 이런 행위가 누적되면 대가를 치르게 된다.

바르셀로나에 있는 선수들에게는 도르트문트나 도네츠크 같은 도시에서 뛰는 선수들보다 가족과 친구들이 더 자주 방문하는 경향이 있다. 축구 변호사 다니엘 지(Daniel Geey)는 네이마르가 바르사에 있을 때 "친구들이 두 달에 한 번씩 스페인으로 날아와 바르셀로나에서 휴가를 보내더군요. 모든 비용은 네이마르가 댔죠. 정상급 선수들 사이에서는 비교적 흔한 일이에요."라고 말했다.[550] 네이마르가 오후에 낮잠을 자야 하고, 매일 저녁에 놀러 나갈 수 없다는 사실을 몇몇 친구는 이해했지만, 그렇지 않은 친구들도 있었다.

바르사는 결혼한 선수들을 관리하는 게 가장 쉽다고 생각했다. 결혼은 선수들의 삶을 새로운 단계로 이끌었다. 노란색 페라리는 검정색 레인지로버로 바뀌고, 사는 곳은 바르셀로나 중심부에서 조용한 해변 마을로 달라진다. 하지만 축구 선수들의 결혼 생활에는 불평등이 스며 들어 있다. 바르셀로나의 어느 전직 은행원은 바르사에 입단한 한 선수를 위해 에이전트가 세 개의 계좌를 개설한 적이 있다며 입을 열었다. 첫 번째 계좌는 선수와 아내를 위한 공동 계좌, 두 번째 계좌는 임대료 등 고정 비용 지출을 위한 계좌, 세 번째 계좌는 아내 몰래 쓰는 계좌다. 선수가 가족과 살든 측근과 살든, 가정을 지배하는 건 선수다. 모든 것이 선수의 욕구, 기분, 변덕에 따라 이뤄진다. 누구도 자기 문제로 선수를 흔들 수 없다.

바르사 선수들은 아버지가 되면, 1군 선수단을 확장된 가족처럼 여긴다. 피케, 수아레스, 메시는 자기 아들들이 뛰는 어린이 팀을 만들었고,[551] 과르디올라 체제가 끝난 뒤에는 규율이 느슨해지면서 선수들이 거의 매일 아이들을 데리고 훈련장에 출근했다. 네덜란드 미드필더 프렌키 데 용은 놀라워했다. "선수들이 팀에서 보이지 않는다면, 준비 운동하는 방에서 아이들과 공을 차고 있을 겁니다. 아약스에서는 라커룸에 아이들을 데려오는 경우를 본 적이 없어요." 심지어 2019년 바르사가 스페인컵 결승전을 치르러 갈 때도 선수단 비행기에는 친인척들이 가득했다. 피케의 어린 아들은 일부러 메시의 좌석 주위를 돌아다녔다.[552]

바르사 선수들은 보통 제한적인 인간관계를 맺는다. 가족, 어린 시절 친구, 소수의 동료, 라 마시아에서부터 오랫동안 알고 지낸 직원 등이다. 스타가 되면서 누구도 신뢰할 수 없다는 것을 배우기 때문이다. "이제는 진정한 우정을 쌓기 어려워요. 저 같은 사람들에게는 유혹이 많으니까요. 제 자신을 보호하려는 이유예요. 쉽게 마음을 열지 않고 거리를 두죠." 피케의 말이다.[553]

피케는 세계로부터 자신을 지키기 위해 유명 인사들만의 트릭들을 마스터했다. 예를 들어, 피케와 그의 아내인 가수 샤키라는 파파라치들의 활동을 막고 사진 가치를 떨어뜨리기 위해 직접 아들들의 사진을 온라인에 게시한다. 최소한 스페인 연예 매체의 본부인 마드리드에 비하면 바르셀로나에는 파파라치가 적은 편이다.

21세기 축구 선수들에게 일어난 최악의 일은 아마도 스마트폰 카메라의 등장일 것이다. 선수들은 누군가 허락 없이 자신의 사진이나 영상을 찍어 소셜 미디어에 올릴까 봐 두려움에 떨며 산다. 나이트클럽에서는 선수들이 사적인 공간에서 댄스 플로어를 지켜보고, 화장실에 갈 때는 경호원을 대동한다.

이런 두려움과 의심에는 마땅한 이유가 있다. 축구 선수들은 실제로 그들을 이용해 재력이나 명성을 쌓으려는 사람들에게 둘러싸여 있다. 나는 2014년에 네이마르를 인터뷰한 적이 있는데, 네이마르의 스폰서인 레드불이 의뢰한 것이었다. 포토그래퍼들과 조수들, 홍보 담당자들, 메이크업 담당자들, 그리고 나를 포함해 15명의 사람들이 스튜디오에 있었다. 사진을 찍기 위해 네이마르가 반바지를 갈아입는 사이에 모두 그의 무지방 몸매를 훔쳐봤다. 네이마르의 오랜 친구로 추정되는 두 명의 브라질 남자들은 방 한쪽에서 참을성 있게 앉아 있었다. 나는 40분간의 비공개 인터뷰를 좋은 가격에 레드불에 팔았고, 몇 년이 지난 지금 여기에 다시 그 경험을 푼다. 축구 선수들이 타인을 성적 대상 또는 매일 잡다한 일들을 처리하는 무보수 하인처럼 다루는 건 그리 놀라운 일이 아니다. 과거 바르사에서 뛰었던 한 젊은 선수는 클럽의 수리공에게 비아그라를 구입해 달라며 돈을 쥐어 주기도 했다. 선수가 새 휴대폰을 필요로 하면 즉시 손에 쥘 수 있다. 선수는 자신의 항공권을 예매하기 위해 인터넷에 접속할 필요도 없다. 2019년 슬라비아 프라하와의 원정 경기를 마친 바르사 선수단이 라커룸을 쓰레기장으로 만들었던 영상을 보라. 선수들이 나간 뒤에는 항상 그곳을 정리하는 사람들이 있다. 선수들은 사람들이 아무도 안 보이는 것처럼 지나치는 법에 익숙하다.

한 전직 에이전트는 축구 선수들이 축구와 섹스, 가끔 하는 쇼핑을 제외하면 거의 모든 것을 '졸개들'에게 맡긴다고 말했다. 그는 대부분의 선수들에게는 공감 능력이 부족하다고 여겼다. 선수들이 경쟁과 의심, 남성 중심적 비즈니스 속에서 자랐기 때문이다. 그런 사회의 기준에 맞지 않는 사람은 배제되어 사라졌다.

많은 축구 선수들에게 외부 세계란, 훈련장 문에서 목을 길게 빼고 있거나, 선수들의 머리카락이나 몸을 잡아당기거나, 또는 선수들에게 욕설을 내뱉는 냄새나는 낯선 사람들이다. 아내와 아이들과 식당에서 식사를 하려는 축구 선수는 셀카를 위해 열다섯 번이나 포즈를 취해야 한다. 가족들과 대화를 나눌 수도 없고 심지어 식사를 할 수도 없다. 바르셀로나에서는 대부분의 선수들이 저녁을 먹으러 나갈 수 있다고 했다. (피케는 자신뿐만 아니라 샤키라일지라도 가능하다고 말했고, 네이마르는 확실히 브라질보다는 쉽다고 말했다.) 하지만 축구 선수들은 공개적인 장소에서 귀찮은 일을 당해도 극도로 참을 수 있는 능력을 길러야 한다. 젠던은 자신의 경험을 이렇게 정리했다. "잉글랜드에서 외식을 하고 있으면, 식사를 다할 때까지 사람들이 기다립니다. 그러고는 말하죠. '30분이나 기다렸어요. 사인 좀 해 줄 수 있나요?' 스페인에서는 식사 중에 와서 말합니다. '저 지금 가야 해서 사인 받으러 왔어요.' 이탈리아에서는 말 그대로 아예 합석을 하더군요."

어떤 선수들은 어항 속 물고기처럼 사생활이 모두 노출되는 상황을 별로 불편해하지 않는다. 이반 라키티치(Ivan Rakitić)는 바르사에서 뛰던 시절에도 슈퍼마켓에 다녔고, 학교 문 앞에서 아이들을 기다렸으며, 해변에서 셀카를 위해 포즈도 취해 주었다. 하지만 대부분의 선수들은 집에 머물거나, 자신과 비슷한 유명 인사들과 노는 것을 좋아했다.

심리학자 인마 푸치는 바르사 축구 선수들이 가진 큰 위험성을 발견했는데, 바로 명성으로 인한 '비인간화(dehumanised)' 현상이었다. "사람들은 선수를 슈퍼맨처럼 생각합니다. 현실 세계와 접촉할 기회가 줄어든다면, 인간관계는 생기지 않을 겁니다."

이것이 선수들만의 잘못은 아니다. 선수들을 비인간적으로 만드는 가장 큰 원인은 팬들이다. 내 아들들이 열 살쯤 됐을 때, 파리 생제르맹의 홈구장인 파르크 데 프랑스(Parc des Princes)에서 열린 친구의 생일 파티에 초대됐다. (많은 다른 클럽들과 마찬가지로

PSG는 이런 식의 작은 돈벌이를 한다.) 아이들은 경기장을 걸어 나오다가 우연히 PSG 스트라이커 에딘손 카바니와 그의 파트너가 차를 타고 지나가는 것을 봤다. 생일을 맞은 소년의 아버지가 후에 내게 영상을 보내 줬다. 그 영상에는 한 무리의 작은 소년들이 카바니의 스포츠카 창문에 다닥다닥 붙어 소리치는 모습이 담겨 있었다. "봐! 카바니야!" 소년들을 돌보고 있던 두 아빠가 소리친다. "얘들아, 물러서!" 소년들의 반응에는 카바니도 사람이라는 인식이 없었다.

그런데 카바니의 반응도 놀라웠다. 아마도 이런 종류의 사생활 침해를 매일 경험했겠지만, 카바니는 미소를 머금은 채 모든 상황이 종료될 때까지 참을성 있게 기다렸다. 소년들에게 이 순간이 영원히 기억될 것이라는 것을 그는 알고 있었다. 나는 그가 관대해지려 노력했으리라 추측한다. 많은 축구 선수들은 자신들이 팬들에게 얼마나 큰 의미인지를 깨달을 때 경외감을 느낀다. 크루이프는 바르사가 1974년 리그 우승을 했을 당시 코스타 브라바에서 한 나이 든 여성이 다가와 했던 말을 자주 이야기했다. 크루이프는 그 여성이 "축하합니다."라고 말할 줄 알았지만, "고맙습니다."라고 말했다. 크루이프는 그 깊은 진심에 감탄했다.

축구 선수는 침대 옆에 앉아 수다를 떠는 것만으로 죽어 가는 아이를 행복하게 만들 수 있다. 바르사 전 회장 산드로 로셀은 메시와 카를레스 푸욜이 크리스마스에 소아암 병동을 방문했을 때 의사가 말한 것을 전했다. "무슨 일을 해냈는지 상상도 할 수 없을 겁니다. 아이들의 생체 데이터가요…" 그러고는 로셀은 팔을 하늘로 들어 올렸다.

부자들의 문제

돈, 스페인 속어로 '펠라스(pelas)'는 축구 선수의 마음의 평정을 무너뜨릴 수 있다. 특히 처음으로 부자가 돼 본 선수일 경우에 그렇다. 2003년 바르셀로나의 젊은 중앙 공격수 하비에르 사비올라가 경기력이 좋지 않을 때 바르사 디렉터가 침울해하며 내게 말했다. "사비올라! 이 선수는 아르헨티나 리베르 플레이트에서 6만 달러를 벌다가, 여기에서는 600만 달러를 벌고 있어요. 문제가 뭔지 알겠죠?"

크루이프는 이해하고 있었다. 한 인터뷰에서 그는 이렇게 말했다. "죽을 때 남길 돈은 스물여섯 살 이후에 번 돈입니다. 그전에 번 돈은 다 쓰죠… 내일 당장 큰돈을 번다면 가장 먼저 뭘 하겠습니까? 포르셰를 사야죠."

"다른 가치 있는 걸 해도 되죠." 인터뷰를 한 기자가 말했다.

"아니요. 포르셰예요!" 크루이프가 말했다. "원래 그런 겁니다. 단 1년만 즐길 수 있다고 해도요. 왜냐? 아무도 몰라요. 하지만 선수들은 그렇게 해요. 말도 안 되지만요."[554]

카메룬 출신 미드필더 알렉스 송은 2005년 아스널에 합류했을 당시를 후에 이렇게 회상했다.

> 첫 프로 계약을 하고 너무 신났죠. 훈련하러 갔는데 (티에리) 앙리가 번쩍거리는 차를 타고 오는 게 보였어요. 얼마가 됐든 그런 차가 필요하다고 생각했죠. 프로 축구 선수가 되니까 자동차 판매점에 가서 계약서에 사인만 해도 차를 바로 준다고 하더라고요. 결국 앙리와 똑같은 차를 갖게 됐어요. 두 달 후에 저는 돈이 곧 바닥을 드러낼 것 같아서 그 차 대신 도요타를 주문했습니다.

몇 년 동안 송은 돈을 버는 족족 다 써 버렸다. 그러다 2012년 바르셀로나 이적 제의를 받았다. "바르사의 스포팅 디렉터가 제게 말했습니다." 송이 말했다. "바르사에서는 경기에 많이 못 뛸 수도 있다고요. 저는 상관없다고 했어요. 이제 진짜 백만장자가 될 거라고 생각했거든요."[555] 바르셀로나에서 송의 활약은 그저 그랬지만, 목표한 바를 이룰 수 있었다.

선수가 돈을 안 쓰면 다른 사람이 쓴다. 선수들은 돈을 노리는 하이에나들에게 둘러싸여 있다. 크루이프는 형편없는 비즈니스 고문 미셸조르쥬 바실레비치에게 당했다. 하이에나들 중 우두머리는 선수의 에이전트인 경우가 종종 있다. 이런 에이전트는 동시에 다른 하이에나들로부터 선수를 보호하는 역할을 한다. 미노 라이올라가 말했다. "(커리어 동안) 5,000만 유로에서 2억 유로까지를 벌 수 있는 선수가 있다고 해 봅시다. 어떻게 투자를 해야 할까요? 아니면 아예 하지 말아야 할까요? 선수들은 항상 사람들에게 제의를 받습니다." 라이올라는 흥분해서 말했다. "미노, 내 친구가 부동산 회사를 하는데, 이런 걸 할 거야. 14퍼센트의 수익이 있을 거야! 보장해!'"

라이올라가 덧붙였다.

> 하지만 은행도 조심해야 합니다. 은행 역시 상품을 팔고 싶어 할 테니까요. 저는 항상 선수들에게 "우리는 투자하지 않아." 라고 말합니다. 우리는 선수가 자신이 번 돈을 손에 쥐고, 최소한 손해는 없이 커리어를 마무리하기를 바랄 뿐입니다.
> 내가 제안하는 건 이거예요. "빨리 자기 집을 장만하고, 건물을 사라. 그게 아니라면 은행에 넣어 두기만 해라. 이율이 낮더라도 상관없다. 자기가 전혀 알지 못하는 사업에는 투자하지 마라." 내가 관리하는 선수들은 다들 커리어 초반에 식당, 호텔, 카페 같은 걸 하고 싶어 했죠. 외식업 출신인 저는 이렇게 말합니다. "나한테 와서 그런 얘기 하지 마, 절대로. 외식업은 내가 잘 알고 있거든."

아버지의 피자 가게에서 일하며 자란 라이올라는, 돈을 더 벌기 위해 다른 방법을 궁리할 필요가 없는 오늘날의 축구 선수와, 부업을 생각해야 했던 과거 축구 선수의 차이점을 정확히 짚었다. 2008년 말 유럽 챔피언 AC 밀란의 라커룸에서는 카푸, 클라렌서 세이도르프(Clarence Seedorf), 마티외 플라미니(Mathieu Flamini) 같은 선수들이 훈련을 마친 후 정장으로 갈아입었다. 그러고는 시내로 차를 몰고 가서 비즈니스 미팅을 했다. 정상급 축구 선수일지라도 은퇴 후 다른 커리어가 필요하다고 여겼던 마지막 세대라 할 수 있다.

오늘날의 선수들은 바르셀로나 같은 팀에서 몇 시즌을 보내고 돈을 보관하기만 한다면, 누구나 대가족을 죽을 때까지 먹여 살릴 수 있을 정도로 많은 돈을 번다. 스포팅인텔리전스(Sportingintelligence)의 조사에 따르면, 2019년 바르사 1군 선수들의 평균 연봉은 1,220만 달러로, 지구상 모든 스포츠 클럽들 중 가장 높다. (레알 마드리드와 유벤투스가 나란히 2위와 3위를 차지했고, NBA 팀들이 나머지 10위권을 채웠다.)[556] 바르셀로나의 연봉 수준은 엘리트 축구 기준에서도 터무니없이 높다. 레알 마드리드에서 뛰던 당시 라모스는 친구인 피케가 바르사에서 받는 연봉을 참고해 자신의 연봉 협상을 하고자 했지만, 피케가 실제로 받는 돈의 액수를 알고는 경악했다.[557] 바르사는 시장가보다 높은 임금을 지불했는데, 부분적으로는 보다 전통적인 비즈니스를 했던 디렉티우스가 클럽을 운영했기 때문이다. 축구 에이전트들과 마주할 때 그들은 사자 앞의 가젤 같았다. 또한 많은 축구 클럽의 고위 관계자들과 마찬가지로 그들은 선수들을 두려워하는 경향이 있었다.

팬데믹으로 인해 임금 삭감이 추진된 이후에도 정상급 축구 선수들은 여전히 역사상 그 어느 때보다 더 많은 돈을 벌고 있다. 엄청난 연봉은 선수들을 외골수로 만들고, 어린아이 같은 면을 부추긴다. 청소년기부터 선수들은 측근이나 가족, 클럽의 보호를 받으며 축구에만 집중한다. 돈 관리 담당에는 전문성보다는 매력이나 친근함이 앞서는 인물들이 고용된다. 예를 들어, 메시가 불법적인 세금 처리를 눈치채지 못한 것도 이런 이유 때문이다. 전 바르사 관계자는 내게 "메시는 은행 계좌가 뭔지도 몰라요."라고 말했다.

선수를 바보인 상태로 두면 클럽과 에이전트 모두에게 유리하다. 일반적으로 선수는 자신의 커리어를 결정짓는 협상을 진행하는 동안 테이블에 앉아 있지도 않는다. 클럽과 에이전트는 선수가 알지 못하는 비밀 거래를 할 수도 있다. 선수가 남는 대가로 클럽이 에이전트에게 보너스를 줄 수도 있는 것이다. 아니면 선수가 갑자기 다른 클럽으로 이적해야 할 수도 있다. 카메라 앞에 억지로 서서 새로운 팀의 유니폼을 들고 활짝 웃으며 말이다. 선수는 커리어 말미나 은퇴 후에야 이러한 역학 관계를 이해하는 경우가 많다.

선수는 보통 입 다물고 축구만 하도록 권유받는다. 뮤지션이나 유튜버와는 달리 선수는 논쟁적인 인물로 브랜딩이 되면 돈벌이에 전혀 도움이 되지 않는다. 선수들은 보통 아무것도 말하지 말라는 미디어 교육을 받는다. 기껏해야 이 정도를 말할 뿐이다. "이겨서 기쁘지만 토요일에 또 다른 중요한 경기가 있습니다." 뛰랑은 정치적 견해를 솔직하게 드러내는 보기 드문 선수다. 그는 선수들이 받는 경고를 이렇게 설명했다. "공개적으로 의견을 내는 순간 더 이상 모두의 지지를 받을 수 없게 되죠." 네이마르의 측근은 몇 년 동안 네이마르의 이미지를 관리하면서 흥미를 끌 만한 말을 하는 것보다 그저 미소를 지으라고 가르쳤다. 네이마르를 인터뷰했을 때 내가 느낀 것은 그가 솔직하게 말하는 능력을 잃어버린 착한 청년이라는 점이었다.

현대 축구 선수 중 드물게 다른 직업을 겸하고 있는 선수는 피케다. 피케는 2010년 스페인의 월드컵 우승을 함께하는 동안 팀 호텔에서 쉬는 시간을 활용해 비디오 게임 회사를 설립한 강박적인 기업가다.[558] 이후 피케는 꾸준히 비즈니스를 했다. 그는 모든 수입에 대한 수치를 기억하고는 필요에 따라서는 투자자에게 직접 사업 계획을 설명할 줄 알았다. 피케는 2017년 코스모스 글로벌 홀딩(Kosmos Global Holding)이라는 재벌의 세계화를 패러디한 것처럼 들리는 이름의 회사를 설립했다. 피케는 이슈가 될 만한 얘기를 꺼내는 것을 좋아해, 종종 카탈루냐 독립 투표를 지지하는 발언으로 다른 스페인 사람들에게 적대감을 불러일으키기도 했다.

라쿠텐 다큐멘터리에는 다소 충격적인 장면이 나온다. 피케가 자신의 부를 정확히 인식하고 있다는 점이다. 1950년대 지식인 같은 검정색 터틀넥과 베를린 클러버 같은 가죽 바지를 입은 피케는 지역 라디오 쇼에 모습을 드러내고는 스튜디오에 자리한 청중 앞에 선다. 그는 환하게 웃으며 바르사의 지역 라이벌인 에스파뇰 팬들이 피케의 가족에 대해 부르는 노래를 따라 한다.

> Piqué, scoundrel, 피케는 건달
>
> Shakira is a man, 샤키라는 남자
>
> Your son is fathered by Wakaso 네 아들의 아빠는 와카소
>
> [a Ghanaian then playing for Espanyol] (당시 에스파뇰에서 뛰던 가나 선수)
>
> And you are gay. 넌 게이야.

피케는 엄지손가락을 들어 올리고 폭소를 터트리며 노래를 마친다. 진행자는 그의 연봉이 작은 마을의 예산과 비슷한지 묻는다. 피케는 "내 순자산이 에스파뇰* 예산보다 많을 걸요."라고 답한다.

"빌어먹을!" 진행자가 욕을 하며 웃는다.

프로듀서가 끼어들어 에스파뇰의 연간 예산이 5,700만 유로라고 알려 준다. 피케는 프로듀서의 말을 정정한다. "아, 제가

---

* 바르셀로나 연고의 라리가 클럽. 바르사의 지역 라이벌 구단으로 꼽힌다.

훨씬 더 많네요." (아마도 한 달 생활비가 1,000유로 이하일) 청중도 웃는다.[559]

이 장면은 프로 축구 선수의 문화가 일반인의 삶으로 넘쳐흐르는 것을 보여 준다. 축구팀 안에서 연봉은 지위의 척도다. 크루이프가 말했다. "가치의 정도가 돈으로 표현됩니다. 그렇기 때문에 연봉은 그저 선수가 버는 돈의 액수가 아니라 그 선수가 차지하는 지위를 의미합니다."[560] 피케는 신호를 보낸 것이다. 가능한 직설적인 방식으로 자신을 놀리는 사람들에게 자기 지위가 '너희들'과 다른 차원에 있다는 것을 알려 준 것이다.

축구에서 돈은 지위와 같은 의미이기 때문에 선수들은 이미 얼마나 많은 돈을 가지고 있느냐에 상관없이 계속 더 많은 돈을 얻어 내려고 한다. 로셀은 한때 꾸레였던 현지 출신 소년들조차 연봉 협상을 할 때 냉정한 모습을 보인다고 귀띔했다. 로셀은 예외적인 모습을 보였던 선수에 대해 경의를 표현했다. "카를레스 푸욜은 은퇴할 때 남은 계약 기간에 대한 임금을 요구하지 않았습니다. 내 인생 두 번째 일이었죠. 첫 번째는 (마르크) 오버르마르스였고요, 그리고 판 할도 있었네요."

하지만 축구 선수들은 그 많은 돈을 쓰는 데 어려움을 겪기도 한다. 특히 겸손이 미덕이라는 문화를 가진 클럽인 바르사에서는 더 그렇다. 바르사 선수들은 후원을 받은 아우디를 타고 출근하길 권유 받는다. 감페르 트레이닝 센터에 있는 1군 주차장을 지나던 어느 날 아침, 내가 본 (나이츠브릿지에 가면 주인공이 될 만한) 예외는 레인지로버 두 대, 지프 한 대, 빨간 페라리 한 대뿐이었다.

축구 선수들은 자신의 부를 자랑스러워하면서도 동시에 죄책감을 느끼기도 한다. 특히 빈민가에서 자랐으며 스스로를 정치적 급진주의자라고 여기는 마라도나나 호마리우 같은 선수들이 그렇다. 그들의 죄책감은 자기 파괴적인 행동으로 나타난다. 많은 축구 선수들은 때로 자신의 부를 여기저기 나눠 주려고 한다. 전 바르사 최고 경영자 페란 소리아노는 밝혔다. "수년 동안 나는 선수들이 사용하지도 않을 차에 수십만 유로를 쓰는 것을 봤습니다. 하지만 그들은 또한 거지에게 500유로를 주거나, 식당에서 65유로짜리 식사를 하고 팁으로 50유로를 놔두기도 했습니다."[561] 선수들은 그들이 떠난 사회와 다시 연결되고자 하는 갈망이 있는 것이다.

새로운 부류의 스타들

2020년 밸런타인데이, 이미 코로나바이러스가 스페인 전역을 휩쓸고 있었지만 아직 아무도 모르고 있었다. 그날 아침, 나는 감페르에서 진행된 바르셀로나 여자팀 훈련을 보러 갔다.

콘크리트로 된 낮은 관중석에는 나 말고도 관객이 한 명 더 있어서 그 옆에 자리를 잡았다. 그는 여자팀 골키퍼의 개인 물리 치료사라고 했다. 페널티 에어리어보다 작은 인조 잔디 구장에서 22명의 선수들이 굉장히 어려운 크루이프식 훈련을 소화하고 있었다. 파란 팀은 공격, 빨간 팀은 수비였다. 파란 팀은 6개의 미니 골대 중 하나에 슈팅을 해야 했는데, 슈팅하기 전까지 세 번의 패스를 완료해야 했다. 득점은 물론이고 완료된 패스에 대해서도 점수가 부여됐다. 그런 작은 공간에서 플레이할 수 있는 사람이라면 누구나 축구를 할 수 있을 것이다.

남성적 시선에 대해 이야기해 보자. 여자 선수들을 둘러싸고 있는 이는 10명의 남자 코치들이었다. 그들은 팔짱을 낀 채 선수들의 플레이를 유심히 지켜봤다. 그들의 존재가 강도를 높였다. 잘하든 못하든 각 선수들의 플레이를 모두 코치들이 분석할 것이다. 각 라운드가 끝난 후, 한 코치가 점수를 외쳤고 빨간 팀과 파란 팀은 조끼를 교환했다. 게임적인 요소는 매일의 훈련을 보다 재미있게 유지하는 데 도움이 됐다.

함께 앉아 있던 물리 치료사는 여자 선수들이 얼마나 진지하게 훈련에 임하는지 강조했다. 그러면서 남자팀 훈련에서는 장난스러운 선수들도 있을 거라고 했다. 실제로 근처 훈련장에서는 바르사의 유스 골키퍼들이 놀고 있었다. 한 명이 스프링클러에서 나오는 물을 맞자 모두 신나게 웃었다.

바르사 여자팀은 1988년에 창단됐지만 프로화된 것은 유럽에서 여자 축구 붐이 일어난 2015년이었다. 2017년 바르사 여자팀의 네덜란드 출신 윙어 리커 마르턴스는 네덜란드를 유로 우승으로 이끌었고, 올해의 세계 여자 축구 선수로 선정됐다. 마르턴스는 부모님과 함께 시상식이 열린 모나코로 갔다. 메시도 함께였다. 메시는 마르턴스에게 유로에서의 활약을 봤다며 우승을 축하했다. 모나코에서 남자 선수상을 탄 크리스티아누 호날두는 친한 동료처럼 마르턴스에게 농담을 건넸다.

2019년 3월, 아틀레티코 마드리드 원정이었던 리그 경기에서 마르턴스는 여자 클럽 축구 역사상 최다 관중인 6만 739명의 관중 앞에서 경기를 치렀다. 두 달 후, 마르턴스는 바르사 최초의 여자 챔피언스리그 결승전에 출전했고, 리옹에 1-4로 졌다. 하지만 마르턴스의 일상은 그렇게 화려하지 않았다. 1년에 몇 차례 가족들이 방문했지만 그들과 함께 머물 큰 집이 없었다. 마르턴스는 말했다. "남자 축구 선수들은 온 가족은 물론이고 원하는 누구나 데려올 수 있어요. 집을 마련해 줄 수도 있고요. 여자 축구에서는 아직 불가능한 일이죠. 여전히 저는 가끔 향수병에 시달려요."

어느 일요일, 나는 감페르 옆에 위치한 아스타디 요한 크루이프(Estadi Johan Cruyff)에서 FC 바르셀로나 페메니와 로그로녜스(Logroñés)의 경기를 봤다. 1,842명의 관중이 '바르사 찬가'를 즐겁게 따라 불렀다. 수십 년 동안 남자 축구만 보다가 그라운드 바로 옆에서 여자 선수들이 서로를 부르는 목소리를 듣자니 생소했다. 비슷했던 것은 플레이 스타일이었다. 페메니는 바르셀로나의 빠른 패스를 바탕으로 한 크루이프식 축구를 했고 금세

4-0으로 앞서갔다.

바르사가 페널티킥을 놓치자 관중석 앞쪽에 있던 중년의 스칸디나비아인 커플이 (남자는 뒤에 '요한센 1'이라 적힌 유니폼을 입고 있었다.) 펄쩍 뛰며 박수를 쳤다. 이들이 로그로녜스 골키퍼의 부모라는 것을 안 다른 관중들은 공감의 웃음을 터트렸다. 그 골키퍼는 페널티킥을 막은 것도 아니었지만 (공은 골문 옆으로 굴러갔다.) 0-4로 지고 있는 상황이라면 충분히 축하할 만한 일이었다. 경기가 끝난 후 그 골키퍼는 달려와 부모님과 긴 포옹을 나눴다. 그렇다. 이곳은 캄 노우가 아니었다.

바르사 여자 선수들이 1년 동안 버는 돈은 남자 선수들이 일주일 동안 버는 돈보다 적다. 하지만 그 격차는 조금씩 줄어들기 시작했다. 레알 마드리드가 마침내 여자팀을 창단한 것은 바르셀로나에도 기쁜 일이었다. 스페인 여자 리그에 활기를 더했기 때문이다. 2020년 10월, 마드리드 훈련 단지의 11번 경기장에서 바르사는 첫 여자 엘 클라시코를 4-0 승리로 장식했다. 팬데믹으로 인해 관중석은 비어 있었지만, 경기는 스페인 공영 TV 채널을 통해 생중계됐다. 2021년 5월, 페메니는 여자 챔피언스리그 결승전에서 첼시를 4-0으로 대파하며 첫 챔피언스리그 우승을 차지했다. 2022년 3월, 캄 노우에서 열린 여자 엘 클라시코에는 9만 1,553명의 관중이 들어찼다. 비가 내리는 이른 저녁에 열린 경기였음에도 여자 경기 세계 최다 관중 신기록을 세운 것이다.

여기에 잠재력이 있다. 스페인 내부도 그렇지만 외부에도 더 큰 잠재력이 있다. 바르사는 뉴욕에도 사무실을 두고 있는데, 이곳 관계자들은 미국 시장에서 페메니가 가진 영향력에 놀랐다. 드릴과 잔디 깎는 기계를 만드는 회사인 스탠리 블랙 앤 데커(Stanley Black & Decker)는 브랜드가 가진 남성적 이미지를 탈피하기 위해 페메니 유니폼에 이름을 올렸다. 전반적으로 페메니는 바르사에서 성 평등의 가치를 빛내고 있다. 앞으로 여성 인재의 위상이 점차 높아짐에 따라 여자 선수들도 남자 선수들의 지위를 어느 정도 누릴 수 있게 될 것이다.

XII

먹고, 플레이하고, 취침하라
— 스타 선수와 개인 요리사

카스텔데펠스에 위치한 루이스 수아레스의 집 주방에는 바비큐 시설이 갖춰져 있다. 길 건너에 사는 메시가 남미 음료인 마테차를 마시는 동안, 수아레스는 실내 그릴에 스테이크를 올리고는 소금을 뿌린다. 식탁 위에는 거의 비어 있는 와인 잔과 치즈 접시 같은 물건이 놓여 있다. 옆에 놓인 테이블 위에는 샴페인 여러 병과 모엣(Moët) 브랜드의 쿨러가 빼곡히 놓여 있다.

풀백 조르디 알바가 갖고 오기로 한 와인 없이 들어오자 아쉬워하는 소리가 들린다. 알바는 아기 손에 닿지 않도록 와인을 숨겼다가 깜빡 잊었다고 해명한다. "가져오기 싫었던 거네." 메시가 핀잔을 준다. 하지만 어딘가에서 곧바로 레드 와인 한 병이 나온다. 메시는 그릇에 있던 딸기를 칼로 찍어 디저트 삼아 먹는다.[562] 이 장면에는 마라도나 스타일의 폭식이 전혀 없다. 하지만 올림픽 조정팀의 영양사가 봤다면 심장마비를 일으켰을 것이다.

톱 클럽들은 지난 10년간 선수들이 어떻게 먹고, 수면을 취해야 하는지, 그들의 건강을 어떻게 관리해야 하는지를 연구해왔다. 물론 그럼에도 클럽과 선수들 사이에는 지식 격차가 크게 벌어져 있다. 변함없는 최대의 난제는 이것이다. 어떻게 하면 스타 선수들이 클럽의 조언을 받아들이게 할 것인가, 그것도 바르셀로나처럼 유혹으로 가득한 도시에서? 프렌키 데 용은 바르사로 이적한 뒤, 네덜란드 대표팀 감독 로날트 쿠만에게 주의를 들었다. "외식을 너무 자주 하지는 말게. 너무 많이 먹지도 말고. 바르셀로나는 살기에 너무 좋아서 1년 내내 휴가를 간 것처럼 느껴질 수 있거든."[563] 게다가 스페인에는 수면 습관 문제도 있다. 스페인은 유럽의 다른 나라들보다 하루 평균 53분을 덜 자는 나라다.[564]

축구 선수들이 제대로 먹고 잘 수 있게 만드는 건 아이들에게 하는 것만큼이나 어려운 일이다.

★

바르사 선수들은 확실히 선배들에 비해 건강한 삶을 영위한다. 바르사의 첫 외국인 스타였던 라디슬라오 쿠발라는 헝가리 난민 출신이었는데, 밤 문화에 빠져 산 것으로 유명하다. 시드 로우(Sid Lowe) 기자는 쿠발라가 매번 훈련을 앞두고 '찬물 샤위, 치료대 위에서 수면, 아스피린을 넣은 커피 마시기'를 한 후에야 몸을 풀러 나가는 습관이 있었다고 썼다. 한번은 세관원이 신고할 게 있냐고 묻자, 쿠발라가 배를 두드리며 이렇게 말했다고 한다. "그렇소, 여기 위스키 2리터!"[565]

이런 습관의 일부는 그 뒤로도 이어져 내려왔다. 1973년 바르사는 코파 헤네랄리시모(Copa Generalísimo)[*]에서 세비야에 1-3으로 패했다. 바르셀로나 감독 리누스 미헬스가 선수들의 외출을 금지하자, 몇몇 선수들은 방에 모여 룸서비스로 카바(cava)[**] 두 병을 주문했다. 로비에서 술을 들고 가는 웨이터를 발견한 미헬스가 어느 방으로 가는지 물었고, 자기도 그 방으로 간다며 술쟁반을 받아 들었다. 방문을 두드리자 선수들이 문을 열었고, 웨이터 대신 나타난 '장군'은 네덜란드어로 소리를 지르며 술병을 바닥에 던졌다. 깨진 병 조각이 사방에 나뒹굴었다.

몇 주 뒤, 페루 출신의 우고 소틸(Hugo Sotil)이 바르사에 입단했을 때 기자 회견에서 나온 첫 질문은 이것이었다. "샴페인 좋아합니까?"[566]

미헬스가 크게 화를 냈지만 바르사 선수단의 습관을 바꾸지는 못했다. 카탈루냐 사람들은 로마 시대부터 와인을 즐겨 왔고, 네덜란드에서 온 감독이 좀 흥분한다고 한들 멈출 리 없었

---

[*]   지금의 스페인컵. 당시에는 프랑코 장군(General)을 기리는 명칭을 썼다.
[**]   스페인 전통 방식으로 만든 스파클링 와인.

다. 리네커는 이렇게 회상했다.

> 경기 전 식사 시간에 바르셀로나 선수단 테이블에는 항상 와인이 놓여 있었습니다. 선수들 대부분이 자연스럽게 와인을 곁들여 식사를 했어요. 잉글랜드 클럽에서는 절대 없을 일이죠. 점심 식사에 와인을? 1980년대 잉글랜드 클럽에서 그런 일이 있었다면 난리가 났을 겁니다.[567]

좋은 와인은 바르사 선수들이 누리는 특권 중 하나였다. 바르사는 수십 년에 걸쳐 유럽 원정 때 리오하(Rioja) 와인 마르케스 데 아리엔소(Marqués de Arienzo)를 한 상자씩 가지고 다녔다.[568] 많은 외국인 선수들이 바르사에 머물던 시절에 와인 전문가가 됐다. 크루이프는 1970년대 후반 와인 수출에 손을 댔지만 수익을 내지는 못했다.[569] 한 세대 후 미카엘 라우드루프는 고향 덴마크에서 성공적으로 와인 사업을 운영했다. 한 와인 산업 전문 블로거는 라우드루프가 차린 '라우드루프 빈 & 가스트로노미(Laudrup Vin & Gastronomi)'를 '스페인의 와인과 고급 식품을 스칸디나비아 국가에 전파한 가장 중요한 수입사'라 평가했다.[570]

바르사에서는 음식도 늘 훌륭했다. 바르사가 챔피언스리그 우승을 차지한 2006년, 선수 한 명이 정기적으로 최상급 푸아그라를 라커룸에 가져왔다. 바르사 의료진은 푸아그라가 건강에 좋다는 그 선수의 믿음을 깨뜨리지 못했다.

당시에는 축구 선수가 '좋은 삶'을 사는 게 어느 정도 용인되던 때였다. 하지만 그 이후 축구 경기에서 필요한 신체 단련 수준이 급격히 높아졌다. 게토레이 스포츠 과학 연구소(Gatorade Sport Science Institute)에 따르면, 잉글리시 프리미어리그에서 시속 15킬로미터 이상으로 움직이는 '고강도 달리기'가 2006년부터 2013년 사이에 30퍼센트나 증가했다. 챔피언스리그에서도 스프린트 횟수가 급격히 늘었다. "우리만의 축구를 하기 위해서는 몸 상태(physical condition)가 훨씬 더 좋아야 합니다." 파코 세이룰로가 말했다.

현대 축구 감독들은 1년 중 11개월 동안 거의 매일 선수들을 밀어붙인다. 회복할 시간은 거의 없다. 대부분의 선수들은 가을에 최고의 경기력을 발휘하는데, 2월과 5월 사이에는 그런 수준의 경기력을 유지하는 데에 어려움을 겪는다. 바르사는 이때를 '고강도 경쟁(high competition)'의 시기로 정의하는데, 경기 수와 이동 거리가 늘어나고, 수면 시간이 줄어들기 때문이다.

바르사와 수년에 걸쳐 연구를 진행한 바르셀로나 대학교의 스포츠 의학 전문가 질 로다스(Gil Rodas)는 경기의 '강도와 밀도'가 높아질수록 근육과 힘줄의 부상 가능성도 높아진다고 말했다. 그는 이런 부상을 축구의 '암'이라고 불렀다.

빡빡한 일정은 부상을 유발한다. 한 연구에 따르면, 주당 두 경기를 치르는 선수는 주당 한 경기를 치르는 선수에 비해 부상 발생 확률이 6.2배 높다고 한다.[571] 선수 임금 인상은 부상에 따른 비용도 증가시켰다. 연봉 800만 유로를 받는 선수가 연간 40경기를 뛴다고 가정하면, 1경기를 빠졌을 때 낭비되는 비용은 20만 유로 정도가 된다.

간단히 말해, 축구 선수들은 더 건강해질 필요가 있다. 그렇다면 어떻게 해야 더 건강해질 수 있을까? 축구계에서 암암리에 전해지는 사실에 따르면, 브로콜리보다는 도핑(doping)이 더 도움이 된다. 나는 축구에도 불법 약물이 사용되고 있다고 확신한다. 한편, 클럽과 의사, 선수 들은 도핑에 적발되는 위험을 감수하지 않으려는 강력한 동기가 있다. 많은 의혹에도 불구하고, 바르셀로나가 도핑을 활용했다는 증거*는 알려진 게 없다.[572] 어쨌든 이와 별개로 바르사 스타일은 상대보다 더 많이, 또는 더 빨리 뛰는 축구와는 거리가 멀다. 전성기 바르셀로나 선수들은 공을 잡았을 때 충분히 쉴 수 있었다.

하지만 현대 축구에서는 모든 클럽들이 더 강력한 체력을 요구하는 스타일에 적응해야 했다. 영양 관리는 불법적인 약물 사용에 비하면 합법적이라는 장점이 있었다. 게다가 축구 산업에서 점점 더 수가 늘어나고 있는 밀레니엄 세대는 영양 관리

---

* (저자 주) 바르셀로나와 관련해서 가장 자주 언급되는 사건은 스페인 의사인 에우페미아노 푸엔테스(Eufemiano Fuentes)와 관련된 일이다. 2006년 그는 사이클링 약물 스캔들에 연루되어 체포되었는데, 하필 그가 바르셀로나와 레알 마드리드에서도 일한 전력이 있었다. 하지만 사이클링 약물 스캔들이 터질 당시 스페인에는 도핑방지법이 없어서 푸엔테스는 공중 보건 위반 혐의로 징역 1년을 선고받았고, 나중에는 모든 혐의에서 풀려났다.

를 점점 더 중요하게 여겼다. 점차 모든 클럽들이 소속 선수들의 식습관을 관리하기 시작했다. 2010년, 건강 관리에 집착하는 과르디올라 감독은 안토니아 리사라가(Antonia Lizárraga)를 바르사의 영양사로 임명했다. 스페인 리그에서는 두 번째 영양사였다. 몇 년 뒤 리사라가는 당시 축구계 통념이 "가장 중요한 것은 영양분이 아니라 골이 들어가는 거지."였다고 회상했다.

과르디올라는 훈련이 끝나면 바르사 선수들이 점심을 함께 먹도록 했다.[573] 전통적으로 축구 경기 당일의 식사는 치킨이나 소스 없는 파스타, 그리고 가끔씩 스테이크로 구성됐다. 리사라가는 키노아(quinoa)*와 생선을 식탁에 올렸다. 그녀는 라 마시아를 비롯한 모든 바르사 팀들을 위해 식단을 짜기 시작했다. 많은 바르사 선수들이 개인 요리사를 구할 수 있도록 도왔고, 그 요리사들과 늘 소통하며 선수들이 매일 개인 맞춤 식사를 할 수 있게 했다. (요리사들은 영양보다는 요리에 특화돼 있다.)

2010년대에 들어 축구계의 영양 관리 시스템은 작은 산업이 될 만큼 급성장했다. 바르사는 그 최전선에 있었다. 2019년 11월의 어느 화창한 날, 35개국의 스포츠 영양사와 '퍼포먼스 셰프(performance chef)**'들, 선수들의 개인 요리사들이 FC 바르셀

---

* 최근 슈퍼 푸드로 각광받고 있는 씨앗의 일종이다. 잉카어로 '곡물의 어머니'라는 뜻이다.
** 운동선수의 경기력을 최대한 끌어올릴 수 있도록 영양의 균형을 맞추어 음식을 만드는 요리사.

로나가 마련한 '스포츠 영양 콘퍼런스'를 위해 캄 노우 옆 강당에 모였다. 이 콘퍼런스는 바르사가 축구의 지식 기반을 구축하기 위한 시도였다. 영국에서 가장 많은 참가자가 건너왔다. 강당 밖에서는 운동선수 체형의 젊은 요리사들이 맛있는 '기능성 단백질 머핀'과 무알콜 '블러디 메리(Bloody Mary)*'를 제공했다. 나는 그곳에서 배를 채우느라 건강한 식생활 토론회를 놓치고 말았다.

하지만 나는 축구 선수들이 (이론적으로) 무엇을 먹어야 하는지에 대해 많이 배울 수 있었다. 스포츠 영양학의 주 원칙이 '주기화(periodisation)'라는 것을 알았다. 적절한 음식을 적절한 때에 먹어야 한다는 것이다. 바르사의 연구 기관인 바르셀로나 이노베이션 허브에서 발행한《축구를 위한 스포츠 영양(Sports Nutrition for football)》이라는 소책자가 특히 도움이 됐다. 다음은 바르사의 권장 사항 중 일부다.

- 기쁘게도 카페인은 인지 능력, 전력 질주, 패스 정확도에 이르기까지 축구의 모든 측면을 향상시키는 것으로 보인다. 훈련을 앞둔 아침 식사에서 차나 커피를 마시기를 권장하고, 경기 날에는 카페인이 함유된 스포츠 음료(또는 껌)를

---

* 보드카, 토마토주스, 핫소스, 마늘, 허브, 올리브, 소금, 후추, 레몬주스 등을 섞어 만든 칵테일.

마시는 걸 추천한다. 워밍업 때 섭취하는 게 가장 좋다.[574]

• 탄수화물은 경기 전 식사에 꼭 필요한 요소다. 일반적으로 경기 시작 세 시간 전에 섭취해야 한다. 대부분의 클럽들은 하프 타임에도 젤이나 음료 형태의 탄수화물을 선수들에게 제공한다. 활동량이 많은 선수는 탄수화물을 꼭 보충해야 하며, (부상으로 인해) 활동량이 많지 않은 선수라면 탄수화물 과다 섭취로 살이 찔 수 있다.

• 영양사들은 경기 전 식사에 대해 오랫동안 집착해 왔다. 최근에는 경기 후 식사에 대해서도 많은 연구를 하고 있다.[575] 운동 직후는 몸이 영양소를 가장 잘 흡수하는 때다. 게다가 경기 직후에는 클럽이 선수가 무엇을 먹는지 어느 정도 관리할 수 있다. 그래서 유벤투스는 홈구장 라커룸에 식탁을 설치했다. 원정 팀 역시 되돌아가는 버스에서 톱클래스 요리사가 준비한 식사를 할 때도 있다.

경기 종료 후 한 시간 이내에 손상된 근섬유를 회복할 수 있도록 선수들은 단백질을 섭취해야 한다. (리사라가는 선수가 '손상/회복, 손상/회복'의 주기를 거친다고 말했다.) (몇몇 클럽들의 경우 개별 선수에게 맞춰 준비하기도 하는) 항염 단백질 회복 셰이크를 훈련과 경기 후에 마시는 것은 축구계에서 하나의 의식이 됐다.

• 브로콜리, 양배추, 콜리플라워, 미니 양배추와 같은 고섬유

질 채소는 일주일에 두 번 섭취해야 하지만, 가스가 차고 소화하는 데 시간이 걸린다는 점을 감안해 경기장에 나가기 직전에는 먹지 않는다.[576]

- 신체 조직의 염증은 시즌 내내 증가하는 경향을 보인다. 2월부터 시작되는 가장 힘든 시기에는 과거 축구계에서 사용했던 마약성 진통제 대신 말린 과일이나 사골 수프 같은 항염 식품 섭취를 늘려야 한다. 리사라가는 음식이 곧 약이라고 말했다.

바르셀로나 이노베이션 허브에서 발간한 영양 안내서에 나온 요리법을 몇 가지 소개한다.

단백질 브라우니
: 선수들을 위한 오후 간식

밀가루 80g

베이킹파우더 10g

순 코코아 파우더 1스푼

다크 초콜릿 150g

버터(상온) 또는 코코넛 오일 또는 엑스트라 버진 올리브 오일 200g

황설탕 200g

대란 3알

다진 호두 12

말린 크랜베리 50g

유청 단백질 100g (초콜릿 맛 80퍼센트)

사발에 밀가루와 베이킹파우더, 코코아 파우더를 넣고 섞은 뒤 놓아둔다. 초콜릿을 중탕으로 녹여 놓아둔다. 버터를 사용한다면 부드러워질 때까지 젓는다.

또 다른 사발에는 달걀과 설탕을 넣고 치댄 뒤, 버터(또는 오일)와 녹인 초콜릿을 넣는다. 천천히 밀가루 혼합물을 더한다. 유청 단백질과 호두, 크랜베리를 넣는다.

반죽을 베이킹 틀에 붓고 고르게 편다. 섭씨 180도에서 약 20분간 굽는다.

코코넛 밀크, 캐슈너트, 강황을 넣은 커리 소스

: 단백질과 채소, 키노아, 파스타, 쌀 등과 잘 어울리는 건강 소스

생 캐슈너트 140g

양파 1개

엑스트라 버진 올리브 오일 1티스푼

코코넛 밀크 250㎖

강황 2티스푼

맛내기용 커리 파우더

다진 파슬리

소금과 후추

캐슈너트를 물에 20분간 불린다. 양파를 썰어 올리브 오일에 볶는다. 캐슈너트를 간 다음에 코코넛 밀크, 볶은 양파와 섞는다. 10분간 더 조리한다. 강황과 커리 파우더, 파슬리, 약간의 양념을 넣고 약한 불에서 몇 분 더 조리한다.

레체 메렝가다(Leche Merengada)
: 선수들의 긴장 완화와 숙면에 도움이 되는 진정 음료

락토프리 우유 200㎖

레몬 1/4 껍질

시나몬 스틱 1

카세인 파우더 20g

아가베 또는 메이플 시럽 1티스푼

장식용 시나몬 파우더

우유와 레몬 껍질, 시나몬 스틱을 냄비에 넣고 끓인다. 불을 끈 후 뚜껑을 덮고 20분간 우린다.

레몬 껍질과 시나몬 스틱을 건져 낸다. 카세인과 시럽을 넣고 시나몬 파우더를 위에 뿌린다.

선수들에게 단백질 회복 셰이크를 마시게 할 수는 있지만
술을 못 마시게 할 수는 없다

클럽이 영양을 염두에 둔 식단을 짜는 것과 선수들이 그것을 섭취하도록 하는 일은 완전히 별개다. 당신이 바르사 선수가 됐다고 상상해 보라. 거쳐 온 모든 팀에서 스타플레이어였을 당신은 탄탄대로를 걸었고, 그 덕분에 바르사에 입단할 수 있었다. 지금 당신의 몸 상태는 최고다. 나이트클럽에 들어가면 최고 인기남이 된다. (바르셀로나는 뉴욕이 아니다. 축구 선수는 사실상 이 도시에서 유일한 특급 셀럽이다.) 원하는 건 무엇이든 먹고 마실 수 있다. 그런데 선수 주급 정도의 연봉을 받는 영양사들이 선수가 먹는 음식물을 제한하려고 한다? 여기는 감옥이 아니다.

축구 선수의 커리어가 짧다는 것은 진부한 말이 됐다. 오늘날 정상급 선수들은 꽤 길게 선수 생활을 이어 간다. 선수들의 커리어는 청소년기에 유스 아카데미에서 시작해 매년 12개월 중 11개월씩 사실상 20년 동안 지속된다. 수도사처럼 살기에는, 그리고 자신이 언제 정점에 도달해야 하는지를 정확히 알고 몇 년에 걸쳐 극기 훈련을 참아내는 올림픽 선수들처럼 살기에는 너무 긴 시간이다. 미국의 팀 스포츠는 몇 달 동안 비시즌을 갖는다. 이 기간 동안 선수들은 햄버거를 먹거나 밤 문화를 즐길 수 있다. 축구 선수들에게는 배 터지게 먹거나 쫄쫄 굶는 등 극과 극을 오갈 수 있는 비시즌 기간이 사실상 존재하지 않기 때문에 그럴 기회가 거의 없다.

많은 축구 선수들, 특히 젊은 선수들은 단순히 무엇을 먹어야 할지 모르거나, 스포츠 영양을 이해하지 못하는 사람이 만든 요리를 먹는다. 영양에 관심을 갖는 선수일지라도 경기장에서 최상의 모습을 보이는 것보다는 나이트클럽에서 멋지게 보이는 데에 더 관심을 기울인다. 어떤 선수들은 의무 스태프에게 하프타임에 물 한 병 마시는 것도 힘들다고 하지만, 마라톤 선수는 달리는 동안 열한 병을 마실 수 있다. 어떤 선수들은 경기 후에 배가 고프지 않다고 한 뒤 지인들과 늦은 저녁을 먹으러 간다. 어떤 선수들은 빅 클럽에서 뛰지만 국가 대표팀에 소집되면 영양사 없이 몇 주를 보내기도 한다.

바르셀로나에서는 위험 요소가 더 많다. 스페인의 저녁 식사 시간은 오후 10시나 그 이후다. 심야에 먹는 음식은 염증, 혈당 수치, 체중을 증가시키고, 수면을 방해한다.

바르사와 팀 내 영양사들은 때때로 경악할 만한 상황을 만나기도 한다. 2018년 바르셀로나에 입단한, 프랑스 출신의 스무 살짜리 선수 우스만 뎀벨레는 개인 요리사를 네 명이나 연달아 빠르게 갈아치웠다. 네 번째 요리사였던 미카엘 나야(Mickael Naya)는 후에 이같이 밝혔다. "우스만은 착한 친구였지만 생활을 통제할 줄 몰랐어요. 삼촌, 친한 친구와 함께 살았지만 우스만에게 아무 말도 하지 못하더군요. 롤러코스터 같은 삶을 살더라고요. 우스만이 술을 마시는 건 본 적이 없지만, 그는 휴식의 중요성을 간과했어요. 그를 관리해 줄 사람이 없었습니다."[577]
스페인 신문들은 우스만 뎀벨레가 패스트푸드를 너무 좋아한
다고 보도하기도 했다.

뎀벨레가 2019/20 시즌 바르사의 첫 경기에서 또 다시 부상
을 입은 다음 날, 바르사는 엑스레이 촬영을 위해 그를 불렀지
만 나타나지 않았다. 어머니를 만나러 비행기를 타고 고향으로
날아갔기 때문이다. 돌아오자마자 검사를 받은 뎀벨레는 바르
사 의료진에게 전치 5주의 허벅지 부상을 진단받았다.[578] 뎀벨
레는 영양과 마찬가지로 치료에 대해서도 제멋대로였다.

이런 일은 축구에서 흔하게 일어난다. 선수는 부상을 숨기기
위해 (특히 계약 기간의 마지막 해라면) 팀 닥터 만나기를 꺼린다. 어
쩌면 치료법에 대한 미신이 있을지도 모른다. 개인 물리 치료사
나 무면허 돌팔이 의사의 말에 더 귀를 기울일 수도 있다. 이런
사람들은 보통 클럽에 알리지 않고, 검증되지 않은 치료법, 예
를 들면, 얼음 목욕을 선수에게 처방한다.

바르사는 선수들을 치료실로 유도하기 위해 노력하고 있다.
선수들에게 항상 바르사의 서비스를 홍보한다. 부상 선수들이
개인적으로 치료받는 것을 만류하기 위해 바르사는 지구상 최
고의 MRI 장비를 구입했다. 이 장비는 근육을 1밀리미터까지
관찰해 부상 부위를 정확하게 파악할 수 있다.

그러나 대부분의 사람들이 그렇듯이 축구 선수들은 자신의
몸을 직접 관리하고 싶어 한다. 고도로 프로페셔널한 클럽인 바

이에른 뮌헨에서도 과르디올라는 경기가 끝난 뒤 식사를 하는 선수들에게 잔소리를 해야 했다. 이미 수십 년 전 채식 선구자가 된 육상 스타 칼 루이스나 테니스 스타 마르티나 나브라틸로바처럼 자기 몸을 스스로 관리하고, 그에 따른 실패를 다른 사람의 탓으로 돌리지 않는 개인 종목 선수들만큼 엄격하게 영양 관리를 하는 축구 선수는 거의 없다.

물론 개인 종목 선수라도 제멋대로인 경우는 있다. 언젠가 페더러를 그의 전용 비행기에서 만나 아침 식사를 함께한 적이 있다. 나는 페더러가 인간의 음식을 먹기나 할지 궁금했는데, 정작 스튜어디스가 미니 크루아상, 뮤즐리(muesli)*, 과일 꼬치, 해독 주스 3종을 내오자 그는 과일만 뺀 나머지를 게걸스럽게 먹어 치웠다. 아침 식사가 끝났다고 생각했을 즈음 스튜어디스가 다시 와서 오믈렛을 권했다.

"오믈렛 먹어 볼게요." 페더러가 말했다. "안 될 것 없죠. 이제 브런치잖아요!"

자유분방한 식성에 놀란 나에게 페더러가 말했다. "너무 심각하게 살고 싶진 않습니다. 테니스 선수로만 사는 게 아니라는 걸 이렇게라도 되새기고 싶은가 봐요. 저는 매 경기 시작 전에 커피를 마시고, 초콜릿이 있으면 초콜릿도 먹어요. 아니면 쿠키도 괜찮고요." 특출한 사람이라면 일반인들처럼 희생하고 살 필

---

* 곡물, 견과, 말린 과일 등을 우유나 요거트 등에 타 먹는 오트밀.

요는 없다.

축구 클럽에서 영양사의 영향력은 제한적이다. 영양사는 일반적으로 스태프 위계에서 제일 아래에 위치하면서도, 의료진, 피지컬 코치들, 물리 치료사들과 경쟁적으로 선수들이 자신의 말에 귀를 기울일 수 있도록 노력한다. 영양사는 특정 음식을 추천할 수는 있지만, 선수의 집에 찾아가 억지로 그것을 먹게 할 수는 없다. 식사 시간에 선수들과 함께 앉는 경우도 거의 없다. (몇몇 클럽에서는 어린 선수가 노장 선수와 같이 앉지도 못한다.) 팀의 경기 전 식사는 영양사의 한 주 업무 중 가장 중요한 일인데, 보통은 뷔페 형식이다. 선수들이 올바른 선택을 하도록 어떻게 설득할 수 있겠는가?

라커룸처럼 위계가 있는 환경에서는 영향력이 큰 사람의 역할이 중요하다. 축구에서 거의 모든 주제에 가장 큰 영향을 미치는 사람은 바로 감독이다. 만약 감독이 영양 섭취의 중요성을 무시한다면, 팀의 영양사가 아무 말도 하지 못하게 하는 셈이다. 그리고 다음 경기 출전 선수 명단을 공유해 영양사가 선수들의 식사 일정을 조정하는 것도 돕지 않을 것이다.

신중한 영양사라면 먼저 맞춤 식단으로 감독을 포섭한 후, 감독이 선수들에게 전도하도록 만들 것이다. 선수가 체중 측정을 할 때 감독이 그 자리에 참여하는 것만으로도 큰 차이를 만들 수 있다.[579] 과르디올라가 그런 감독이었다. 하지만 그의 후임자들은 과르디올라 체제의 영양 관련 규칙들을 다소 완화했다.

2019년, 바르사 선수들은 (아침 또는 오후) 훈련이 끝난 뒤 식사를 함께하기는 했지만, 집에 가고 싶은 사람들은 테이크아웃을 할 수 있도록 했다.

1950년대의 스타인 알프레도 디 스테파노는 "인간의 신체는 스무 살 때만 완벽하게 작동합니다."라고 말했다. 젊은 선수들은 나름의 이유를 들어 자기 몸이 영원할 거라고 생각한다. 많은 젊은 선수들이 규율과 헌신, 경청 같은 기술이 부족한 상태로 커리어를 시작한다. NBA 샌안토니오 스퍼스의 감독 그렉 포포비치(Gregg Popovich)는 대부분의 선수들이 나이를 먹고 '스스로를 이겨 내는' 과정을 거치면서 좀 더 가르치기 쉬운 상태가 된다고 말한 적이 있다.[580] 나이를 먹거나, 가정을 꾸리거나, 때로는 실패를 경험하거나, (큰 이적처럼) 커리어의 새로운 챕터에 접어들 때가 그런 시기다. 바로 이때가 영양사에게는 선수와 음식에 대해 진지한 대화를 나누기에 가장 적절한 순간일 수 있다.

감독을 제외하면 팀 내에서 가장 영향력이 큰 인물은 베테랑 선수들이다. 부상을 겪으며 커리어에 대한 걱정을 시작한 나이 든 선수들은 비트 주스에 관심을 갖게 된다. 메시 역시 이러한 경로를 따랐다. 스테이크, 달걀, 햄, 파르메산 치즈, 모차렐라 치즈로 만드는 아르헨티나 음식 '밀라네사 아 라 나폴리타나(milanesa a la napolitana)'를 사랑했던 메시는 20대 후반이 되자 자신의 기량이 떨어지는 걸 느꼈다. 경기를 뛰다가 구토를 한 적도 있다. 2014년 월드컵 내내 메시는 지쳐 보였다.

　많은 축구 선수들과 마찬가지로 메시는 외부 전문가, 즉 (나중에 과르디올라를 따라 맨체스터 시티로 자리를 옮기는) 영양학자 실비아 트레몰레다(Silvia Tremoleda)[581]에게 조언을 구했고, 이탈리아 영양사 줄리아노 포세르(Giuliano Poser)의 베네치아 클리닉을 방문했다. 메시는 이 시즌에 거의 채식을 한 것으로 알려졌다. 채식은 축구계의 새로운 트렌드다. 메시는 수 킬로그램을 감량했다. (그의 라이벌 크리스티아누 호날두는 2016년에 이미 스파르타식 다이어트를 해 82킬로그램에서 79킬로그램으로 체중을 줄였다. 스피드를 되살리기 위해서였다.) 서른 살이 된 메시는 과거를 돌아보며 말했다. "오랫동안 식습관이 좋지 않았어요. 초콜릿, 탄산음료 같은 걸 먹었으니까요. 그랬더니 경기 중에 구토까지 나왔던 거죠. 이제는 생선, 고기, 샐러드를 주로 먹으면서 몸을 잘 챙기고 있어요."[582]

　메시의 변화는 바르사에서 리사라가의 역할에 힘을 실었다.[583] 메시는 라커룸의 라이프스타일 인플루언서가 되어 공개적으로 뎀벨레에게 경고를 하기도 했다. "뎀벨레는 좀 더 프로페셔널해질 필요가 있어요… 그 친구가 부상 때문에 계속 불운을 겪지 않길 바랍니다."[584]

　다행히 영양 관리에 대한 사회적 관심이 늘어나면서 많은 축구 선수들도 영향을 받고 있다. 리사라가는 선수들이 자신의 식사량을 관리하고 식사 루틴을 따르게 되면서, 부상이나 불운의 희생양이 될 수 있다는 스트레스를 조절할 수 있게 되었다고 설명했다. 일부 선수들은 채식주의자가 되기도 했다.

하지만 확실히 바르셀로나에서는 선수들에게 건강한 음식을 제공하는 것만으로는 부족하다. 선수들의 탈선을 막기 위해서는 케이크나 셰이크처럼 맛있는 음식도 있어야 한다.

결국 식탁에 올라오는 음식은 클럽과 선수의 타협의 결과물이 된다. 2014년 9월 말라가전에서 무승부를 거둔 뒤, 바르사의 경기 후 식사 내용이 언론에 노출됐다. 바르사는 메인 코스로 근육 회복에 도움이 되는 탄수화물과 당분이 풍부한 메뉴 옵션을 선수들에게 제공했다. 당시 선수들이 선택한 메뉴는 다음과 같다.

테어 슈테겐: 스시와 누텔라 샌드위치

피케: 누텔라 샌드위치와 과일

라키티치: 초밥(2인분)과 과일

부스케츠: 햄 피자와 과일('파인애플과 딸기만')

차비: 다진 닭 가슴살과 햄 피자

이니에스타: 햄-치즈 피자, 볼로냐 샌드위치, 초리소

수아레스: 햄-치즈 피자, 시저 샐러드[*]

---

[*] 잎채소 샐러드의 일종. 구운 빵 조각에 양상추, 오일, 레몬주스, 달걀 등을 넣는다.

메시: 치즈 피자

네이마르: 햄-치즈 피자, 과일

마스체라노: 파스타 샐러드와 과일 두 조각

세르지 로베르토: 초밥과 누텔라를 바른 '트리플 샌드위치'[585]

경기 후 식사에 당분이 많이 필요하다는 것을 감안하더라도, 선수들의 선택이 최선으로 보이진 않는다. 햄-치즈 피자에는 포화 지방과 소금이 범벅이다. 하지만 최소한 선수들이 먹어야 할 단백질과 탄수화물은 들어 있다. 그리고 몇몇 선수들이 집에서 먹는 음식들과 비교하면 사실상 건강식품이다.

축구 선수 몸의 미스터리

축구 선수들이 올바른 음식을 섭취하도록 온갖 노력을 기울이고는 있지만, 그게 차이를 만든다는 과학적 증거는 아직 없다. 균형 잡힌 영양이 축구 경기를 승리로 이끈다거나, 부상을 얼마나 예방할 수 있는지 알 수 있는 방법은 없다. 예를 들어, 뎀벨레의 근육 부상은 나쁜 식습관 때문이 아니라 단거리 선수 타입의 체형과 불운 때문일 수 있다. 프랑스 피지컬 트레이너 세바스티앙 로페스(Sébastien Lopez)는 바르사의 나이 든 선수들에게 맞춰진 느린 속도의 훈련으로 인해 뎀벨레의 스프린트 훈련이

제한됐다고 주장했다.[586] 즉, 뎀벨레가 개인 요리사를 갈아치운 사실과 부상은 관련이 없을 수도 있다. 알 수 있는 방법은 없다.

이러한 사실은 더 거대하고 불편한 진실을 알려 준다. 톱클래스 선수들은 매우 소수이므로 그들에 대한 어떤 종류의 과학적 증거도 손에 넣기가 어렵다는 점이다. 그들의 몸과 요구 사항은 너무나 제각각이어서 의학적인 연구는 거의 이뤄지지 못했다.

선수가 햄스트링 부상으로 중요한 경기에 결장하는 것은 팀에게는 우승컵을 놓칠 수도 있는 재앙이다. 하지만 보통의 사무직 회사원이라면 햄스트링이 당기거나 2주간 근육 조직이 좋지 않아도 거의 알아차리지 못한다. 의학 연구가 이 문제를 심각하게 다루지 않는 것도 당연하다. 바르사가 내부적으로 연구를 할 수도 없다. 엘리트 성인 남자 축구 선수의 표본이 25명에 불과하기 때문이다. 바르셀로나와 비슷한 열두 개 정도의 정상급 클럽들은 내부의 의료 자료들을 외부와 공유하는 것을 꺼린다. 이것이 축구의 중요한 결정, 예를 들어 '이 선수는 수술이 필요할까?' 같은 판단이 직관에 기대어 이뤄져 온 이유다.

게다가 축구 선수의 몸은 일반인들과 다른 루틴을 따르기 때문에 팀에서 아는 게 부족할 수밖에 없다. 바르사 선수들은 몇 가지 '역설적인 생물학적 지표(paradoxical biomarkers)'를 갖고 있다. 평범한 사람에게는 해롭지만 정상급 스포츠 선수에게는 이로운 것들이다. 예를 들면, 바르셀로나 선수들은 '좋은' 콜레스테롤과 '나쁜' 콜레스테롤의 수치가 모두 높다. 보통 사람들에게 심장마비와 뇌졸중의 위험을 높인다고 알려진 아미노산 호모시스테인(amino acid homocysteine) 수치도 높다.

선수들은 길버트 증후군에 걸릴 가능성도 평균 이상으로 높다. 길버트 증후군은 혈액 내 노란색 물질인 빌리루빈(bilirubin)을 정상보다 더 많이 생성하게 하는 경미한 유전 질환으로 황달을 유발할 수 있다. 하지만 운동선수에게는 장점이 될 수 있다. 과도한 빌리루빈은 염증을 줄인다.

축구 선수는 별도의 의료 관리가 필요한 변종에 해당한다. 우리는 아직 그들에게 무엇이 필요한지 잘 알지 못한다.

캄 노우의 잠 못 이루는 밤

축구는 아직도 체계화되려면 거리가 먼 분야다. 그래서 바르사는 '선수 건강' 분야에서 새로운 개척자 역할을 하고 있다. 이 책을 쓰는 동안 바르사 이노베이션 허브는 근육 및 힘줄 부상에 관한 수십 가지 연구를 위해 과학자들과 파트너십을 맺었다. 바르사는 스트레스나 부상을 예측하는 방법을 알아내겠다는 희망을 갖고 훈련 중인 선수들에게 칩을 부착하고 있다.

축구의 또 다른 성배(聖杯)는 선수들이 후반전에도 전반전만큼 힘 있는 플레이를 할 수 있게 하는 것이다. 최근 학설 중 하나는 선수들의 체온이 하프 타임 동안 너무 내려가면 경기력 저하에 부분적으로 영향을 미친다는 것이다. 이러한 증상은 선수들이 하프 타임 동안 겉옷을 입거나, 라커룸 온도를 높이거나, 후반전이 시작되기 전에 '재준비운동(re-warm-up)'을 하게 하는 등의 조치로 막을 수 있다.[587]

이제 바르사는 개별적인 관리를 시도하고 있다. 각 선수들의 '외부 부하'(최근 얼마나 많은 경기를 뛰었고, 플레이의 강도는 어떠했는가?)를 측정하는 것에서 '내부 부하'(외부 부하에 대해 심리적, 신체역학적, 생리적으로 어떻게 반응하는가?)를 측정하는 것으로 발전하는 것이다. 어쩌면 선수는 축구 경기에 나서는 것보다, 축구 관련 소셜 미디어를 읽으면서 더 많은 스트레스를 받는 것일지도 모른다.

축구 분야의 모든 새로운 개척자들이 최근 가장 광범위하게 연구하고 있는 것은 아마도 수면이 아닐까. 과학자들은 인간의 기능에서 수면이 차지하는 중요성에 대해 더 많은 것들을 밝혀 나가고 있다. 〈ESPN〉은 NBA 선수들의 불면에 대한 보도를 통해, "수면 부족은 신체 능력, 눈과 손의 협응력, 주의력 등 측정 가능한 모든 기능을 떨어뜨린다."고 했다.[588] 이 문제는 특히 직업적으로 언제나 최고의 모습을 유지해야 하는 엘리트 운동선수들과 밀접한 관계가 있다. 그러니 이런 엘리트들 중에서 놀라울 정도로 잠을 적게 자는 선수가 있다면 주목할 만한 일이다.

메시는 바르사 1군에 합류한 후 초기 몇 달 동안 작은 아파트에서 형 로드리고 가족과 함께 살았다. 당시 메시는 "클럽에서는 저더러 밤마다 잠을 잘 자야 한다고 했지만, 아직 아기였던 조카가 우는 통에 쉽지 않은 일이었어요. 그래도 잘 자는 척하곤 했어요."라고 말했다.[589]

피케는 2019년 축구와 사업을 병행할 당시 "하루에 네다섯 시간도 못 잤어요. 시간이 항상 부족했습니다."라고 밝혔다.[590] 부스케츠는 애인과 함께 살기 전에는 몇 년 동안 '축구를 생각하느라' 하루에 열여덟 시간을 깨어 있었다고 말했다.[591] 플레이스테이션을 하며 밤을 새웠던 뎀벨레도 빼놓을 수 없다.[592] (개인 요리사였던 사람의 얘기에 따르면) 뎀벨레는 "휴식에 대한 존중"이 없었다.[593]

불면이 언제나 선수의 잘못에서 비롯되는 건 아니다. 세계 곳곳을 누비며 한 시즌에 60경기 이상을 뛰어야 하는 상황에서 어쩔 수 없는 측면이 있다. 경기에서 비롯된 홍분은 각성을 촉진하는 호르몬인 코르티솔(cortisol) 분비를 자극하고, 수면을 유도하는 호르몬인 멜라토닌(melatonin) 분비를 억제한다.[594] 오랫동안 잉글랜드 국가 대표 공격수로 활약했던 피터 크라우치(Peter Crouch)는 "경기가 끝나면 잠을 잘 수 없습니다."라고 말한 적이 있다.[595] 특히 리버풀 홈구장 안필드에서 경기를 마친 뒤에 그랬다. 크라우치는 자서전에서 이렇게 썼다. '머리는 너무 맑은데, 몸은 욱신거리고 귀는 윙윙거렸다. 몇 시간이 지나도 잠이 오지

않아서, 이제 자야겠다는 생각이 들 때까지 맥주를 꽤 많이 마셔야 했다.'[596]

경기 후 불면증은, 밤 10시에 시작해 취침 시간이 되어야 끝나는 경기를 자주 뛴 바르사 선수들에게서 유독 흔하게 발견된다. 바르사 영양사 리사라가는 수면 유도를 위해 우유나 칠면조를 권하지만, 락토프리 우유에 시나몬, 메이플 시럽 등을 넣고 만든 음료인 '레체 메렝가다(leche merengada)'[597] 한 잔으로도 해결되지 않는 밤이 있기 마련이다.

그리고 프리시즌 투어가 있다. 2019년 프리시즌에 바르사 선수단은 일본으로 건너가 7월 23일과 27일에 친선 경기를 치렀다. 그런 뒤 바르셀로나로 돌아와 8월 4일 아스날과 친선 경기를 가졌고, 사흘 후에는 미국 마이애미 소재의 하드 록 스타디움에서 나폴리를 상대했다. 일본과 시차가 13시간이나 나는 곳이다. 그리고 다시 세 시간을 날아 미시간으로 이동해 나폴리와 한 경기를 더 치렀다. 스페인으로 돌아오기까지 바르사는 3주간 네 번이나 아메리카 대륙을 가로질러 다녀야 했다. "생리학적 차원에서 그게 좋은 건지는 모르겠지만, 상업적으로 보면 이해가 돼요. 거기에 대해 불만을 표현하는 선수는 없습니다." 프렌키 데 용이 말했다.[598]

A매치 기간에는 일요일 밤에 바르사의 원정 경기를 뛴 뒤, 새벽 2시에 집에 돌아와, 4시 반에 잠이 들었다가, 아침 7시 비행기를 타고 대표팀에 합류해야 할 때도 있다. 데 용은 바르셀로

나로 이적한 직후 "아주 제대로 경험했죠."라고 인정했다. 축구는 전통적으로 그런 불만을 허용하지 않는다. 몇 달 뒤 FC 바르셀로나를 맡게 된 당시 로날트 쿠만 네덜란드 대표팀 감독은 "이런 경험을 해 보면서 더 큰 선수가 되는 거야."라며 대수롭지 않게 생각했다.[599] 그러나 2019년 축구 선수들의 노조인 국제축구선수협회(Fifpro)는 '대표팀에서 뛰는 선수 중 63퍼센트가 장거리 여행이 경기력에 영향을 미친다고 말한다.'라고 보고했다.[600]

바르사의 남미 선수들은 단 한 경기를 치르기 위해 정기적으로 대양을 왕복한다. 2016년, 네이마르는 브라질과 아르헨티나의 2018 러시아 월드컵 예선 경기를 치르러 갈 때 바르사 동료 메시와 마스체라노를 자신의 전용기에 태우고 함께 이동했다. 상대 팀 선수인데도 말이다.[601]

클럽들은 원정 경기를 치를 때, 경기 전날 그 도시에 도착하는 게 보통이다. 호텔에서 하룻밤을 자고 경기를 치른 후 곧장 집으로 돌아간다. 이들은 소위 '첫날 밤 효과(First-Night Effect)'의 희생양이 된다. 브라운 대학교의 연구에 따르면, 낯선 곳에서 첫날 밤을 보낼 때 뇌의 절반(일반적으로 좌뇌)은 깨어 있는 상태로 유지된다. 좌뇌와 우뇌는 비정상적으로 연결된다. 아마도 진화에 적응한 결과일 것이다. 뇌는 낯선 장소가 안전한지를 확인하려 한다. 요점은 어딘가에서 단 하룻밤을 보내게 될 경우 숙면을 취할 수 없을 것이라는 점이다. 축구 선수에게 그 하룻밤은 중요한 경기를 앞두고 있을 때인 경우가 많다.

'첫날 밤 효과'와 싸우는 한 가지 방법은 항상 같은 호텔 체인을 이용해, 호텔 방이 친숙해지도록 하는 것이다. 더 나은 해결책은 같은 호텔에서 2박을 하는 것이다. 바르셀로나 이노베이션 허브는 '첫날 밤 효과는 동일한 낯선 환경에서 두 번째 밤을 보내면 급격히 감소하거나 사라진다. 뇌가 그곳이 안전하다는 것을 확인한 후 경보를 해제하는 것과 같다.'고 보고한다.[602] 경기가 끝난 뒤 세 번째 밤을 보낸다면 더욱 좋을 것이다. 선수들이 집에 돌아가기 위해 새벽부터 일어나느라 하룻밤을 더 제대로 자지 못하는 것을 방지할 수 있기 때문이다.

이 해법은 선수들이 좋아하지 않는다는 문제를 안고 있다. 선수들은 경기가 끝나면 곧장 집에 돌아가고 싶어 한다. 가능하면 길에서 보내는 시간을 최대한 줄이고 싶어 한다.[603]

바르사로서는 해결하기 까다로운 상황이다. 스타 선수들을 더 통제하다가 관계가 틀어질 위험을 무릅쓰느냐, 그들을 만족시키는 대신 몸 상태가 떨어지는 것을 받아들이느냐. 최근 몇 년 동안 바르사는 후자를 택했다. 선수들을 다독이기 위해 가능한 한 원정 기간을 짧게 잡는다. 스페인 내에서 치르는 원정 경기가 오후 6시 이후에 열릴 경우, 당일 아침에 갔다가 밤에 돌아온다. 데 용은 그런 방식이 마음에 든다고 말했다.

다른 클럽에 갔다고 상상해 보세요. 토요일 아침에 떠나서,

호텔(에서 자고), 일요일에 경기하고, 일요일에 또 거기서 자야 해요. 그리고 집에 오면 월요일 저녁이에요. 홈경기가 열리기 전날에도 호텔에 묵는 팀들도 있죠. 여기 바르셀로나에서는 훨씬 편해요. 홈경기를 할 때는 경기 시작 두 시간 반 전에만 도착하면 되고, 원정 경기 때는 보통 당일에 가거든요. 집에 그만큼 더 오래 머물 수 있는 거죠.

바르사가 이런 정책을 펼치는 이유가 무엇이라 생각하는지 데 용에게 물었다. 그는 선수들이 집에 있는 것을 좋아하는 것처럼 보인다고 말했다. "문제없다고 생각해요. 큰 차이가 없다고 봐요." 데 용은 선수가 원한다면 바르사가 기꺼이 수면에 대해 이야기를 나눈다고 말했다. 언제 자야 한다고 얘기해 주는 식은 아니에요. 대부분 선수들에게 맡기죠. 여기 선수들은 최고 수준에서 열 시즌 이상을 뛴 경험이 있기 때문에 어떻게 해야 하는지 잘 알고 있습니다. 제 생각에 선수들은 누가 '이렇게 저렇게 해라' 하는 걸 좋아하지 않더군요." 데 용은 젊은 팀인 아약스에서 다른 경험을 했다. "아약스에서는 '밤 11시에는 호텔 방에 머무르고 있어야 한다'라고 말해요. 아마 선수들이 친구들이랑 집에 가거나, 피자를 먹거나 할 거라고 생각하는 거겠죠."

클럽들은 여전히 선수들이 어떻게 수면을 관리하는지 거의 알지 못한다. 일부 클럽들은 선수들에게 매일 수면의 질에 대해 보고하도록 요청하지만, 밤새도록 깨어 있는 선수라면 거짓말을 할 수밖에 없다. 바르사 사람들은 선수들에게 센서가 부착된 잠옷을 입게 함으로써 보다 신뢰도 높은 데이터를 얻을 계획이라고 내게 말했다. 마침내 축구 클럽들이 수면에 대해 알아가고 있다.

늙어 가는 바르사

수면과 영양, 의학 지식의 발전은 축구에 변화를 가져 왔다. 선수들이 항상 말을 잘 듣는 것은 아니어도 말이다. 선수, 클럽, 의료진, 심판은 따로 또는 같이 협력하며 축구의 수준을 높였다. 한 가지 증거가 있다. 스포츠 과학자 카를로스 라고 페냐스(Carlos Lago Peñas)는 바르셀로나 이노베이션 허브 보고서에서 '엘리트 운동선수들의 나이가 점점 많아지고 있다.'고 했다.[604] 챔피언스리그 참가 선수의 평균 나이는 1992/93 시즌에 24.9세였는데, 2018/19 시즌에는 26.5세로 올라갔다. 대부분의 주요 팀 선수들의 나이가 23~29세라는 것을 고려하면 1.6세 상승은 생각보다 큰 변화다.

메건 라피노는 2019년 12월 세계 최고의 여자 축구 선수로 등극하여 발롱도르를 수상했는데, 당시 나이가 34세였다. 2년 후 메시는 자신의 일곱 번째 발롱도르를 들어 올렸는데, 역시

34세였다. 크리스티아누 호날두 또한 36세였지만 여전히 전성기에 가까운 기량을 보였다. 축구가 요구하는 것들이 점점 늘어나고 있지만 선수들의 커리어는 더 길어지고 있다.

이런 경향은 다른 스포츠에서도 나타난다. 테니스에서 랭킹 100위 안에 드는 남자 선수들의 평균 나이는 10년 사이에 26.2세에서 27.9세로 올라갔다. 사상 최고다. 이 책을 쓰고 있는 시점에, 로저 페더러와 세리나 윌리엄스는 40위권을 유지하며 여전히 정상급 선수로 활약하고 있다.* 라고 페냐스는 비고 대학교 동료들과 함께 쓴 논문에서 야구 선수와 철인 3종 선수를 연구한 결과, '지난 20년 동안 엘리트 선수들의 경기력이 정점을 찍는 나이가 현저히 상승했다.'고 밝혔다.

라고 페냐스는 의사 결정 능력과 축구 지능(사실상 패턴 인지력)이 나이가 들수록 향상되는 것 같다고 설명했다. '30세 이상 선수들의 패스 성공률이 16~29세 선수보다 3~5퍼센트 더 높다.' 이는 떨어진 스피드를 보완할 수 있다. 라고 페냐스는 독일 분데스리가 선수들의 사례를 들었다. 30세가 넘으면, (적어도 초속 6.3미터보다 더 빠른 속도를 최소한 1초 이상 유지하는 것으로 정의 내린) '스프린트' 횟수가 이전보다 21퍼센트 줄어든다.

건강한 베테랑 선수는 성숙한 두뇌와 적당히 팔팔한 다리가

---

* 로저 페더러와 세리나 윌리엄스는 2022년 9월, 각각 레이버컵과 US오픈을 마지막으로 만 41세와 만 40세의 나이에 은퇴했다.

조화를 이룬다. 하지만 두뇌와 다리가 모두 늙으면 문제가 된다. 불길하게도 2020년까지 몇 년 동안 FC 바르셀로나만큼 나이가 많은 정상급 팀은 없다. 바르사에서 선발로 뛰는 선수들은 대부분 팀을 떠나지 않기 때문에 팀의 노화가 자연스럽게 진행되는 것이다. 라이벌 클럽들도 알고 있는 사실이다. 로셀은 놀랍게도 바르사 선수들에게 다른 선택지가 별로 없다고 말했다. "그들은 전 세계에서 서너 개 클럽에만 갈 수 있습니다. 그들의 연봉을 감당할 팀이 없으니까요."

바르사 선수들도 바르사보다 나은 팀을 찾기 어렵다는 것을 알고 있다. 더 나은 도시에서 (유벤투스나 아틀레티코 마드리드에서 하는 잔인한 지구력 훈련보다) 더 즐거운 훈련을 하기가 어려운 것이다. 데 용은 말했다. "바르셀로나의 날씨는 환상적입니다. 훈련은 아주 재미있고요. 이곳에서 이런 선수들과 함께 뛸 수 있다는 것에 매일 감사합니다." 바르사는 축구 선수들의 최종 목적지이지 중간 경유지가 아니다.

그리고 선수들은 은퇴가 다가오면서 일을 그만둔 이후의 삶에서 축구보다 더 충만한 경험을 얻지 못할 것이라는 사실을 깨닫는다. 피케는 스물여덟 살 때 이렇게 말했다. "이제 제가 바라는 건 제 커리어가 가능한 한 오래 이어지는 겁니다. 몇 년 전만 해도 저는 서른이 되면 그만둘 거라고 생각했었는데 말이죠. 이런 변화는 모든 선수들이 겪는 것 같아요. 이를테면 축구 선수 증후군인 거죠."

축구 선수들은 보통 사람들보다 행복하지는 않을 수 있지만, 더 강렬한 삶을 산다. 톱클래스 스포츠에 대해 갖는 기본적인 환상이 있는데, 삶과 죽음보다 그것이 더 중요하다고 여긴다는 점이다. 10만 명 앞에서 우승을 차지하는 것은 평범한 일상에서는 결코 경험할 수 없는 환희를 안긴다. 그래서 반대로 패배의 영향도 그만큼 크다. 패배 후 동료들과 함께 라커룸에 앉아 있는 당신을 상상해 보라. 몸은 부상을 입었고, 물 한 모금 마시기도 힘들 정도로 지쳐 있으며, 좌절감에 휩싸여 있다. 축구 외에는 이렇게 강렬한 감정을 경험하지 못할 것이다. 네모난 사무실에서 일하는 딜버트(Dilbert)* 같은 회사원들에게는 30대에 은퇴하는 게 로망이겠지만, 대부분의 톱클래스 선수들에게는 (돈을 더 많이 벌어) 남은 수십 년을 휴양지에서 보내겠다는 내적 동기가 매우 크다.

선수들은 아드레날린이 별로 분비되지 않는 우리 보통 사람들의 삶을 쉽게 이해하지 못한다. 보통 사람들에게 커리어의 절정은 승진이나 상사에게 인정을 받는 것, 해변으로의 출장 정도일 것이다. 성공한 축구 선수들이 가능한 한 오래 선수 생활을 유지한 뒤, 위험을 감수하면서 새로운 도전에 나서는 건 그래서 놀라운 일이 아니다. 크루이프의 사업 투자나 마라도나의 라이

---

* 1989년에 시작된 미국 만화. 대기업에서 엔지니어로 일하고 있는 '딜버트'가 회사에서 겪는 이야기들을 담았다.

프스타일을 생각해 보라.

결과적으로 바르사에서 뛰는 최고의 선수들은 대개 바르사에 머물며 함께 늙어 간다. 바르사가 선수에게 바라는 것은 모두가 그에게 질려버리기 전에 스스로 '정문을 통해' 나가는 것이지만, 실제로 제때 떠나는 선수는 거의 없다. 바르사 회장은 팬들의 우상인 선수와 재계약을 하고 싶어 하고, 때로는 30대가 된 선수에게 연봉 인상까지 해 준다. 어찌 보면 그 우상이 서른 다섯 살의 늙다리가 될 때까지 수천 만 파운드를 낭비하는 것일 수도 있다. 하지만 보통 문제는 차기 회장에게 넘어간다. 간단히 말해, 재계약은 현 집행부가 신문 1면을 장식할 행복한 사진을 돈 주고 사는 것이나 마찬가지다.

나이는 팀의 역동성에 변화를 준다. 나이 든 선수들은 최선을 다할 순간을 고르는 경향이 있다. 노련한 엘리트 팀이 약한 상대와 홈경기를 할 때 최선을 다하는 경우는 거의 없다. 많이 뛰는 아틀레티코 마드리드에서 커리어의 대부분을 보낸 페르난도 토레스는 가장 재능 있는 팀이 종종 타성에 젖기 쉽다는 사실을 발견했다. "때로는 상대보다 좋은 경기를 못하기도 해요. 그러다 1초 안에…" 그는 손가락을 튕겼다. "한 선수가 팀을 승리로 이끌죠. 마드리드와 바르셀로나는 이런 상황이 많습니다."

몇 년 동안 눈에 두드러지지 않았던 바르사의 노화 문제는 어느 순간 갑자기 명확하게 다가왔다. 그때 되돌리기에는 너무 늦었다. 그러는 동안 때를 놓치고 말았다. 바르사는 베테랑 선수들을 대체할 젊은 선수들을 키우거나 영입하는 데 실패했기 때문이다.

PART FIVE

대성당이
무너지다

XIII

이적 시장에서의 불운

인재 중심 비즈니스에서 무엇보다 중요한 결정은 채용이다. 경영 컨설팅 회사 맥킨지는 이를 두고 '인재 전쟁'이라는 표현을 쓰기도 했다. 2015년, 통산 다섯 번째 챔피언스리그 우승을 차지했을 무렵, 바르사는 원하는 선수라면 누구든 데려올 수 있을 만한 자금을 보유하고 있었다. 라 마시아가 선수 육성을 통해 이적 시장에서 자산을 아낄 수 있게 해 주는 동안, 바르사는 지구상의 그 어떤 스포츠 클럽보다도 높은 매출을 올리고 있었다. 가진 돈을 차근차근 잘 썼다면 위대한 팀을 새롭게 구축할 수도 있었지만, 바르사는 그렇게 하지 않았다. 축구 이적 시장이 비효율적으로 움직이기 마련이라는 기존의 잣대에 비춰 봐도, 바르셀로나는 새로운 인재를 발굴해 내고 이들이 계약서에 서명하도록 설득해 팀에 자리 잡도록 하는 일을 엉망진창으로 만들고 있었다. 바르사는 결국 축구계에서 선수 영입을 망친 팀의 대표적인 사례가 되고 말았다. 대체 어디서부터 잘못된 것일까?

바르사에서 스타가 될 수 있는 선수를 찾는 과정은 결코 쉽지 않다. 올랭피크 리옹이나 리버풀 같은 클럽에는 선수 영입을 결정하는 소규모의 전문가 위원회가 있다. 바르사는 그렇게 조직적으로 움직이지 않는다. 바르사 내부 파벌은 서로 다른 선수 영입을 위해 압력을 행사하는데, 이 과정에서 감독의 의사는 종종 무시된다. 회장 후보로 나선 인물들은 자기가 당선되면 스타 선수를 영입하겠다고 공약을 내거는데, 특정 스폰서들과 (과르디올라의 남동생 페레를 포함한) 에이전트들 역시 이적에 영향을 끼친다. 스포팅 디렉터나 베테랑 선수들 또한 자기 의견을 내세울 것이다. 메시는 말할 것도 없다.

바르사의 선수 영입이 완벽하게 돌아간 경우라면 이렇게 진행될 것이다. 1군 선수단의 약점을 파악한 뒤, 축구 분야 고위 임원이 누구를 영입할지 논의한다. 해당 포지션에 맞는 선수들이 라 마시아에 있다면 스포팅 디렉터가 1군으로 올릴 만한 선수들인지 확인해 줄 것이다. 바르사는 감독이 이적을 밀어붙이도록 놔두지 않을 것이다. 어찌 됐든 감독은 오래 머무는 직종이 아니며, 이적 시장을 살펴볼 여유도 없기 때문이다. 과르디올라는 2009년 다른 바르사 관계자들의 우려에도 불구하고 우크라이나 출신의 수비수 치그린스키(Chygrynskiy)를 영입했는데, 이 이적은 결과적으로 실패로 끝났다. 바르사는 후임 감독이 전임 감독이 사 모은 선수들을 모두 내보내려고 하는 그림을 절대로 원하지 않는다. 한 관계자는 이렇게 말했다. "감독이 원한다는 이유로 선수를 영입하면 절대 안 됩니다. 하지만 감독이 원하지 않는 선수를 영입하는 것도 금물이죠."

바르사가 어떤 선수, 예를 들어 라이트백를 사야겠다고 결정을 내리면, 스포팅 디렉터와 풋볼 디렉터가 이 문제를 다룰 것이다. 이상적인 그림은 영입 후보 네 명과 동시에 접촉하는 것이다. 그래야 가격을 비교하면서 선수를 팔려는 클럽도 압박할 수 있다. 회장은 협상 마무리 단계에만 참여해 최종 세부 사항 결정에만 관여한다. 예를 들어, 선수를 파는 클럽이나 에이전트가 원하는 추가 금액 500만 유로를 지불한 것인지 따위를 결정하는 것이다. 그런 뒤 카메라 앞에서 선수와 악수를 나누면 된다.

2014년부터 2020년까지 바르셀로나의 재앙과도 같은 이적 시장 정책의 책임자는 주제프 마리아 바르토메우였다. 바르토메우의 경력은 그 역할에 걸맞지 않았다. 바르토메우가 경영하는 가족 회사는 비행기에서 내릴 때 터미널로 이어 주는 탑승교를 주로 만든다. 2003년 농구, 핸드볼, 필드하키를 관리하는 디렉티우로서 바르셀로나 이사회에 합류한 바르토메우는 당시 회장인 라포르타와 갈등을 빚어 2년 뒤 사임했다가, 2010년 산드로 로셀 회장이 부임할 때 조용히 부회장을 맡으며 바르셀로나에 돌아왔다. 바르토메우와 로셀은 최고위층을 상대로 운영되는 '바르셀로나 ESADE 비즈니스 스쿨'을 함께 다닌 친구 사이다. 2014년 1월, 로셀은 네이마르 영입 과정에서 불거진 법적 문제로 사임했고, 로셀의 충성스러운 추종자였던 바르토메우가 임시 회장직을 맡았다. 18개월 뒤에 선거가 있었기 때문에 바르토메우는 단순히 회장 대행 정도로 여겨졌지만, 2015년 6월 바르사가 리그, 스페인컵, 챔피언스리그에서 트레블을 달성한 지 한 달 만에 치러진 회장 선거에 바르토메우가 출사표를 던졌다.

2015년 초 바르토메우는 내게 "경제적인 측면에서 지금 바르사는 역사상 최고점에 있다고 생각합니다."라고 말했다. 바르토메우 재임 기간에 구단 매출이 급증한 것은 분명한데, 이 대목에 대해서는 칭찬받아 마땅하다.

문제는 돈을 쓸 줄 몰랐다는 점이다. 바르토메우는 축구도, 축구 비즈니스도 잘 이해하지 못했다. 네이마르, 수아레스, 라키티치, 마르크안드레 테어 슈테겐(Marc-André Ter Stegen)을 영입한 스포팅 디렉터 안도니 수비사레타가 그걸 이해하는 사람이었지만, 바르토메우는 수비사레타를 금세 쫓아냈다. 이후 5년 동안 바르토메우 회장은 세 명의 스포팅 디렉터를 더 해고했다. 바르토메우와 몇몇 고위 이사진은 (모두 축구 문외한이었음에도) 이적 초기 단계부터 관여하기 시작했다. 때때로 그들은 바르사 담당자들에게 알리지도 않고 원하는 선수와 접촉했다. 만약 담당자들이 나중에 같은 선수에게 접근했다면, 혼란스럽고 당혹스러운 상황이 벌어질 게 뻔했다. 이런 순진하기 짝이 없는 업무 진행 방식은 레알 마드리드와 대조가 됐다. 레알 마드리드에는 노련한 듀오, 플로렌티노 페레스와 그의 조용한 카운슬러이자 철학 전공자인 호세 앙헬 산체스가 있었다.

바르사의 선수 영입에는 다른 문제도 있었다. 최고 수준의 유럽 축구에서는 라이벌 팀에서 선수를 빼 오는 것을 비신사적인 행위로 여긴다. 파리 생제르맹 최고 경영자 장클로드 블랑(Jean-Claude Blanc)은 이렇게 설명했다.

> 빅 클럽들은 관례적으로 다른 빅 클럽들과 좋은 관계를 유지합니다. 만약 어떤 선수가 우리에게 관심이 있다면, 우리는 그 선수의 클럽과 이야기하지, 에이전트나 다른 중개인을 활용하지는 않습니다. 만약 어떤 빅 클럽이 우리 선수를 사고 싶어 한다면 우리 사무실이나 나세르 회장에게 전화를 걸어 "이 선수를 팔 생각이 있습니까?"라고 묻죠. 대답이 "아니오."라면 대화는 90퍼센트 정도 끝난 겁니다.

이 규칙은 감독에게도 똑같이 적용된다. 2013년 바르사가 타타 마르티노(Tata Martino)를 감독으로 선임한 이유 중에는 마르티노가 드물게도 무소속 상태인 후보자였기 때문이라는 점도 있었다.

클럽이 선수 영입을 위해 수천만 유로를 퍼붓는 계획을 세울 때, 통계나 다른 객관적 지표를 근거로 삼아 결정한다고 생각할지도 모르겠다. 리버풀은 그렇다. 모하메드 살라를 대단한 스트라이커라 판단한 것은 리버풀의 데이터 부서였다. 위르겐 클롭 감독은 처음에는 살라를 원하지 않았다. (살라가 안필드에서 좋은 활약을 펼치자 클롭은 분석가들에게 사과했다.) 반면 바르사는 이적 시장에서 데이터를 거의 활용하지 않는다. 리버풀의 연구 디렉터인 이안 그레이엄은 바르사의 이러한 '데이터 거부' 경향을 가볍게 놀리기도 했다.

하비에르 페르난데스는 바르사의 스포츠 분석 책임자였을 당시, 대부분의 데이터는 선수가 공을 가지고 있을 때 무엇을 하는지에 대한 것이라고 설명했다. 선수가 나머지 88분 동안에 무엇을 하는지에 대한 '추적 데이터'를 얻기가 어렵다는 것이다.

발베르데는 바르사를 지도할 당시 이렇게 말했다. "우리가 관심을 갖고 있는 선수의 데이터를 당연히 살펴봅니다. 예를 들어, (2018년 세비야에서 데려온 중앙 수비수) 클레망 랑글레를 영입하려고 한다면, 랑글레의 스피드, 공 회수 횟수, 공격 방어 횟수 등을 살펴보죠." 하지만 무엇보다 바르사가 궁금해한 것은 랑글레의 심리였다. 발베르데는 클럽이 랑글레를 아는 사람들에게 그의 심리 상태를 물어보고 다녔다고 덧붙였다. "왜냐하면 아무리 놀라운 데이터를 가진 선수라도 데이터가 전부일 뿐이라면…"

선수의 심리를 알아낸다는 건 거의 모든 이적 과정에서 굉장히 어려운 일이다. 과르디올라는 팀이란 깨지기 쉬운 것이라고 말했다. 마치 실에 매달린 유리병과 같다고 했다. 감정적으로 취약하거나 훈련되지 않은 선수를 영입하면 팀을 깨트릴 수도 있다. 축구계에는 이런 말이 있다. "선수 영입의 99퍼센트는 누구를 거를 것이냐에 달려 있다."

바르사는 영입을 고려하는 선수가 있을 때, 해당 클럽과 접촉하기에 앞서 고위 임원을 보내 선수와 그의 에이전트를 만나게 할 때도 있다. FIFA 규정에 위배되지만, 축구계에서는 일반적인 관행이다. 어찌됐건 이러한 절차는 영입 대상자를 가장 직접적으로 평가하는 방법이다.

바르사는 정보를 수집할 수 있는 국제적인 '동문' 네트워크도 있다. 2002년 바르사는 벤피카에서 (결국 불운하게 끝난 영입인) 로베르트 엔케 골키퍼 영입을 추진하면서 포르투의 젊은 감독 조제 무리뉴에게 의견을 물었다. 무리뉴는 자신이 엔케를 영입하려 했던 마음을 접으면서까지 열심히 보고서를 작성해 넘겼다.[605] 아마도 당시 무리뉴는 바르사와 좋은 관계를 이어 가고 싶어 했던 것 같다.

하지만 엔케가 바르셀로나에서 심리적으로 무너졌던 것에서 볼 수 있듯, 새로 영입하는 선수에 대해 완전히 모든 것을 알기란 불가능하다. 1990년 크루이프는 "선수를 영입할 때 그가 정신적으로 어떤 사람인지 알기 위해 뇌를 꺼내 볼 수는 없습니다."라고 푸념했다.[606]

일단 바르사가 접촉하면 선수는 대부분 기꺼이 마음을 열게 된다. "문은 항상 열려 있습니다." 로셀이 말했다. "때로는 합의에 이르지 못할 수 있지만 모두가 협상 테이블에 앉기는 합니다." 엔케의 아내가 바르셀로나에 가고 싶지 않다고 했을 때, 엔케의 에이전트가 그녀를 설득했다. "바르사가 부르면 뛰어가야 해요."[607] 네덜란드 스트라이커 멤피스 데파이(Memphis Depay)는 이렇게 물은 적이 있다. "바르셀로나를 거절하는 일이 얼마나 자주 있겠어요? 바르셀로나잖아요."[608]

하지만 메시의 시대에 들어 바르셀로나는 자주 독특한 장애물을 맞이했다. 많은 영입 후보 선수들이 자신이 바르사에 갈 만큼 뛰어나지 않다고 생각한 것이다. 그들은 바르사가 자신에게 영입 제안하는 것을 실수라고 생각했다. 일종의 '가면 증후군(imposter syndrome)*'일 수도 있겠지만, 그들이 맞는 얘기를 한 것일 수도 있다.

로셀이 말했다. "때때로 에이전트가 와서 말해요. '안 돼요, 안 돼요, 안 돼요. 우리는 아직 준비가 안 됐어요.' 아주 솔직한 거죠. 저는 이런 상황이 좋았습니다. 제가 회장으로 있는 동안 두세 번 이런 일이 있었죠."

바르토메우도 같은 생각이었다.

제가 영입하고 싶었던 모든 선수들이 바르셀로나에 온 건 아닙니다. 밝힐 수는 없지만, 현재 다른 클럽에서 아주 중요한 역할을 하고 있는 선수들이 있죠. 우리가 영입 제안을 했을

---

*   자신의 성공이 운으로 얻어졌다고 생각하며 불안해하는 심리 상태.

때 그들은 기뻐했지만, 마지막 순간에는 "벤치에 있게 될까 봐 계약을 못하겠습니다."라고 말했습니다. 그런 선수들은 우리도 원하지 않습니다.

때때로 그들은 이렇게 말하고 싶은지도 모릅니다. "제가 어디서 뛰길 바라는 거죠? 차비가 있잖아요. 왜 저를 원하죠? 제가 리오넬 메시 자리에서 뛰기를 원하나 본데, 저는 못해요." (골키퍼) 빅토르 발데스가 있을 때는 아무도 바르셀로나에 오고 싶어 하지 않았어요. 왜? 벤치에 앉을까 봐? 그래서 영입이 어려운 겁니다.

2016년 폴 포그바는 맨체스터 유나이티드에 입단하기로 결정하면서 이런 계산을 했다. 에이전트 미노 라이올라의 설명이다. "포그바는 모든 정상급 클럽에 갈 수 있었습니다. 하지만 레알 마드리드는 이제 막 챔피언스리그에서 우승을 한 상태였어요. 포그바가 레알로 갔다면 트로피를 들어 올릴 수 있었겠죠. 바르셀로나요? 거기는 이미 트로피가 세 개나 있었잖아요. 메시, 네이마르, 수아레스." 라이올라는 선수는 자신을 필요로 하는 팀으로 가야 한다고 믿었다. 그래서 포그바가 선택한 클럽이 맨유였다. 다른 많은 경우와 마찬가지로 이 경우에도 에이전트가 선수의 결정에 많은 영향을 미쳤을 것이다. "수년간 노력의 결과가 드러난 겁니다." 라이올라가 말했다. "포그바와 맨유의 계약을 위해 저는 2년을 투자했습니다."

★

바르셀로나의 21세기 최고 영입은 아마도 바르토메우 회장 시대 직전인 2013년 산투스에서 데려온 스물한 살의 네이마르일 것이다. 대부분의 유럽 빅 클럽들이 네이마르에 눈독을 들이고 있었다. 당시 바르사의 풋볼 디렉터였던 라울 산예이는 네이마르 가족을 설득하기 위해 상파울루로 떠나면서 아내에게 사흘 뒤면 돌아오겠다고 말했다. 하지만 결과적으로 상파울루에 두 달 가까이 머물러야 했다. 마치 '미인 대회'에 나가기라도 한 듯 레알 마드리드와 바이에른 뮌헨을 비롯한 다른 팀들과 경쟁했기 때문이다. 포르투갈어를 유창하게 구사하는 산예이는 의사 결정의 키를 쥐고 있는 네이마르의 아버지와 친해져 집으로 초대를 받기도 했다. 일이 수월하게 진행되는 게 분명했다. 저녁을 먹은 뒤 네이마르의 아버지는 산예이에게 다른 클럽들과의 대화 내용을 알려줬다. 하지만 산예이한테는 믿는 구석이 있었다. 그건 바로 네이마르가 바르사에 입단하고 싶은 열망을 숨기지 못했다는 점이다. 결국 바르사는 몇몇 라이벌 클럽이 제안한 것보다 적은 금액으로 네이마르를 영입할 수 있었다.

네이마르의 이적 과정은 너무나 불투명했고, 결국 로셀은 회장직에서 물러날 수밖에 없었다. 하지만 바르셀로나가 쓴 총비용 8,300만 유로의 대부분은 네이마르와 그의 가족에게로 갔다. 헐값의 거래였다. 네이마르는 입단 초기부터 왕에게 복종해야 한다는 것을 알았다. 네이마르는 캄 노우 입단 첫인사에서 "팀을 돕고, 또한 메시가 계속 세계 최고의 선수로 남을 수 있도록 돕겠습니다."라고 말했다.[609]

1년 후, 우루과이 출신 스트라이커 루이스 수아레스가 합류했다. 이번에도 영입 작업은 수월했다. 수아레스가 늘 바르셀로나 입단을 꿈꿔 왔기 때문이다. 수아레스의 처가는 이미 바르셀로나에 있었다. 수아레스의 에이전트는 바르셀로나 출신이자 펩의 동생인 페레 과르디올라였다. 페레는 거의 매 여름마다 바르사 회장을 비롯한 고위 인사들에게 전화를 걸어 수아레스에게 관심이 있는지 물었다. 2014년이 되자 산예이가 페레에게 전화를 걸어 수아레스에게 관심이 있다고 말했다. 바르토메우에 따르면, 수아레스는 바르사에 합류하기 위해 다른 클럽들이 제안한 더 좋은 조건들을 거절했다.[610]

수아레스는 바르사에 온 첫날부터 메시와 남미의 마테차를 마시며 친분을 쌓았다. 이후 2017년까지 바르셀로나는 메시-수아레스-네이마르로 이어지는 'MSN'의 대단한 공격을 선보일 수 있었다. 바르사는 이 빼어난 트리오에게 빠르게 공을 전달하기 위해 점차 미드필드를 거치지 않고 플레이했다. 이런 스타일은 크루이프의 취향에 맞지는 않았다. 크루이프는 "팀으로서 좋은 축구를 하는 것보다 개인의 플레이를 선호하는 팀"이라고 했다.[611] 어쨌든 효과는 좋았다. 2015년 바르토메우는 프랑코 정권 시절부터 이어진 바르사 특유의 피해망상을 드러내며 이렇게 말했다. "가끔씩 저는 우리가 메시, 네이마르, 수아레스로 이뤄진 공격진을 보유하고 있다는 사실에 깜짝 놀라곤 합니다. 누군가 '그만! 안 돼! 그건 금지야!'라고 말할 것 같은 생각이 들거든요."

네이마르는 메시 곁에서 정점을 찍었다. 네이마르는 바르셀로나 합류 초기, 팀 적응에 어려움을 겪느라 도움이 필요했던 바로 그때 "세계에서 가장 뛰어난 사람이 다가와 내 손을 잡고 이렇게 말하더군요."라고 말했다. "이리 와. 그냥 하던 대로 해. 다시 좋아질 거야. 산투스에서 뛰던 그대로 하면 된다고. 주눅 들지 마. 나를 비롯해 팀 동료 누구도 두려워하지 마. 나는 널 돕기 위해 있는 거야." 네이마르는 '메시가 그렇다면 그게 진실'이라는 생각에 큰 감동을 받아 라커룸에서 펑펑 울었다고 했다. 네이마르는 마치 아침 드라마에나 나올 것 같은 말을 읊조리며 이렇게 회상했다. "그러다 갑자기 차분해졌어요. 마침내 따뜻한 우정이 시작된 것이죠."[612]

바르셀로나에서의 네이마르는 매우 효율적이고 날랜 득점원이었다. 그는 메시의 패스를 받아 뛰는 윙어였고, 중앙에서 뛰지 않는 것을 받아들였다. 기대 득점(xG)은 골 찬스 수준을 기반으로 한 팀이 얼마나 많은 득점을 할 수 있는지 측정한 값을 말하는데, 2015/16 시즌 바르사의 기대 득점은 경기당 3골로 정점을 찍었다. 〈파이낸셜 타임스〉 동료인 존 번머독(John Burn-Murdoch)의 기사에 따르면, 그중 네이마르의 경기당 기대 득점은 1.2였다. 이는 메시의 1.4보다 조금 낮은 수치다. 하지만 네이마르는 메시가 되고 싶었다. 모든 공격의 중심이자 발롱도르 위너. 2017년 메시 입장에서는 아쉽게도 네이마르는 세계 최고 이적료인 2억 2,000만 유로의 이적료를 기록하며 파리 생제르맹으로 이적했다.

바르사에게는 기념비적인 사건이었다. 수년 만에 처음으로 1군 팀에서 주전인 스타 선수를 내보내기로 결정한 것이었다. 또한 이는 2010년대 들어 축구계에서 가장 중대한 이적이기도 했다. 2017년 9월부터 2020년 말까지 네이마르는 PSG에서 챔피언스리그 한 경기당 1.16개의 공격 포인트를 기록했다. 같은 기간 어떤 축구 선수보다도 뛰어난 기록이다. 게다가 그는 가장 많은 득점 기회를 만들었고, 가장 많은 드리블을 성공시켰다.[613] 네이마르는 부상으로 조별 리그 이후에는 경기에 뛰지 못하는 불운한 징크스에 빠지게 되는데, 유일하게 조별 리그 이후에도 경기를 뛰었던 2020년에는 PSG를 챔피언스리그 결승전으로 이끌었다.

그러나 네이마르가 바르사를 떠나면서 잃은 것도 몇 가지 있다. 네이마르는 가끔 서서 공을 받기를 기다리는 10번처럼 변했다. 그런 다음에는 발재간으로 상대 선수를 조롱하다가 발로 차이기도 했다. 이게 네이마르 본래의 스타일이다. 바르셀로나에서 보여 준 뛰어난 노예처럼 뛰는 플레이보다 그런 스타일을 더 선호했던 모양이다. 동세대 가장 재능 있는 선수인 네이마르는 프랑스 리그에 머무는 동안 매주 톱클래스 축구를 경험하는 커리어와는 사실상 결별한 셈이 되고 말았다.

클럽이 2억 2,000만 유로에 선수를 팔아도 실제로 쓸 수 있는 돈은 2억 2,000만 유로가 아니다. 세금, 에이전트 수수료, 분할금 등을 제해야 한다. 그럼에도 불구하고 2017년의 모든 축구 클럽들은 바르토메우 회장이 뒷주머니에 돈뭉치를 넣고 다니고 있으며, 네이마르를 빼앗긴 소시들 앞에 내밀 '인간 트로피'가 필요하다는 것을 알고 있었다. 바르토메우가 현명했다면 이 횡재가 다른 클럽들의 기억에서 희미해질 때까지 1년을 기다렸겠지만, 그는 곧장 소시들을 기쁘게 하고 싶었다.

바르사는 스타 영입에 뛰어들었다. 스페인 에이전트 주니오르 밍겔라(Junior Minguella)는 열여덟 살짜리 프랑스 공격수 킬리안 음바페(Kylian Mbappé)를 이사회에 제안했다. 음바페는 모나코에서 이미 센세이션을 일으키고 있었다. 음바페는 레알 마드리드를 좋아했지만, 축구 선수들은 일반적으로 팬의 마음으로 팀을 결정하지는 않는다. 음바페의 가족은 바르셀로나가 올바른 다음 단계라 판단했다. 모나코는 음바페를 바르사보다 프랑스 라이벌 PSG에 팔고 싶어 했다. 음바페를 영입한다면 바르셀로나는 약 1억 유로의 이적료와 보너스까지 지불해야만 했다. 밍겔라는 바르사의 답변을 기다렸지만 허사였다. 이사회 멤버 하비에르 보르다스(Javier Bordas)가 왓츠앱으로 '음바페를 소개해 줘서 고맙소. 하지만 알다시피 감독도 회장도 그를 원하지 않는

군.'이라는 메시지를 보냈다. 밍겔라에 따르면, 한 바르사 디렉터우는 "음바페가 그 가격에 합당한 뭔가를 이룬 게 있소?"라고 물었다고 한다.[614] 보르다스는 몇 년 후 바르사가 엘링 브레우트 홀란드(Erling Braut Haaland)를 놓칠 때에도, 기술 스태프 쪽에서는 홀란드가 '바르사 모델의 선수'가 아니라고 생각했었다고 전했다.[615]

대신 바르사는 네이마르를 대체하기 위해 다른 젊은 프랑스 선수를 영입했다. 보루시아 도르트문트에서 뛰고 있던 전도유망한 스무 살짜리 윙어 우스만 뎀벨레였다. 보르다스는 "당시 내부 분석 결과에 따르면, 음바페는 자기를 위해 뛰고, 뎀벨레는 팀을 위해 뛰었지요."라고 회상했다.[616]

바르사 내부에서는 뎀벨레에 대한 우려가 있었다. 공식 영입 제안을 하기 전까지 바르사의 누구도 뎀벨레와 얘기를 나눠 보지 못했던 것이다. 바르셀로나 관계자들은 뎀벨레가 이적을 하기 위해 도르트문트의 훈련을 거부한 것에도 놀라지 않았다. 바르사는 스타가 필요했다. 그것도 아주 빨리.

네이마르를 내보낸 지 3주가 지난 후, 바르토메우 회장과 또 다른 바르셀로나 관계자는 뎀벨레 이적 협상을 하러 축구 비즈니스의 중심지인 몬테카를로(Monte Carlo)로 향했다. 그곳에서 도르트문트의 관계자를 만날 예정이었다. 바르사에서 온 두 사람은 확고한 계획을 가지고 있었다. 〈뉴욕 타임스〉는 그들이 최대 9,600만 달러의 이적료를 지불하기로 결심했다고 보도했다.[617] 도르트문트가 그 이상의 이적료를 요구하면 그냥 돌아온다는 계획이었다. 뎀벨레의 에이전트에 따르면, 도르트문트는 그해 여름 초만 해도 그 정도의 이적료를 생각하고 있었지만, 그것은 네이마르 이적 전의 상황이었다.

이미 예약된 몬테카를로의 호텔 방문을 두드리기 전 바르사 듀오는 서로를 껴안았다. 그러나 방에 들어간 뒤 그들은 깜짝 놀랐다. 기사에 따르면, '독일인들은 손님들에게 비행기를 타야 한다고 말했다. 그들은 한담을 나눌 시간이 없었고, 협상을 위해 그곳에 있는 것도 아니었다.' 바르사가 미래가 촉망되는 이 젊은 선수를 원한다면 약 1억 9,300만 달러의 이적료가 필요했다. 당초 예산의 두 배가 넘는 가격이었다.

바르토메우는 굴복했다. 어쨌든 그는 세계에서 가장 부유한 클럽의 회장이었고, 동시에 축구계에서는 신참이었다. 〈뉴욕 타임스〉에 따르면, 바르토메우는 뎀벨레 영입을 위해 선불 1억 2,700만 달러와 '쉽게 달성할 수 있는 성과에 대한 보너스로 5,000만 달러'를 더 지급하기로 약속했다. 음바페보다도 비싼 가격이었다.

6개월도 지나지 않아 바르사는 리버풀에서 쿠티뉴를 영입했다. 1억 600만 파운드의 이적료와 잠재적 보너스를 지불하는 조건이었다. 네이마르의 이적료로 거둬들인 수입보다 더 많은 돈이 나갔다. 1억 파운드 이상의 이적료는 성공을 보장해야 했지만, 결과적으로 뎀벨레도 쿠티뉴도 모두 기대에 미치지 못하는 활약을 보였다. 네이마르를 빼앗긴 바르사는 권위도 잃었다.

바르셀로나의 이적들 가운데 인간적인 배려에 관해 내가 무척 많이 배운 사례가 있다. 바로 2019년 아약스에서 데려온 프렌키 데 용이다. 데 용은 네덜란드 사람이지만, 바르사에 대한 사랑을 키우며 자랐다. 어린 시절 그는 휴가로 코스타 브라바를 찾았고, 가족들과 함께 캄 노우 투어를 했다. 데 용의 할아버지는 그에게 '등번호 30'이 새겨진 연두색 메시 유니폼을 사 줬다. 데 용은 열 살 때 지역 신문과의 인터뷰에서 "언젠가 바르셀로나에서 뛰는 게 꿈이에요."라고 말하기도 했다.[618]

8년 후인 2015년의 새해, 데 용은 여자 친구와 주말 휴가를 보내기 위해 바르셀로나로 날아갔다. 캄 노우에서 열리는 경기 티켓도 주머니에 넣고 갔다. 경기 시작 전 그들은 관중석에서 '셀카'를 찍었다. 지금 그 사진을 보면 예지몽 같다. "제가 바르사 경기를 처음으로 직접 본 날이었어요." 데 용이 당시를 떠올렸다. 그때 데 용은 네덜란드의 작은 클럽 빌럼 II(Willem II)의 18세 이하 팀에서 뛰고 있었다. "제가 4년 안에 여기서 뛰게 될 거라는 생각은 미처 못 했어요. 물론 그렇게 되기를 바랐지만, 그걸 바라는 선수는 만 명도 넘잖아요."

하지만 4년 후 바르사가 아약스에서 데 용을 영입하려 했을 때, 그는 갈등했다. 데 용은 부스케츠를 세계 최고의 수비형 미드필더라 여겼기에 자신이 주전이 되지 못할까봐 걱정했다. 데 용은 다른 좋은 제안들도 받고 있었고, 맨체스터 시티나 파리 생제르맹으로 가는 게 더 현실적인 선택이라고 느꼈다. 그는 자신의 프로 선수 커리어에서 가장 큰 결정이 될지도 모르는 고민으로 밤잠을 설쳤다. 벵거가 말했듯 "선수의 커리어에서 가장 중요한 것은 그가 선택한 클럽과 그가 선택을 내린 순간"이다.[619]

데 용의 걱정들은 바르셀로나의 이적 협상에서 발생하는 많은 문제들을 집약적으로 보여 주고 있다. 3년 전 포그바가 그랬듯이 데 용은 궁금했다. 바르사는 나를 필요로 할까? 아니면 그저 벤치에 앉힐 선수를 한 명 더 원하는 것일까? 데 용은 바르토메우 회장을 비롯한 바르사 경영진이 자신을 보러 암스테르담에 방문하는 수고를 보고 나서야 마음을 놓았다.[620]

바르토메우 회장은 데 용이 자신에게 건넨 첫마디를 기억했다. "저는 여자 친구와 인생을 즐기면서 축구를 하고 싶습니다." 이는 바르토메우가 내게 전한 당시 대화 내용의 첫 부분이었고, 그가 데 용 부자에게 했던 말은 아래와 같다.

> 누가 바르사 감독이든 경기 스타일은 항상 같을 겁니다. 지금은 에르네스토 발베르데가 감독으로 있습니다. 다른 감독이 오더라도 큰 차이는 못 느낄 겁니다. 다른 클럽들은 감독에 따라 축구 스타일이나 철학이 바뀌지요. 감독을 보는 거라면 펩 과르디올라를 따라가세요. 하지만 그가 시티를 떠나면 그 다음 감독은 누가 될지 모르죠. 돈을 좇는다면 PSG로 가세요.

억만장자가 될 겁니다. 하지만 앞으로 12년, 14년 동안 인생을 즐기고 싶다면 바르셀로나로 오세요.

그러고 나서 바르토메우는 약속했다. "언젠가 당신이 '여기가 싫다.'고 말하면 우리는 대화를 할 겁니다. 여기는 감옥이 아니니까요." 바르셀로나는 페드로, 알렉시스 산체스, 마르크 바르트라가 이적을 요청하자 보내 줬다.

데 용은 결국 여생 동안 자신이 바르사에서 잘할 수 있을지 고민만 하는 것보다는 위험을 감수하더라도 바르사에 합류하기로 결정했다.

카탈루냐인들은 데 용에게 가장 많은 돈을 제안하지는 않았던 것으로 보인다. 자신을 순식간에 백만장자로 만들어 줄 여러 빅 클럽들 가운데 하나를 선택하는 선수에게, 돈은 주요 고려 대상이 아닐 때도 많다. 데 용은 에이전트에게 다른 클럽들이 제안한 연봉이 얼마인지 묻지도 않은 것으로 알려졌다.[621]

바르셀로나는 데 용을 영입하기 위해 아약스에 7,500만 유로를 지불했다. 아약스의 고문으로도 일하고 있는 축구 에이전트 하산 체틴카야(Hasan Cetinkaya)에 따르면, 이것은 아약스가 처음에 기대했던 액수의 거의 두 배에 가까운 금액이었다. 당시 데 용은 최고 수준의 무대(네덜란드 대표팀과 챔피언스리그를 의미)에서 이제 막 석 달을 뛴 스물두 살짜리 선수였다. 체틴카야가 말했다.

바르셀로나의 경영진은 계약을 성사시켜야 한다는 큰 압박이 있었어요. 그들 자신을 보호하고 싶어 했습니다. 바르셀로나의 스포팅 리더십을 담당하는 사람들은 너무나 안도했고, 스포팅 디렉터 펩 세구라(Pep Segura)는 계약서 초안이 나오자마자 울기 시작했어요.[622]

2010년 이후 바르사는 필요 이상의 돈을 쓰는 일이 많았다. 반면 대부분의 클럽들은 특정 타입의 선수, 예를 들면 전진 패스를 잘하는 젊은 수비형 미드필더인데 3,000만 유로 이하인 선수를 영입하는 식이었다면, 2020년까지의 바르셀로나는 시장 꼭대기에 서서 팀에 이상적이라 여겨지는 선수를 콕 찍어 데려올 수 있는 여유가 있는 팀이었다. 데 용 영입의 경우, 바르사는 '데 용 타입'을 원했던 게 아니다. 그저 데 용을 원했던 것이다. 선수 영입 호황기에 보통 그렇듯, 바르사는 대안을 염두에 두지 않았고, 선수를 파는 클럽도 이를 알고 있었다. "다른 클럽보다 많은 돈을 지불할 거라는 걸 알잖아요." 로셀이 어깨를 으쓱했다. 바르사 회장들은 필요 이상의 돈을 쓰는 것에 관대한 경향이 있었다. 어찌 됐던 그들이 쓰는 돈은 본인 소유가 아니었고, 실제로도 어느 특정인의 것이 아니었기 때문이다. 리버풀의 존 헨리와 같은 구단주들은 허리띠를 졸라매야 할 개인적인 동기가 있지만 말이다. 데 용이 바르셀로나에 도착했을 때, 그를 편안하게 해 준 선수는 바로 데 용이 뒤를 이어야 할 그 사람,

부스케츠였다. "첫날 훈련도 시작하기 전에 저한테 메시지를 보내서 필요한 게 없냐고 물었어요. 부스케츠는 저희 커플을 위해 식당을 예약해 주기도 했어요."

데 용은 전 소속 팀인 네덜란드의 빌럼 II와 아약스에서 더 살벌한 경쟁 관계를 경험했다. 빌럼 II에 있을 때 그는 1군에 들 수도 없었는데, 설상가상으로 팀은 네덜란드 1부 리그에서 강등당할 위기에 처하기도 했다. "그게 더 스트레스예요." 데 용은 회상했다. "재정적으로 매우 불안정하죠. 그리고 거기서 뛰는 많은 선수들은 여전히 자신을 증명해야만 해요. 하지만 여기(바르사)에는 이미 정상급 선수들이 많아요. 자신감이 있죠. 그들은 알고 있습니다. '나는 아주 잘해. 난 여기서 경기에 나가기 위해 최선을 다할 거지만, 만약 내년이나 내후년에도 못 나간다면 다른 정상급 클럽에 갈 수 있어.' 덕분에 내면이 더 평화롭죠."

2019년 초여름, 데 용이 바르사에 입단한 지 몇 달 후였다. 네이마르는 메시에게 PSG를 떠나고 싶다는 메시지를 보냈다. ('MSN' 공격 라인은 와츠앱 채팅방에서는 유지되고 있었다.) 메시는 바르셀로나가 2017년의 실수를 만회할 수 있는 기회라고 생각했다. 메시는 네이마르에게 '챔피언스리그에서 우승하려면 네가 필요해.'라고 답했다. 그런 뒤 바르토메우 회장에게 알렸다. 말하는 법을 배운 메시는 바르사를 압박하기 위해 그의 플랫폼을 활용해 언론에도 이를 알렸다. 메시는 크루이프의 하위 버전처럼 변하고 있었다.

하지만 바르사는 재미를 추구하는, 유리 몸을 가진 스물일곱 살의 네이마르를 사기 위해 PSG에 약 2억 유로의 이적료를 지급하지는 않겠다고 결정했다. 이 시점에 바르사는 돈이 바닥나고 있었는데, 부분적으로는 장기간에 걸쳐 잘못된 영입을 했기 때문이었고, 한편으로는 메시 때문이었다. 메시의 아버지인 호르헤는 매 시즌 임금을 올렸고, 이는 다른 선수들에게도 도미노 효과를 냈다. 결국 이로 인해 메시가 가장 원하는 선수를 데려올 수 없게 된 것이다.

바르사는 어느 정도 공개적으로 네이마르를 영입하려는 시늉을 하며 2019년 여름을 보냈고, 결국 메시에게 "미안. 최선을 다했지만 살 수 없었어."라고 말할 수 있었다. 당시 스포팅 디렉터였던 에릭 아비달은 책임을 전가하려는 시도가 있었다고 나중에 회고했다.

(2019년) 이적 시장이 닫히기 열흘 전, 저는 CEO와 함께 레오나르두(PSG의 스포팅 디렉터)를 만나러 파리에 갔습니다. CEO와 저는 네이마르에 대해 이야기를 나눴습니다. 제 생각에 CEO가 파리 생제르맹에 간 것은 계약을 할 수도 있었기 때문이라고 보는데… 회장은 (앙투안) 그리즈만과 계약하기로 결정했죠. 네이마르에 대한 논란 중 하나는 그가 바르사를 상대로 소송을 진행 중이라 계약이 쉽지 않았다는 겁니다. 바르사는 네이마르가 돌아오고 싶다면 소송을 취하해야 한다고

말했죠.[623]

그리즈만은 피케의 회사가 제작한 촌스러운 리얼리티 TV 다큐멘터리를 통해 바르셀로나의 제안을 공개적으로 거절했다. 그러고는 1년 만에 바르사는 아틀레티코 마드리드에 1억 2,000만 유로를 지불하고 그리즈만을 영입했다. 바르사는 돈이 모자란다는 사실을 뒤늦게 알고는 이적료 대부분을 급히 빌려야 했다.[624] 25세를 넘긴 선수에 대한 이적료로는 역대 최고액이었다. 당시 그리즈만은 28세였다.* 바르셀로나가 라이벌인 아틀레티코의 배를 불려 준 일은 또 있다. 바르사는 다른 팀이 아틀레티코 선수에게 영입 제안을 하게 되면, 아틀레티코로부터 이를 즉시 보고받고 더 나은 금액을 제시할 기회를 얻는 조건으로 매년 500만 유로를 지급하는 독특한 계약도 맺었다.[625]

그리즈만이 바르셀로나에 도착한 후 가장 먼저 한 일은 메시와 함께 앉는 것이었다. 그리즈만은 나중에 인정했다. "메시는 제가 (바르셀로나의) 첫 번째 영입 제안을 거절하자 망했다고 생각했대요. 메시가 저의 영입을 공개적으로 요청했었기 때문에 말이죠." 그리즈만은 덧붙였다. "하지만 계속 관심을 두고 있었

---

* (저자 주) 2019년 8월 9일 오마르 차우두리 (Omar Chaudhuri)가 트위터에 올린 포스트를 한번 확인해 보시라. https://twitter.com/OmarChaudhuri/status/1159785348387549184

다고 하더군요. 매일 알 수가 있었습니다."[626]

바르사가 네이마르를 영입하겠다고 허세를 부렸던 것에 메시는 속지 않았던 것으로 보인다. 〈스포르트〉가 메시에게 바르사가 네이마르를 영입하기 위해 최선을 다했냐고 묻자, 그는 "모르겠습니다… 결국 모든 게 명확하지 않습니다."라고 답했다. 그가 바르사를 운영하느냐는 질문에는 평소처럼 짜증스럽게 부인했다. "분명한 건 제가 뭔가를 지시하지는 않는다는 겁니다. 전 그냥 선수일 뿐이라고요."[627]

메시가 1군에 데뷔하기 전부터 함께 일했던 바르사 직원은 이에 동의하지 않는다. "메시는 명령을 내립니다. 메시는 자신이 누구라도 내쫓을 수 있다는 걸 알아요. 싸우는 걸 좋아하진 않습니다. 좋은 사람이에요. 하지만 자신에게 힘이 있다는 것을 알고 있죠." 이 직원에 따르면 메시는 싸움에서 졌을 때 침묵을 지키지만, 은유적으로 표현하면 '노트에 써 놓는다'. 네이마르 영입에 실패한 것은 바르사 내부 싸움에서 메시가 당한 가장 큰 패배였고, 그렇게 메시의 머릿속 노트에 기록됐다. 메시는 이사회를 용서할 수 없었다.

메시는 크루이프와 달랐다. 딱히 권력을 원한 것은 아니었으니까. 메시는 바르사의 모든 문제가 자기 탓인 것처럼 여겨질 때가 있다고 느꼈다. 메시 입장에서는 임원진이나 감독들이—메시가 원하는 게 무엇인지 그들이 제대로 파악한다는 전제 하에—모든 것을 통제해 줬으면 했을 것이다.

★

데 용 같은 젊은 선수들은 바르사에서의 첫 시즌을 주 포지션이 아닌 곳에서 대부분 뛰게 되더라도 불만을 갖지 않는다. 베테랑 슈퍼스타의 경우는 다르다. 커리어에서 처음으로 벤치 신세를 지게 된다면 참기 힘든 일이 된다. 2020년 8월, 나폴리와의 경기에서 끔찍한 경기력을 보여 교체 아웃된 그리즈만은 그날 밤 거의 울기 직전이었다. 나중에 그는 자기 포지션이 아닌 곳에서 뛰어야 했던 것에 불만을 표했다. 그리즈만의 문제는 그가 오른쪽에서 잘라 들어가는 것을 좋아하는 왼발잡이였다는 점에서 비롯된다. 메시가 자리 잡고 있는 팀의 '미니 메시'였던 셈이다. 그리즈만이 바르사에서 성공할 수 있는 유일한 방법은 네이마르가 그랬던 것처럼 훌륭한 시종이 되는 것이었다. 호르헤 발다노는 말했다. "바르사에 온 선수들은 메시에게 자기 능력을 입증하기 위해 알아서 무릎 꿇는 것처럼 보이더군요."[628]

바르사의 최근 역사를 돌아보면 투자 대비 성과가 가장 낮은 선수들은 창의적인 선수들과 공격수들이었다. 쿠티뉴, 그리즈만, 뎀벨레, 아르다 투란, 말콤 모두 캄 노우에서 실패를 맛보거나 오랜 기간 적응에 어려움을 겪었다. 이들의 이적료를 합치면 약 4억 2,500만 유로에 달한다. 바르셀로나는 2014년부터 2019년까지 총 10억 유로 이상을 이적료로 지출했는데, 이 액수는 다른 어떤 축구 클럽보다 많다.[629] 바르사의 부채는 늘어갔지만 결국 바르사는 이적 가치가 없는 '노땅'들이 모인 팀이 돼 버렸다. 피케는 "매년 우리는 점점 더 전력이 약해졌습니다."라고 인정했다.[630]

2020년 1월, 바르사는 무릎 수술로 5개월간 결장이 불가피한 수아레스를 대체할 스트라이커가 필요했다. 하지만 바르사가 선수 영입에 지불할 수 있는 금액은 한정적이었다. 1월 이적 시장이 마감되기 이틀 전, 아비달은 베이징 궈안에서 뛰고 있던 스물여덟 살의 프랑스-콩고 공격수 세드릭 바캄부(Cédric Bakambu)의 에이전트와 접촉했다. 바캄부는 바르셀로나에 합류하는 것에 관심이 있었을까?

바캄부가 모든 저니맨 축구 선수들이 꿈꾸는 제안을 받은 것은, 그가 아시아 챔피언스리그 경기를 위해 두바이를 거쳐 서울에 막 도착했을 때였다. 그는 곧장 홍콩행 비행기를 탔고, 거기서 카탈루냐로 가는 연결편 비행기를 탈 수 있었다. 바캄부는 지쳐 있었지만 홍콩으로 가는 네 시간 동안 너무 흥분해 잠을 이루지 못했다. 비행기가 착륙하고 휴대폰을 다시 켜자 아비달에게 메시지가 와 있었다. 바르사가 마음을 바꿨다는 것이었다. 바캄부는 다시 서울로 돌아가야 했다.[631] 대신 바르사는 스물여덟 살의 덴마크인 저니맨 스트라이커 마르틴 브레이스웨이트(Martin Braithwaite)와 계약했다. 잉글리시 2부 리그 미들즈브러에서 실패를 맛봤던 선수다. 네이마르로 오해조차 받은 적이 없는 선수였다.

하지만 바르토메우 시대에 이뤄진 가장 이상한 계약은 마테우스 페르난데스(Matheus Fernandes)였다. 2020년 1월 이적 시장 마지막 날 바르셀로나와 계약한 마테우스는, 당시 브라질 파우메이라스에서 뛰던 스물한 살의 후보 미드필더였다. 이적료는 700만 유로였고, 옵션에 따라 300만 유로를 더 지불해야 할 수도 있는 계약이었다.

마테우스와의 계약은 거의 비밀리에 이뤄졌다. 바르사는 공식 발표 없이 그를 곧장 바야돌리드로 임대를 보냈다. 바야돌리드에서 첫 훈련을 마친 후, 한 동료가 마테우스에게 그들의 론도를 어떻게 생각하는지 물었다. "빨라, 빨라!" 마테우스가 감탄하며 외치자 그 동료가 말했다. "익숙해질 거야. 바르셀로나에 비하면 아무것도 아니거든."[632]

마테우스는 바야돌리드에서 단 세 경기를 뛰었다. 시즌이 끝났을 때, 바야돌리드는 더 이상 그를 원하지 않았다. 바르셀로나도 그랬던 것 같지만, 마테우스는 당연히 팀에 남아 계약을 지키고 싶어 했다. 마테우스는 캄 노우로 복귀해, 당시로선 아무도 원하지 않던 '코로나 등번호'인 19번을 배정받았다. 2020/21 시즌, '브라질 팬텀' 페르난데스는 바르사 1군에서 단 17분을 뛰었다. 디나모 키이우 원정에서 4-0으로 승리한 경기였다. 바르사가 왜 그를 영입했는지 아무도 이해할 수 없었다. 에이전트에 대한 호의였을까? 아니면 또 다른 오판이었을까? 나중에 파우메이라스 스포팅 디렉터 알레샨드르 마투스

(Alexandre Mattos)는 아비달이 후보 팀 훈련을 보게 하려고 무던히도 애를 썼다고 설명했다. "아비달에게 '35번을 지켜보라.'고 했습니다. 사람들은 제게 미쳤다고 했어요. '파우메이라스 후보 선수를 바르셀로나에 팔겠다고?'"[633] 마투스는 이미 2년 전 바르셀로나에 콜롬비아 센터백 예리 미나(Yerry Mina)를 판 적이 있다. 미나 또한 캄 노우에서 활약하지 못한 것은 마찬가지였다. 메시가 브레이스웨이트와 마테우스를 어떻게 생각했는지 궁금해진다.

2020년 여름, 바르사의 이적 적자는 바르토메우와 이사진들 입장에서는 불안의 원천이었다. 바르사처럼 스페인의 조합원들이 소유한 클럽들은 법에 따라 이사진들이 각자의 사비로 손실을 메워야 했다. 이사회는 2020년 7월 1일 회계 연도가 끝나기 전에 서둘러 수익을 창출해야 했다. 그러다 보니 괴상한 스왑(swap) 이적이 이뤄졌다. 상대는 유벤투스였다. 유벤투스 역시 UEFA의 '재정적 페어플레이 룰'을 따르기 위해 회계 관련 조치가 필요한 상황이었다. 유벤투스는 바르사에 보스니아 미드필더 미랄렘 퍄니치(Miralem Pjanić)를 기본 이적료 6,000만 유로(옵션 포함)에 '팔기'로 했고, 바르사는 유벤투스에 브라질 미드필더 아르투르 멜루(Arthur Melo)를 7,200만 유로에 팔기로 했다.

이 돈은 실제로 지불되지 않았다. 단지 회계 목적으로만 만들어진 돈이다. 법에 따라, 각 클럽은 이 판매 가격을 장부에 즉시 수입으로 기록할 수 있다. 이 가상의 지출은 선수들의 계약 기간 동안 분산 처리된다. 장기적으로 보면, 실제로 오가는 돈은 유벤투스가 바르사에 줘야 할 두 선수의 가상 가격의 차이에 해당하는 금액 1,200만 유로뿐이다. 중요한 것은 이 거래가 두 빅클럽의 회계 장부를 정리하는 데 도움이 된다는 것이다.[634] 바르토메우 이사회로서는 좋은 거래였지만, 바르사로서는 그렇지 않았다. 노화한 선수단은 스물세 살의 아르투르를 잃고, 또 다른 서른 살짜리 선수 퍄니치를 갖게 된 것이다. 퍄니치는 곧 바르셀로나에서 벤치만 지키게 됐다.

바르토메우가 그해 여름 단돈 500만 유로의 이적료로 라스팔마스의 17세 미드필더 페드리를 영입한 것은 높게 평가받을 만한 성과다. 가족 모두가 바르사 팬인 페드리는 아직 운전을 할 수 없는 나이였기 때문에 첫 몇 경기 동안은 택시를 타고 캄노우에 갔다. 페드리는 금세 바르사의 주전으로 도약했다. 몇 달 뒤에는 스페인 대표팀에서 A매치 데뷔전을 치르기도 했다. 하지만 이 성공이 바르토메우의 모든 실패를 상쇄할 수는 없는 노릇이었다.

바르사에게는 과르디올라가 이끌던 위대한 팀을 대체할 만큼 충분한 돈이 있었다. 그들은 그 돈을 낭비했다. 이적 시장에서의 실패는 계속 반복됐다. 이적 시장에서 인기 있는 선수들은 바르사의 과거 실패 사례들을 훑어보고는 다른 곳을 선택했다. 바르사는 인재 영입 전쟁에서 패배하고 말았다.

XIV

모두 라 마시아가 되고 있다

스타 선수는 축구에서 유일한 필수품이다. 클럽들은 영입하거나 자체적으로 키워서 마련한다. 하지만 바르사는 정상급 선수를 영입하는 능력을 잃어버릴 때쯤, 좋은 선수를 배출하는 일도 멈춰 버렸다. 2008년부터 2012년까지 홈그로운 선수들을 중심으로 뭉친 팀이 모든 우승컵을 들어 올렸던 것은 아주 특별한 예외였던 것이다. 바르사 1군에서 가장 많은 경기를 뛴 일곱 명의 라 마시아 선수들, 즉 차비, 메시, 이니에스타, 푸욜, 발데스, 부스케츠, 피케 등은 모두 한 세대에 배출됐다. 라 마시아는 부스케츠 이후 10년 동안 의심의 여지가 없는 스타를 길러내지 못했다. (다만 이 책을 쓰고 있는 2022년 봄 기준으로 볼 때, 가비, 니코, 안수 파티는 가능성을 보여 주고 있다.) 누가 라 마시아를 망친 걸까? 무엇이 잘못된 걸까?

바르셀로나에 머무는 동안 나는 캄 노우에서부터 감페르 트레이닝 센터를 오갈 때마다 대부분 짧게 차를 운전하고 다녔다. 옆에는 늘 오리올(Oriol)이 있었다. 바르사 홍보 담당자 중 한 명으로, 나를 전담해서 챙기는 사람이었다. 오리올은 바르사에서 15년 넘게 일했다. 인터뷰와 인터뷰 사이에 시간이 나면, 우리는 아이 아빠로서의 고충이나 바비큐를 굽는 전략(그는 엄청난 축구 팬은 아니었다.)에 대해 논쟁하거나, 경기장 옆 타파스 24 체인점에 앉아 하몽을 먹었다.

2019년 10월의 아침, 우리는 라 마시아로 향하는 중이었다. 2009년 10월에 라 마시아를 처음 방문했으니까 정확히 10년이 지난 시점이었다. 당시 라 마시아는 캄 노우 옆에 위치한, 오래된 석조 농가였다. 2년 후 라 마시아는 '센트로 데 포르마시온 오리올 토르토(Centro de Formación Oriol Tort)'로 알려진, 감페르 트레이닝 센터 내에 있는 유리와 강철로 만들어진 건물로 이전했다.

지금 라 마시아의 정문을 통과하면 이런 생각이 들 것이다. 캘리포니아에 있는 비싼 사립학교의 학생 기숙사. 여자 아이들을 포함해 열세 살 이상의 청소년 70여 명이 이 건물에 있는 2층 침대에서 잠을 잔다. 그들 중 일부는 농구, 핸드볼, 롤러하키 등 바르사 내 다른 프로 스포츠 종목에서 뛴다. 기억해야 할 것은 기숙 인원이 소수라는 점이다. 바르사 유스 선수 중 거의 90퍼센트는 가족들과 함께 살면서 차를 타고 아카데미를 다닌다.

로비에는 라 마시아 졸업생 세 명의 사진이 걸려 있다. 2010년 '올해의 유럽 축구 선수'로 선정돼 골든볼을 들고 있는 메시,

옆에는 그 뒤를 이었던 이니에스타와 차비가 있다. 이 세 명은 바르사가 선수를 수급해 온 세 갈래의 혈통을 상징하고 있다. 외국인 출신의 메시, 스페인 출신의 이니에스타, 카탈루냐 출신의 차비. 오늘날 바르사 내 다양한 유스 스포츠 팀에는 700명의 선수들이 있는데, 이들은 전 세계에서 왔다. 하지만 2017년 기준으로 그중 592명은 스페인 출신이고, 이 가운데 328명은 카탈루냐 출신이다.

다른 클럽들의 아카데미는 대부분 여전히 라커룸이 전부지만, 라 마시아는 캘리포니아 사립학교의 분위기를 자아낸다. 햇빛이 쏟아지는 큰 창문들, 노트북을 두드리는 직원들, 메인 홀에 모여서 TV를 보는 10대들, 교사들의 휴게실, 작은 도서관, 어느 교실 화이트보드에 적힌 수학 공식.

라 마시아의 선수 육성은 10년 전 내가 방문했을 때보다 전문화됐다. 복도에는 교사, 심리학자, 영양사, 엄마와 아빠 역할을 대신하는 '멘토'들이 분주히 오간다. 전문가들은 아이들에게 코카인의 유해성, 개인 브랜드 만들기, 악성 댓글을 남기는 소셜 미디어 속 사람들과 멀어지는 법 등을 가르친다. 바르사는 심지어 교육적인 택시 운전사도 고용한다. 어떤 아이들은 하루에 두 시간을 택시에서 보내는데, 클럽이 비용을 대서 훈련장을 오간다. 운전사들은 아이들의 행동 변화를 감지하고, 편안한 대화를 하면서 영양 정보를 전달하도록 교육을 받는다.

라 마시아의 심리학자들은 절대 공개적인 발언을 하지 않기 때문에 그들이 해 준 얘기를 여기에 적을 수는 없다. 하지만 바르사 내에서 그들은 매우 중요한 직원들로 여겨진다. 바르사는 이곳에서 육성되는 아이들이 모진 상황을 겪고 있다는 것을 잘 알고 있다. 아이들이 가족들과 떨어져 있는데다, 매일 성과에 대한 압박을 받고 있기 때문이다.

라 마시아에 속한 아이들 중 대부분은 프로 선수로 데뷔하지 못할 것이다. 사실 바르셀로나는 레알 마드리드와 올랭피크 리옹을 제외하면 여전히 유럽 내 다른 어떤 클럽보다 많은 빅 리그 선수들을 배출하고 있다. 하지만 그게 전부는 아니다. 한 고위 바르사 관계자는 내게 말했다. "축구 클럽의 아카데미는 엄청난 성과의 전당으로 여겨집니다. 실제로는 실패의 전당입니다."

바르사는 라 마시아에서 아이를 내보내 한 가족의 꿈을 한순간에 무너뜨릴 수 있다. 하지만 성공 역시 가족 내에 문제를 일으킬 수 있다. 맹목적인 숭배나 질투 같은 것들이다. 잉글랜드의 제프 허스트(Geoff Hurst)가 1966년 월드컵 결승전에서 해트트릭을 기록한 후, 허스트는 부모님이 자신을 유명 인사처럼 대하기 시작했다고 느꼈다.

바르셀로나의 심리학자들은 이런 아이들을 구해내야 한다. 아마추어 클럽에서 최고의 선수였던 아이가 라 마시아에 오면, 바르사는 아이에게(그리고 부모와 에이전트에게도) 적응할 시간을 준다. 종종 아이는 자신이 바르셀로나에서 뛸 만큼 잘하지 못한다고 생각한다. 심리학자는 아이에게 이렇게 말해 준다. "곧바로 잘할 필요는 없어. 네가 여기에 온 건 시간과 인내를 가지고 성장하기 위해서야."

아이들 모두가 자신의 강점과 약점을 명확히 직시하도록 배운다. 또한 이 아이들은 서로를 지지할 수 있도록 공감하는 훈련도 받는다. 한 지도자가 말하길, 한 아이가 다음 연령대 팀으로 승급하지 못하면, 간혹 그의 라이벌이었던 아이가 죄책감 때문에 울고, 떠나는 아이에게 용서를 구하기도 한다.

아이들은 경기력에 대한 부담감을 다루는 법을 배워야 한다. 정해진 식사와 수면 시간을 지키는 것처럼 일상적인 생활 습관을 갖는 게 도움이 된다. 라 마시아는 때때로 확성기를 사용해 관중이 꽉 찬 경기장의 소리를 들려주면서 아이들이 익숙해질 수 있도록 한다.

심리학자들은 아이들에게 경기 결과보다는 경기력에 대해 이야기한다. 스포츠 외적인 부분에서도 마찬가지다. 학교 공부는 어떻게 하고 있나? 가족생활은 어떠한가? 아이들은 자신을 단지 운동선수로만 생각해서는 안 된다. 라 마시아에서 나가면 하루아침에 사라지는 정체성이다. 아들, 딸, 형제자매, 학생, 친구 등 다양한 정체성을 가지고 있어야 한다.

또한 아이들은 명상을 통해 현재에 집중하는 법을 배운다. 과거에 잘못된 일에 대해 자책하거나, 미래에 벌어질 일을 걱정하지 않도록 하는 것이다. 그런 것들은 무의미하다. 중요한 것은 현재다. 바르사는 수년에 걸친 연구 끝에, 스포츠에서 성공하는 사람들의 주요한 심리적 특성은 실패와 실망을 지나간 일로 치부하는 데 능한 것이라고 결론 내렸다.

라 마시아는 선수 가족을 위한 워크숍을 개최한다. 선수의 성공과 실패를 가족이 결정할 수도 있기 때문이다. 2009/10 시즌 이니에스타를 치료했던 심리학자 인마 푸치는 성공적인 선수들은 스스로를 믿으며, 그 믿음은 상당 부분 가족에게 얻는다고 말했다. 또, 어린 선수들은 부모가 감독을 존중할 때 더 잘하는 경향이 있다고 덧붙였다. 감독을 바보로 여기고 조언을 무시하는 부모들은 보통 결국 실망하게 된다.

이 모든 것들은 훌륭한 축구 선수를 길러내기 위한 청사진처럼 멋지게 들린다. 40년의 경험을 가진 축구 아카데미는 거의 없다. 대부분의 경험들은 그 시간 동안 자리를 지켰던 지도자들에게 내재되어 있다. 라 마시아의 명성은 여전히 빛난다. 안수파티는 자신이 레알 마드리드가 아니라 바르사를 선택한 이유가 아카데미 때문이기도 했다고 말했다.

그러나 파티를 제외하면 라 마시아에서 1군으로 가는 선수 공급 라인은 흐름이 거의 멈춘 상태다. 메시는 "최근의 바르셀로나는 아카데미에 대한 의지가 조금 덜해요. 몇몇 재능 있는 선수들이 떠났죠. 세계 최고의 클럽에서 그런 일이 벌어진다는 건 이상해요."라고 말했다.[635] 라 마시아 지도자들은 결국 자신의 커리어가 허사가 되어 버렸다고 느낄 수도 있다. 그들은 재능 있는 아이들을 육성하는 데 10년을 보냈을 것이다. 그런 선수가 1군에서 실패할 기회조차 얻지 못한 채 팔린다면 모든 게 무의미하게 느껴질 수 있다.

오늘날 라 마시아의 많은 좋은 선수들은 캄 노우를 꿈꾸지도 않는다. 열여덟 살에 바르사 1군 선수단에 처음으로 모습을 드러낸, 2001년생 골키퍼 아르나우 테나스(Arnau Tenas)는 내게 말했다. "인생은 바르셀로나에서 끝나지 않아요. 바르사가 자신감을 주지 않는다면, 자신감과 출전 시간을 주는 클럽을 찾아 가야 합니다." 라 마시아 선수들은 바르사 B에 들어가기 위해 수년간 분투한다. 하지만 바르사 B는 점차 다른 클럽에서 영입한 성인 선수들로 채워지고 있다. 산타클라라 대학교에서 축구 장학금을 받고 있는 라 마시아 출신 골키퍼 안드레우 카제스 문뎃은 자신이 성인 무대로 올라가고자 노력했던 2015년과 2018년 사이에 바르사 B팀은 외부에서 34명의 선수와 계약을 맺었다고 말했다. 그들 중 누구도 1군 정규 선수가 되지는 못했다.

라 마시아의 인재가 다른 클럽으로 가서 성공하면, 바르사는 이것을 '두 번째 승리'로 여긴다. 하지만 2010년 이후로 그런 일은 거의 일어나지 않았다. 바이에른을 거쳐 리버풀에서 뛰고 있는 티아고 알칸타라, 아스널의 엑토르 베예린, 아약스 골키퍼 안드레 오나나는 드문 사례다.

★

　라 마시아를 부활시키는 임무를 맡은 사람은 패트릭 클라위
버르트(Patrick Kluivert)였다. 그가 나를 자신의 작은 사무실로 안
내하는 동안 뒷모습을 보니, 그것만으로도 그가 뛰어난 전직 센
터 포워드였다는 것을 알 수 있었다. 긴 다리, 올라붙은 작은 엉
덩이, 좁은 골반, 복서의 몸통이 그랬다. 세기가 바뀔 때쯤 바르
사에서 뛰었던 클라위버르트는 2019년 라 마시아의 수장으로
임명됐다. "이미 바르셀로나에 살고 있었어요. 그래서 환상적인
일이었죠."

　클라위버르트는 어렸을 때 아약스에 있던, 크루이프식 축구
를 구사하는 자매 아카데미를 거쳤다. "거의 똑같다고 할 수 있
습니다." 라 마시아의 아이들처럼 어린 시절 그는 암스테르담에
서 다양한 포지션을 소화했는데, 특히 센터백으로 많이 뛰었다.
"교육을 위해서였죠. 스트라이커는 상대를 등지고 플레이하는
유일한 선수니까요. 하지만 물론 경기에서 어떻게 이뤄지는지
직접 보는 게 좋습니다. 훨씬 쉽죠."

　클라위버르트와 클라렌서 세이도르프, 에드가 다비즈는
1995년에 챔피언스리그 우승을 이끈, 아약스의 홈그로운 주니
어 스타들이었다. 밀란과의 결승전에서는 열여덟 살 클라위버
르트가 결승골을 넣었다. 차기 클라위버르트나 세이도르프, 다
비즈가 오늘날 라 마시아에서 나온다면 바르셀로나 1군이 될

수 있을까?

"매우, 매우 어렵습니다." 클라위버르트가 답했다. "물론 믿어 주는 사람이 있느냐에 따라 다를 겁니다. 아약스는 선수들에게 기회를 빨리 주는 클럽입니다. 물론 바르셀로나도 최고의 선수들에게 기회를 주지 않는 클럽은 아니지만, 정말 확실히 보여 줘야 해요."

그는 아래의 말을 덧붙였다.

> 우리 선수들은 잉글랜드 클럽에서 꾸준히 제안을 받습니다. "우리는 당신의 아들을 원합니다. 아버지인 당신에게도 뭔가 주겠습니다." 에이전트도 물론 돈을 받습니다. 돈이 많지 않은 가족의 아이라면 "해외에서 아주 많은 돈을 벌 수 있어. 바르셀로나에서보다 훨씬 많이 번단다." 이런 제안을 받는다면 혹할 수밖에 없습니다. 이게 아이의 발전에 좋은가요? 그러지 못할 경우를 상상해 보세요. 돈은 보장되죠. 모두 알다시피 잉글랜드의 정상급 클럽들은 TV 중계권료를 스페인보다 훨씬 많이 받습니다. 그래서 예산이 더 많은 거죠.

크게 설득력 있는 주장은 아니었다. 팬데믹 직전인 2018/19 시즌, 바르셀로나는 유럽 축구에서 가장 많은 금액인 9억 9,000만 유로의 연간 매출을 올렸다. 클라위버르트 말고도 바르사에는 근거 없이 '스몰 클럽 콤플렉스'를 가진 관계자가 더 있었다.

라 마시아에 들어와서 첫 달에 무엇을 바꾸었냐고 묻자 클라위버르트는 감페르 트레이닝 센터 주위에 있는 자판기를 언급했다. "자판기에서 콜라와 환타를 볼 수 있을 겁니다. 난 거기에 건강에 좋은 것들을 넣느라 바빴어요."

클라위버르트가 말을 더했다. "제가 바꾼 건 선수들과 계약에 대해 빨리 이야기를 나눈다는 겁니다. 여기서는 많은 선수들의 어깨를 두드려 줘야 해요. 하지만 이렇게도 말해야 합니다. '이 거랑 저거를 더 잘해야 한단다.' 전에는 이런 것들이 그렇게 많이 이뤄지지 않았습니다. 그 외에도 모든 것들이 잘 돌아가는지 확인해야 합니다."

클라위버르트는 호감 가는 사람이지만, 나는 그와 대화를 하면서 다른 바르사 직원들에게 고마움을 느꼈다. 영양, 소셜 미디어, 데이터 분석 등 그들이 어느 분야에서 일하든지 간에 일하는 내내 자신이 생각해 왔던 것들을 열정적으로 자세하게 설명했다. 주로 축구 선수로 뛰었던 명성 덕분에 그 자리에 오른 클라위버르트는 그런 인상을 주지 않았다. 나는 대화를 마친 후 1군 주차장 옆에 있는 자판기를 확인해 봤다. 그의 말이 맞았다. 자판기에는 청량음료와 과자가 가득했다. 하지만 다른 관계자는 그것들이 라 마시아 아이들을 위한 게 아니라 직원용이라고 짚어 줬다.

자판기가 라 마시아의 쇠퇴를 설명해 주지 않는다면, 그럼 무엇이 답해 줄 수 있을까? 내가 이 질문을 몇몇 전·현직 라 마시아 직원들에게 던지자, 그들 모두 바르셀로나가 메시 세대를 재현하지는 못할 것이라고 말했다. 지구상에 어떤 아카데미도 다시는 그렇게 하지 못할 것이다. 하지만 세이룰로는 무엇 때문에 메시 세대가 그렇게 훌륭했는지 이해하려는 바르사의 노력이 충분하지 않았다고 인정했다. "우리는 충분한 정보를 만들어 내지 않았습니다."

내가 처음 라 마시아를 방문했던 2009년은 라 마시아의 명성이 절정에 달했을 때였다. 라 마시아의 코디네이터였던 알베르트 카펠라스는 바르사에서는 원이 둥글다는 것을 보여 주기 위해 진입로의 흙 위에 원을 그렸다. 과르디올라는 선수로서 라 마시아에서 1군 팀으로 가서, 감독이 되어 라 마시아 소년들을 1군으로 데려갔다.

하지만 2019년 라 마시아에 다시 방문했을 때, 원은 더 이상 둥글지 않았다. 바르사에 짧게 있었던 감독들은 더 이상 라 마시아 출신도 아니었고, 라 마시아가 어떻게 돌아가는지 알 시간도 없었다. 그들은 1억 유로를 주고 기성 선수를 영입하는 것을 선호했다.

누가 그들을 비난할 수 있겠는가? 경기에서 승리를 거둬야 감독직 수명을 연장할 수 있다. 그리고 바르사에 대한 기대치는 해를 거듭할수록 치솟았다. 메시가 1군에 데뷔했던 2004년, 바르사는 역대 챔피언스리그 우승 횟수가 1회였다. 메시-차비-이니에스타 세대는 10년도 안 되는 기간 동안 여기에 4회를 추가했다. 그들은 새로운 기준을 세웠다. 그 후 바르셀로나 1군은 월드 클래스를 유지해야 했다. 문제는 열여덟 살에 아카데미를 졸업해 월드 클래스 근처에 도달하는 축구 선수는 매우 드물다는 것이다. 골키퍼나 수비수는 더 어렵다. 선수들은 스물네 살쯤 월드 클래스에 도달할 수 있는데, 그렇다고 '월드 클래스가 될' 준비가 됐는지 확인하기 위해 열여덟 살인 선수들을 6년간 다른 팀에 임대를 보낼 수는 없는 노릇이다.

티아고 알칸타라는 차비가 떠나기를 기다리며 2년을 벤치에서 보냈고, 스물두 살에 바이에른으로 이적했다. 당시 바이에른 감독은 과르디올라였다. 뮌헨에서는 원이 둥글었다. 그 사이 바르셀로나는 레알 마드리드처럼 바잉 클럽(buying club)으로 변해버렸다.

2019년, 나는 카펠라스와 다시 만났다. 라 마시아가 쇠퇴한 이유를 가장 많이 알려 준 사람이었다. 그가 한 말을 통해서가 아니라 우리가 대화한 상황을 통해서 그랬다. 카펠라스가 덴마크에서 집으로 돌아오면 우리는 바르셀로나에서 커피 한잔을 마시거나, 점심 식사를 했다. 당시 그는 덴마크에서 U-21 대표팀 감독을 맡고 있었다. 카펠라스는 그 전에 네덜란드와 이스라엘, 중국에서 지도자 생활을 했다. 다시 말해, 카펠라스는 라 마시아의 방법론을 전 세계에 확산시키는, 바르셀로나 두뇌 유출의 한 축이었다. 라 마시아에서 그와 함께 오랫동안 일했던 동료들은 관료화된 바르사에서 벌어지는 내분을 피해 더 많은 돈을 벌 수 있는 외국 클럽으로 갔다. 거기서 그들은 실제로 1군에 갈 어린 선수를 찾을 수 있었을 것이다. 라 마시아가 지구상 최고의 아카데미였던 시절에는 존재하지 않았던 글로벌 시장이 열린 것이다. 가벼운 차림의 네덜란드 지도자들, 심지어 독일 지도자들도 함께 파리에서 인도까지 크루이프식 신조를 전도하고 있었다.

바르셀로나의 두뇌 유출은 성인 축구 레벨에서도 이뤄졌다. 2020/21 시즌 초반에 맨체스터 시티, 토트넘 홋스퍼, 아스날의 감독들은 모두 바르셀로나 출신이었다. 시티는 거의 바르사의 식민지 클럽이었다. 팀을 이끄는 사람들은 간단히 말해 바르사 출신 디렉터와 감독일 뿐만 아니라, 바르사 소시들이기도 했다. 그들은 자신의 지식을 잉글랜드로 가져와 매일 업데이트했다.

한마디로 라 마시아, 더 넓게는 바르셀로나가 자신이 이룩한 성공의 희생양으로 전락한 셈이었다. 비즈니스 차원에서 보면 유럽 축구는 가장 혁신적이다. 기술 분야보다 훨씬 더 혁신적이다. 기술 분야에서는 운이 좋다면 한 번의 혁신을 이룰 수 있다. 월드 와이드 웹 초창기에 아마존이나 페이스북 같은 기발한 플랫폼을 개발해 수백만 명의 사용자를 유치하면 돈을 긁어모을 수 있었다. 만약 경쟁자가 등장하면 인수해 버리면 그만이었다. 사용자들은 다수가 사용하는 기존 플랫폼을 고수하는 경향이 있었다. 제프 베이조스나 마크 저커버그가 하나의 발명으로 수백 억 달러를 벌어들일 수 있었던 이유다.

그러나 축구에는 독점이나 특허가 없다. 클럽들은 매주 서로의 아이디어를 훔친다. 과르디올라의 말에 빌리면, "축구는 진화하는 것이다."[636] 다른 아카데미들은 라 마시아를 모방했다. 이는 스페인에서 시작됐다. 청소년 대표팀이 마침내 작은 축구 선수를 더 이상 차별하지 않게 된 것이다.[637] 2008년과 2012년 사이에 스페인은 라 마시아 선수들로 구성된 팀으로 두 번의 유로 우승과 한 번의 월드컵 우승을 차지했다. 레알 마드리드조차 크루이프식 혁신을 택했다. 어느 날 나는 바르셀로나 지하철에 있는 TV 스크린에서 지네딘 지단이 이끄는 메렝게스(Merengues) 훈련 세션의 한 장면을 봤는데, 그들은 론도를 하고 있었다.

2009년 바르사 홈그로운 팀이 챔피언스리그에서 우승을 차지한 후, 라 마시아 베끼기는 세계적인 유행이 됐다. 내가 라 마시아를 방문했던 것도 아이디어를 훔치려는 전 세계 축구인들의 거대한 순례 행렬의 일부였다. 모든 클럽들은 아카데미에 투자했고, 심리학자를 고용했으며, 어리고 작은 선수들에게 기회를 줬고, 축구를 머리로 하는 패스 게임으로 재정의했다. 한때 급진적이라 여겨졌던 크루이프의 축구 철학은 일반적인 지혜가 됐다.

그 사이 라 마시아는 배우기를 멈췄다. 라 마시아 스태프가 연구를 위해 해외 클럽을 방문했다는 이야기를 들은 적이 없다. 세이룰로는 "우리가 너무 뛰어났기 때문에 주변을 잘 둘러보지 않았죠."라고 인정했다. 또한 라 마시아는 정상급 외국인 감독을 고용하지도 않았다.

다른 나라들이 곧 따라잡았다. 2020년대에 등장한 수많은 키 작은 축구 선수들은 차비에게 빚을 졌다고 할 수 있다. (메시에게 배울 수 있는 것은 별로 없다. 메시는 유일무이한 존재니까.) 프랑스에서 '넥스트 그리즈만'은 아카데미에 들어갈 것이다. 파리에 있는 내 쌍둥이 아들들은 작은 경기장에서 크루이프의 축구 철학으로 무장한 채로 8인제 축구를 하며 어린 시절을 보냈다. 내가 어렸을 때는 일곱 살부터 진흙투성이인 성인 크기 경기장에서 뛰었다. 이때 최고의 선수란 태클들을 이겨내고 공을 가장 멀리 찰 줄 아는 선수였다.

잉글랜드도 기술 좋고 작은 필드 플레이어와 패스에 능한 골키퍼를 육성하기 시작했다. 2001년에 방문했던 어느 혹독한 아카데미가 그 이후에 달라졌다고 들었다. 독일은 사실상 라 마시아의 지적인 전초 기지가 됐다. 바이에른 뮌헨은 수십 년간 그들만의 스타일이 없었는데, 루이스 판 할과 과르디올라 감독 체제를 통해 마침내 바르셀로나에서 영감을 받은 스타일을 갖게 됐다. 그들의 뒤를 이어 바이에른 감독을 맡은 한스디터 플리크 (Hans-Dieter Flick)는 (2021년에 독일 대표팀 감독이 되었지만) 커리어 초기에 라 마시아를 연구하기 위해 바르셀로나를 방문한 적이 있다. 독일인들이 생각하기 시작하면 다른 나라들은 긴장해야 한다. 현재 바이에른은 분명 바르셀로나보다도 크루이프적인 클럽이다.

서유럽을 제외하면 전 세계 95퍼센트의 나라의 유소년 축구는 크루이프 이전의 시대에 머물러 있다. 특히 미국의 유소년 축구는 여전히 배움보다 승리를 우선시한다. 2013년쯤 뉴욕에서 열린 U-12 경기의 하프 타임. 히스패닉으로 보이는, 다운타운 유나이티드 선수 한 명의 아버지가 상대 팀 스트라이커에게 누구도 부탁하지 않은 조언을 하겠다며 어슬렁거렸다. 그러자 스트라이커의 아버지가 달려들어 외쳤다. "당신이 뭔데 내 아들을 가르치려 들어?"

　바르셀로나 감독으로 4년을 지낸 후 뉴욕에서 안식년을 보내고 있는, 히스패닉으로 보이는 그 남자가 답했다. "펩 과르디올라입니다만."[638]

XV

클럽 그 이상?

2019년 10월 말의 어느 완벽한 여름날, 전 바르사 회장 산드로 로셀은 가바 마르에 있는 자신의 비치 클럽에서 맥주를 마시며 파도가 거의 없는 잔잔한 지중해를 응시하고 있었다.

나는 계속 그날의 날씨를 되새기려 하지만, 겨울 내내 이어진 코로나 봉쇄 기간 동안 어두운 파리에서 이 책을 쓰고 있노라니 가바 마르의 풍경이 어땠는지 떠올리기가 쉽지 않다. 로셀이 바다 풍경에 더 빠져들었던 이유는 감옥에서 풀려난 지 얼마 안된 시기였기 때문이다.

로셀은 나이키에서 일하던 시절에 브라질 대표팀의 TV 중계권 판매 과정에서 수백만 달러의 불법 수수료를 세탁한 혐의로 기소됐다. 로셀은 재판이 열리기까지 643일 동안 갇혀 있었는데, 이는 스페인 역사상 경제 사범에게 내려진 가장 긴 '재판 전

구금[*]이었다. 로셀이 있던 감옥은 난방이 되지 않아 온도가 영하로 떨어질 때도 있었는데, 로셀은 방한 파카 등 가진 옷을 모두 껴입고 잠을 청해야 했다.[639]

로셀의 사건을 담당한 마드리드 판사 카르멘 라멜라(Carmen Lamela)는 열세 차례의 보석 요청을 모두 거절했다. 라멜라 판사는 카탈루냐 분리주의자 정치가들을 아홉 명이나 구속시킨 이력이 있었기 때문에 카탈루냐 여론에서는 친카탈루냐가 아닌 쪽으로 여겨졌다. 로셀은 "내가 바르셀로나 회장이 아니었다면 감옥에 가지 않았을 겁니다."라고 주장했고, 카탈루냐 사람들도 여기에 동의하는 분위기였다. 어쩌면 사실일지도 모른다. 로셀은 재판 후 나흘 만에 석방됐다. 석방 후 그가 가장 먼저 한 일은 호텔 바에 가서 맥주 한 잔을 들이키는 것이었다. "정말 좋았어요. 기가 막혔죠.(madre mía.) 3초 만에 감옥에서 풀려났으니까요."[640] 몇 주 후 로셀에게는 무죄가 선고됐다.[641]

가바 마르에서 만난 날 오후, 로셀은 감옥에 대해 말하고 싶어 하지 않았다. 맥주와 지중해를 음미하며, 전통 카탈루냐식 주말 가족 점심 식사를 위해 이제 막 도착한 부모님과의 만남을 즐겼다. 마음의 여유가 생긴 로셀은 내 책의 제목을 제안하기까지 했다. "'클럽 그 이상'이라고 붙여야겠군요."

"바르사가 여전히 클럽 그 이상인지 잘 모르겠습니다." 내가

---

[*] 용의자를 재판 전에 보석을 허가하지 않고 구금 조치하는 것.

답하자 로셀은 "여전히 그렇습니다."라며 내 말을 정정한 뒤 자기가 한 말을 뒷받침하려는 듯 내 손을 붙잡고 이야기를 이어 나갔다. 로셀이 회장이 된 2010년, 바르사는 습관처럼 과소비를 하고 있었다. 로셀은 단장에게 "비용을 살펴보고 즉시 줄일 수 있는 부분을 알려 달라."고 말했다.

그들은 매우 빠르게 야구팀을 없애기로 합의했다. 그것은 쉬운 결정이었다. 야구 선수 중에는 소시들이 거의 없었고, 바르사는 야구장을 경쟁 팀에게 빌려서 쓰고 있었다. 그리고 야구는 카탈루냐 문화에 뿌리를 두지 않은 스포츠였다. 야구팀의 연간 예산은 50만 유로에서 100만 유로 사이 정도였는데, 바르사 입장에서는 적은 액수였지만 손쉬운 절감이었다. 하지만 바르사가 이렇게 결정을 내리자 도시 전체가 들썩였다. 지역 언론들은 로셀이 바르사의 전통을 짓밟았다고 비난했다. 하루는 한 무리의 소시들이 농구장을 빠져나오는 로셀을 붙들어 세웠다. 로셀은 나를 위해 당시 대화를 재연했다.

소시들: 당신이 야구팀 없앴지?

로셀: 세 가지 질문을 할 게요. 여러분 중 한 명이라도 정답을 말하면 야구를 다시 시작할게요. 1번, 야구팀은 몇 명이 뛰죠?

(소시들이 멍하니 있다.)

로셀: 2번, 우리 야구팀 선수 중 한 명의 이름을 대보세요.

(소시들이 멍하니 있다.)

로셀: 우리는 어디서 야구를 하죠?

(소시들이 멍하니 있다.)

그렇게 야구팀 해체 결정은 유지됐다. 로셀은 자신이 올바른 방향으로 달려가고 있다고 생각했다. 반면 그 소시들은 바르사를 '클럽 그 이상'으로 봤다. 그들에게 바르사는 정신적이고도 민족적인 목적을 지닌 단체였다.

그럼에도 로셀은 나를 설득하지 못했다. 이 책을 위해 취재를 하면서 나는 바르셀로나도 이제 그저 하나의 클럽이 됐다고 믿게 됐다. 바르사는 더 이상 레알 마드리드나 맨체스터 유나이티드 같은 라이벌 클럽들, 심지어 파리 생제르맹과 맨체스터 시티보다도 의미 있는 클럽이 아니다.

이것은 타락을 의미한다. 수십 년 동안 이어져 온 카탈루냐 민족주의, 조합원 중심의 민주주의는 확실히 '클럽 그 이상'이었기 때문이다. 주안 라포르타는 '클럽 그 이상'의 의미를 '크루이프, 카탈루냐, 라 마시아, 유니세프'로 요약했다.[642] 로셀이 회장으로 취임한 2010년에도 바르사는 여전히 '클럽 그 이상'이었다. 당시 바르사는, 거의 모든 현지 관중 앞에서 영광스러운 크루이프식 축구를 구사했던, 크루이프의 제자 과르디올라가 지도하는 홈그로운 선수들로 구성된 팀이었다. 당시 바르사의 주요 라이벌은 인테르 밀란과 레알 마드리드를 이끌었던, 만화 속 악당 무리뉴였다. 무리뉴는, 그의 표현을 빌리자면, "버스를 주차하고" 상대의 "바퀴를 부수거나 연료 탱크에 설탕을 넣는" 것을 목표로 했다. 무리뉴를 상대하는 바르셀로나는 언제나 착한 편처럼 보였다.

또한 바르사는 2010년에도 카탈루냐 민족 통합에 도움이 됐다. 메시의 골 앞에서는 카탈루냐 분리주의자, 친스페인 연방주의자, 사회주의자, 공장주가 모두 함께 서로를 끌어안을 수 있었다.

경기장 밖에서도 2010년의 바르사는 여전히 '클럽 그 이상' 이었다. 당시에는 자선 재단이 있는 축구 클럽을 찾기 어려웠다. 바르사는 (1994년에 창립된) 자선 재단을 통해 전 세계의 난민과 어린이를 도왔다. 바르사는 스폰서 이름으로 유니폼을 더럽히지 않은 유일한 빅 클럽이었다. 이 훌륭한 팀은 가슴에 유니세프가 적힌 유니폼을 입었고, UN의 어린이 자선 사업을 위해 연간 150만 유로를 지불했다.

그러나 2021년에 이르자 '클럽 그 이상'을 이루던 요소들은 대부분 퇴색되거나 사라졌다. 하나씩 살펴보자. 우리는 라 마시아에서 1군 선수가 거의 배출되지 않는다는 사실을 목도하고 있다. 이제 다른 클럽들이 바르셀로나보다 더 진짜 크루이프식 축구를 구사하고 있다.

그리고 현대의 바르사는 자신들의 레전드들을 신경 쓰지 않았다. 크루이프는 적이었던 로셀이 회장이 되자 바르사를 떠났다. 명예 회장직을 내려놓았고, 경기를 직관하는 것도 그만뒀다. 과르디올라는 2012년에, 메시는 2021년에 바르셀로나를 떠났다.

그러는 사이 유니폼도 팔려 나갔다. 1990년대부터 바르사의 광고 담당 임원들은 축구 비즈니스의 선두 주자인 맨체스터 유나이티드에서 영감을 받았다.[643] 2003년부터 2008년까지 바르사의 최고 경영자였던 페란 소리아노는 나중에 "영감을 받았다."는 말은 완곡한 표현이었다고 밝혔다. "우리는 맨체스터 유나이티드가 잘한 것들, 우리에게 유용해 보이는 것들을 전부 그대로 따라했습니다."[644] 바르사 사람들이 클럽이라고 부르는 '맨체스터'는 가슴에 유니세프를 새기지 않았다. 레알 마드리드도 마찬가지였다. 그들의 유니폼 스폰서는 클럽에 큰돈을 지불한 스폰서 이름이 새겨져 있었다. 이들이 전 세계적으로 수익을 내기 시작하면서, 바르사는 힘든 선택의 순간을 맞이했다. 그들과 같아지거나, 최고의 선수들을 라이벌인 그들에게 뺏기거나. 2005년 바르사는 유니폼에 'Beijing 08'을 붙이려는 중국 정부와 협상을 했고 성사 직전까지 갔다. 그다음에는 (결국 레알 마드리드의 유니폼에 이름을 올린) 베팅 회사 'Bwin'이었다.[645] 최종적으로 2010년 12월, 축구 역사상 가장 비싼 유니폼 거래가 이뤄졌다. 바르사는 카타르 재단으로부터 1억 6,500만 유로를 받고 5년 계약을 체결했다. "지금까지 어느 누구도 더 많은 돈을 내지 못했습니다." 로셀이 어깨를 으쓱했다. 유니세프는 유니폼 등판으로 옮겨졌다.

지나치게 상업적으로 변모한 바르사를 비판하는 목소리가 곧바로 터져 나왔다. 카타르와 같은 전제 군주국과 한 배를 탄 것은, 당연하게도 독재에 민주적으로 저항했다는 바르사의 역사적 이미지와 잘 어울리는 것은 아니었다. 수천 명의 팬들이 카타르 재단과의 계약을 해지할 것을 요구하는 청원에 서명했다. 소시 모자를 쓴 로셀은 자기도 셔츠 스폰서를 받는 것을 반대했다고 말했다. 보나노바에 있는 저택에서 안락한 삶을 누리고 있던 크루이프는 이를 '저속한' 거래라고 표현했다. "어떤 클럽도 100년 넘게 유니폼을 깨끗하게 지키지는 못했어요. 돈 때문에 그런 것을 팔면 안 돼요… 우리는 예산의 6퍼센트를 위해 우리만의 개성을 판 겁니다." 크루이프는 바르사가 '클럽 그 이상'에서 '보통의 클럽'으로 전락했다고 말했다.[646]

하지만 나는 크루이프가 여전히 바르사 감독이었다면 그 역시 이 계약을 지지했을 거라 예상한다. (크루이프는 1973년 프랑코 치하의 스페인에 와서는 "파시스트가 뭔가요?"라고 물었던 사람이다.) 또한 진실을 이야기하자면, 그 과도한 상업주의가 아름다운 축구를 지원했다는 점이다. 카타르는 메시의 임금을 지불했다. 그렇기는 하지만 이 계약은 바르사의 도덕적 우월성에 흠집을 냈다.

나는 로셀에게 '클럽 그 이상'의 종말에 대한 책임을 지우려는 게 아니다. 현대 축구 정상에 서 있는 사람들과 클럽들은 자신들이 오염된 돈을 받고 있다는 것을 알고 있다. 예를 들어, 과르디올라는 카타르가 2022년 월드컵을 유치하기 위해 고용한 홍보 대사가 되어 카타르행 기차에 올랐다. 그는 카타르 사람들이 "정부가 만든 틀 안에서 세상의 모든 자유"를 누리고 있다고 말했다. 독일 작가 디트리히 슐체마르멜링은 지구상 어느 나라에 대해서도 같은 주장을 할 수 있을 것이라고 지적했다.[647]

2013년, FC 바르셀로나는 카타르 재단의 자리를 그들의 첫 번째 기업 스폰서인 카타르 항공으로 대체했다. 점차 축구 밖 일류 회사에서 일하던 경영인들이 캄 노우와 그 주변 거리의 사무실에 들어와 바르사의 매출을 끌어올리는 일을 하게 됐다. 바르사는 카탈루냐 민족주의자들의 사교 클럽으로 남는 동시에 글로벌 엔터테인먼트 사업체로서의 변신을 꾀했고, 이로 인해 긴장이 고조됐다.

바르사가 갑자기 '대기업'이 된 것은 아니었다. 바르사는 이윤을 남기려 노력하지 않았다. 바르사가 돈을 벌어들이려는 목적은 좋은 축구 선수를 위해 돈을 쓰기 위해서였다. 그럼에도 많은 소시들과 직원들은 (심지어 일부 디렉터들과 경영진도) 바르사가 영혼을 잃어 가고 있다고 우려했다. 이 불안은 오랜 과거로 되돌아간다. 1974년 크루이프의 바르사가 리그 우승을 차지한 후, 지역 코미디 밴드 '라 트린카(La Trinca)'는 이렇게 경고했다.

우승컵이 계속 떨어지면
그들은 우리를 꼭두각시처럼 대할 거야
그리고 그들은 심지어

겨드랑이 디오더런트*를 만들 거야

바르사 색깔로 말이야

2021년 'FC 바르셀로나-오리지널 블루 디오더런트 스프레이-남성용 (200ml)'가 온라인에 출시됐다.

바르사의 디지털 부서에 새로 합류한 책임자 중 한 명은 소시들에게 종종 이런 말을 듣는다고 했다. "이봐, 축구를 해. 여기는 디즈니가 아니라고." 그는 바르사가 축구팀을 발전시킬 수 있도록 테이블 위에 수많은 돈을 쌓아 두고 있는 것이라고 반박했다. "우리는 세계에서 가장 잘 알려진 브랜드 중 하나이지만, 연간 수익은 10억 달러에 불과합니다. 우리는 수익의 200배에 해당하는 브랜드 인지도를 가지고 있어요. 그만큼 큰 기회가 있습니다." 바르사는 몇몇 국가에서 자신들이 애플이나 아마존보다 더 잘 알려져 있다고 생각했다. 하지만 대부분의 소시들은 신경 쓰지 않는다. 그들은 바르사가 자선 재단과 야구팀을 운영하면서 레알 마드리드를 이기기를 바랐지만, 지저분한 돈벌이 계획을 세우는 일은 없어야 한다고 생각했다.

바르사 재단은 여전히 선행을 펼쳤지만 2020년대에 들어서는 더 이상 특별한 일이 아니었다. 이제 유럽의 다른 빅 클럽들에도 재단이 생겼고, 영국 클럽들 대부분이 '지역 사회 내 축구'

---

* 체취 제거제.

와 같은 기획을 실행에 옮겼다. 2019년 1월, 32개 영국 클럽들은 지역 교도소에 지도자 및 심판 과정을 제공하는 프로그램에 참여했다.[648] 그들 모두가 클럽 그 이상이었다.

바르사 내부에서는 축구 부서와 비즈니스 부서 간의 갈등이 보다 격렬해졌다. 감독 입장에서는 진을 빼놓는 아시아의 여러 국가를 방문하는 프리시즌 투어를 좋아할 수 없었고, 반면 브랜드 관계자들은 이를 강하게 추진했다. 아르센 벵거는 이런 갈등이 현재 모든 빅 클럽들을 괴롭히고 있다고 밝혔다. "팀, 선수들, 아카데미 등의 기술 파트는 점점 작아지고, 커머셜, 마케팅, 언론 담당 파트가 점점 커지고 있습니다."[649]

소시에서 SNS 팔로워까지

더 높은 수익을 좇는 바르셀로나의 길은 카탈루냐를 넘어, 심지어 유럽마저 넘어 뻗어 나갔다. 세계 인구의 약 45퍼센트가 사는 네 국가인 중국, 인도, 인도네시아, 미국이 축구에 흥미를 갖기 시작했다. 바르사에게 필요한 지역들이었다. 바르사는 카탈루냐의 정체성을 지키면서도 세계로 나아가야 했다.

2008년 12월, 마이애미 북서쪽 끝에 자리 잡고 있는 이름 모를 사무실에서 나는 '332 마르셀로 클라우레(Marcelo Claure)'라고 적힌 명패가 있는 문을 노크했다. 그 안에는 키가 195센티미터인 미국 국적의 볼리비아계 아마추어 골키퍼 출신인 클라우레가 앉아 있었다. 작은 방을 더 비좁아 보이게 만드는 덩치였다. 여기서 그는 무선 서비스 회사 브라이트스타(Brightstar)를 경영했다. 히스패닉이 운영하는 사업체로는 당시 미국에서 가장 큰 회사였다. 그는 또 새로운 클럽인 '마이애미 바르셀로나'를 출범시키기 위해 바르사와 협업하고 있었다. 우리가 만난 날, 클라우레는 캄 노우에서 열린 엘 클라시코를 보고 막 돌아온 참이었다. 경기를 앞두고 열린 디렉터 연회에 바르사 이사회의 손님 자격으로 참석했다고 했다. "이방인을 초대한 것은 역사상 처음이라고 하더군요. 그래서 정말 기뻤습니다."

클라우레는 마이애미가 바르사의 "일상 업무를 제외하면 최우선 순위"라고 생각했다. 그는 디렉터들이 바르셀로나를 세계에서 가장 중요한 스포츠 단체로 여기며 "이 팀에도 같은 힘을 들일 것"이라고 말했다.

클라우레는 캄 노우에서 뛰는 것을 꿈꾸는 선수들과 에이전트들이 바르사로 "매주 5,000개 이상의 영상"을 보낸다는 사실에 놀랐다. 그렇다면 이들 중에는 미국에서 가장 히스패닉이 많은 도시에서 바르셀로나 자매 구단의 유니폼을 입고 뛰고 싶어하는 선수들이 많을지도 모른다.

"이 팀이 정말 생기는 건가요?" 내가 묻자 클라우레는 "125퍼센트 확신합니다."라고 대답했다. 심지어 그는 팀 창단 과정을 리얼리티 TV 쇼로 만들 계획도 세우고 있었다.

우리가 대화를 나눈 지 석 달이 지난 후 마이애미 바르셀로나 창단은 취소됐다. 바르사의 재정 위기와 브랜드 확장을 망설이는 태도의 희생양이 된 것이다.[650] 하지만 큰 시장은 여전히 남아 있다. 2013년 바르사는 홍콩에 사무실을 열었고, 2016년 뉴욕 파크 애비뉴의 고층 빌딩에도 사무실을 열었다. 미국인의 36 퍼센트만이 축구를 좋아한다는 데이터로 무장한 바르사는 미국 시장이 성장할 것으로 내다봤다.

미국에서 사업을 하는 것은 힘든 일이다. 스페인에서는 누구를 아는가가 중요하다. 최고 경영자와 친구이거나 또는 (특히 카탈루냐에서는) 가족들이 서로 친하면 그는 (또는 그녀는) 보통 상대와 사업적 관계를 맺는다. 하지만 미국 경영인들은 지표를 확인하고 싶어 했다. 4,000마일 떨어진 곳에 있는 축구 클럽을 후원하기 위해 이사회와 주주들을 설득하려면 숫자가 필요했다.

바르셀로나가 미국인들에게 보여 주고 싶어 했던 지표는 소셜 미디어 팔로워 수였다. 2021년까지 바르사는 2억 3,900만 명의 팔로워를 보유하고 있었고, 이는 소시들보다 1,500배 많은 수치였다. 또한 지구상 스포츠 클럽 중 가장 많은 수치이기도 했다. 바르사는 미국 스포츠 팀 중 1위라 할 수 있는 LA 레이커스보다도 5배 많은 팔로워를 보유하고 있었으며, 모든 NFL 팀의 팔로워를 합친 것보다 많았다(2016년 기준).[651] 2억 3,900만 명 전부라고는 할 수 없지만 대다수가 팔로워 그 이상, 즉 바르셀로나의 팬이었다.

맥도날드나 아마존 같은 회사들은 항상 고객을 팬으로 만들고자 노력했다. 바르사는 그 반대였다. 팬을 고객으로 만들어야 했다. 인도 뭄바이에 있는 한 팬은 가짜 메시 유니폼을 입고 동네 술집에서 바르사의 모든 경기를 볼 것이다. 바르사에 한 푼도 내지 않고 말이다. 만약 그가 바르셀로나의 1억 명이 넘는 페이스북 팔로워 중 한 명이라면, 그의 개인 정보는 바르사가 아닌 페이스북이 가지고 있을 것이다. 바르사는 그의 이름조차 알 수 없다. 그에게 연락하려면 페이스북에 돈을 지불해야 할 것이다. 바르사가 그를 통해 직접적으로 돈을 벌기 위해서는 그와 관계를 구축할 필요가 있다. 예를 들어, 신제품 공식 유니폼을 2주 일찍 살 수 있는 기회 등 약간의 인센티브를 제공해 그가 바르사 애플리케이션에 가입하도록 설득하는 게 우선이다. 그렇게 되면 바르셀로나는 그의 이름과 주소, 신용 카드 정보를 얻을 수 있다. 바르사는 '미니 페이스북' 같은 데이터 수집 회사가 될 것이다.

또한 바르사는 팬들에게 물건을 판매하는 '미니 아마존'이 되고자 했다. 이는 바르사의 스폰서가 뭄바이에 거주 중인 바르사 팬에게 냉장고나 자동차를 판매하는 데 도움이 될 것이다. 다만 그 팬이 사랑하는 클럽을 욕심 많은 기업이라 느끼지 않도록 하는 게 요령이다. 바르사 경영진은 내게 '바르사의 넷플릭스'를 만들겠다는 계획을 밝혔다. 선수들이 협조한다면 팬들이 돈을 내고 경기 날의 비하인드 장면 같은 바르사 관련 영상을 볼 수 있게 하는 것이다. (현대 축구 선수들은 자신의 소셜 미디어 팔로워들이나 자신의 스폰서 팔로워들을 더 신경 쓴다.)

바르사가 팬을 고객으로 만들 수 있다면, 미래에는 스폰서와 TV 중계권, 티켓 판매에 의존을 덜할 수 있을 것이다. 어느 바르사 책임자는 이것이 축구 산업 전체의 방향이라고 밝혔다. 스폰서나 방송사를 거치지 않고 중개자 없이 팬들과 직접 거래하는 것. 그는 바르사가 좀 더 '디지털 스타트업처럼' 생각해야 한다고 말했다. 접시에서 냅킨을 집어든 그는 축구 클럽들이 보통 '이 냅킨에 우리 로고를 넣어서 팔자.'라고 생각한다고 했다. 그건 너무나 구시대적이다.

바르사에 새롭게 유입되는 해외 팬들은 셀 수 없을 만큼 다양하다. 그중 일부는 바르사에 열정적이다. 방콕이나 라고스의 빈민가에 사는 택시 드라이버를 떠올려 보라. 그의 자녀들은 열악한 학교에 다닐 텐데, 상황은 절대 개선되지 않을 것이다. 그에게 바르사를 응원하는 행위는 월드클래스인 무엇인가와 개인적으로 연결된다는 의미일 것이다. TV에 나오는 분쟁 지역이나 난민 캠프에는 항상 'Messi 10'이 새겨진 가짜 유니폼을 입은 아이들이 있다. 어떤 사람들은 소셜 미디어 상에서 응원하는 축구팀을 자신의 유일한 정체성인 것처럼 여긴다. '@Barcabajabal: 소말리아 모가디슈 거주 / 바르셀로나와 첼시의 팬'

하지만 카탈루냐의 전통적인 팬층만큼이나 헌신적인 신규 팬은 거의 없다. 바르사의 팬 수는 점점 더 늘어나고 있지만, 그들에게 주는 의미는 점점 더 줄어들고 있다. 현재 바르사는 전 세계적으로 사랑받는 클럽이라고 말하기 어렵다. 오히려 현재 바르사는 전 세계적으로 미지근한 동정을 받는 클럽이다. 바르사의 경기는 무수한 호텔 라운지에서 틀어 놓는 세계적인 장식의 일부가 됐다.

대다수의 새로운 팬들에게 바르사는 정체성이기보다 일종의 엔터테인먼트다. 만약 바르사가 그들을 즐겁게 하지 못한다면? 글쎄, 오늘날에는 다른 재미있는 것들이 넘쳐난다. 한 바르사 책임자는 내게 이렇게 말했다. "우리는 (비디오 게임) 리그 오브 레전드, 레알 마드리드, 넷플릭스와 경쟁하고 있습니다. 그걸 이해하지 못하면 20년 안에 우리는 심각한 문제에 빠질 겁니다." 소셜 미디어 상에서 바르사는 자신들의 콘텐츠 성격을 '정보'에서 '엔터테인먼트'로 바꾸고 있다.

새로운 팬 중에는 바르사 서포터로 만들어야 할 메시 서포터도 많다. 바르사와 레알 마드리드를 동시에 응원하는 사람들도 있다. 스페인 이외의 유럽 팬들은 보통 자국 클럽을 이미 응원하고 있고, 바르셀로나는 두 번째 팀으로 여긴다. (바르사를 진심을 다해 사랑하는 영국 팬은 많지 않다.) 아시아나 미국에 사는 팬들은 축구에 대해 잘 모르는 경우가 많다.

많은 신규 팬들은 카탈루냐에 대해 들어본 적이 없다. 그들은 보통 바르셀로나가 도시인 것은 알지만, 클럽의 애칭인 '바르사'가 도시 바르셀로나를 부르는 말이라 오해하는 경향이 있다.

(도시 바르셀로나의 현지 애칭은 '바르나(Barna)'다.) 새로운 팬들에게 바르사는 도시보다 더 큰 존재다. 아마도 그들을 팬이 되게 한 것은 바르사의 국제적 매력이었을 것이다.

소리아노가 예측했듯이, 문제는 중국 어린이에게 '클럽 그 이상'을 설명하는 것이다.[652] 바르사의 역사를 디즈니화한 이야기로 만들어 파는 것은 유치해지기 쉽다. 어느 날 나는 바르사 박물관 맞은편 메가스토어에서 새로운 청록색 원정 유니폼 광고를 봤다. 지루해 보이는 피케가 특유의 영어 억양으로 말했다. "'클럽 그 이상'이라는 말은 이 클럽을 매우 잘 나타냅니다."

팬데믹 이전 몇 년 동안 새로운 글로벌 팬들이 점점 더 많이 캄 노우에 모습을 드러냈다. 방문객들이 엘 프라트(El Prat) 공항에 내린 후 가장 먼저 본 것들 중 하나는 바르사 경기 티켓을 어디서 살 수 있는지 안내해 주는 포스터였다. 바르사는 '스마트 예약 시스템'을 만들어 소시들에게 직관하러 가지 않을 경기 티켓을 판매할 수 있도록 했다. 알고리즘은 상대 팀, 경기 시작 시간, 날씨 등에 따라 얼마나 많은 소시들이 특정 경기를 포기할지 예측했다. 그렇게 해서 바르사는 소시들이 티켓을 내놓기 전에 온라인으로 그만큼의 좌석을 판매했다. 일부 경기의 경우, 외국인 방문객이 3만 석을 차지하기도 했다. 그런 식으로 소시들은 약간의 돈을 벌었고, (아마도 몇몇은 시즌 티켓으로 이윤을 남길 만큼 충분히 경기 티켓을 팔았을 것이다.) 바르사는 수수료를 챙

겼으며, 바르사를 방문한 인도인이나 브라질인은 경기를 관전했다.

2019년 10월의 어느 날 밤, 바르사는 중위권 팀 바야돌리드를 홈으로 불러들였다. 나는 스마트 예약 시스템을 직접 이용해 봤다. 나와 아이들을 위해 구입한 티켓가는 장당 59유로였고, 여기에 관리 수수료 2.50유로가 붙었다. 소시들에게 판매된 것보다 훨씬 높은 금액이었다. 경기는 전형적인 바르셀로나 홈경기 같았다. 약 3분의 1의 좌석은 비어 있었고, 한쪽 골문 뒤에 있는 하드코어 서포터스 그룹인 보이소스 노이스(Boixos Nois)만이 노래를 불렀다. 수천 명의 지역 주민들은 카탈루냐 분리주의자 깃발인 에스텔라다(Estelada)를 흔들었고, 그보다 더 많은 수의 관광객들이 있었다. "저 사람이 메시야?" 선수들이 등장하자 우리 뒤에 있던 한 영국 소년이 물었다. 우리 주변에 앉아 있는 사람들은 경기 시간 대부분을 '셀카'를 찍거나 휴대폰을 확인하면서 보냈다. 하프 타임 때 팝콘을 사러 선 줄에서는 다양한 유럽 언어들이 들렸다. 아마도 차세대 프렌키 데 용이 부모와 함께 거기에 있었을 지도 모른다. 그리즈만이 평소처럼 교체되자 아이들이 다른 프랑스 사람들과 함께 응원을 보냈다. "알레, 그리지(Allez, Grizi)!" 수아레스가 득점했을 때는 그의 동포들이 외쳤다. "우루과이!"

아이들은 그날 밤을 잊지 못할 것이다. 우리는 메시가 최고의 활약을 펼치며 2골 2도움을 기록하는 것을 목격했다. 바르사가 여섯 번째 득점을 노릴 때는 긴장감이 감돌았다. 5-1 상태에서 종료 휘슬이 울리자 관광객들은 휴대폰을 들고 '바르사 찬가'가 울려 퍼지는 모습을 영상으로 찍었다. 경기장을 나오자 시내로 갈 수 있는 인력거들이 기다리고 있었다.

이 모든 풍경의 이면에는 소시들이 아닌 지역 주민들이 쫓겨 나는 현실이 있다. 그들은 티켓 한 장에 61.50유로를 내지 않을 것이다. 특히 요즘 종종 열리는 밤 10시 킥오프 경기라면 더더욱 그렇다. 스페인에서도 평일 밤 10시는 학교 다니는 아이들에게 늦은 시간이다. 또한 전통과도 거리가 먼 시간이기도 하다. 카탈루냐 사람들은 토요일 밤 9시나 일요일 오후 5시에 축구를 관전하기를 원한다. 하지만 바르사 경기들은 더 이상 카탈루냐 사람들에게 시간을 맞추지 않는다. 바르사는 지역 팬들에 매달리지 않는다. 한 바르사 비즈니스 책임자는 바르사가 항상 선수들과 소시들을 클럽의 중심에 뒀다고 말했다. 이제 글로벌 팬들을 그 자리에 둘 필요가 있다는 게 그의 생각이었다.

2014년 바르셀로나가 역사상 가장 비싼 프로젝트, '아스파이 바르사(Espai Barça)' 또는 '바르사 스페이스(Barça Space)'를 시작한 것은 명확히 새로운 팬들을 위한 것이었다. 그 프로젝트는 캄 노우와 그 주변을 대대적으로 개조하는 것이었다.

'아스파이 바르사'는 원래 2021년에 문을 열 예정이었으나, 팬데믹으로 수차례 연기됐다. 예상 비용은 기존 예상의 두 배 이상인 약 15억 유로로 증가했다.[653] 모든 일이 순조롭게 진행된다면 바르사는 2025년 말 아스파이의 모습을 드러내고 싶어 한다. 9만 8,000석에서 10만 5,000석으로 확장된 캄 노우 중심에 문이 없는 광대한 '캠퍼스'가 있다. 새로운 실내 경기장과 클럽 사무실, 식당, 현대화된 메가스토어와 박물관으로 둘러싸일 것이다.

바르사는 아스파이가 '위대한 도시의 중심에 있는 세계 최고의 스포츠 복합 단지'가 될 것이라 기대한다. 현재의 메가스토어는 슈퍼마켓 형태에서 애플 스토어 같은 형태로 업그레이드될 예정이다. 상품뿐만 아니라 경험을 제공하는 장소로 말이다. 가상 현실 장비도 들어설 예정이다. (가상의) 경기장 위에 서면 페드리나 안수 파티가 달려오는 것을 볼 수 있고, 그들의 숨소리와 수비수들의 목소리를 들을 수 있다.

이 계획은 무엇보다 해외 팬들을 현장에 더 오래 머물게 하기 위해서다. 이들은 일생에 한 번인 바르사 경기 관람에서 가능한 한 많은 경험을 하기를 원한다. 캄 노우 단지에서는 이미 오늘날 대부분의 경기장에서보다 많은 것을 할 수 있다. 걸어 다니면서 가능한 것들이다. 보안 검색 없이 줄지어 늘어선 기념품 가판대와 야외 카페를 따라 거닐다가, 아이가 10유로에 스케이트를 탈 수 있는 아이스 링크를 지나, (스페인에서 세 번째로 방문객이 많은) 박물관과 메가스토어에 들어갈 수 있다. 스타디움 투어를 하면, 라커룸에서 계단을 터벅터벅 내려와, 오른편에 있는 예배당을 지나서, 일곱 계단을 오르면 경기장 가장자리가 나오고,

여기서 관중석을 올려다보면 마치 대성당에 온 중세의 순례자처럼 자신의 보잘 것 없음을 느낄 수 있고, 그런 다음에는 비행기 일등석처럼 생긴 더그아웃에 기대앉을 수 있다. 관중석 위층은 거대한 노란색 로고들이 장식돼 있다. 라쿠텐(Rakuten), 나이키 로고, 그리고 '클럽 그 이상(Més que un club)'.

팬데믹 이전 캄 노우 단지에는 이미 연간 약 400만 명의 사람들이 방문했다. 하지만 바르사는 방문객들에게 더 많은 것을 제공하고자 한다. 현재는 지상에서 놀 수 있는 공간이 충분하지 않다. 경기가 끝나면 팬들은 경기장 밖에 있는 타파스 가게에서 돈을 쓴다.

바르사의 계획은 팬들이 경기 날(뿐만 아니라 그 전날까지도) 전부 '아스파이 바르사'에서 보내도록 만드는 것이다. 미식축구 팬들이 '테일게이팅(tailgating)*'을 하는 것처럼 말이다. 바르셀로나 시내처럼 곳곳에 야외 카페를 배치할 예정이다. 바르사는 센서를 통해 팬들이 가는 곳과 가지 않는 곳을 추적해 팬들의 취향에 맞춰 단지 구성을 해 나가겠다는 계획이다. 즉, 아스파이는 경기장인 동시에 쇼핑몰이 될 것이다. 아마도 스폰서의 이름을 따오게 될 것이다.

---

* 경기 전후 경기장 밖에서 갖는 야외 파티.

★

팬데믹 이전에 바르사가 관광 클럽이 되어 갔듯이 바르셀로 나 역시 관광 도시가 됐다. 바르셀로나는 관광객이 거주자를 밀어내는 현상, 즉 에어비엔비화(Airbnbfication)를 피할 수 없었다. (나도 이 현상이 심화되는 데 한몫 거들었다.) 팬데믹은 바르셀로나에서 관광객과 출장자가 없으면 어떻게 되는지 알 수 있는 시금석이 됐다. 바르셀로나는 더 조용해졌지만 훨씬 더 가난해졌다. 이제 현지 주민들을 위한 도시로 되돌아가기는 어려워 보인다.

도시가 글로벌해지면 그곳의 명물도 글로벌해진다. 캄 노우 에서 3.5마일 떨어진 곳, 그러니까 도심 반대편에는 바르사처럼 19세기 후반 부르제지아에 의해 시작된 카탈루냐 민족주의 프로젝트 쌍둥이가 서 있다. 안토니 가우디의 아직 완성되지 않은 사그라다 파밀리아(Sagrada Família)는 캄 노우와 마찬가지로 경외 감을 불러일으킨다. 이것은 지구상에서 가장 높은 대성당이 될 것이다. 크루이프식 축구처럼, 이 성당은 직선을 싫어했던 한 미친 천재에 의해 만들어졌다. 가우디는 대성당 건축에 자금을 댄 지역 상인들과 싸웠다.[654] 크루이프가 바르사 이사회 공간에 앉아 있던 상인들의 후손과 싸웠던 것처럼 말이다. 두 사람은 모두 자신의 신도들을 기쁘게 하는 것을 목표로 삼았다. "기쁨을 줘라!(Fa goig!)", 이는 1926년 6월 7일 가우디가 트램에 치이기 전에 대성당 일꾼들에게 했던 마지막 말이다.[655] "나가서 즐겨라(Salid y disfrutad)", 이것은 1992년 웸블리에서 크루이프가 선수들에게 한 말이다.

가우디의 전기 작가 헤이스 판 헨스베르헨(Gijs van Hensbergen)에 의하면, 사그라다 파밀리아는 아직도 진행되고 있는 유일한 19세기 건축 프로젝트다.[656] 바르사는 절대 끝내서는 안 될 19세기 프로젝트다.

대성당은 언젠가, 아마도 2030년쯤에는 완공될 예정이다. 모두가 반기지는 않을 것이다. 수십 년 전 예술 평론가 로버트 휴스(Robert Hughes)는 "사그라다 파밀리아는 지어질수록 죽어 가는 것 같다."고 주장했다. 그는 가우디의 뒤를 이은 조각가들과 건축가들이 '무분별하게 질 낮은 예술품(rampant kitsch)'을 만들고 있다고 비판했다.[657] 오늘날 바르셀로나의 많은 건축가들이 이 말에 동의한다. 나는 로버트 휴스가 아니지만, 가우디가 완성한 '탄생의 파사드(Nativity Façade)*'에서 화려한 리얼리즘을 느꼈기 때문에 (아기 그리스도는 진짜 아이 같았다.) 대성당의 창조자 가우디가 제자들이 만든 것을 보고 실망할 수 있겠다고 생각한다. 하지만 제자들을 비난하기는 어렵다. 가우디의 비전은 가우디보다 오래 살아남았지만, 가우디가 무엇을 하고자 했는지 완전

---

*   사그라다 파밀리아는 세 개의 파사드(Façade, 건물의 출입구로 이용되는 정면 외벽 부분)가 있다. 예수의 탄생을 담고 있는 '탄생의 파사드', 예수의 고통을 표현한 '수난의 파사드', 부활한 예수의 영광을 그린 '영광의 파사드'다. 이중 가우디가 직접 감독하고 완성한 파사드는 '탄생의 파사드'다.

히 확신할 수 있는 사람은 아무도 없다. 크루이프와 마찬가지로 가우디는 그때그때 당면한 문제를 해결하는 방식으로 일했고, 일의 진행을 살피면서 상황을 정리하고 해결책을 찾았다.[658] 크루이프는 아무것도 기록하지 않았고, 가우디는 대성당을 2차원 도면에 담지 않았다. 그가 남기고 간 그림들과 모형들은 1936년 사그라다 파밀리아를 공격한 무정부주의자들에 의해 불에 타고 망가졌다.[659]

그리고 대성당은 가우디가 의도했던 것처럼 더 이상 카탈루냐 신도들을 위한 게 아니다. 코로나바이러스가 발생하기 전까지 하루에 만 명 이상의 전 세계 방문객이 대성당을 찾았다.[660] 그들은 대부분 셀카봉을 들고 'Messi 10' 유니폼을 두르고 있었다. 대성당 맞은편에는 바르사 기념품 가게가 있다. '클럽 그 이상'이라는 말처럼, 사그라다 파밀리아는 더 이상 존재하지 않는 현지인들의 도시를 품고 있다.

카탈루냐의 비무장 군대는 스스로와 싸운다

해외에서는 카탈루냐 민족주의 카탈라니즘(Catalanisme)이 단지 바르사의 브랜드 전략일 수 있다. 그러나 카탈루냐 안에서 민족주의는 친구와 가족을 분열시키는 독립 운동으로 소용돌이치고 있다.

카탈루냐를 국가로 만들겠다는 꿈은 과거에는 허황되고 미친 것처럼 여겨졌다. 지난 세기 동안 독립을 진지하게 원했던 카탈루냐 정당은 없었다. 국제 금융 위기에 휩싸인 2010년에 들어서야 독립 운동(el procés)이 주류를 이루기 시작했다. 분리 독립 지지자들의 주장 중 하나는 현대적이고 근면한 '유럽인' 카탈루냐인은 가난하고 후진적인 스페인으로부터 분리됐을 때 더 부유해질 것이라는 것이다.[661] 미덥지 않은 주장이었다. 실제로 카탈루냐는 마드리드처럼 부유했던, 프랑코주의자들(franquista)들이 탄압하던 시대에서 가까스로 벗어난 상태였다. 1992년 올림픽 이후 수십 년 만에 카탈루냐는 이전보다 훨씬 많은 자치권을 갖게 됐는데, 카탈루냐의 경제는 급성장을 이룬 수도에 점차 뒤처졌다.

하지만 금융 위기 이후 독립을 향한 움직임이 탄력을 받았다. 바르사가 2012년 국왕컵 결승전에서 바스크 팀인 아틀레틱 빌바오를 만났을 때, 스페인 국가가 나오자 양 클럽의 팬들은 모두 경기를 관전하러 온 펠리페 왕세자를 향해 야유를 퍼부었다.

바르사는 독립과 관련해 항상 어떤 편에 서는 것을 피하고자 최선을 다했다. 스페인으로부터 벗어나 자유를 끊임없이 갈망하는 '반군 클럽'이라는 낭만적인 이미지는 거짓이다. 대부분의 바르사 디렉터들과 소시들은 아마도 (현지어를 사용하자면) '인데페(indepe, 분리 독립 지지자)'들이지만, 다른 사람들은 스페인 친화적이다. 수년간 바르사는 이사회에서 두 그룹을 모두 유지하고

자 노력했다. 바르사의 이름을 빌려 자신의 기반을 다지려는 정치인들과는 거리를 뒀다.

바르사는 단 하나의 정치적 입장만 취했다. 카탈루냐 독립에 대한 투표를 진행할 권리를 지지했다. 중요한 것은 세계에서 가장 유명한 카탈루냐인도 그랬다는 점이다. "투표 외에 다른 선택지는 없습니다." 2017년 6월, 펩 과르디올라는 4만 명이 모인 집회에서 말했다. 그가 '유럽과 전 세계의 민주주의자'들에게 독립 투표를 지지해 달라고 촉구하자, 머나먼 대륙에 있는 많은 사람들이 카탈루냐의 존재를 알게 됐다.

카탈루냐 정부는 마침내 2017년 10월 1일 투표를 실시했다. '당신은 카탈루냐가 공화국 형태의 독립 국가가 되기를 원합니까?' 투표용지에 적힌 질문은 이랬다.

(레알 마드리드가 메시를 바르셀로나에서 빼앗아 오려 할 때 돕고자 했던) 스페인 총리 마리아노 라호이는 이 투표를 "불복종 행위"라고 일축했다. 투표 당일, 스페인 경찰들이 반군 지역을 점령해 투표소를 폐쇄하고 사람들을 때리는 모습이 TV로 생중계됐다. 그날 오후, 바르사는 캄 노우에서 라스팔마스(Las Palmas)와 경기를 하기로 돼 있었다. 경기 시작 몇 시간 전, 바르토메우 회장은 경찰의 폭력에 항의하는 의미로 경기를 취소하겠다고 선수단에 알렸다. 바르사 이사회는 스페인 축구협회가 승점 6점을 삭감하는 징계를 내리겠다고 밝혔음에도 이 같은 결정을 내렸다. 감정적인 제라르 피케는 바르토메우를 지지했다. 그는 투표소에

서 발생한 폭력은 "떳떳하지 못한 일"이라고 말했다.

바로 그때 서열 1위 직원이 말했다. 바르사의 또 다른 우두머리였던 크루이프처럼 메시는 카탈루냐 민족주의에 관심이 없었다. 그는 승점을 잃고 싶지 않았다. 관중들 앞에서 경기를 하자고 말했다. 바르토메우는 타협안을 제시했다. "경기를 진행해라. 하지만 빈 경기장에서 하라." 주장 이니에스타와 다른 선수들도 동의했다.[662] 바르사 선수들은 카탈루냐 깃발의 색깔인 빨간색과 노란색의 상의를 입고 몸을 풀었고, 라스팔마스를 3-0으로 이겼다. 몇 년 후 스페인 신문 〈엘 문도(El Mundo)〉의 기사에 따르면, 분리 독립 지도자들은 은밀히 바르사에게 가상의 계약을 통한 운동 자금 지원을 요청했지만, 바르토메우는 바르사가 독립을 위한 돼지 저금통이 되는 것을 거부했다.[663] 바르토메우가 독립에 대해 서툴게 균형을 잡자 양측 모두는 적이 됐다. 분리 독립 지지자들에게 바르토메우는 겁쟁이였고, 연방주의자들에게는 미친 카탈루냐 민족주의자였다.

대략적으로 말하자면, 이날 투표에는 분리 독립 지지자에 해당하는 카탈루냐인들만 참여했고, 연방주의자들은 투표를 보이콧했다. 그래서 '찬성'이 92퍼센트였으나 투표율은 43퍼센트에 불과했다. 덴마크 정치 과학자 말리너 윈드(Marlene Wind)는 이 투표가 외부인들에게는 "무질서한 홍보 선전"처럼 보였다고 평했다.[664]

스페인 헌법재판소는 이 투표가 불법이라는 결론을 내렸다.

투표를 진행한 카탈루냐 행정 수반 카를레스 푸치다몬(Carles Puigdemont)은 브뤼셀로 도피했다. 감옥에 수감된 아홉 명의 분리 독립 지지자 정치인들로서는 다소 원통하겠다 싶다. 그들은 후에 공공 자금 남용과 이상할 만큼 구시대적 죄목인 '선동'으로 9~13년의 징역형을 선고받았다. 한동안 그들은 로셀이 있던 마드리드 감옥에 있었다. 로셀은 (잠재적으로 훨씬 큰 영향력을 가진 존재임에도) 바르사가 그들의 선거에 관여하지 않는데, 왜 그들은 항상 바르사의 선거를 방해하는지 그들에게 물었다.

스페인 감옥, 스페인 경찰봉, 망명한 카탈루냐 지도자. 많은 카탈루냐 사람들은 프랑코 시대의 메아리를 들었다. 바르셀로나 안의 일부 시위자들은 처형당할 위험 없이 '총통'의 힘에 맞서는 척하는 걸 즐겼다. 판자로 막아 놓은 상점들과 거리의 바리케이드 사이로 거리 벽면에 그려진 그라피티는 '파시스트 스페인'을 공격하고 있었다.

정치적 불안이 수년간 지속되리라는 전망이 나오자 현지 회사들은 두려움에 떨었다. 사실 분리주의 운동은 일종의 무언극(無言劇)이었다. 카탈루냐가 실제로 파시스트 독재 정권에 다시 넘어가지는 않을 것이었다. 대부분 실질적인 면에서 카탈루냐인들은 이미 자치권을 가지고 있었다. 현대 스페인은 지구상에서 가장 분권화된 민주주의 국가 중 하나이며, 카탈루냐는 특별한 자치 지역이다.[665] 또한 실제로 독립이 이뤄질 거라 기대하는 사람도 거의 없다. 카탈루냐가 스페인에서 나올 방법을 찾는다

해도 마드리드가 거부권을 행사해 카탈루냐의 유럽 연합 가입을 막을 수 있다. 그렇게 되면 카탈루냐는 따돌림을 당할 것이다. 독립 운동이 장기화되는 것은 카탈루냐의 비즈니스에 좋지 않다. 투표 이후 몇 주 동안 최소 2,500개의 현지 회사가 (대부분은 물리적인 공간이 없지만) 법적 본부를 스페인 내 다른 지역으로 옮겼다.[666] 카탈루냐의 거대 기업인 카샤반(Caixabank)조차 이전했다. 저명한 사업가 집안 출신인 로셀은 "카탈루냐 독립에 투표하겠지만, 독립이 되는 날 그곳을 떠날 것이다."라는 유명한 말을 했다.

카탈루냐의 혼란은 마드리드를 안전한 피난처처럼 보이게 했다. 2018년 마드리드는 대(對) 스페인 외국인 직접 투자의 91퍼센트를 유치했다. 카탈루냐는 6퍼센트였다. 그때까지 마드리드의 1인당 평균 소득은 카탈루냐보다 15퍼센트 더 높았다.[667]

다른 지역에 살고 있는 스페인 사람들은 카탈루냐인들이 스스로를 우월하게 여기는 행태에 점점 질려 갔다. 스페인에서 카탈루냐인들을 부르는 전통적인 별명은 '폴라코스(polacos, 폴란드 사람들)'다. 그들의 이질성을 나타내는 말이다. 2019년 선거에서 스페인 극우 정당 복스(Vox)는 갑자기 나타나 15퍼센트의 득표율을 얻었다. 프랑코주의자들의 정치적 메시지와 카탈루냐 혐오를 기반으로 한 것이었다. 프랑코 사후에 스페인 의회의 의석을 차지한 첫 극우 정당이다. 카탈루냐 유소년 축구팀이 스페인 지역에서 열린 대회에 나갔을 때, 경기 중에 반(反)카탈루냐 구호가 나왔다.

내가 2019년과 2020년에 바르셀로나를 방문하는 동안 독립은 여전히 이 지역의 화두였다. 아침에 나는 때때로 도심에서 깨진 유리창을 볼 수 있었다. 전날 밤 경찰과 분리주의 시위대의 충돌 때문이었다. 지역 TV 뉴스에는 이 충돌에 대한 바르사의 성명이 종종 머리기사로 나왔다. 그 내용은 '폭력은 해결책이 아니다. 카탈루냐 정치인들을 수감하는 것도 해결책이 아니다. 카탈루냐인들은 독립에 대해 투표할 권리를 가져야 한다.' 등이었다.

스페인의 폭력적인 진압은 많은 카탈루냐인들이 마드리드를 향해 분노를 더욱 키우는 계기가 됐다. 하지만 카탈루냐인들은 서로에게도 분노가 쌓였다. 카탈루냐 내에서 카탈루냐 민족주의는 분열을 일으키지 않지만, 카탈루냐 독립은 분열을 일으킨다. 수년간 이뤄진 여론 조사에서 이 지역 거주민의 절반 정도는 독립을 원하지만, 다른 절반 정도는 독립을 원하지 않는 것으로 나타났다.[668]

그 차이는 대략 이렇다. 집에서 스페인어를 사용하며 자란 대부분의 사람들은 스페인에 계속 속하기를 원하는 반면, 집에서 카탈루냐어를 사용하며 성장한 대부분의 사람들은 독립을 원하는 것이다. 다시 말해, 다른 스페인 지역이나 해외에서 온 이주민 가족은 연방주의자이고, 카탈루냐에서 자란 부르제지아는 대체로 독립주의자다. 프랑스 경제학자 토마 피케티(Thomas

Piketty)는 독립 투표 지지는 "상류층, 특히 고소득 계층에서 매우 높았다."[669]라고 설명했다.

부르제지아 사회 안에서 현재 스페인과 연방을 지지한다고 드러내는 사람은 누구든 '진정한 카탈루냐인'이 아니라고 치부되는 위험에 놓인다. 심지어 프랑코주의자 옹호자로 여겨질 수도 있다. 다른 의견을 가진 사람들 중 몇몇은 직장에서 비공식적인 배척을 당하기도 한다. 이는 바르사 내에서도 두드러진다. 부스케츠나 이니에스타처럼 스페인어를 사용하는 선수들과 직원들은 독립에 대해 어떤 가벼운 언급도 한 적이 없다. 잘 납득되지 않았을 것이다.

대부분의 카탈루냐 사람들은 여전히 카탈루냐인과 스페인인으로서의 정체성을 모두 느끼고,[670] 두 언어를 바꿔 가며 사용할 수 있다고 말한다. 하지만 점차 늘어나고 있는 부유한 사람들 또는 시골에 사는 사람들은 이제 자신을 오직 카탈루냐인으로만 생각한다고 말한다. 이들은 오로지 카탈루냐 TV와 라디오, 신문만 소비하는 경향이 있어 스페인의 다른 지역과 분리된 현실에서 살아가고 있다.[671] 일부 직장과 사회적 환경에서는 스페인어를 사용하는 것이 금기시되기도 한다.

간단히 말해, 독립 투쟁이 격렬하게 이뤄진 이 시기 동안 독립 이슈는 카탈루냐를 반으로 갈라놓았다. 이 분열은 아파트 건물 앞에서 자주 느낄 수 있다. 발코니를 보면 '독립의 별'이 있는 에스텔라다 깃발 다섯 개와 별이 없는 일반적인 카탈루냐 센예

라(Senyera) 깃발 다섯 개, 아마도 콜롬비아 깃발 하나, 아니면 그냥 바르사 색깔의 깃발, 매우 드물게 스페인 국기를 볼 수 있을 것이다.

영국의 브렉시트나 미국의 도널드 트럼프 대통령 시대에 살고 있는 사람이라면 분열된 사회가 어떤 것인지 잘 알 것이다. 정치로 인해 서로 적개심이 너무나 강해져 스포츠에서의 경쟁이 비교적 미지근하게 느껴진다. 리버풀과 맨체스터 유나이티드 팬들, 마드리드와 바르셀로나 팬들조차 축구에 대한 사랑을 공유하며, 이 경쟁이 그저 게임이라는 것을 대부분 이해하고 있다. 오늘날 카탈루냐에서는 독립과 관련된 언쟁으로 인해 일요일 가족 점심 식사가 취소되고, 오랜 친구 관계가 깨지고 있다. 카탈루냐는 스페인의 다른 지역보다 훨씬 더 서로를 믿지 못하는 곳이 됐다. 스페인 자체가 유럽 기준으로 볼 때 낮은 편인데도 말이다. 2010~2014년 세계 가치관 조사(World Values Survey for 2010~2014)에서, 카탈루냐 사람들의 단 14퍼센트만이 '대부분의 사람을 신뢰할 수 있다'는 항목에 강하게 동의했다. 마드리드의 절반에도 못 미치는 수치다.[672]

엘리자베스 여왕이 브렉시트를 놓고 어떤 편도 들지 않았던 것처럼, 바르사는 카탈루냐 독립에 대해 중립을 유지하고자 노력하고 있다. 그러나 정치적 분열은 캄 노우에도 침투했다. 한 연방주의자는 내게 경기를 보러 가는 것을 그만뒀다고 말했다. 매 경기 17분 14초에 관중 일부가 독립에 대한 구호를 외치는 것을 듣기가 너무 싫었기 때문이다. (17분 14초는 바르셀로나가 스페인 부르봉 왕조의 지배를 받기 시작한 1714년을 뜻하는 것이다.)

카탈루냐 독립 운동이 당장 승리를 거두지는 않을 것이다. 하지만 사라지지도 않을 것이다. 사실 2021년 초, 자부심이 대단한 독립주의자 주안 라포르타가 바르사 회장 선거에서 승리하면서, 이 운동은 카탈루냐에서 가장 사랑받는 단체를 손에 넣을 수 있는 기회를 잡았다.

XVI

메시의 클럽

2017년 메시가 바르사와 재계약을 한 뒤, 바르사의 법무 책임자 로만 고메스 폰티는 CEO인 오스카 그라우(Òscar Grau)에게 이메일을 보냈다. 메일에는 달랑 'ALELUYA(할렐루야)' 한 단어만 있었고, 마지막 철자 A는 69회나 반복해서 적혀 있었다. 그라우는 "메시의 계약 연장은… FC 바르셀로나의 생존이 달린 중요한 문제였습니다."라고 말했다.

풋볼 리크스(Football Leaks)가 입수해 독일 매거진 〈슈피겔(Spiegel)〉에 전달한 문서에 따르면, 바르사가 작성한 세 개의 개별 계약은 메시에게 1억 유로 이상의 연봉을 보장했다. 한 내부 문서에는 '선수가 자기 임금이 나머지 동료 선수들에 비해 말도 안 될 정도로 높다는 것을 인지할 필요가 있다.'고 적혀 있었다.[673] 정말 그랬다. 메시는 당시 일반적인 톱클래스 팀 하나 만큼의 돈을 벌고 있었다. 머지않아 바르사는 메시에게 훨씬 많은 돈을 지불하게 된다. 계약서에 포함된 해지 조항 때문에 메시는 매 시즌이 끝나면 팀을 자유롭게 떠날 수 있었고, 메시의 아버지 호르헤는 대규모 연봉 인상 협상에 나섰다.

〈엘 문도〉에 게재된 30쪽짜리 계약서의 주요 내용에 따르면, 메시는 2017년부터 2021년까지 4년 동안 총 5억 5,500만 유로(약 750억 원)를 벌어들였다.[674] 바르사 전체 직원 임금의 30퍼센트에 가까운 액수였다.[675] 바르사와 메시는 〈엘 문도〉를 고소하겠다고 발표했고, 메시는 계약서를 유출할 수 있는 위치에 있는 바르사 고위 관계자 다섯 명을 고소할 계획을 세웠다. 하지만 아무도 그 액수에 대해서는 부인하지 않았다.[676] 바이에른 뮌헨 회장 카를하인츠 루메니게(Karl-Heinz Rummenigge)는 그 계약서를 보고 "웃지 않을 수 없었습니다."라고 말했다. "그런 천문학적인 액수의 급여를 받으면서 협상까지 하다니 메시를 칭찬할 수밖에 없네요."[677]

바르사의 한 고위 관계자는 메시의 급여가 2014년과 2020년 사이에 세 배가 뛰었다고 말했다. 그는 "문제는 메시가 아니에요. 진짜 문제는 그게 다른 선수들한테도 전염된다는 겁니다."라고 덧붙였다. 메시의 급여가 오를 때마다 동료들 역시 인상을 요구했다. 2015년 베를린에서 챔피언스리그 우승을 차지하고 돌아오는 비행기 안에서도 그랬다. 선수들은 바르토메우에게 "회장, 보너스!"라고 외쳤다. 그들의 계약서는 이미 우승 보너스를 보장하고 있었지만, 바르토메우는 선수들에게 수백만 달러

를 더 주는 데 동의했다.[678]

시간이 지나면서 바르사는 '클럽 그 이상(més que un club)'의 팀에서 메시의 클럽으로 변했다. '메시데펜덴시아(Messidependencia)'[*]는 바르셀로나의 오래된 콘셉트이지만, 원래는 메시가 팽팽한 경기를 승리로 이끄는 우연한 현상을 설명하는 말이었다. 시간이 흐르면서 메시데펜덴시아는 시스템이 됐다. 바르사는 메시가 바르사를 삼켜 버릴 때까지 메시에게 기생했다. 2020년과 2021년에는 경기에서의 재앙, 경제적 재앙, 그리고 메시의 이탈이 한꺼번에 닥쳤다.

★

메시가 바르사와 함께한 첫 10년 동안, 차비와 이니에스타는 공격할 때 메시에게 너무 빠르게 공을 넘겨주지 않아도 될 정도의 위상을 가진 선수들이었다. 그들은 반대편 측면에서 빌드업을 해 가며, 전환 패스를 통해 메시가 상대 수비수와 일대일 돌파를 시도할 수 있는 순간을 기다렸다. 하지만 이 듀오가 바르사에서 사라지고 네이마르도 떠나면서, 바르사의 전략은 메시데펜덴시아로 단순화됐다. 번머독의 계산에 따르면, 2017년부터 2019년까지 메시의 골과 도움은 바르셀로나의 연간 기대 득

---

[*]   메시 의존주의.

바르사는 메시에게 비정상적으로 의존하게 됐다:

한 시즌의 팀 득점 기회 중 한 선수에 의해 득점되거나 만들어진 것의 비율

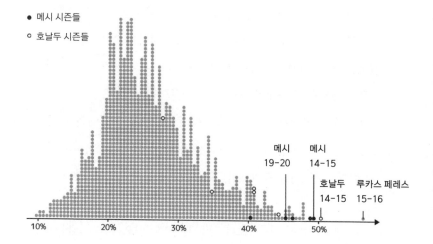

● 메시 시즌들

○ 호날두 시즌들

메시
19-20

메시
14-15

호날두
14-15

루카스 페레스
15-16

10%   20%   30%   40%   50%

자료: 언더스탯(Understat)의 2014/15 및 2019/20 시즌 데이터 분석

© 〈파이낸셜 타임스〉, 존 번머독

점의 45~49퍼센트를 차지했다. 단일 선수에게 이보다 더 의존하는 현대의 빅 클럽은 2014/15 시즌의 레알 마드리드(호날두데펜덴시아)가 거의 유일했다. 그보다 한 단계 아래에는 2015/16시즌의 데포르티보 라 코루냐가 있다. 데포르티보는 사실상 루카스 페레스의 원맨 팀이었다.

바르사의 시스템은 '파이널 서드(final third)에 가면 메시가 어

디에 있든 패스해라.'가 됐다. 바르사는 아르헨티나 대표팀을 닮아 가기 시작했다. 서로 공유하는 패스의 언어는 사라지고, 단순한 놀이터 축구를 구사했다. 바르셀로나 1군은 바르셀로나 축구를 포기하고 있었다. 이로 인해 라 마시아의 어린 선수들이 캄 노우에 올라오는 것은 더 어려워졌다. 기회가 생겨도 전혀 다른 시스템에서 축구를 해야 했기 때문이다.

메시가 유연한 크루이프식 축구팀의 일원으로 움직이는 대신, 동료들은 메시의 움직임에 따라 반응하기만 하면 됐다. 대부분의 선수들은 메시를 경외했다. 프렌키 더 용은 이렇게 말했다.

메시는 다른 선수들보다 정말 훨씬 뛰어나요. 저는 사람들이 그 차이를 과소평가한다고 생각해요. 매주 보면 깨닫게 될 거예요. 이곳에서는 대체로 세계에서 가장 뛰어난 선수들이 뛰지만, 메시는 확실히 그 너머에 있어요. 그에게서 눈을 떼지 않으려고 확실히 노력해야 해요. 그래야 공을 잡았을 때 그가 자유로운 상태인지 아닌지 알 수 있으니까요.

그러는 사이에 바르사의 누구도 언급하고 싶지 않은 얘기지만, 왕이 늙어 가고 있었다. 메시는 (그리고 대체로 루이스 수아레스도) 수비를 하지 않았다. 톱클래스 축구에서는 거의 들어 본 적이 없는 특권이었다. 바르사가 공을 빼앗기면 메시는 보통 상대 수비수들 뒤 오프사이드 위치에서 터덜터덜 걸으며 필드 반대편 끝에서 벌어지는 플레이를 지켜봤다. 라키티치, 비달, 세르지 로베르토, 그리즈만 같은 동료들은 메시 때문에 생긴 구멍을 막기 위해 40여 미터를 빠르게 뛰어야 했다. 이것은 바르사 미드필드 라인이 무너지는 원인이 됐다.

메시와 함께 바르사도 늙어 갔다. 바르사의 훈련은 템포가 느려졌다. 아틀레티코 마드리드에서 온 그리즈만에게는 충격이었다. 그리즈만은 아틀레티코에서는 "모든 훈련이 경기와 똑같은 강도로 진행됐었죠."라고 회상했다.[679] 바르사의 젊은 선수들이 당황스러운 일은 또 있었다. 축구에서 가장 부담스러운 론도가 준비 운동 정도로 격하됐다. 경기에서는 바르셀로나 수비수들과 미드필더들이 거의 공격 가담을 하지 않았다.

이것은 현대 축구의 흐름에 역행하는 것이었다. 축구는 매주 계속 발전했고, 한때 혁신의 주체였던 바르사는 추월당했다. 경제학자 조지프 슘페터(Joseph Schumpeter)는 비즈니스계에서 볼 수 있는 이런 과정을 '창조적 파괴'라고 명명했다. 새로운 기업이 새로운 아이디어를 들고 나오면, 과거의 선구적 시스템은 쓸모없게 된다.

"매일 축구는 더 화려해지고, 선수들은 신체적으로, 기술적으로, 전술적으로 더 강해집니다." 제라르 피케의 말이다. "저는 늘 역사상 최고의 수비수들은 현재 뛰고 있는 수비수들이라고 말합니다." 프란츠 베켄바워(Franz Beckenbauer)조차 피케 세대의 선수들보다 "공을 더 잘 다루지 못했고, 더 느렸고, 경기를 더 잘 이해하지 못했습니다."라고 덧붙였다. 상대 선수들을 그저 걷어찼던 수비수들은 이미 사라진 지 오래다.[680]

축구가 계속 발전하고 있다는 피케의 말은 옳았지만, 바르셀로나 밖에서만 일어나는 일이었다. 바르사가 압박을 등한시하는 동안 다른 사람들은 압박을 발전시켰다. 독일인들은 압박의 최신 버전을 '게겐프레싱(Gegenpressing)'이라 불렀다. 공의 소유권을 잃은 순간 상대를 쫓아가 상대가 수비를 정비하기 전에 상대 골문 가까운 곳에서 공을 되찾는 것이다. 1970년대 아약스의 '사냥(hunting)'을 빨리 감기한 것과 마찬가지다. 경기는 매우 빨라져서 '스토밍(storming, 급습/쇄도)'이라 불러야 할 정도다.

스토밍하는 팀들은 과르디올라의 '5초 압박 룰' 같은 바르사의 혁신을 일부 차용했지만, 소유권에 대한 집착 같은 다른 것들은 버렸다. 과르디올라의 바르사가 공을 잃는 것을 싫어한 반면, 클롭의 리버풀과 같은 팀들은 공을 잃으면 다시 되찾는 게 전략이었다.

2014년 독일이 빠른 전방 압박으로 브라질을 7-1로 대파했을 때, 그것은 재미있는 일회적 현상처럼 보였다. 하지만 새로운 현상의 전조로 밝혀졌다. 2010년까지만 해도 불가능해 보였던 속도로 경기하는 팀이 압도적인 승리를 가져갔다. 2020년이 되자, 전통적으로 신중한 플레이를 펼치던 유벤투스와 첼시 같은 팀에서조차 스토밍은 정통이 됐다.[681] 윙백들은 멈추지 않고 앞으로 나아갔다. 미드필더들은 팀이 공을 빼앗았을 때나 빼앗겼을 때나 전속력으로 달렸다.

2020년 벵거는 이렇게 말했다.

> 지난 10년, 15년 동안 우리는 진정한 운동선수를 찾아 다녔
> 습니다. 누구나 신체 능력을 측정할 수 있게 된 날부터 신체
> 능력을 발휘하지 못하는 선수들은 모두 축구에서 쫓겨났죠.
> 오늘날의 축구는 시속 200마일(약 320km)로 진행되기 때문에
> 선수는 그 속도에 맞출 수 있다는 것을 먼저 보여 줘야만 합
> 니다. 그럴 수 있다면 재능을 드러낼 수 있지만, 그럴 수 없다
> 면 축구를 할 수 없으니까요.

축구 경기장의 크기는 약 7,000제곱미터다. 벵거의 말에 따르
면, 바이에른과 리버풀 같은 팀들의 경우, 그 공간의 8퍼센트에
수비를 밀집시킨다. 상대 진영의 공 주변 약 600제곱미터 영역
에 선수들을 집중시키는 것이다. 이 스토밍은 너무나 강도가 높
아서 메수트 외질(Mesut Özil) 같은 뛰어난 경량급 선수가 프리미
어리그 팀 아스널에서 밀려날 수밖에 없었다.

"이런 스타일이 몇몇 예술가들의 커리어를 끝내 버렸습니
다." 벵거가 말했다. "축구를 하는 방식이 너무 획일화됐다고 생
각합니다… 모든 팀들이 골키퍼가 공을 갖고 있을 때부터 압박
을 해요… 공을 차단하는 연쇄 수비를 강조하고요. 이런 스타일
로 창의성이 조금 사라졌다고 봅니다."

하지만 스토밍은 많은 골을 만들었다. 앞서 가는 상황에서도 이를 지키기보다는 계속 스토밍을 이어 갔다. 챔피언스리그에서는 (대회가 새로운 형식을 채택한 시점인) 2003/04 시즌부터 2015/16 시즌까지 어떤 시즌에도 경기당 평균 세 골이 나온 적이 없다. 2016년과 2020년 사이에는 네 시즌 중 세 시즌에 경기당 평균 세 골이 넘게 나왔다.[682]

스토밍의 한 가지 이상한 점은 이 방법이 바르셀로나와 같은 기술적이고 공격적인 팀을 상대로 경기할 때 꽤 효과가 있다는 점이다. 수비적인 팀을 상대로는 어렵다. 텐 백을 상대해야 하기 때문이다. 롱 볼 축구를 구사하는 팀을 상대로도 스토밍을 구사하기가 어렵다. 공이 스토밍을 지나쳐 길게 가기 때문이다. 하지만 수비에 취약한 바르사 같은 팀은 스토밍에 휘말릴 수 있다.

상대 진영에서 공을 가지고 있는데 익숙한 바르셀로나는 공 소유를 잃어버리자 혼란에 빠졌다. 효율적으로 경기할 수 있는 공간이 바르사가 선호하는 50여 미터가 아니라 경기장 전체로 갑자기 확장됐다. '평방피트의 마스터(master of the square foot)' 부스케츠 같은 피보테는 결국 가끔씩 광활한 미드필드에서 허우적거렸다. 크루이프의 비유를 빌리자면, 지적이고 발이 느린 선수는 테이블을 지킬 수는 있지만, 식당 전체를 지킬 수는 없다.

2017년 2월, 스토밍을 구사하는 PSG는 챔피언스리그에서 바르셀로나를 4-0으로 이겼다. 바르사는 2차전에서 '레몬타다

(remontada, 재기)'로 널리 알려진 6-1 승리를 거뒀지만, 8강전에서 유벤투스에게 0-3으로 패하며 탈락했다. 2018년에는 역시 8강에서 로마에 0-3으로 패하며 다시 탈락했다.

좋은 소식은 크루이프식 공격적인 압박 축구가 여전히 작동한다는 것이었다. 나쁜 소식은 다른 클럽들이 이를 현대화했다는 점이었다. 축구 전술 작가 마이클 콕스(Michael Cox)는 바르셀로나가 "스스로의 영향력과 경쟁하게 됐다."고 평했다.[683] 그러나 바르사는 나이든 선수들을 고강도의 스토밍 부대로 만들거나, 그들을 젊은 선수들로 대체하는 감독을 고용하지 않았다. 바르사는 메시가 이끄는 베테랑 월드 클래스 선수들이 중심이 된 크루이프식 하우스 스타일에 강력한 감독이 끼어들면 방해만 될 뿐이라고 생각했다.[684]

2013년부터 2020년까지 바르사를 맡았던 감독들 모두 자신의 축소된 역할을 받아들였다. 내가 발베르데를 만났던 2019년, 1군 훈련장인 캄 티토 빌라노바(Camp Tito Vilanova)에 있는 발베르데의 사무실은 팀 일정표를 빼고는 거의 아무것도 없었다. 그 방에서 개인적인 접촉은 거의 없었다. 발베르데는 자신이 그저 임시 지도자일 뿐이라는 사실을 알고 있었다. 그는 메시, 부스케츠, 피케에게 플레이 방법을 알려줄 수는 없었지만, 유용한 정보는 전달할 수 있었다. 예를 들어, 상대 골키퍼의 약점 같은 것들이었다.

다큐멘터리 '매치데이(Matchday)'의 라커룸 장면을 보면, 발베르데는 마치 혼내지 않는 다정한 학교 선생님 같다. 경기 전에 그가 간단한 전술 토크를 하면, 그다음에는 고참 선수들이 몇 마디를 한다. 메시는 침착해야 한다는 점을 강조하면서 특유의 단조로운 말투로 거의 늘 똑같은 짧은 연설을 한다. 예를 들어, 아틀레티코 마드리드와의 경기 전에 메시는 동료들에게 이렇게 말한다. "늘 그렇듯이 침착하게(Tranquilo), 이성을 잃지 마. 너무 서두르지 말자."[685]

2019년 5월 1일 리버풀과의 챔피언스리그 준결승 홈경기, 바르사는 전반전을 1-0으로 앞선 채 마쳤다. 하프 타임에 메시가 말했다. "침착해야 해. 힘든 건 알지만 노력해. 우리가 일대일로 대응하면 쟤들은 더 강해져. 우리는 여기에 익숙하지 않아. 쟤들은 빨라. 그리고 오르락내리락하자고. 복불복이야. 우리가 경기를 컨트롤하면 이야기가 달라져."[686]

그날 밤, 메시는 후반전에 7분 간격으로 자신의 바르사 599호, 600호 골을 성공시키며 3-0 승리를 이끌었다. (600호 골은 도무지 잊을 수 없는 장거리 프리킥이었다.) 경기 후 클롭은 낙담한 리버풀 선수들이 있는 라커룸에 웃으며 들어가 외쳤다. "얘들아, 얘들아, 얘들아! 우리는 세계 최고의 팀이 아니야. 이제는 알고 있겠지만 말이지. 아마 쟤네가 세계 최고일 걸! 무슨 상관이야? 무슨 상관이냐고! 우리는 여전히 세계 최고의 팀을 이길 수 있으니까. 다시 잘 해보자."[687]

그날 밤 클롭의 말은 허세를 부리는 것처럼 들렸다. 바르사는 정말 세계 최고의 팀처럼 보였다. 두 시즌 연속 스페인 리그 챔피언이 된 지 사흘 만에 챔피언스리그 결승에 한 발을 걸친 셈이었으니까. 결승에 오른다면 상대가 될 세비야나 토트넘보다 더 우승에 가까운 팀이었으니까. 늙은 개였지만 아직 목숨이 붙어 있을 때였다.

엿새 후, 안필드에서 2차전이 열렸다. 바르사는 전반전을 0-1로 뒤진 채 마치고 라커룸에 돌아왔다. 리버풀의 선제골로 이어진 실수를 저지른 조르디 알바는 눈물을 보였다. 팀 전체가 불안에 휩싸였다. 같은 멤버로 여러 시즌을 함께 뛰면, 새로운 경기를 치를 때마다 예전 경기들로부터 영향을 받게 된다. PSG, 유벤투스, 로마에 대패를 당했던 기억은 바르사에게 콤플렉스가 됐다.

안필드에서 메시가 일어나서 동료들이 거대한 두려움을 되새기게 하기로 마음먹은 것은 이때였다. "강하게 나가야 해." 메시는 특유의 단조로운 목소리로 평소보다 크게 말했다. "로마전 패배는 우리 잘못이었어. 다른 누구의 잘못도 아니었지. 그런 일이 또 벌어지게 해서는 안 돼. 그건 다른 누구도 아닌 우리 잘못이었어."

아일랜드 기자 켄 얼리(Ken Early)가 언급했듯이, 메시는 "'절대로 벌어지지 않았으면 하는 것들을 입 밖으로 꺼내면, 경기장에 나가서 플레이하기 전 머릿속에 단단히 새겨질 거야'라는 게 팀의 사기를 끌어올려야 하는 주장에게 어울리는 기본 태도라고 믿었던 것으로 보인다."[688] 후반전에 바르사는 무너졌고, 리버풀의 스토밍에 0-4로 무릎을 꿇고 말았다. 피케는 나중에 이렇게 회상했다. "모든 것들이 로마에서의 경험을 떠올리게 했어요. 결국 모든 게 그대로 재현됐죠."[689]

탈락이 결정된 후 바르셀로나 라커룸에서는 누구도 입을 열지 않았다. 몇몇 선수들은 휴대폰을 쳐다봤지만 대부분은 머리를 감싸 쥐고 자책하는 모습이었다. 아마도 바르사의 시대가 끝난 것인지 궁금했을 것이다.[690] 이후 경기를 보러 갔던 네 명의 소시들이 메시를 모욕했다. 메시의 아버지는 바르토메우에게 그들을 처벌할 것을 요구했지만, 바르토메우는 그것을 속이 좁은 반응이라고 여겨 아무런 조치를 취하지 않았다. 바르토메우와 메시 가족의 관계가 더 나빠졌을 것이라는 데에는 의심의 여지가 없었다.

안필드에서의 대패는 바르사가 25년 전 아테네에서 열린 챔피언스리그 결승전에서 밀란에 0-4로 크게 졌던 기억을 소환했다. 시간이 흘러도 변하지 않은 것은 바르사에서 일이 잘못되면 매우 잘못된다는 것이었다. 수비적인 보호 장치가 거의 없었기 때문이다.

2019년 당시 네덜란드 대표팀 감독이었던 로날트 쿠만은 밀란에게 대패했던 아테네 경기에서 뛰었던 인물이다. 쿠만은 두 경기의 유사점을 알아차렸을 것이다. "언젠가 바르셀로나의 감독이 되기 위해 모든 커리어를 바쳤습니다."[691]라고 털어놓은 쿠만은 크루이프에게 기자들과 친분을 쌓는 것의 중요성을 배워 카탈루냐 언론과 꾸준히 연락하며 지내고 있었다. 안필드 대패 이전에도 쿠만은 카탈루냐 TV 채널에 나와 수아레스, 메시, 피케, 부스케츠가 모두 서른이 넘었다는 사실을 상기시켰다. 그들이 떠나자 쿠만은 말했다. "중앙 수비수도, 미드필더도, 스트라이커도, 메시도 없어요. 행운을 빕니다."[692]

안필드 대패 이후 메시는 바르셀로나에서 4년 만에 기자 회견을 가졌다. "최악은… 그리고 우리가 스스로를 절대 용서할 수 없는 이유는, 우리가 제대로 싸워 보지도 않았다는 사실입니다."[693] 영국식 표현대로 바르사에 엉덩이를 차 줄 사람이 필요했다면, 그게 바로 메시가 나서서 했어야 하는 일이란 걸 자신도 알고 있었을 것이다.

★

1992년이 바르사에게 '놀라운 해'였다면 2020년은 '끔찍한 해'였다. 대성당 천장에 생긴 균열을 모두가 봤지만, 누구도 이 건물이 무너지리라고는 예상하지 못했다. 이 해에는 거의 카니발 수준의 사건들이 연달아 발생했다.

시작은 아틀레티코 마드리드에 2-3으로 패한 뒤 바르토메우가 발베르데를 경질한 1월 13일부터였다. 바르사 감독의 역할은 대체로 축소돼 있었지만, 한 가지는 남아 있었다. 그건 바로 제물이 되는 것이다. 발베르데는 바르토메우가 회장직을 이어갈 수 있도록 하기 위해 희생양이 됐다.

경질은 가혹해 보였다. 확실히 바르사는 경기력이 좋지 못했고, 발베르데는 라 마시아의 재능 있는 선수들을 1군으로 끌어올리지 않는 감독이었다. 그렇지만 발베르데는 두 시즌 동안 두 차례 스페인 리그 우승을 차지했고, 다시 리그 1위를 달리고 있는 상태에서 경질됐다. 발베르데 경질은 메시를 화나게 만들었다. 물론 메시는 감독이 누구든 별로 신경 쓰지 않는 인물이다. 다만 메시는 발베르데를 좋은 사람이라고 생각하고 있었다.

메시는 바르사 스포팅 디렉터 에릭 아비달이 신문에 "많은 선수들이 (발베르데에게) 만족하지 못했고 열심히 하지 않았다."고 밝힌 것에 분노했다. 메시는 아비달의 인터뷰를 인스타그램에 게시하며 해당 내용에 빨간 동그라미까지 쳤다. 그러고는 발베르데 경질에 선수들의 책임은 없다고 적었다.[694]

바르사는 차비, 쿠만, 마우리시오 포체티노(에스파뇰 팬으로서 바르사 감독은 절대 맡을 수 없다면서, '어떤 곳에서' 일하느니 아르헨티나 농장에서 일하는 게 낫다고 농담한 적이 있다. 제안 당시 바르사 스포팅 디렉터 아비달은 "어떤 사람들에겐 자존심 문제"였다고 했다.[695])에게 감독직을 제안했다. 후보들 가운데 누구도 시즌 중반에 감독을 맡고 싶지 않아 했다. 그래서 애매하게도 당시 무직이던 61세의 크루이프 추종자 키케 세티엔(Quique Setién)이 깜짝 전화를 받기에 이른다. 세티엔은 전화를 받기 전날, 스페인 북부에 있는 고향 마을에서 소떼 사이를 산책하며 지내고 있었다.

세티엔은 프레젠테이션에서 자신이 레알 마드리드를 응원하며 자랐다는 사실을 재치 있게 돌려 말했다.[696] "바르셀로나의 감독이 되리라 꿈에도 상상하지 못했어요. 솔직히 바르사가 저를 원할 거라고는 상상조차 해 본 적이 없습니다."[697] 대부분 그렇게 생각했다. 하지만 사실 바르셀로나를 안심시킨 게 바로 세티엔의 별것 없는 이력이었다. C급 감독이라면 적어도 자신이 메시의 보스라는 착각은 하지 않을 테니 말이다.

세티엔은 메시가 위계상 자신보다 위에 있다는 현실을 받아들였다. 감독 초기, 베티스 원정 경기에서 그는 하프 타임 때 메시에게 의견을 물었다. "내 생각이 어떠냐고요?" 메시는 (베티스 시절 세티엔의 제자였던) 경험이 부족한 주니오르 피르포(Junior Firpo)가 자신의 친구이자 베테랑인 조르디 알바 대신 레프트백으로 선발 출전했다는 사실에 짜증이 난 상태였다. "여긴 유스팀이 아니에요!" 메시가 소리쳤다. "최고의 선수들로 경기를 하시라고요." 하프 타임 직후, 피르포 대신 조르디 알바가 교체 투입됐다.

★

2020년 2월 초, UEFA 관계자가 바르셀로나를 방문했다. 그는 캄 노우 옆 식당에서 바르사 관계자와 만났다. 대화 도중,

바르사 관계자는 UEFA가 걸프 국가들이 사실상 소유하고 있는 두 구단, 파리 생제르맹과 맨체스터 시티에 굽실거리고 있다고 비난했다. 바르사는 이런 클럽들이 구단주의 오일 머니로 선수들을 영입하게 되면 경쟁이 힘들어진다고 생각했다. UEFA의 '재정적 페어플레이 룰(FFP)'은 이런 지출을 억제하고 있겠지만, 바르사는 UEFA가 이 룰을 선별적으로 적용하고 있다고 믿었다. 결국 바르사 관계자는 "FFP 부서에 우리가 돈을 줄 사람이 있습니까?"라고 물었다. UEFA 관계자는 이 바르사 관계자가 뇌물을 줄 사람을 찾으려 한다는 것을 알았다. 이것을 '축구 행정의 어두운 문화'라고 여긴 그는 이렇게 생각했다. '이들은 좋은 사람들이어야 해! 클럽 그 이상(Més que un club)이어야 한다고.'

바르사 관계자는 클럽 내에서 점차 불안이 커지고 있다며 목청을 높였다. 바르사는 더 이상 큰 대회에서 우승컵을 따낼 만큼 재력이 충분한 팀이 아니라는 것이다. 억만장자인 중년 남자가 아닌 조합원들의 소유이기 때문이다. 바르사의 몇몇 고위 인사들은 꽤 돈벌이가 될 유러피언 슈퍼 리그 창설을 위한 비밀 계획에 참여하는 것 외에는 다른 대안이 없다고 생각했다. 그러나 이런 자기 연민은 100만 마일 떨어진 곳에 있는, 또 다른 조합원 소유의 클럽 레알 마드리드가 여전히 챔피언스리그 우승을 거두고 있다는 사실을 간과하고 있다. 바이에른 뮌헨과 리버풀처럼 '돈 많은 중년 남자'가 없는 다른 클럽들도 마찬가지다.

진실은 이렇다. 바르사의 문제는 소시 중심의 전통적인 소유권 모델이 아니라 방만한 경영에서 비롯된 것이었다.

이런 모든 불안이 팽배해진 가운데, 우루과이의 작은 홍보 회사인 i3 벤처스를 둘러싼 스캔들이 터졌다. 바르토메우가 다른 축구 클럽에서는 회장들이 신경 쓸 필요가 없는 문제, 즉 바르사 내부의 적극적 반대를 무마시키기 위해 i3를 고용한 사실이 드러난 것이다. i3는 바르토메우를 보호하고 그의 적수들을 무력화시키기 위해 가짜 소셜 미디어 계정과 SNS 봇을 생성했다. 바르토메우의 적수로 분류된 사람들 중에는 잠재적인 회장 후보들뿐만 아니라 현대 바르사의 영웅들인 피케, 메시, 과르디올라, 차비가 포함되어 있었다. 바르사는 i3에 시장 가격보다 훨씬 높은 금액인 90만 유로를 지불했고, 이 돈을 바르토메우가 이사회의 승인을 받지 않아도 될 만큼 작은 금액으로 나누어 지급됐다. 이 스캔들은 결국 '바르사게이트(Barçagate)'로 알려지게 됐다.

바르토메우는 i3가 누군가를 공격했다는 사실을 부인했다. 그러고는 소셜 미디어를 '모니터'하기 위해 i3를 고용한 것일 뿐이라고 말했다. 바르사 주장단과의 회의에서 바르토메우는 문제의 계정이 올린 게시물을 정리한 문서 일체를 주장단에 전달했다. 주장단은 믿지 않았다. 바르사게이트로 여섯 명 이상의 디렉터가 사임했고, 결국 바르토메우 재임 기간 동안 이사회에서 총 11명이 물러나게 됐다.[698]

경기장에서도 바르사는 흔들리고 있었다. 2020년 3월, 바르사의 기대 득점은 경기당 2골 아래로 떨어졌다. 그리즈만의 기대 득점 0.42는 네이마르 전성기의 3분의 1을 간신히 넘는 수치였다. 네덜란드에서 바르사를 관찰한 쿠만은 "현재 최고의 팀들은 90분 내내 빠른 템포로 플레이합니다. 바르셀로나는 이런 템포를 따라가는 걸 버거워하고 있습니다."라고 평했다.[699] 메시도 동의하는 듯 보였다. "현재 우리 모습은 챔피언스리그 우승을 노리기엔 부족합니다."[700]

그 시점에 코로나바이러스가 확산되어 축구를 중단시키고 스페인을 초토화했다. 5월이 되자 스페인의 사망자는 4만 3,000명을 넘어섰다. 당시 믿을 만한 데이터를 가진 국가 중 가장 높은 사망률이었다.[701] 스페인 사람들은 매우 엄격한 봉쇄를 견뎌야 했다. 그해 봄 6주 동안 어린이들은 집밖으로 나가는 게 허용되지 않았다.

유럽 전역에 걸쳐 경기장이 폐쇄되면서 축구 재정은 파괴됐다. 2017/18 시즌 바르사는 연간 수익 10억 달러(약 1조 3,000억 원)를 달성한 최초의 스포츠 클럽이 됐다. 2018/19 시즌에는 연간 수익이 11억 달러(약 1조 5,000억 원)로 올랐다.[702] 돌이켜 보면 어떤 축구 클럽도 단시간에 도달할 수 없는 정점처럼 보였다. 2020년 5월, 코로나바이러스에서 회복 중이던 바르사 부회장 조르디 카르도네는 팬데믹 때문에 바르사 수익 중 1억 3,000만 유로(약 1,788억 원)가 이미 날아가 버렸다고 말했다.

스페인에서 봉쇄가 시작되자, 바르사는 선수들에게 임금 삭감을 요청했다. 일을 하지 못하게 된 500명 이상의 정규직 직원들의 봉급을 유지하기 위해서였다. 메시는 고위 관계자에게 메시지를 보내 이 제안에 분노를 표했다. 또 다른 고참 선수는 직원들이 평균 3만 유로(약 4,100만 원)를 받는다는 걸 알고 월급치곤 꽤 좋은 편이라고 생각했다. 물론 오해였다. 3만 유로는 직원들의 평균 월급이 아니라 연봉이었기 때문이다.

결국 바르사의 주장단 네 명은 디렉터들과의 원격 회의에서 72퍼센트 삭감에 합의했다. 물론 이러한 삭감은 봉쇄가 시작된 3월부터 시즌이 끝날 때까지만 적용되는 것이었다. 선수들이 받지 못하는 금액은 전체 연봉의 10퍼센트 미만이라는 의미다. 그것만으로도 정규직 직원들의 급여를 유지하기에는 충분했다. 모두 바르사에서 성장한 주장들에게는 의미 있는 일이었다.

하지만 이 임금 삭감이 이사회가 선수단을 상대로 거둔 승리라고 생각하면 오산이다. 임금 삭감 합의 후, 메시는 인스타그램을 통해 바르사의 리더십을 비판했다. 메시는 당초 임금 삭감을 반대했던 것에 대해서는 어물쩍 넘어가며 이렇게 적었다.

우리는 항상 임금 삭감에 대한 의지가 있었다는 점을 분명히 하고 싶습니다. 현재 예외적인 상황에 처해 있다는 걸 알고 있고, 우리는 바르사가 도움이 필요할 때 항상 가장 먼저 도왔기 때문입니다… 우리가 놀랐던 것은 바르사 내부에 우리를 돋보기로 관찰하려 하거나, 우리가 늘 하고 싶어 한다고

분명히 밝혔던 일을 하라고 압박하려는 사람들이 있다는 것입니다.[703]

당시 메시의 인스타그램 팔로워는 1억 4,500만 명으로 바르사보다 6,000만 명이 더 많았다. 어떤 갈등 상황에서든 메시가 더 큰 확성기를 가진 셈이었다.

2020년 5월 말, 한 스마트폰 동영상이 전 세계에 퍼졌다. 미니애폴리스의 백인 경찰이 무릎으로 흑인 민간인 조지 플로이드의 목을 눌러 사망에 이르게 하는 모습이 담긴 동영상이었다. 미국과 유럽 전역의 거리에 시위대가 모였다. 역사적으로 정치에 무관심한 축구 선수들도 이전과 다르게 목소리를 높였다. 리버풀을 비롯해 여러 팀들이 '흑인의 생명도 중요하다(Black Lives Matter)' 운동의 상징인 '무릎 꿇은' 모습을 사진에 담았다. 코로나19 봉쇄가 끝나고 경기가 재개되자, 프리미어리그 팀들은 유니폼 뒷면에 'Black Lives Matter'를 새겼다. 이어 몇 달간 선수들과 심판들은 킥오프 전에 무릎을 꿇었다. 분데스리가에서도 운동이 벌어졌다. 프랑스에서는 킬리안 음바페가 경찰의 폭력에 대한 비판을 지속적으로 내놨다. 보통 선수들의 '정치적' 행동에 징계를 내리는 FIFA도 이 흐름에 동조해 간섭하지 않았다.

전례 없이 교양 있고 힘을 가진 지금 세대의 축구 선수들이 보여준 실천주의(activism)는 '블랙 라이브스 매터' 운동을 넘어섰다. 리버풀 주장 조던 헨더슨(Jordan Henderson)을 필두로 한 잉글랜드 선수들은 영국 국립보건서비스(National Health Service)에 거액을 기부했다. 제대로 못 먹고 크는 게 어떤 것인지 아는 맨체스터 유나이티드의 스물두 살 공격수 마커스 래시포드는 영국 정부가 가난한 어린이들에게 여름 방학 동안 학교 급식을 무료로 제공하도록 촉구하는 캠페인을 성공적으로 이끌었다.

그러나 바르셀로나에서는 실천주의가 거의 없는 수준이었다. 마치 카탈루냐 독립, 선수 대(對) 이사회를 둘러싼 모든 시시한 다툼들이 큰 이슈들을 밀어내고 있는 모양새였다. '클럽 그 이상'은 흘러간 마케팅 슬로건 같았다. 운동가인 미국 축구 선수 메건 라피노는 그의 자서전에서 메시가 (크리스티아누 호날두와 즐라탄 이브라히모비치와 마찬가지로) 인종 차별과 성차별에 대한 반대의 목소리를 내지 않았다는 사실에 놀라워했다.[704]

스페인 축구는 6월에 재개됐다. 재개되지 않는 게 나을 뻔했다. 바르사는 레알 마드리드에 리그 우승컵을 내줬다. 그다음에는 8월 9일 리스본의 텅 빈 경기장에서 열린 챔피언스리그 8강전에서 바이에른 뮌헨에 2-8로 졌다. 이 경기에 선발로 나선 선수 중 여섯 명은 31세 이상이었다.

이 결과는 이례적인 동시에 전형적이었다. 바르사는 2017년 이후 다섯 번째로 세 골 이상을 내주며 '스토밍(storming)' 패배를 당했다. 벵거는 "바르셀로나의 약점은 주로 피지컬이며, 그것이 최근 3년간 어려움을 겪는 이유"라고 진단했다. 리스본에서의 경기를 요약하자면, 메시는 바이에른 레프트백 알폰소 데이비스(Alphonso Davies)가 무엇 하나 방해받지 않고 공격에 나서는 것을 마치 안락의자에 앉은 관람객처럼 지켜봤다.

　논쟁을 하기에는 너무나 명확한 점수였다. 10년 전 바르셀로나가 무리뉴의 인테르 밀란에게 패했을 때는 도덕적 우월성을 주장할 수 있었다. 바르셀로나는 축구를 했고, 무리뉴는 버스를 세웠다고 말할 수 있었다. 하지만 축구 작가 데이비드 위너(David Winner)가 네덜란드-스페인의 월드컵 결승전에 대해 쓴 표현을 빌리자면, 바르사가 바이에른에 패한 것은 '융의 미러링(Jungian mirroring)' 사례였다. 바르사는 실재하는 더 나은 버전의 자신에게 패한 것이었다. 크루이프식 축구를 구사한 쪽은 오히려 바이에른이었다. 바이에른의 플레이메이커 티아고 알칸타라는 라 마시아 출신 피보테였다. 그는 차비-이니에스타-부스케츠로 이어지는 미드필드 라인을 뚫고 주전으로 도약할 방법이 보이지 않자 2013년에 바르셀로나를 떠났다.

　축구 기준에서는 이례적으로 길었던 한 시대가 그날 밤 리스본에서 막을 내렸다. 이제 바르사는 새로운 팀이 되어야 했다. 문제는 돈이 바닥났다는 것이었다.

　15분의 코칭으로 명성을 얻은 세티엔은 최소한 괜찮은 퇴직금을 받고 고향 마을로 돌아갔다. 몇 달 후 〈엘 파이스(El País)〉 신문에 전 스페인 대표팀 감독 비센테 델 보스케(Vicente del Bosque)와 세티엔의 대담 기사가 실렸다. 세티엔은 마음의 짐을 내려놓은 듯 편안하게 메시에 대해 말했다. "선수 같지 않은 면이 있어 다스리기가 더 어렵습니다. 굉장히 내성적이지만, 상대가 자신이 원하는 걸 알게 만드는 사람이죠. 말을 많이 하지는 않습니다. 하지만 지켜보죠."

세티엔이 바르사에 있었던 7개월 동안, 그는 메시가 언제든지 자신을 밀어낼 수 있다는 것을 알고 있었다. 세티엔은 메시 곁에서 무력함을 느꼈고 자신감을 잃었다. "수년 동안 그를 용인하고, 그에게 적응을 요구한 적이 없는 곳에서, 그를 바꾸기 위해 저는 어떤 사람이 되어야 할까요?"[705] 세티엔은 메시가 승리에 대한 압박감으로 만성적인 불안 상태였다고 진단했다.

바르사는 공식적으로 세티엔을 경질하기 전에 이미 대체자를 구한 상태였다. 2-8 패배 후, 로날트 쿠만은 바르셀로나에 있는 친한 기자들 중 한 명인 TV 진행자 류이스 카누트(Lluís Canut)에게 전화를 걸어 네덜란드 대표팀과 관련된 자신의 상황을 이야기했다. 피자 가게에서 식사를 하고 있던 카누트는 쿠만이 바르사 감독직을 원한다는 메시지를 받았고, 이를 바르사 내 적절한 사람에게 알렸다.[706] 바르토메우에게 전화를 받은 쿠만은 '지금이 아니면 영원히 안 될 것'이라고 생각했다.[707] 쿠만은 57세였고, 최근 심장 마비에 걸렸다가 회복 중이었으며, 이 때문에 자신의 커리어 마지막 목표를 달성할 시간이 많지 않다는 것을 예감하고 있었다. "앞으로 30년을 건강하게 더 살 것이라고 누가 말할 수 있겠습니까?"[708] 운 좋게도 쿠만과 그의 아내는 최근 바르셀로나에 구입한 휴가용 아파트의 보수 공사를 막

마친 상태였다. 이 아파트에는 캄 노우를 내려다볼 수 있는 옥상 테라스가 있었다.[709] 쿠만의 가족은 1989년부터 1995년까지 그가 바르사에서 선수 생활을 했던 시절부터 카탈루냐에 대한 사랑을 이어 오고 있었다. 실제로 쿠만의 금발 머리 네덜란드인 손자의 이름은 차비(Xavi)였다. (그의 후임 감독이 될 사람의 이름을 떠올리면 아이러니한 일이다.)

쿠만의 에이전트 로프 얀센(Rob Jansen)은 쿠만이 실패를 겪고 경질될 위험에 대해 걱정하지 않았다. 얀센은 어깨를 으쓱했다. "그럼 어떡하겠어요? 집에 가는 거죠."[710] 조로처럼 검정색 마스크를 쓴 쿠만은 꿈꾸던 감독직 계약서에 사인했다. 쿠만에게는 훌륭한 지도자 커리어가 없는 대신 바르사에 필요한 상징 자산이 있었다. 전임 감독인 과르디올라, 빌라노바, 루이스 엔리케, 발베르데와 마찬가지로 전 바르셀로나 선수인 쿠만은 1992년 웸블리의 영웅이기도 했다. 수십 년 동안 바르사 팬들은 거리에서 쿠만을 만나면 웸블리에서의 골에 대해 감사를 표했고, 당시에 자신이 어디에 있었는지 말했다. 또한 쿠만은 바르셀로나에서 한때 옆집 이웃이었던 크루이프가 개인적으로 선정한 축구계 마지막 지도자들 중 한 명이었다.

바르토메우와 (반바지 위로 늘어진 뱃살이 인상적인) CEO 그라우는 쿠만을 티비다보 산기슭에 있는 식당 라 벤타(La Venta)에 데려가 환영 점심 식사를 했다. 바르사 사람들의 전통적인 단골 식당이었다. 쿠만은 통제권을 잡고 젊은 선수를 영입하겠다는 계획을 설명했다. 메시는 이 프로젝트에 동참할지 말지를 결정해야 할 것이었다. 이들은 카바 잔을 부딪치며 '오래 가기를' 기원하며 건배했다.[711] 언제나 되풀이되는 축구의 순간이었다. 새로운 시작을 기대하는 낙천주의가 깃든 순간 말이다.

쿠만은 프로 축구 선수의 아들이자 형제이자 아버지로서 경쟁적인 환경에서 평생을 보냈다. 그는 메시가 두렵지 않았다. 쿠만은 주장 메시의 집에서 회의를 열었다. 수아레스 가족, 조르디 알바 가족과 함께 프랑스와 스페인의 국경에 있는 세르다냐(Cerdanya)에서 휴가를 보내고[712] 돌아온 메시는 바르사에 대한 불만을 토로했다. 쿠만은 메시의 강한 의지와 축구에 대한 엄청난 관심에 감명을 받았다.[713] 하지만 쿠만은 메시에게 자신은 1군만을 통솔할 뿐이며, "선수단 내에서 네가 가진 특권은 끝이야. 팀을 위해 (내가 시키는) 무슨 일이든 해야 해. 이 생각에는 변함이 없을 거야."라고 말했다.[714]

바르셀로나 역사에서 종종 그랬듯, 네덜란드식 솔직함은 라틴식 에티켓과 충돌했다. 메시는 기분이 상했다. 메시에게 이런 식으로 말한 사람은 한 명도 없었기 때문이다. 게다가 쿠만이 수아레스에게 전화로 40초 정도 통화하면서 (수아레스의 말에 따르면) 팀에 수아레스가 필요하지 않다고 말했다는 사실에 더 기분이 나빠졌다. "그건 레전드와 작별하는 좋은 방식이 아니었어요." 나중에 수아레스가 불평했다.[715] 더욱이 이사회의 누구도 '총잡이(El Pistolero)' 수아레스에게 전화를 걸어 바르셀로나에서 넣은 198골에 대해 감사를 표하지 않았다. 메시는 자신의 가장 친한 친구를 버리려는 바르사의 결정을 받아들일 수는 있었지만, 무례한 태도는 용납할 수 없었다.

어쨌든 상관없는 일이었다. 메시는 그해 바르토메우에게 수차례 말했듯 바르사를 떠날 계획이었다. 바르토메우 회장은 항상 그에게 기다리라고 했고, 시즌이 끝난 뒤에도 여전히 떠나고 싶다면 떠나도 좋다고 약속했다. 후에 메시는 〈골닷컴(Goal. com)〉에 속내를 털어놓았다.

저는 바르사에 더 젊은 선수들, 새로운 선수들이 필요하다고 생각했고, 바르셀로나에서의 제 시간은 끝났다고 생각했습니다. 저는 항상 이곳에서 커리어를 끝내고 싶다고 말했기에 미안한 마음이 들었습니다. 정말 힘든 한 해였습니다. 훈련에서도, 경기에서도, 라커룸에서도 괴로움이 많았습니다… 새로운 활력을 찾아야 할 순간이 왔던 것이죠.

메시는 자신이 늘 원했던 게 '우승 프로젝트'였다고 말했다.

그리고 사실 바르사에는 오랫동안 프로젝트 같은 게 없었습니다. 닥친 상황에 따라 저글링을 하고, 구멍을 메우기에 바빴을 뿐입니다… 저는 최고 수준에서 경쟁하기를 원했고, 우승컵을 따내고, 챔피언스리그에서 싸우고 싶었습니다. 매우 어려운 목표이니 이길 수도 질 수도 있지만, 최소한 경쟁력을 갖고 로마, 리버풀, 리스본에서처럼 무너지지 않아야 합니다.[716]

바르사의 전 골키퍼이자 스포팅 디렉터인 안도니 수비사레타에 따르면, "레오의 가장 큰 문제는 자신과 경쟁하는 것"이다. 메시는 15년 동안 승리에 대한 책임을 지고 있었다. 수비사레타는 이렇게 설명했다.

우리는 모두 그런 책임을 가지고 있습니다. 경기를 하러 나가기 직전 터널에 있을 때, 누가 우리 팀에서 잘하는지, 누가 우리 팀을 승리로 이끌지 알 수 있죠. 특히 결승전이라면요… 거울을 보고 이런 말을 하는 날이 언젠가는 옵니다. "이런, 쉽지 않겠는 걸."[717]

이전 세대의 남자 운동선수들은 아마도 아내와 아이들의 의견을 고려하지 않고 이적을 결정했을 수도 있다. 어찌 됐든 아버지의 일이 먼저였다. 하지만 오늘날 운동선수들은 아버지의 역할을 중요시하는 세대다. 일곱 살 티아고가 아빠에게 바르사를 떠날 것인지 물었을 때, 메시는 티아고에게 새로운 학교에 가서 새로운 친구들을 사귀어야 한다고 말할 수 없었다. 티아고는 울면서 "우리, 안 가면 좋겠어요."라고 말했다. 메시가 바르사를 떠난다고 가족들에게 말하자, 아내와 세 아들들은 울음을 터트렸다. 후에 메시는 "한 편의 드라마였어요."라고 말했다.[718]

그럼에도 불구하고 8월 20일, 메시는 스페인 우체국에서 취급하는 일종의 등기 우편인 '부로팩스(burofax)'를 바르셀로나에 보내, 팀을 떠나겠다는 자신의 결정을 공식적으로 전달했다. 메시 측은 계약서 조항에 따라 팀을 떠나겠다는 의사를 6월 10일까지 알리면 자유 이적을 할 수 있는 것으로 알고 있었다. 그러나 무신경한 변호사는 메시 측에 2020년의 특수한 상황으로 인해 마감 기한이 넘어도 괜찮을 것이라고 장담했다. 변호사는 그 조항이 메시가 팀을 떠나겠다는 의사를 시즌이 끝난 직후에 알려야 함을 의미한다고 했다. 특이하게도 2020년에는 시즌이 8월에 끝났다는 사실이 운명의 장난이나 마찬가지였다. 변호사는 자신의 조항 해석이 메시를 기쁘게 할 것이라 믿어 의심치 않았다. 메시 가족 역시 변호사를 믿고 자유 이적을 확신했다. 바르토메우가 항상 메시에게 시즌이 끝난 후에 결정하라고 하지 않았던가?[719]

크루이프가 그랬던 것처럼, 호르헤 메시는 자신이 혼자서도 거대한 계약을 협상할 수 있는 뛰어난 비즈니스맨이라는 환상에 빠져 있었다. 그러나 아들의 커리어에서 가장 큰 결정이자, 수억 유로가 걸려 있는 상황에서 메시 측은 가족이 운영하는 구멍가게 같은 아마추어리즘을 보였다.

메시 가족의 상대였던 바르사 역시 비즈니스 마인드가 없었다. 좀 더 기업적인 클럽, 카탈루냐의 맨체스터 유나이티드였다면 어느 정도 타협을 했을 것이다. 자유 이적이 가능한 시한이 이미 지났다는 것을 지적하긴 하겠지만, 메시가 떠나는 걸 허용하고, 아마도 1억 5,000만 유로 정도의 이적료를 받고 맨체스터 시티로 보냈을 것이다. 또, 바르사는 메시 임금에 해당하는 돈으로 팀 재건에 쓸 3억 유로를 확보할 수 있었을 것이다. 최고 임금을 받는 선수가 사라지면 다른 선수들의 임금을 하향 조정하는 데에도 영향을 미쳤을 것이다. 이것이 실리적인 결정이었을 것이다. 결국 당시 33세였던 메시는 10개월 후 이적료 없이 문 밖으로 나갔고, 그 바람에 막대한 로열티 보너스도 챙겼다.

하지만 바르셀로나는 사업체가 아니다. 죽을 때까지 고향에서 살 생각을 하는, 무엇보다 명성을 중요시하는 지역 상인들이 운영하는 동네 클럽이다. 처참한 이적과 선수들과의 갈등으로 이미 지탄을 받았던 바르토메우는 "메시를 잃은 회장이 되지는 않을 겁니다."라고 말했다. 전임 회장인 로셀과 라포르타 역시 거의 똑같은 말을 해야 했던 상황을 겪었다. 캄 노우 밖에서 마스크를 쓴 시위대가 사임을 요구하자, 바르토메우는 계약 해지 조항에 명시된 7억 유로를 지불할 클럽이 나타나야만 메시가 떠날 수 있다고 말했다. 그런 금액을 낼 수 있는 클럽은 없다.

그때 메시가 항복했다. 일부 바르사 팬들은 메시가 이적을 요청한 사실에 이미 화가 나 있었고, 메시는 크루이프가 1996년에 경질당한 후 그랬던 것처럼 바르사를 상대로 재판을 진행해서 상황을 악화시키고 싶지 않았다. 어쨌든 크루이프 가족과 마찬가지로 메시 가족도 바르셀로나에 머물고 싶었다. 그래서 최소한 바르사에 있는 모든 사람들이 이제 새로운 젊은 선수가 필요하다는 점을 깨달았다. 아마도 바르사는 재건될 수 있을 것이었다.

★

2020년 9월, 나는 파리에서 기차를 타고 카탈루냐에 갔다. 그해 여름 안트워프(Antwerp) 피자 가게에서 핵 스파이 행위에 대한 (관련 없는) 인터뷰를 한 것을 빼면, 6개월 동안 프랑스에만 있었다. 나는 처참해진 바르셀로나에 내렸다. 관광 산업은 무너졌고, 미슐랭 요리사부터 항구를 어슬렁거리는 소매치기까지 모든 사람들의 생계가 파괴됐다. 스페인의 경제는 그해 2분기에 18.5퍼센트 위축됐다. 사상 최대의 하락폭이었다. 카탈루냐에서만 6,000명에 가까운 사람들이 코로나19로 사망했다.

하지만 이기적이게도 나는 파리에서 긴 코로나 겨울을 앞두고, 마지막으로 낙원에 온 것 같은 기분이 들었다. 바르셀로나는 화창하고 아름다웠다. 관광객이 없는 바르셀로나에서 바이러스가 재차 확산되기 전까지 짧은 휴식을 즐길 수 있었다. 나는 감각의 즐거움을 차곡차곡 비축했다. 매일 저녁, 호텔 옥상 수영장에서 수영을 했다. 팬데믹 기간이라 호텔 숙박비는 하루 60유로

밖에 되지 않았다. 평소라면 일주일치 예약으로 꽉 찼던 항구 옆 해산물 식당에서 친구들과 여유 있게 점심 식사도 했다.

바르사는 리스본에서의 참패 이후 바르셀로나에서 부차적인 존재가 된 것 같았다. 페드랄베스의 한 테라스에서 한 바르사 직원이 내게 바르사 브랜드 마스크를 건네며 말했다. "우리는 모든 걸 가지고 있어요! 음, 팀이나 이사회는 없지만 마스크는 있습니다."

유럽의 다른 멋진 장소와는 전혀 다르게 반쯤 버려져 초라해진 캄 노우가 눈에 띄었다. 로마를 침공한 이민족들이 도시를 둘러보는 것 같은 느낌이었다. 경기장 내 식당들은 문을 닫았다. 전기 용량이 너무 낮아 오븐을 사용할 수도 없었다.[720] 보수 공사는 지지부진했다. 과르디올라가 라 마시아 시절에 뛰었던, 그라운드 맞은편의 미니 아스타디(Mini Estadi)는 언제 완성될지 알 수 없는 상태로 농구 경기장 신축을 위해 철거됐다. 반면 레알 마드리드는 이미 6억 7,500만 파운드를 들여 베르나베우 스타디움 정비에 속도를 내고 있었다.

11번 게이트 뒤에 있는 바르사 사무국은 모든 직원들이 재택근무를 하게 되면서 한적한 상태였다. 나는 파괴적 재앙이 휩쓸고 간 자리에 대한 이야기를 듣기 위해 한 디렉터를 만났다. 팔꿈치 인사를 나눈 우리는 텅 빈 회장실에 앉았다. 바르토메우는 그곳에 없었다. 아마도 숨어 있었을 것이다.

작은 사무실의 벽에는 콧수염을 기른 바르사 창립자 주안 감페르의 초상화가 걸려 있었다. 1992년 웸블리에서 선수들이 입었던 강렬한 형광 주황색의 유니폼도 걸려 있었다. 하지만 가장 중요한 것은 소시가 기증한 작품이었다. 1900년부터 2000년까지 매년 회원 카드를 모아 액자에 담은 것이다.

디렉터는 팬데믹 때문에 두 시즌 동안 총 3억 유로의 수익이 감소했다고 말했다. 바르사는 8만 5,000명의 시즌 티켓 소지자들에게 환불을 제안했다. (그중 435명은 "받지 않겠다."고 말했다.) 바르사의 부채는 통제할 수 없는 수준으로 불어났다.

디렉터는 끔찍한 수치들을 강조하지 않았다. 그는 은행들이 여전히 대출을 해 줄 의향을 보인다고 했다. 어느 은행 관계자는 100년 뒤에도 존재하리라 확신하는 고객은 바르사가 유일하다고 말한 적이 있다. 디렉터는 2010년을 회상하며 바르사가 선수들의 임금을 지불하기 위해 17개의 은행에서 1억 5,500만 유로를 빌렸었다고 했다. 이번에는 전 세계가 위기에 빠졌고, 다른 클럽들은 바르셀로나보다 더 큰 타격을 입었다고 덧붙였다.

하지만 다른 어떤 빅 클럽도 급히 새 팀을 만들어야 할 필요는 없었다. 어떤 클럽도 바르사만큼 관광에 의지하지는 않았다. 바르사 박물관, 메가스토어, 프리미엄 가격을 내고 경기 티켓을 사는 수만 명의 해외 팬들은 모두 팬데믹으로 인해 사라졌다. 또한 어떤 스포츠 클럽도 바르사처럼 5억 유로 이상의 연봉을 지불하지 않았다. (그마저 4분의 1 가량은 메시에게 간다.) 그에 더해 바르사는 이적료로 연간 2억 유로를 써야 했다. 만약 바르사가 1억 유로의 이적료로 선수를 영입해 4년 계약을 하면 연간 2,500만 유로를 상각(償却)하는 셈이다. 나중에 되팔 수 있는 어린 선수라면 문제가 되지 않지만, 바르사의 나이든 선수 컬렉션은 재판매 가치가 떨어졌다.

임금과 감가상각 금액을 합치면 바르사가 연간 선수들에게 지출하는 총금액은 약 7억 유로였다. 걱정되게도 2020/21 시즌 기대 수익 7억 5,000만 유로와 큰 차이가 없었다. (팬데믹 이전에는 2021년에 10억 유로를 넘기는 게 바르사의 목표였다.)

간단히 말해, 바르사의 임금은 감당할 수 없는 정도였다. 이제 허리띠를 졸라맬 시기가 닥친 것이다. 디렉터를 만났을 당시에는 알지 못했지만, 라리가는 펜데믹 기간 동안 파산을 막기 위해 스페인 클럽들의 지출 통제를 조용히 강화했다. 라리가는 바르셀로나가 이적료와 선수 임금에 쓰는 비용을 총 3억 8,300만 유로로 제한했다. 전 시즌 6억 5,600만 유로에서 크게 줄인 것이다.[721] 바르사가 한 번에 줄이지 못한 금액은 다음 시즌으로 넘어가게 된다. 디렉터는 이에 대해 분명히 언급하지는 않았지만, 바르셀로나의 쌍둥이 형제라 할 수 있는 레알 마드리드는 임금 상한을 훨씬 더 엄격하게 관리했다. 2019/20 시즌에 임금과 이적료 상각을 합치면 4억 1,100만 유로만 지출했다. 바르사보다 2억 7,500만 유로가 적은 액수다.[722] 마드리드는 지속 가능한 기업이었고, 바르셀로나는 아니었다.

그러자 바르사는 임금 지출을 줄이기 위해 라키티치, 수아레스, 비달, 하피냐 같은 비싼 선수들을 이적료 없이 내보내려 미친 듯이 노력하기 시작했다. 바르사는 수아레스를 보내기 위해 수백만 달러를 지불하려고 했다. 그렇게 해도 여전히 라리가가 정해 놓은 한도를 수억 달러를 초과해, 돈이 없어 새로운 선수들을 영입할 수 없을 것이다. 디렉터는 한숨을 쉬었다. "수백만 명의 사람들이 원하는 것을 줄 수 없는 상황이 안타깝습니다."

바르사는 한동안 눈높이를 낮춰야 했다. 또 다른 바르사 고위 관계자는 내게 "라리가나 챔피언스리그에서 매년 우승하려고 하지 않을 겁니다."라고 말했다. 바르셀로나를 방문한 30년 동안 바르사가 그렇게 가라앉은 모습을 본 적이 없었다. 2014년과 2019년 사이에 축구계에서 가장 많은 돈을 쓰던 사람들이 페드리와 안수 파티 같은 신예 스타들을 더 부유한 클럽에 팔아야 하는 상황에 놓인 것이다.

2020년 이적 시장 기간 동안 바르사는 60명을 영입하려 했던 것으로 알려졌다.[723] 첫 번째 메인 타깃은 인테르 밀란 공격수 라우타로 마르티네스(Lautaro Martínez)였다. 바르사는 마르티네스의 몸값을 감당할 수 없다는 것을 깨닫고는 좀 더 저렴한 선택지인 올랭피크 리옹의 멤피스 데파이로 방향을 틀었다. 바르사는 리옹과 이적료 2,600만 유로에 합의를 보았으나 그마저도 감당할 수 없다는 것을 깨달았다. 바르사는 열일곱 살 파티의 이적료로 거의 2억 유로를 (아마도 맨체스터 유나이티드로부터) 제안 받았다고 했지만 거래는 무산됐다. 이 기간 동안 가장 큰 영입은 SC 브라가에서 3,100만 유로에 데려온 전도유망한 스무 살 짜리 포르투갈 윙어 프란시스코 트린캉(Francisco Trincão)이었다. 시즌이 시작되자 트린캉은 거의 벤치에만 머물렀다.

10월에 바르사의 유니폼 스폰서 라쿠텐은 2022년까지 단 한 시즌만 재계약했다. 이전 계약보다 2,500만 유로가 적은 3,000만 유로에 추가 보너스가 있는 조건이었다. 바르토메우 체제하에서 스폰서십을 담당하고 있는 신토 아람(Cinto Ajram)은 금액이 떨어진 이유가 메시의 거취에 대한 불확실성 때문이었다고 나중에 말했다.

> 저는 지금 그 계약이 3,000만 유로의 가치가 있는지 자문하고 싶습니다. 라쿠텐은 메시, 수아레스, 네이마르 삼총사가 있을 때 바르셀로나와 관계를 맺기 시작했습니다. 전 세계에 바르셀로나 브랜드를 팔려면 메시의 얼굴을 사용합니다. 이런 상황에서 4년 중 3년을 재계약하려는 사람은 없습니다. 메시 없는 바르셀로나의 가치가 얼마나 될지 모르기 때문입니다.[724]

이사회는 추가 임금 삭감을 놓고 선수단과 옥신각신했다. 클럽의 작전은 개별 선수들에게 장기 계약을 제안하면서 대부분의 임금 지급을 계약 기간 후반부로 연기하는 것이었다. 한 주, 한 주 살아남기 바빴던 바르토메우의 이사회는 후임자들의 돈을 쓰고 있었다. 피케는 이사회에 '당혹스러운' 임금 삭감 계획을 거부하는 주장단 서한에 사인했으나,[725] 거의 동시에 새로운 계약서에도 사인을 했다. 그가 37세가 되는 2024년까지 임금이 유지되는 계약이었다. (계약 후 얼마 지나지 않아 다치는 바람에 몇 달 동안 뛰지 못했다.) 한편 마드리드에서는 스페인 세무 당국이 가장 많은 돈을 체납한 인물과 기업의 명단을 발표했다. 2019년 말 최대 개인 채무자는 바르사에 있던 기간 동안 3,460만 유로를 빚진 네이마르였다.[726]

감페르 트레이닝 센터에서는 쿠만이 클럽의 문화를 바꾸려고 노력했는데, 덕분에 그에게는 '쿠만 중사(Sergeant)'라는 별명이 붙었다. 선수들은 훈련 시작 한 시간 전에 보고를 해야 했다. 훈련은 60분에서 90분으로 길어졌고, 바르사 기준으로 꽤 격렬해졌다.

쿠만은 바르사에서의 삶을 즐기는 데 어려움을 겪었다. 바르사 감독직이 지금껏 자신이 맡은 일 중 "가장 스트레스가 많은 일"이었다고 말했다. 쿠만은 다큐멘터리 제작자에게 "정말 큰 대회에서 우승하려면 더 나은 팀이 필요합니다."라고 인정했다. 쿠만의 아내 바르티나(Bartina)는 큰 경기를 앞두고 아파트에 있는 불상 앞의 초를 켰다.[727] 하지만 바르티나는 초기 몇 경기를 관람하는 것을 힘들어했고, 역시나 경기 보기를 힘들어했던 프렌키 데 용의 여자 친구와 함께 경기장을 빠져나갔다.[728]

코로나19는 새로운 팀을 만들려는 쿠만의 시도에 큰 걸림돌이었다. 선수들은 경기 시작 한 시간 전에야 모일 수 있었고, 유니폼을 이미 입고 있어야 했으며, 라커룸에서는 단 5분 동안만 모여 있을 수 있었다. 쿠만은 캄 노우의 고요함을 싫어했다. 빈 관중석은 선수들에게 힘이 되지 못했다.[729] 선수들은 경기 후에 샤워 없이 곧장 집에 가야 해서 쿠만은 선수들과 함께할 시간이 거의 없었다. 주중에도 선수들과 이야기할 기회가 부족했다. "모든 클럽들이 같은 문제를 겪고 있습니다." 쿠만이 인정했다. "하지만 차이점은 우리는 무언가를 만들기 위해 변화를 시도 중이라는 겁니다. 개인 접촉이 필요한 때입니다." 쿠만은 상시적인 코로나19 검사와 위생 규칙, 텅 빈 경기장으로 인해 많은 빅 클럽 선수들이 동기 부여에 어려움을 겪고 있는 것을 느꼈다.[730]

경기에서 쿠만은 메시를 좀 더 중앙으로 옮겨 10번으로 플레이하게 했다. 메시의 수비 공백을 보완하기 위해 뒤에는 두 명의 피보테를 뒀다. 하지만 시즌 초반에 메시는 머리를 숙인 채 유령처럼 경기장을 돌아다녔다. 팀을 떠나지 못해 체념한 듯 보였다. "처음에 리오넬 메시는 (경기를) 하고 싶어 하지 않았어요." 쿠만의 수석 코치 알프레드 스뢰더르(Alfred Schreuder)가 회상했다.[731] 2020/21 시즌 첫 10경기에서 바르사는 헤타페, 레알 마드리드, 아틀레티코 마드리드, 그리고 최약체인 카디스에게 패했다. 크루이프가 부임하기 한 해 전인 1987년 이후 최악의 출발이었다. 쿠만의 아내는 선수들에 대해 불평했다. "가끔 정말 엉망이에요. 선수들이 패배를 너무 쉽게 받아들이는데, 남편은 너무 열심히 일해요."[732] 한편 바르사가 버린 루이스 수아레스는 득점력을 폭발시키며 아틀레티코를 리그 선두로 이끌었다.

바르셀로나에 '클럽 그 이상'이라는 모토가 적어도 약간은 남아 있다는 게 밝혀졌는데, 그건 바로 민주주의였다. 팬데믹에도 불구하고, 바르토메우 불신임안에 2만 731명 소시들이 빠르게 서명했고, 결국 바르토메우는 쫓겨났다. 이런 추방은 맨체스터 유나이티드에서는 일어날 수 없을 것이다. 글레이저 가문이 팬들의 경멸을 받는 와중에도 비교적 평화롭게 15년을 머물고 있는 걸 보라. 바르토메우는 성난 팬들로 추정되는 사람들에게 가족이 위협을 받았다며 10월 27일 이사회에서 사임했다. 그는 떠나면서 바르사가 유러피언 슈퍼 리그 창설에 참여할 것이라고 발표했다.

바르토메우는 바르셀로나의 왕에서 바르셀로나의 '왕따'가 됐고, 몇 달 동안 그는 코로나 덕분에 공공장소에서 마스크를 착용하는 걸 다행으로 여겼다. 덕분에 사람들이 알아보지 못했기 때문이다. 하지만 바르토메우는 자신이 남긴 혼돈에서 도망칠 수는 없었다. 2021년 3월, 경찰이 i3 사건을 조사함에 따라 감옥에서 하룻밤을 보내야 했다.

11월 말, 바르사는 또 다른 미래를 저당 잡혔다. 선수단은 시즌이 끝날 때까지 기본급 약 1억 2,200만 유로와 보너스 5,000만 유로를 포기하는 데 동의했다. 대신 바르사는 선수들에게 향후 세 시즌에 걸쳐 이를 상환하겠다고 약속했다. 이 거래로 인해 바르사는 단기적으로 큰 수렁에서 반 정도 빠져나올 수 있었다. 장기적으로는 선수단을 재건할 미래 예산이 줄어든 셈이다. 긴축 상태의 바르사는 스타 선수들을 불러오지 못할 것이었다.

이 시점에 바르사의 부채는 11억 7,000만 유로에 달했다. 대부분은 팬데믹 이후에 누적된 것이었다. 회장 선거의 선두 주자 라포르타는 바르사를 '30억의 클럽: 수입 10억, 비용 10억, 부채 10억'이라 불렀다.[733] 3분의 2는 사실이었다. 불과 몇 달 만에 수입이 10억 밑으로 떨어졌다.

10억 유로가 넘는 부채를 가진 다른 유럽 클럽은 토트넘 홋스퍼가 유일했다. 축구 재정 분야에서 권위 있는 블로거인 스위스 램블(Swiss Ramble)은 토트넘의 부채 대부분은 새 경기장 건설로 인한 장기 부채라고 설명했다. 그는 'FC 바르셀로나는 다른 구단들에 비해 부채 문제가 심각하다. 단기 부채가 단연 높은 6억 4,100만 파운드다.'라고 썼다. 단기 부채 2위인 아틀레티코 마드리드보다 2억 6,200만 파운드나 많은 액수였다.[734] 즉각적인 위기는 없었다. 채권자들은 인기 클럽에게 모질게 굴려 하지는 않았다. 하지만 축구계의 다양한 재정적 룰을 감안하면, 바르사는 더 이상 부채를 늘려서는 안 됐다.

선수들은 크리스마스 휴가로 단 나흘을 받았다. 메시와 그의 아내, 아들들은 전용기를 타고 고향 아르헨티나 로사리오로 향했다. 도착하자마자 때맞춰 발목 부상을 입어 휴가는 이틀 연장됐다. 메시는 에이바르와의 경기에 결장했다. 하지만 회복되어 돌아왔다. 메시의 복귀 후 첫 경기에 바르사는 비행기가 아닌 버스를 타고 우에스카 원정을 떠났다. 세 시간의 버스 운행으로 3만 유로를 절약했다.[735] 바르사는 1-0으로 이겼고, 메시는 도움을 기록했다. 메시가 축구의 즐거움을 다시 찾은 것 같았다. 젊은 동료들인 페드리, 데 용, 세르지뇨 데스트, 그리고 프로페셔널하게 변한 뎀벨레와 행복하게 호흡을 맞추기 시작했다. 상대 팀들은 예전에 느꼈던 두려움을 다시 느끼게 됐다. 쿠만의 수석 코치 스뢰더르는 말했다. "관중이 없으면 상대 선수들이 서로에게 말하는 것을 문자 그대로 들을 수 있습니다. 레오가 공을 잡으면 '파울 해! 걷어차 버려!' 같은 소리가 들려요. 하지만 그게 통하지 않으면 메시를 마구 때려눕히려 하죠."[736]

쿠만과 스뢰더르는 훈련 때 메시가 기민함을 되찾자 감명을 받았다. 피케가 부상 회복 후 선수단에 다시 합류하자 스뢰더르는 그에게 다른 선수들은 이미 알고 있는 새로운 훈련 방식을 설명하기 시작했다. 그때 메시가 끼어들었다. "알프레드, 그럴 필요 없어요. 제가 벌써 알려 줬어요." 스뢰더르는 혼자 웃으며 생각했다. '정말 영리하군.' 그는 "그게 메시죠. 모든 것을 보고, 모든 것을 이해하고, 팀과 관련된 모든 것을 관찰하고, 한발 앞서 생각하죠."라고 회상했다.[737]

쿠만은 이렇게 말했다.

훈련에서 슈팅 연습을 하면 간혹 쉬운 공을 띄우거나 아무렇게나 차는 선수들이 있어요. 하지만 메시는 항상 붐, 붐, 붐, 붐이었어요. 화려하지는 않지만 언제나 실용적이었죠… 메시와 함께라면 연습 경기에서 나이 많은 선수들이 젊은 선수들한테 절대 지지 않습니다. 한번은 진 적이 있었는데, 메시는 일주일 동안 심각하게 화가 났었어요… 크루이프 외에 그런 축구 지능을 가진 사람을 본 적이 없습니다. 알프레드는 가끔 영어로 훈련 내용을 설명했는데, 메시는 영어를 잘하지 못하지만 몇 초 안에 이해했을 겁니다.[738]

바르셀로나는 그해 겨울에 반등했고, 2021년 봄 리그 2위로 올라섰다. 하지만 챔피언스리그에서는 유벤투스에 0-3, 파리 생제르맹에 1-4로 패하며 4년 연속 대패를 당했다. 두 경기 모두 캄 노우에서 열린 경기였다. 열여덟 살 때 바르사에 입단할 수도 있었던 음바페는 파리 생제르맹 소속으로 해트트릭을 기록했다. (음바페는 "내 생애 최고의 경기였어요. 완벽했거든요."라고 말했다.) 그날 밤의 감정을 요약하자면 이렇다. 피케가 위축된 동료들을 향해 외치는 소리가 관중 없는 경기장에서 너무나 잘 들렸다. "한 번이라도 소유권을 가져올 수 없어?" 그러고는 그리즈만과 서로의 어머니에 대한 욕을 주고받았다.

2021년 3월 7일, 주안 라포르타가 물러난 지 11년 만에 바르사 회장 자리에 복귀했다. 스포츠에서 가장 큰 민주적 선거가 팬데믹 와중에 열렸다. 신임 회장 투표권을 가진 11만 명의 클럽 회원 중 약 절반이 투표를 했고, 대부분 우편으로 진행했다. 라포르타(회원 번호 13,352)는 3차 결선 투표에서 54퍼센트의 득표율을 얻었다. 캄 노우에서 마스크를 쓰고 투표를 한 메시가 라포르타를 지지했던 것으로 추정된다.

라포르타는 바르사의 미래를 희망적으로 이야기하며 선거 운동을 했다. 그는 아르헨티나식 바비큐인 아사도(asado)를 놓고 메시와 재계약을 할 것이라 말했다. 라포르타의 낙관은 진짜였다. 비밀 계획이 있었다. 라포르타는 회장이 된 직후 슈퍼 리그에 합류하는 조건으로 미국 은행 J.P. 모건으로부터 3억 유로에 달하는 금액을 받게 되리라 생각했다. 라포르타는 이것이 바르사의 단기적 문제들을 해결하고, 음바페 같은 스타 선수들을 영입할 수 있게 해 주리라 믿었다. 하지만 라포르타는 자신의 계획을 설명하지 않았다. 자신만이 바르사를 구할 수 있는 유일한 후보자라 여겼기 때문이다.

라포르타의 집권은 즉각 많은 바르사 팬들을 신나게 했다. 잘생긴 변호사 라포르타는 지지자들과 상호 작용을 통해 에너지를 이끌어내는 웃음 많은 정치가였다. 때로는 에너지가 너무 넘쳐 문제가 벌어질 정도였다. 선거일에 이런 문제가 있었다. 자신과 함께 사진 찍은 한 어린 여성에게 "열여덟 살이 되면 전화해."라고 말한 것이다. 라포르타의 선거 캠프의 유일한 여성이 나서서 그 말의 뜻은 소녀와 스포츠 계약을 하자는 의미였다고 해명해야 했다. 그러나 문제는 이제 시작이었다. 경쟁 캠프에 있던 몇 몇 멤버들이 패배 후 조용히 안도의 한숨을 내쉰 것도 당연했다.

먼저 라포르타 집행부는 1억 2,460만 유로, 즉 시즌 예산의 15퍼센트에 해당하는 연대 보증, 즉 '아발(aval)'을 해야 했다.[739] 임기 중 바르사가 그만큼의 손실을 본다면—그럴 가능성이 농후해 보인다—그 돈은 자동적으로 회장이나 임원진의 개인 계좌에서 빠져나갈 것이었다. 비용을 줄이는 가장 빠르고 확실한 방법, 즉 메시를 떠나보내는 것은 언급이 금기시됐다. 라포르타는 자신이 메시가 잔류하도록 설득할 수 있는 이상적인 사람이라며 선거 운동을 했었으니까.

라포르타는 결국 보증의 가장 큰 덩어리를 책임질 돈줄을 찾았다. 바르셀로나의 가난한 변두리 출신 전기 기술자의 아들이자 재생 에너지 기업 아우닥스(Audax)를 운영하게 된 기업가 호세 엘리아스(José Elías)였다. 이 보증은 마감 기한 마지막 날 새벽 3시에 공증을 받았다.[740] 엘리아스는 소시가 된 지 1년 밖에 되지 않아서 바르사 이사회에 합류할 자격이 없었다.[741] 하지만 신임 회장을 구하기 위해 그렇게 큰 개인적 위험을 감수하는 기업가라면 누구든 그만한 권력을 대가로 원할 것이었다. 여기에 바르셀로나의 미래가 놓여 있는 것으로 보인다. 바르사는 돈 많은 외부인에게 발언권을 주기 시작할 것이다. 바르토메우의 이사회가 이미 그랬던 것처럼 말이다. 이제 상황은 너무나 절망적이다. 소시들은 라포르타가 바르사의 소수 지분을 아랍 왕자나 러시아 재벌 올리가르히, 투자 펀드에 매각하는 것을 지켜봐야 할 수도 있다. 사상 처음으로 축구계의 가장 큰 민주주의의 한 조각이 팔려 나갈 수도 있게 된 것이다.

라포르타의 회장 직무에는, 잘 알려지지 않았지만 잠재적으로 큰 변혁을 일으킬 측면이 하나 더 있었다. 사상 처음으로 바르사가 카탈루냐 민족주의자일 뿐만 아니라, 카탈루냐가 스페인으로부터 분리돼야 한다고 생각하는 헌신적인 인데페에 의해 움직여지게 된 것이다. 2010년부터 2012년까지 라포르타는 자신의 분리주의 정당 소속으로 카탈루냐 의회에서 한자리를 차지했다. 바르사 선거 기간 동안에는 이 문제에서 한발 물러서 모든 소시들의 통합을 강조했으나, 신념을 바꾸지 않았고 인데페들에게 큰 지지를 받았다.

2021년 여름, 스페인 총리 페드로 산체스는 독립 투표를 진행하다 투옥된 아홉 명의 인데페 정치가들을 사면하여 카탈루냐의 긴장을 완화했다. 독립 운동은 그 열기를 조금 잃었다. 하지만 라포르타는 회장으로서 분리주의에 대한 상징적 제스처를 취할 수 있는 지속적인 기회를 가졌다. 라포르타는 가장 사랑받는 카탈루냐 조직을 분리주의 운동의 수단으로 삼고 싶은 유혹에 직면할 것이다. 어쩌면 자금을 마련하는 데도 도움이 될 것이다. 대표적인 브렉시트(Brexit) 옹호론자가 맨체스터 유나이티드를 맡아 브렉시트를 위한 선전 수단으로 만드는 것이나 마찬가지다. 일부 연방주의자 소시들이 바르사에서 떨어져 나갈 수도 있다. 바르사가 카탈루냐인 통합을 중단할 위험에 처하게 된 것이다.

보다 근본적으로는, 라포르타에게 바르셀로나가 계속 최정상에 서게 할 명확한 방법이 없었다. (적어도 남자 축구에서는 그렇다. 여자 축구에서는 가능성이 있다.) 지난 30년 동안 바르사는 언제나 일종의 경쟁 우위에 있었다. 크루이프의 선구적인 아이디어들이 첫 번째였고, 그다음은 라 마시아 세대, 마지막으로는 유례없이 큰 수익이었다.

2021년이 되면서 크루이프의 아이디어들은 주류에서 멀어졌고, 라 마시아는 스타 선수 생산을 멈췄으며, 메시 세대는 거의 끝났고, 돈은 바닥이 났다. 바르사는 더 이상 그들만의 장점이 없었다. 바르사의 선도력이 다시 돌아올 이유를 찾기 어려웠다.

라포르타는 바르사의 전통을 깨고 친구들과 가족이 함께 거대한 클럽을 운영하는 테스트에 들어갔다. 다양한 전문 경영진이 떠났고, 웹 사이트 〈디 애슬레틱(the Athletic)〉은 다음과 같이 보도했다.

> 라포르타의 사촌 마르타 세구(Marta Segu)는 현재 바르셀로나의 자선 재단을 운영하고 있다. 여동생 마이타(Maite)는 다양성과 포용성의 현 책임자다. 스태프를 이끌고 있는 사람은 라포르타의 과거 임기 때 바르사에서 일했던, 라포르타의 친구 마나나 지오르가자(Manana Giorgadze)다. 그의 딸 팔로마 미카

자(Paloma Mikadze)는 디지털 전략 책임자다. 2010년대 초 카탈루냐 정치가로서 활동하던 라포르타의 핵심 협력자였던 조르디 포르타벨야(Jordi Portabella)는 현재 바르사의 지속 가능성 책임자다.[742]

4월, 라포르타는 바르셀로나를 슈퍼 리그에 참여시키고자 했지만, 이 프로젝트는 12개 클럽 중 9개 클럽이 발을 빼면서 48시간 만에 무산됐다. 이것은 슈퍼 리그 배후에 있던 두 명의 주요 공모자, 레알 마드리드의 플로렌티노 페레스와 유벤투스의 안드레아 아녤리에게는 굴욕이었지만, 돈이 가장 필요했던 공범 라포르타에게는 재앙이었다. 페레스는 그 사실을 알고 있었다. 사실 그는 카탈루냐 라이벌을 돕고 싶어 했다. 빈털터리 바르사가 장기적으로 평범한 클럽이 돼 버리면 엘 클라시코를 비롯한 스페인 리그 전체의 가치가 떨어질 것이고, 레알 마드리드 역시 타격을 입을 것이기 때문이었다.

슈퍼 리그가 무산된 후에도, 바르셀로나는 이 프로젝트를 고수했다. 최근까지도 스포츠 역사상 가장 높은 수익을 올리던 클럽이 더 높은 수익에 필사적으로 매달리는 것은 부실 경영의 증표라 할 만했다. 라포르타의 이사회는 아직 손대지 않은 수입원, 무엇보다 바르사 경기장의 명명권을 파는 것을 파악하느라 바빴지만 라이벌 클럽들도 마찬가지였다.

이 시점에 바르사는 여전히 그들만의 마지막 장점 하나를 가지고 있었다. 2021년의 첫 달, '메시데펜덴시아'는 새로운 극단에 도달했다. 이전 어느 때보다도 바르사는 원맨 팀 같았다. 1월 초부터 시즌이 끝날 때까지, 서른 세 살의 메시는 바르사의 리그 공격 포인트 55퍼센트를 담당했다. 이 기간 동안 세 경기에 결장했음에도 말이다. 이는 (토트넘의 해리 케인이 바로 그 시즌에 이룬 것과 견줄 만했지만) 축구 역사상 거의 유례를 찾을 수 없는 놀라운 비중이었다. 2016년부터 2021년까지 메시는 바르사 공격 포인트의 약 절반을 차지했다.[743] 메시에 대한 동료들의 숭배를 느낄 수 있었던 것은 스페인컵 결승전에서 아틀레틱 빌바오를 상대로 승리한 직후였다. 선수들은 한 명씩 돌아가며 메시와 함께 트로피를 들고 셀카를 찍었다.

늙고 대체될 수 없는 한 사람에게 너무 많이 의지했던 팀은 더 이상 팀이 되지 못했다. 또한 결과적으로 실망스러웠던 시즌 동안 메시를 데리고 있느라 지출된 비용은 3억 유로 언저리였다. 이전 9월에 메시를 팔지 못함으로써 날린 그의 임금과 이적료를 더한 수치다. 바르사는 더 이상 세계 최고의 선수를 살 돈이 없었다.

바르사는 2020/21 시즌 리그를 승점 79점, 3위로 마쳤다. 2008년 이후 가장 낮은 승점이다. 아틀레티코 마드리드는 바르셀로나로부터 받은 공짜 선물, 루이스 수아레스 덕분에 우승컵을 들어 올렸다. 마지막 경기에서 결승골을 넣은 수아레스는 그라운드에 앉아 가족들과 통화를 하며 기쁨의 눈물을 흘렸다.

"이번 시즌이 시작될 때 바르셀로나는 저를 무시했어요." 경기 전에 수아레스는 이렇게 말했다. "그리고 아틀레티코가 제게 문을 열어 줬죠. 그 점에 너무나 감사해요." 그는 리그에서 21골을 기록한, 바르셀로나가 시즌 내내 아쉬워했던 스트라이커였다. 바르토메우 시대의 수많은 나쁜 이적 중 하나다.

시즌이 끝나자 라포르타는 쿠만에게 아직 경질하지는 않겠지만 더 나은 감독을 2주간 찾아보고 싶다고 말했다. 냉철한 쿠만도 자리가 위태로운 상태가 되자 남몰래 눈물을 흘렸다.[744] 결국 라포르타는 쿠만을 잠시 버티게 했다. 아마도 쿠만의 잔여 계약 기간 임금 1,200만 유로가 없었기 때문일 것이다. 사실 바르사는 경질된 전임자 세티엔과 발베르데에게도 아직 돈을 주지 못한 상태였다.

아마도 바르셀로나 모델이 끝을 향해 가고 있었던 것 같다. 바르사의 비즈니스 책임자들은 이미 그라운드 위의 평범한 미래를 구상하고 있었다. 한 사람은 내게 바르사의 향후 25년이 지난 25년보다 덜 성공적일 것으로 내다봐야 한다고 말했다. 최악의 시나리오는 AC 밀란이 되는 것이다. 유럽 챔피언이, 자국 내에서도 그저 그런 팀이 되는 것 말이다.

그런 일이 벌어진다면, 중국 어린이들은 더 이상 바르셀로나의 경기를 보지 않고, 바르셀로나의 유니폼을 사지 않을 것이다. 그렇게 되면 바르사는 가장 높은 수익을 내는 유럽 클럽 순위에서 3위 밖으로 떨어질 위험에 처한다. (메시를 사랑했던 젊은이들이 대부분인) 해외 팬들은 점차 나이가 들어 갈 것이다. 앞서 밝혔듯, 바르셀로나의 롤 모델은 맨체스터 유나이티드였다. 알렉스 퍼거슨이 떠난 후 맨유는 경기장에서는 평범해졌음에도 불구하고 상업 관련 경영진은 팀의 역사적인 브랜드 가치를 짜내 높은 수익을 유지했다. 맨유는 여전히 바르셀로나보다 많은 중국 팬들을 보유하고 있다. '맨체스터'는 단순한 강팀 이상의 무언가로 스스로를 브랜드화했다. 어쩌면 메시 이후의 바르사도 성공에 얽매이지 않아도 되는 자체 브랜드를 만들어낼 수 있지 않을까?

메시가 떠나면서 바르사는 스스로를 재창조해야 하는 숙제를 앞에 두고 있다. 하지만 어떻게? 한 바르사 고위 관계자는 내게 말했다. "메시가 떠난 뒤 보이는 건 사막과 어둠뿐입니다."

바르사 이야기는
여기까지일까?

2021년 여름, 메시는 바르셀로나에 남기로 결심했다. 1년 전 떠나려고 했을 때 아내와 아이들이 눈물을 흘리자 마음이 흔들린 것이다. 메시는 바르사가 더 이상 세계 정상급 팀이 아니지만, 그렇다고 아주 형편없는 팀도 아니라는 걸 받아들였다. 어쨌든 메시도 결국엔 아버지였다. 그래서 기존 연봉의 절반에 불과한 새 계약서에 서명하고, 자신의 마지막 전성기를 캄 노우에서 보내는 데에 동의했다.

바르사에서 2020/21 시즌을 마무리한 메시는 브라질로 건너갔고, 마침내 아르헨티나에 코파 아메리카 우승컵을 안겼다. 말 그대로 메시가 만든 우승이었다. 메시는 대회 최다 득점, 최다 도움, 최다 기회 창출, 최다 드리블 성공, 득점으로 이어진 최다 움직임 등 모든 부문에서 대회 1위를 차지했다.[745] 메시가 자리를 비운 동안 바르사와의 계약 기간이 만료됐지만, 그것은 그저 행정적 절차에 불과한 것처럼 보였다.

8월 초, 메시 가족은 그들이 가장 좋아하는 휴가지 이비사 섬에서 요트를 타는 중이었다. 메시는 이비사 섬에서 네이마르를 비롯한 파리 생제르맹 선수들을 만났다. 그들은 메시에게 농담으로 "파리로 와."라며 재촉했다.[746] 별 의미 없는 얘기였다. 메시 가족은 돌고 돌아 카스텔데펠스로 돌아갔으니까. 메시는 새 계약서에 유일하게 남아 있는 부분, 그러니까 사인만 하면 된다고 생각했다.[747]

그러나 8월 4일 늦은 오후, 아버지가 메시에게 전화를 걸어왔다. 바르사 계약이 종료됐다는 것이었다.[748] 호르헤 메시는 라포르타 회장을 막 만나고 나온 상태였다. 라포르타는 마침내 낙관론을 접었다. 그러고는 바르사가 더 이상 호르헤의 아들에게 어떤 새로운 계약도 제안할 여력이 없다는 사실을 인정하고 말았다. 당시 바르사의 총임금은 여전히 전체 매출의 110퍼센트에 육박했다. 스페인 리그가 제한하는 70퍼센트를 훨씬 상회하는 액수였다.[749] 바르셀로나는 쿠티뉴, 그리즈만, 뎀벨레, 움티티(Samuel Umtiti), 퍄니치 등의 고액 임금을 받는 선수들과 결별하기 위해 필사적으로 노력했지만, 당시 어떤 클럽도 이적료는 고사하고 해당 선수들의 임금을 감당할 생각이 없었다. 즉, 메시가 떠나야 한다는 것을 의미했다. 메시는 어이가 없었다. 메시는 바르사의 구조적인 재정 위기, 그 과정에서 자신이 초래한 것들을 제대로 알지 못했다. 돈을 다루는 사람은 그의 아버지였다.

설령 메시가 라리가 최저 임금(15만 5,000유로)을 받으며 바르사에 잔류하기로 동의했다 해도 달라질 것은 없었다. 바르사의 매출 대비 선수 임금 비율은 여전히 90퍼센트 정도였을 테고,[750] 그렇게 되면 라리가는 메시의 새 계약 등록을 거부했을 것이다.

'사실이 아니야.' 메시가 떠난다는 이야기를 듣고 쿠만은 이렇게 생각했다.[751] 수백만 명의 사람들이 같은 생각을 했다. 몇몇은 바르사가 라리가를 상대로 허세를 부리며 엄포를 놓고 있다고 추측했다.

일요일이 되자, 메시는 결별을 공표하는 기자 회견장에서 단상에 오른 뒤 2분간 흐느끼느라 입을 떼지 못했다. 메시는 자신이 눈물을 흘리는 가장 큰 이유가 바르사에 대한 애정보다는, 바르셀로나에서 영위하는 가족의 행복한 삶을 잃은 것 때문이라고 솔직히 말했다. "저와 제 가족들은 이곳에 머무르리라 확신했습니다. 여기에 우리 집이 있으니까요. 팀에 남기 위해 최선을 다했지만 불가능했습니다." 메시는 세계 최고의 축구 선수도 자기 인생을 온전히 통제할 수 없다는 것을 깨달았다. 메시의 옛 동료들과 현재 동료들이 함께 섞여 있던 청중석에서는 메시에게 오랜 기립 박수를 보냈다.

8월 10일, 메시는 바르사를 대신해 자신을 축구계 최고 연봉자로 만들어 줄 수 있는 클럽에 합류하기 위해 파리로 떠났다. 비행기에 그의 가족과 함께 탔던 페페 코스타(Pepe Costa)는 지난

17년 동안 메시의 수행 비서 역할을 했던 바르셀로나 직원이었다. 코스타 역시 주인을 따라 바르사를 떠나 프랑스로 향했다.

호르헤 메시는 파리 생제르맹의 회장 나세르 알켈라이피와 수년간 연락을 주고받는 사이였다. 하지만 파리는 메시가 원한 행선지는 아니었다. 알켈라이피 소유의 호텔인 로열 몽소 스위트룸에 짐을 푼 메시의 가족이 선택한 모험도 아니었다. 더군다나 PSG는 이미 수비하지 않는 천재 네이마르를 데리고 있었기 때문에 굳이 메시가 필요하지 않았다. 파리에서 메시는 종종 클럽 축구에 흥미를 잃은 것처럼 보였고, 언젠가는 바르사에 스포팅 디렉터로 돌아가리라는 마음을 공공연하게 드러냈다.[752] 나는 메시가 결국 카탈루냐에 완전히 정착하리라고 본다. 메시보다 먼저 바르사의 아이콘이 된 외국인 선수들, 감페르, 쿠발라, 크루이프가 그랬던 것처럼.

주안 감페르 트레이닝 센터에 있는 메시의 라커는 바르사가 세비야에서 임대 영입한 신입에게 돌아갔다. 안달루시아에서 벤치만 달궜던 키 큰 네덜란드인 타깃맨, 루크 데 용(Luuk de Jong)이다.[753] (뉴캐슬 팬들이라면 2013/14 시즌 타인사이드에서 한 골도 넣지 못했던 그를 기억할 것이다.) 루크 데 용이 바르사의 관심을 끌었던 이유는 돈이 거의 들지 않는다는 점이었다. 바르사는 그에게 세비야 시절 수준의 임금만 주면 됐다. 라리가는 바르사가 선수 임금을 2019/20 시즌 약 6억 7,000만 유로에서[754] 2021/22 시즌 9,700만 유로로 줄여야 한다고 명령했다. 9,700만 유로는 레

알 소시에다드보다도 낮은 수준이다.[755]

실제로 2021년 말 바르사의 선수 임금은 여전히 4억 유로를 상회했다. 하지만 1년여에 걸쳐 엄청나게 감축한 액수였다. 메시와 그리즈만이 이적한 것만으로도 약 2억 유로의 임금이 절약됐다. 클럽 축구에서 총임금은 리그 내 위치를 가늠할 수 있는 단연 최고의 지표다. 만약 바르셀로나가 B급 수준의 임금을 지불하면, B급 수준의 선수들을 끌어모으게 되고, 그렇게 되면 바르사는 정상급 팀들에 계속 패할 것이다. 2021년 9월, 바르사는 벤피카에 0-3으로 지면서 단 13개월 만에 챔피언스리그 무대에서 다섯 번째 세 골 차 이상의 패배를 겪었다.

메시와 돈은 동시에 사라졌다. 크루이프라면 이 상황을 스릴 넘치는 순간으로 여겼을 것이다. "이제 생각을 시작할 시간이야!" 하지만 무엇을 해야 할까? 진부한 표현대로 (그리고 라포르타의 선거 운동 스토리처럼) 바르사는 그들의 오래된 '공식'으로 돌아가야 했다. 그건 바로 라 마시아의 어린 선수들을 1군으로 승격시키는 것이다. 확실히 가비, 니코, 안수 파티를 필두로 재능 있는 젊은 선수들이 마침내 아카데미에서 배출되고 있었다. 그리고 카나리 제도에서 온 소년 페드리는 명예 라 마시아 출신처럼 여겨졌다. 하지만 대부분을 홈그로운 선수들로 채운 팀이 다른 모든 팀들을 이기는 것은 가능성이 낮은 도박이었다. 바르사의 공식은 바르사의 역사상 단 한 번, 2005년부터 2015년까지 10년 동안만 작동했다. 크루이프가 만든 유스 아카데미는 당시 수년을 더 앞서 있었다. 그 이후로 축구는 발전했다. 다른 클럽들은 라 마시아를 모방했고, 이제 그들도 뛰어난 선수들을 배출한다. 더구나 유럽의 어떤 정상급 클럽도 지속적으로 1군의 대다수를 아카데미 출신으로 채우지 못하는 데는 이유가 있다. 한 아카데미에서 길러낸 여섯 명의 18~20세 선수들이 지구상 최고의 축구 선수 200인 안에 들리라 기대하는 것은 터무니없다. 메시-차비-이니에스타 세대는 결코 반복될 수 없는 오직 단하나뿐인 유일한 세대였다.

그럼에도 불구하고 바르셀로나는 2000년대 초반의 영광을 재현하는 데 집착하는 것처럼 보였다. 그 시절 회장이던 라포르타는 다시 회장으로 선출되면서 당시 이미 쭈글쭈글한 38세가된 그 시절의 라이트백 다니 아우베스를 재빨리 영입했다. 그러고는 결국 쿠만을 경질한 뒤 또 다른 그 시대의 아이콘 차비를 감독으로 선임했다. 요한 크루이프 사망으로 인한 부재는 그의 아들이 채웠다. 조르디는 바르사의 강력한 국제 축구 디렉터로 부임했다. 조르디와 라포르타는 모두 이 주문을 따랐다. '요한이라면 어떻게 할 것인가?'[756]

크루이프식 원칙들은 영원할 수도 있을지 모르지만, 축구는 결코 뒤로 갈 수 없는 법이다. 대신 바르사는 밖으로 나가 미래를 찾아야 했다. 가장 혁신적인 클럽들, 그 클럽들에 있는 가장 혁신적인 사람들을 찾아 그들을 포섭하고 모방해야 한다. 다시 말해, 바르사는 다른 클럽들이 그들을 배우려고 했던 것을 똑같이 해야 한다. 운 좋게도 차비는 이를 이해하고 있는 것으로 보인다. 과르디올라와 마찬가지로 차비는 미래지향적인 사고방식을 지녔다.

또한 운 좋게도 2022년 초 바르사의 재정 상태는 회복되고 있었다. 메시의 빈자리는 골드만 삭스를 통해 힘을 키워 메웠다. 골드만 삭스는 바르사의 부채 재조정을 돕기 위해 5억 9,500만 유로를 빌려줬다. 당시 바르사의 부채는 15억 유로로 추정되며, 아스파이 바르사(Espai Barça)를 위해 15억 유로를 추가 조달하기 위한 35년 계획도 가지고 있었다. 30억 유로에 달하는 바르사의 총부채는 모든 클럽 스포츠 역사상 가장 높은 금액일 것이다. 그래서 골드만 삭스가 그렇게 큰돈을 내놓았다는 것은 이 미국인들이 이제 기회를 엿보고 있다는 것을 의미한다.[757]

하지만 긍정적으로 보자면 돈을 사용할 수 있게 됐다. 그 뒤, 스트리밍 서비스 스포티파이(Spotify)가 바르사와 연간 7,000만 유로에 유니폼 스폰서와 경기장 이름 사용권 계약을 맺었다. 경기장 이름 사용권은 처음 팔린 것이었다. 캄 노우의 이름은 '스포티파이 캄 노우'가 될 것이다. '클럽 그 이상'에서 돈벌이로 가는 또 하나의 단계라 할 수 있다. 그렇다 하더라도 스포티파이가 지불할 총금액은 바르사가 메시 시대 말미에 유니폼 스폰서였던 라쿠텐과 베코(Beko)로부터 받았던 금액에는 미치지 못한다.[758] 바르사는 시청각 부서인 바르사 스튜디오의 지분 일부를 매각하려는 계획도 세웠다.

2022년 1월, 바르사는 세 명의 새로운 공격수를 영입할 만큼 여유가 있다고 판단했다. 바르사는 맨체스터 시티에서 5,500만 유로에 페란 토레스(Ferran Torres)를 샀고, 라 마시아 출신 아다마 트라오레(Adama Traore)를 울브스에서 임대로 데려왔으며, 아스널에서 자유 이적으로 피에르에므리크 오바메양(Pierre-Emerick Aubameyang)을 영입했다. 바르사는 여전히 돈에 쪼들렸기 때문에 이 계약들은 놀라울 만큼 복잡했다. 오바메양은 이적 시장 마지막 날 런던에서 비행기를 타고 바르셀로나에 와서 바르사 경영진을 놀라게 하며 아스널이 그를 이적료 없이 놓아주게끔 압박했다.[759] 결국 오바메양은 이적 시장이 닫히는 자정이 되기 약 1분 전에 바르사와 계약했다.[760] 오바메양이 바르사의 라이벌을 응원했다는 사실은 예상대로 별 방해가 되지 않았다. 2016년 그는 "레알 마드리드에서 뛰는 게 항상 꿈"이라고 말한 바 있다. 어찌됐건 프로 축구 선수는 팬처럼 생각하지 않는다.

오바메양은 약 200만 유로의 연봉을 수락했다고 알려졌는데, 아스널에서 받은 연봉보다 훨씬 적은 금액이다.[761] 토레스와 트라오레도 다른 곳에서 받을 수 있었던 것보다 낮은 연봉을 수락했는데, 바르사는 추후 가능할 때 연봉 인상을 해 주겠다고 약속했다. 조르디 크루이프는 나름의 의미를 부여하며 기뻐했다. "바르셀로나는 여전히 특별하고, 선수들은 이곳에서 뛰기 위해 돈을 포기할 준비가 돼 있습니다."[762]

결과는 빠르게 개선됐다. 차비의 바르사는 단순히 2009년으로 돌아가려는 것이 아니라는 게 분명해졌다. 차비의 바르사는 이전 바르사보다 더 빠르게 공을 전방으로 보냈다. 롱 패스를 자주 활용했고, 전통적인 윙어들이 측면을 넓게 벌리는 한편, 미드필더인 프렌키 데 용과 페드리는 깊이 침투하는 움직임을 보여 준다. 프리미어리그에서 온 새로운 선수들은 바르사가 필요로 했던 속도와 체격(physicality)을 제공했다. 2022년 3월 20일, 나는 베르나베우에서 차비의 바르사가 레알 마드리드를 4-0으로 꺾는 장면을 직접 관람했다. 경기 시작 한 시간 만에 많은 홈 팬들이 이미 자리를 뜨고 있었다. 그들은 실망한 만큼 놀랐을 것이다. 레알은 앞선 다섯 차례의 엘 클라시코에서 모두 승리를 거두고 있었다. 1960년대 이후 바르사를 상대로 한 최고의 상승세였다. 바르사는 메시의 시대를 거쳐 루크 데 용의 시대로 가는 길목에서 바닥을 친 뒤 반등하고 있었다.

하지만 바르사 팬 누구도 흥분해서는 안 된다. 새로 영입된 선수 중 누구도 다른 빅 클럽의 1군 자원은 아니었다. 1군 자원이었다면 바르사는 그들을 영입하지 못했을 것이다. 2022년 3월, 라리가는 시즌 후반기를 맞아 바르사의 조정된 샐러리 캡을 발표했다. 전례 없는 마이너스 1억 4,400만 유로였다. 라리가는 이 샐러리 캡이 다가오는 시즌에 유효하다고 밝혔다. 바르사가 선수단을 강화할 수 있는 유일한 방법은 1유로를 쓸 때마다 선수 비용에서 4유로를 줄이는 것이었다.[763]

바르사의 임금 지출이 라이벌들의 임금 지출을 따라가지 못한다면, 바르사가 다시 유럽 축구 정상으로 돌아가는 길은 묘연하다. 바르사가 그들의 주된 존재의 이유(raison d'être)인 레알 마드리드보다 잘하는 것을 해낼 수만 있다면 큰 문제가 되지 않을 수 있겠지만, 레알 마드리드보다 잘하는 것 또한 큰 과제로 보인다. 2022년 봄, 레알은 베르나베우 경기장 개보수를 끝내 가고 있었다. 베르나베우는 1년 내내 콘퍼런스, 무역 박람회, 콘서트 등을 위한 장소로 탈바꿈해 사용될 계획이다. 이러한 변화는 레알 마드리드의 매출을 연간 2억 유로 이상 끌어올려, 연간 10억 유로 이상의 수익으로 바르사를 훨씬 앞서게 되리라 예상된다. 그렇기에 나는 메시-과르디올라 시대의 영광은 절대 다시 돌아오지 않을 것이라 생각한다. 바르셀로나뿐만 아니라, 축구계 다른 어느 곳에서도 마찬가지다.[764]

내가 바르셀로나를 땅에 묻어 버리기로 결론을 내린 것일 수도 있다. 하지만 나는 바르사를 칭송하기 위해 이 책을 쓰기 시작했고, 지금도 그러는 중이다. 펠레로 인해 유명해진 '뷰티풀 게임(beautiful game)'라는 말은 언제나 이 뛰어난 개인주의자와, 남미 축구의 이상적인 모습과 연결이 됐다. 하지만 나는 그것으로 충분하지 않다고 생각한다. 내가 생각하는 '뷰티풀 게임'의 이상은 뛰어난 개인주의자와 뛰어난 집합적 시스템의 결합이다. 그것이 바로 메시라는 선수에 크루이프식 축구 철학을 더한 FC 바르셀로나였다. 메시는 상대 팀 선수 절반 이상을 드리블로 제칠 수 있는 선수였지만, 잊을 수 없는 15년의 시간 동안 선수들 사이로 공을 휘젓고, 라인 사이에서 공간을 찾아내고, 상대를 압박하면서 1960년대 암스테르담 동부에서 발명된 축구 스타일의 다른 모든 요소를 완성시킨 팀에서 하나의 톱니바퀴이기도 했다.

이상적인 축구는 언제나 스포츠 경제의 심장부인 서유럽 어딘가에서 펼쳐질 것이었다. 그게 바르셀로나였던 것은 국가를 세우지 못한 민족의 도시에 정서적 결핍이 있었기 때문이었다. 스페인 내전에서 카탈루냐가 무너진 후 수십 년 동안, 소시들과 지역 상류층은 자부심과 돈을 도시의 축구 클럽에 쏟았다. 그들은 당대 최고의 선수 크루이프를 영입하기 위해 현금을 모았다. 나중에 감독이 된 크루이프는 독창적인 전통을 구축했고, 덕분에 메시는 자기 재능을 최대한 발전시킨 선수가 될 수 있었다.

그중에서 사소한 것은 없다. 세계에서 가장 사랑받는 스포츠인 축구에서 바르사가 창조해 낸 것은, 인간이 이룩한 성취 가운데 가장 큰 환호를 받고 있다. 카탈루냐부터 파타고니아까지 많은 사람들의 마음을 적셨다.

이 이야기는 여기서 끝나게 될지 모른다. 나는 그저 현장에서 바르사의 축구를 보며 파 암 토마케트를 먹을 수 있었던 것에 감사할 뿐이다.

사이먼 쿠퍼만이 전할 수 있는
크루이프 그리고 바르사

사이먼 쿠퍼의 글을 처음 접한 게 벌써 20년 전이다. 아직 학생이던 시절, 누군가 PC 통신에 올린 번역 글 덕분에 우연히 읽게 된 《Football Against the Enemy》는 축구에 빠져 허우적대던 20대 시절 나의 호기심을 흠뻑 적셔 주었다. 나중에 《축구 전쟁의 역사》라는 제목으로 번역 출간된 이 책을 통해 쿠퍼의 존재를 알게 되었고, 그 뒤로도 그가 〈파이낸셜 타임스〉에 쓰는 칼럼이나 출간하는 책들을 찾아 읽으며 매번 경탄하곤 했다. 몸담고 있는 〈풋볼리스트〉에서 출판업을 시작할 때 고른 첫 번역서도 당연히 쿠퍼의 저작, 《풋볼멘(Fooball Men)》이었다.

2021년 메시가 떠들썩하게 바르셀로나를 떠날 무렵, 쿠퍼가 바르셀로나에 관한 책을 냈다는 사실을 알고 잔뜩 흥분해 원서를 예약 주문했다. 도착하자마자 제대로 읽지도 않고 틈새책방 이민선 대표에게 전화를 걸었다. "이 책은 꼭 내야 합니다!" 딱 거기까지였어야 했다. 판권을 구입한 이 대표가 번역을 제안했을 때, 눈 딱 감고 사양했어야 했다. 아니면 메시가 PSG로 떠난 뒤 '꼼꼼한' 쿠퍼가 수도 없이 원문을 고치고 또 고쳐, 개정에 재개정 PDF 파일을 보내올 때 그만두었어야 했다. 과욕이 앞서 덜컥 번역을 맡았고, 원문이 새롭게 날아오는 사이 번역은 도무지 끝낼 수 없는 내 능력 너머의 것이 되어 있었다.

이 책이 무척 다행스럽게도 (애초 나의 우려에 비하면) 적절한 시기에, 개선된 번역 품질로 출간된 것은 전적으로 두 사람의 덕이다. 도망가려 할 때마다 퇴로를 차단해 준 이 대표의 은근하면서도 단호한 리더십, 그리고 초벌 번역으로 합류해 망가진 엔진에 부스터를 달아 준 권태정 작가의 명민함. 두 분이 아니었다면 아마 이 책은 여전히 내 PC 안에 절반이 덜 번역된 채로 남아 있거나, 지금쯤 새로운 번역가의 손으로 넘어가 있을 것이다.

FC 바르셀로나, 우리가 흔히 '바르샤'라고 잘못 부르는 '바르사'라는 팀의 수많은 이야기를 이 책 한 권에 담는 건 어림없는 일이다. 하지만 유럽 축구에 대한 양서가 부족한 국내 현실에서, FC 바르셀로나라는 클럽의 겉과 속을 이렇듯 적나라하게 들여다볼 수 있는 책의 존재는 그 자체만으로 매우 귀한 가치를 지닌다. 남아프리카공화국 출신의 부모를 둔 우간다 태생의 사이먼 쿠퍼는 네덜란드에서 성장해, 미국과 독일, 런던과 프랑스에 거주하며, 옥스퍼드에서는 독일어를, 하버드에서는 케네디 장학생으로 수학한 독특한 이력의 소유자다. 크루이프 시대를 정면으로 관통한 시대정신과 저널리스트로서의 직업적 체험을 절묘하게 버무린 이 책은, 그래서 바르셀로나, 아니 유럽 축구에 조금이라도 관심이 있는 독자라면 매우 흥미진진하게 읽을 이야기들로 가득하다. 특히 메시가 바르사를 떠나게 된 이유와 전성기에서 내려온 이 클럽의 미래가 어떻게 될지에 대한 통찰을 전한다는 점에서, 축구에 관심을 가진 독자들에게 충분한 재미와 지식을 전할 것이라 믿는다.

마지막으로, 책을 낸다는 핑계로 당초 호언보다 몇 배나 긴 시간을 방구석에 틀어박혀 지낸 무능한 번역가를 이해하고 독려해 준 김하영 씨에게 깊은 감사와 진한 사랑의 인사를 건넨다. "여보, 책 나왔어!"

2022년 11월
서형욱

미주

1   Jonathan Wilson, *The Barcelona Legacy* (Blink, London, 2018), p.153
2   Sid Lowe, *Fear and Loathing in La Liga: Barcelona vs Real Madrid* (Yellow Jersey Press, London, 2013), p.7
3   Robert Hughes, *Barcelona* (Vintage Books, New York, 1993), p.495
4   Lowe, *Fear and Loathing in La Liga*, p.24 and pp.27~28
5   Paul Preston, *The Spanish Civil War: Reaction, revolution and revenge* (William Collins, London, 2016), p.295
6   Conxita Mir, 'The Francoist repression in the Catalan Countries', *Catalan Historical Review*, 1: 133~147 (2008)
7   Preston, *The Spanish Civil War*, p.306
8   Lowe, *Fear and Loathing in La Liga*, p.59
9   Raphael Minder, *The Struggle for Catalonia: Rebel politics in Spain* (Hurst & Co., London, 2017), pp.66~68
10   Schulze-Marmeling, *Der König und sein Spiel* (Die Werkstatt, Göttingen, 2012), p.138
11   Lowe, *Fear and Loathing in La Liga*, p.63
12   Minder, *The Struggle for Catalonia*, p.268
13   Hughes, *Barcelona*, p.18
14   Jimmy Burns, *La Roja: A journey through Spanish football* (Simon &

Schuster, London, 2012), pp.99~100

15 Lowe, *Fear and Loathing in La Liga*, pp.47~52

16 Lowe, *Fear and Loathing in La Liga*, p.2

17 Mike Ozanian, 'FC Barcelona first team ever to surpass $1 billion in revenue', *Forbes.com*, October 2, 2018

18 Lowe, *Fear and Loathing in La Liga*, pp.232~233

19 Unsigned, 'Barça: comment Piqué et Shakira ont favorisé l'arrivée du nouveau sponsor', *RMC Sport*, November 16, 2016

20 Edwin Winkels, 'De eenzame kampioen', *Hard Gras*, issue 15 (L.J. Veen, Amsterdam, 1998), p.76

21 Ferran Soriano, *Goal: The ball doesn't go in by chance* (Palgrave Macmillan, London, 2012), p.89

22 Unsigned, 'Barcelona gana población y alcanza la cifra más alta desde 1991', *La Vanguardia*, July 14, 2019

23 Minder, *The Struggle for Catalonia*, p.270

24 Anita Elberse, 'Futbol Club Barcelona', case-study 9-516-031 (Harvard Business School, Cambridge MA, 2015)

25 Unsigned, 'Price of Football: Full results 2017', *BBC.com*, November 15, 2017

26 Shilarze Saharoy, 'Barça to offer compensation to Camp Nou season ticket holders', *Times of India*, June 23, 2020

27 Duncan McMath, *Take the Ball, Pass the Ball* (Zoom Sport International, 2018)

28 Unsigned, '90 Minutes with Pep Guardiola-Part 4-Leadership, Cruyff and managing dressing rooms', *Canofootball.com*, August 18, 2019

29 Chérif Ghemmour, *Johan Cruyff, génie pop et despote* (Hugo Sport, Paris, 2015), p.11

30 Nick Hornby, *Fever Pitch* (Indigo, London, 1996), p.36

31 Hans Werner Kilz et al, 'Ballack sächselt wenigstens noch: Interview mit Angela Merkel', *Süddeutsche Zeitung*, May 17, 2010

32 Johan and Danny Cruijff, *Boem* (Gooise Uitgeverij, Bussum, 1975), p.42

33 Cruijff, *Boem*, pp.45~46

34 Jean Issartel and David Espinar, 'Entretien Johan Cruyff: "J'avais

l'élégance de la rue'", *L'Équipe*, March 25, 2016

35 Simon Kuper, 'Old scores: the message in Johan Cruyff's memoir', *Financial Times*, October 6, 2016

36 Cruijff, *Boem*, pp.51~55

37 Maarten de Vos, *Nummer 14: Johan Cruyff* (1973)

38 Cruijff, *Boem*, p.81

39 Auke Kok, *Johan Cruijff: De biografie* (Hollands Diep, Amsterdam, 2019), p.59

40 Kuper, 'Old scores'

41 Henk Davidse, *Je moet schieten, anders kun je niet scoren, en andere citaten van Johan Cruyff* (BZZToH, The Hague, 1998), p.71

42 Cruijff, *Boem*, p.85

43 Kok, *Johan Cruijff*, p.43

44 Cruijff, *Boem*, pp.86~87

45 NOS Studio Sport, 'Johan Cruijff: Een eerbetoon'

46 Schulze-Marmeling, *Der König und sein Spiel*, p.77

47 위대한 아약스의 초기 모습에 대한 설명은 다음 책에 가장 잘 나와 있다. Menno de Galan, *De trots van de wereld: Michels, Cruijff en het Gouden Ajax van 1964–1974* (Bert Bakker, Amsterdam, 2006)

48 *So Foot*, issue 128: 'Johan Cruyff' (So Press, Paris, 2015), p.39

49 Jurryt van der Vooren, 'De wereldberoemde uitspraak "Voetbal is oorlog" is precies vijftig jaar oud', *Sportgeschiedenis.nl*, November 17, 2019

50 Schulze-Marmeling, *Der König und sein Spiel*, pp.126~127

51 Kok, *Johan Cruijff*, p.93

52 Arthur van den Boogaard, *Het laatste seizoen: Het andere gezicht van Johan Cruijff* (Thomas Rap, Amsterdam, 2019), p.61 and p.97

53 *Voetbal International*, 'Johan Cruijff 50'

54 Jonathan Wilson, *Inverting the Pyramid: A history of football tactics* (Orion, London, 2008), p.62

55 Ghemmour, *Johan Cruyff*, p.163

56 Michael Cox, *Zonal Marking* (HarperCollins, London, 2019), p.4

57 Nico Scheepmaker, *Cruijff, Hendrik Johannes, fenomeen 1947–1984*

(Van Holkema & Warendorf/Unieboek, Weesp, 1984) pp.89~90

58 Wilson, *The Barcelona Legacy*, p.14

59 Schulze-Marmeling, *Der König und sein Spiel*, p.103

60 Ghemmour, *Johan Cruyff*, p.162

61 Cruijff, *Boem*, p.184

62 NOS Studio Sport, 'Johan Cruijff: Een eerbetoon'

63 Van den Boogaard, *Het laatste seizoen*, p.369

64 *Voetbal International*, 'Johan Cruijff 50'

65 Van den Boogaard, *Het laatste seizoen*, p.112

66 Cox, *Zonal Marking*, pp.5~6

67 Piet Erkelens and Pim Marks, *Schijnbewegingen* (NOS, 1988)

68 Schulze-Marmeling, *Der König und sein Spiel*, p.133

69 NOS Studio Sport, 'Johan Cruijff: Een eerbetoon'

70 Ghemmour, *Johan Cruyff*, p.70

71 Cruijff, *Boem*, p.136

72 Davidse, *Je moet schieten, anders kun je niet scoren*, p.56

73 De Vos, *Nummer 14*

74 Kok, *Johan Cruijff*, p.99

75 Pol Ballús and Lu Martín, *Pep's City: The making of a superteam* (Backpage and Polaris, Edinburgh, 2019), p.30

76 NOS Studio Sport, 'Johan Cruijff: Een eerbetoon'

77 Cruijff, *Boem*, p.204

78 Leo Verheul, 'Rinus Michels ziet om', *Hard Gras*, issue 29 (L.J. Veen, Amsterdam, 2001)

79 *So Foot*, issue 128: 'Johan Cruyff', p.60

80 De Vos, *Nummer 14*

81 De Vos, *Nummer 14*

82 Cruijff, *Boem*, pp.201~202

83 Ghemmour, *Johan Cruyff*, p.134

84 Kok, *Johan Cruijff*, p.337

85 Kok, *Johan Cruijff*, p.343

86 Edwin Winkels, *Johan Cruijff in Barcelona: De mythe van de verlosser* (Brandt, Amsterdam, 2016), pp.251~253

87 Davidse, *Je moet schieten, anders kun je niet scoren*, p.11

88 Scheepmaker, *Cruijff, Hendrik Johannes, fenomeen 1947–1984*, p.225

89 Verheul, 'Rinus Michels ziet om', p.21

90 Jimmy Burns, *Barça: A people's passion* (Bloomsbury, London, 1999), p.206

91 Lowe, *Fear and Loathing in La Liga*, p.223

92 Kok, *Johan Cruijff*, p.450

93 Cruijff, *Boem*, pp.249~250

94 *So Foot*, issue 128: 'Johan Cruyff', p.140

95 Verheul, 'Rinus Michels ziet om', pp.15~16

96 *So Foot*, Cruyff, p.82

97 Winkels, *Johan Cruijff in Barcelona*, p.135

98 Jordi Marcos, *L'últim partit. 40 anys de Johan Cruyff a Catalunya* (2014)

99 Kok, *Cruijff*, p.355

100 Burns, *Barça*, p.206

101 Andrés Rodríguez–Pose and Daniel Hardy, 'Reversal of Economic Fortunes: Institutions and the changing ascendancy of Barcelona and Madrid as economic hubs', *Growth and Change: A Journal of Urban and Regional Policy*, August 5, 2020

102 Burns, *Barça*, pp.230~231

103 Edwin Winkels, *Van Johan tot Frenkie: Het Barcelona–gevoel van 30 Nederlandse voetballers en trainers* (Brandt, Barcelona, 2020), p.26

104 Cruijff, *Boem*, p.35

105 Cruijff, *Boem*, pp.27~28

106 Cruijff, *Boem*, pp.8~10

107 Verheul, 'Rinus Michels ziet om', p.22

108 Josep Maria Casanovas, 'Cruijff, een leven voor Barça', in *Hard Gras Magazine* eds, *God is dood, Cruyff niet: De mooiste edichten en verhalen over Johan Cruijff* (Ambo/Anthos, Amsterdam, 2016), p.110

109 *So Foot*, issue 128: 'Johan Cruyff', p.27

110 Winkels, *Johan Cruijff in Barcelona*, pp.104~105

111 Kok, *Johan Cruijff*, p.369

112 Marcos, *L'últim partit*

113 *So Foot*, issue 128: 'Johan Cruyff', p.140

114 Cruijff, *Boem*, pp.272~273

115 Marcos, *L'últim partit*

116 *So Foot*, issue 128: 'Johan Cruyff', p.82

117 Schulze-Marmeling, *Der König und sein Spiel*, p.104

118 *So Foot*, issue 128: 'Johan Cruyff', pp.80~82

119 Cruijff, *Boem*, p.270

120 Cruijff, *Boem*, pp.271~272

121 Verheul, 'Rinus Michels ziet om', pp.22~23

122 Kok, *Johan Cruijff*, pp.368~369

123 *So Foot*, issue 128: 'Johan Cruyff', p.39

124 *So Foot*, issue 128: 'Johan Cruyff', p.145

125 Ramon Gieling, *En un momento dado* (Pieter van Huystee Film, 2004)

126 Schulze-Marmeling, *Der König und sein Spiel*, p.146

127 *So Foot*, issue 128: 'Johan Cruyff', p.140

128 Ghemmour, *Johan Cruyff*, p.145

129 Verheul, 'Rinus Michels ziet om', p.23

130 *So Foot*, issue 128: 'Johan Cruyff', p.120

131 Kok, *Johan Cruijff*, p.386

132 Kuper, 'Old scores'

133 Kok, *Johan Cruijff*, p.411

134 David Winner, *Brilliant Orange: The neurotic genius of Dutch football* (Bloomsbury, London, 2000), p.92

135 자세한 사항은 다음 책을 참조할 것. Auke Kok, *Johan Cruijff: De biografie*

136 *So Foot*, issue 128: 'Johan Cruyff', p.39

137 Schulze-Marmeling, *Der König und sein Spiel*, p.169

138 *So Foot*, issue 128: 'Johan Cruyff', p.43

139 Burns, 'Cruyff was Sinterklaas', in *Hard Gras Magazine eds, God is dood, Cruyff niet*, p.139

140 Gieling, *En un momento dado*

141 Frits Barend and Henk van Dorp, *Ajax, Barcelona, Cruyff: The ABC of an obstinate maestro* (Bloomsbury, 1999), p.241

142 Winkels, *Van Johan tot Frenkie*, p.262

143 Kok, *Johan Cruijff*, p.562

144 Burns, *Barça*, p.217

145 Lowe, *Fear and Loathing in La Liga*, p.241

146 Minder, *The Struggle for Catalonia*, p.290

147 Kok, *Johan Cruijff*, p.430

148 Winkels, *Johan Cruijff in Barcelona*, p.148

149 NOS Studio Sport, 'Johan Cruijff: Een eerbetoon'

150 Sander Schomaker, 'Totaal mislukte ontvoering Cruijff had toch gevolgen', *Metro*, October 6, 2016

151 Pieter van Os, *Johan Cruijff: De Amerikaanse jaren* (Uitgeverij 521, Amsterdam, 2007), p.257

152 *So Foot*, issue 128: 'Johan Cruyff', p.88

153 Van Os, *Johan Cruijff*, pp.233~235

154 Ghemmour, *Johan Cruyff*, p.222

155 Winkels, *Johan Cruijff in Barcelona*, pp.58~59

156 NOS Studio Sport: 'Johan Cruijff: Een eerbetoon'

157 Van Os, *Johan Cruijff*, p.62

158 Van Os, *Johan Cruijff*, p.82

159 Van Os, *Johan Cruijff*, pp.12~13

160 NOS Studio Sport, 'Johan Cruijff: Een eerbetoon'

161 Van Os, *Johan Cruijff*, p.105

162 Schulze-Marmeling, *Der König und sein Spiel*, pp.106~107

163 Matty Verkamman, 'Voor Cruijff is voetbal altijd een spel gebleven', *Trouw*, April 19, 1997

164 Van den Boogaard, *Het laatste seizoen*, p.345

165 *Voetbal International*, 'Johan Cruijff 50'

166 Davidse, *Je moet schieten, anders kun je niet scoren*, p.70

167 Van den Boogaard, *Het laatste seizoen*, pp.106~107

168 Kok, *Johan Cruijff*, p.511

169 Van den Boogaard, *Het laatste seizoen*, p.102

170 *So Foot*, issue 128: 'Johan Cruyff', p.106

171 Davidse, *Je moet schieten, anders kun je niet scoren*, p.62

172　Van den Boogaard, *Het laatste seizoen*, p.360

173　Scheepmaker, *Cruijff, Hendrik Johannes, fenomeen*, p.200

174　Marcos, *L'últim partit*

175　Stef de Bont and Simon Zwartkruis, 'Podcast over eeuwige voetbalvader: 'Guardiola door Cruyff verliefd op voetbal', *Voetbal International*, April 15, 2020

176　Davidse, *Je moet schieten, anders kun je niet scoren*, p.70

177　Davidse, *Je moet schieten, anders kun je niet scoren*, p.66

178　Ghemmour, *Johan Cruyff*, p.260

179　Erkelens and Marks, *Schijnbewegingen*

180　Pieter Zwart, *De Val van Oranje – en hoe we weer kunnen herrijzen* (Das Mag, Amseterdam, 2018), p.220

181　Kok, *Johan Cruijff*, p.542

182　Davidse, *Je moet schieten, anders kun je niet scoren*, p.86

183　Ghemmour, *Johan Cruyff*, p.259

184　Kok, *Johan Cruijff*, p.547

185　Barend and Van Dorp, *Ajax, Barcelona, Cruyff*, p.224

186　Schulze–Marmeling, *Der König und sein Spiel*, p.249

187　Erkelens and Marks, *Schijnbewegingen*

188　사례가 좀 더 궁금하면 다음 책을 참조하길 바란다. Barend and Van Dorp, Ajax, Barcelona, Cruyff, p.88 and p.92

189　Burns, *Barça*, pp.229~230

190　Burns, *Barça*, p.297

191　*Voetbal International*, 'Johan Cruijff 50'

192　Kok, *Johan Cruijff*, p.558

193　Edwin Winkels, 'Tonny Bruins Slot', at https://edwinwinkels.com/tonny-bruins-slot/, November 2, 2020

194　*So Foot*, issue 128: 'Johan Cruyff', p.128

195　Davidse, *Je moet schieten, anders kun je niet scoren*, p.17

196　Barend and Van Dorp, *Ajax, Barcelona, Cruyff*, p.104

197　*Voetbal International*, 'Johan Cruijff 50', p.8

198　Wilson, *The Barcelona Legacy*, p.96

199　Kok, *Johan Cruijff*, p.559 and p.562

200 José Luis Hurtado, 'The Similarities Between the Hesperia Mutiny of 1988 and Messi's Rebellion of 2020', *Marca*, April 2, 2020

201 Gieling, *En un momento dado*

202 Winkels, 'De eenzame kampioen', p.90

203 Winkels, *Johan Cruijff in Barcelona*, p.189

204 Winkels, *Van Johan tot Frenkie*, p.107

205 Barend and Van Dorp, *Ajax Barcelona Cruyff*, p.150

206 Marcos, *L'últim partit*

207 Ghemmour, *Johan Cruyff*, pp.286~287

208 *So Foot*, issue 128: 'Johan Cruyff', p.43

209 Unsigned, 'Las frases más geniales de Johan Cruyff', *El Mundo Deportivo*, March 29, 2016

210 Verkamman, 'Voor Cruijff is voetbal altijd een spel gebleven'

211 Marcos, *L'últim partit*

212 Jordi Llompart, *Barça Dreams: A true story of FC Barcelona* (2015)

213 Martijn Krabbendam, 'Ronald Koeman en de onverwoestbare Barça-band: nog één droom te gaan', *Voetbal International*, May 20, 2020

214 Ronald Reng, *Barça, die Entdecking des schönen Fussballs* (Piper, Munich/Berlin, 2016), p.20

215 Davidse, *Je moet schieten, anders kun je niet scoren*, p.66 and p.85

216 Unsigned, 'Las frases más geniales de Johan Cruyff'

217 Davidse, *Je moet schieten, anders kun je niet scoren*, p.18

218 Marcos, *L'últim partit*

219 Unsigned, 'Guardiola: "Vraag me nog vaak af wat Johan zou doen"', *Voetbal International*, March 25, 2016

220 Pierre Escofet, 'Francisco "Paco" Seiru·Lo, le maître inconnu du Barça', *Le Temps*, February 20, 2017

221 Joshua Robinson and Jonathan Clegg, *The Club: How the Premier League became the richest, most disruptive business in sport* (John Murray, London, 2019), p.275

222 Marcos, *L'últim partit*

223 Marcos, *L'últim partit*

224 Gary Lineker and Danny Baker, *Life, Laughs and Football* (Arrow

Books, London, 2020), p.152

225 Barend and Van Dorp, *Ajax, Barcelona, Cruyff*, p.104

226 Lowe, *Fear and Loathing in La Liga*, p.283

227 Simon Zwartkruis, 'Mijn vader heeft echt iets achtergelaten', in *Voetbal International*, 'Als God in Spanje', November 2019, p.8

228 *Voetbal International*, 'Podcast over eeuwige voetbalvader'

229 Marcos, *L'últim partit*

230 *So Foot*, issue 128: 'Johan Cruyff', p.76

231 Issartel and Espinar, 'Entretien Johan Cruyff', *L'Equipe*

232 Enrique Ortego, 'El gran problema de Messi es que compite consigo mismo', *El País*, September 20, 2020

233 Erik Jonk, 'Força Koeman van Videoland mooie kijk achter de schermen van "bizar Barcelona"', Metronieuws.nl, February 17, 2021

234 Cox, *Zonal Marking*, p.13

235 Winkels, *Van Johan tot Frenkie*, p.254

236 *So Foot*, issue 128: 'Johan Cruyff', p.45

237 Winkels, *Johan Cruijff in Barcelona*, p.47 and p.161

238 Duncan McMath, *Take the Ball, Pass the Ball*

239 Carles Ruipérez, 'Yo entorno, tu entornas: Cruyff bautizó hace 27 años en Praga el ruido eterno que acompaña al Barça', *La Vanguardia*, October 23, 2019

240 Ghemmour, *Johan Cruyff*, p.289

241 Kok, *Johan Cruijff*, p.592

242 Gieling, *En un momento dado*

243 Winkels, *Van Johan tot Frenkie*, p.105

244 Lowe, *Fear and Loathing in La Liga*, p.289

245 Winkels, 'De eenzame kampioen', p.139

246 Ghemmour, *Johan Cruyff*, p.299

247 Ballús and Martín, *Pep's City*, pp.227~228

248 Lowe, *Fear and Loathing in La Liga*, p.299

249 Leo Verheul, 'Vijf stellingen', *Hard Gras*, issue 29, p.84

250 Ortego, 'El gran problema de Messi es que compite consigo mismo'

251 Janan Ganesh, 'What the Dream Hoarders Get Wrong', *Financial*

Times, November 28, 2020

252 Cox, *Zonal Marking*, p.12

253 Barend and Van Dorp, *Ajax, Barcelona, Cruyff*, p.196

254 Ghemmour, *Johan Cruyff*, p.316

255 Barend and Van Dorp, *Ajax, Barcelona, Cruyff*, p.239

256 *So Foot*, issue 128: 'Johan Cruyff', p.74

257 Schulze-Marmeling, *Der König und sein Spiel*, p.246

258 유튜브에서 'cruyff stoichkov rope'라는 검색어로 찾아보면 영상을 볼 수 있다.

259 Kok, *Johan Cruijff*, p. 600

260 Winkels, *Johan Cruijff in Barcelona*, p.205

261 유튜브에서 다음 제목으로 검색해 보시라. 'Sierd de Vos over eten en slapen in Barcelona, over Cruijff, Guardiola en el Loco Bielsa'

262 Burns, *Barça*, pp.286~287

263 *Voetbal International*, 'Johan Cruijff 50', p.8

264 Marcos, *L'últim partit*

265 Schulze-Marmeling, *Der König und sein Spiel*, p.56

266 *So Foot*, issue 128: 'Johan Cruyff', p.35

267 Schulze-Marmeling, *Der König und sein Spiel*, p.278

268 Soriano, *Goal*, p.127

269 Schulze-Marmeling, *Der König und sein Spiel*, p.78

270 Ghemmour, *Johan Cruyff*, p.366

271 *So Foot*, issue 128: 'Johan Cruyff', p.122

272 *So Foot*, issue 128: 'Johan Cruyff', pp.120-2 and Winkels, *Johan Cruijff in Barcelona*, p.87

273 Unsigned, 'Property Developer and Former FC Barcelona President, Josep Lluís Núñez, Goes to Jail for Tax Fraud', *Catalan News*, November 17, 2014

274 Cruijff, *Boem*, p.21

275 Michel van Egmond, *Wandelen met Cruijff, en andere bijzondere voetbalverhalen* (De Buitenspelers, Rotterdam, 2011), pp.268~270

276 *So Foot, issue 128:* 'Johan Cruyff', p.51

277 Winkels, *Johan Cruijff in Barcelona*, p.239

278 Winkels, *Van Johan tot Frenkie*, p.59

279 Simon Zwartkruis, 'Koopclub Barcelona verlangt terug naar talentenvisie Cruyff', *Voetbal International*, August 15, 2019

280 Llompart, *Barça Dreams*

281 *So Foot*, issue 128: 'Johan Cruyff', p.82

282 Martí Perarnau, *Pep Confidential: The inside story of Pep Guardiola's first season at Bayern Munich* (Arena Sport, Edinburgh, 2014), p.58

283 McMath, *Take the Ball, Pass the Ball*

284 Schulze-Marmeling, *Der König und sein Spiel*, p.87

285 Pieter Zwart, *De val van Oranje*, p.165

286 Duncan Alexander, 'The Exploration of Space Through Goal Kicks', *Stats Perform*, undated

287 McMath, *Take the Ball, Pass the Ball*

288 Lowe, *Fear and Loathing in La Liga*, p.382

289 Unsigned, 'Guardiola: "Vraag me nog vaak af wat Johan zou doen"'

290 Lineker and Baker, *Life, Laughs and Football*, p.231

291 Cruijff, *Boem*, p.104

292 De Vos, *Nummer 14*

293 Kok, *Johan Cruijff*, p.607

294 McMath, *Take the Ball, Pass the Ball*

295 Callum Rice-Coates, 'Oriol Tort: How one man helped turn Barcelona's la Masia into a bastion of talent', *Thesefootballtimes.com*, April 9, 2018

296 Schulze-Marmeling, *Der König und sein Spiel*, p.229

297 Rice-Coates, 'Oriol Tort'

298 2020년 6월 23일 마리아 카레라스(Maria carreras)와 이메일을 주고받았다.

299 Tifo Football, 'Tifo Guide to La Masia: The history', September 17, 2019

300 Llompart, *Barça Dreams* and Lowe, *Fear and Loathing in La Liga*, p.370

301 Leplat, *Guardiola, éloge du style* (Hugo Sport, Paris, 2015) p.59

302 McMath, *Take the Ball, Pass the Ball*

303 Wilson, *The Barcelona Legacy*, p.25

304 Duncan Hamilton, *Immortal: The approved biography of George Best* (Century, London, 2013), p.24

305 Van Os, *Johan Cruijff*, p.63

306 Van den Boogaard, *Het laatste seizoen*, p.162

307 Barend and Van Dorp, *Ajax, Barcelona, Cruyff*, p.223

308 *So Foot*, issue 128: 'Johan Cruyff', p.22

309 Kok, *Johan Cruijff*, p.625

310 NOS Studio Sport, 'Johan Cruijff: Een eerbetoon'

311 Andrew Murray, 'Xavi: Master the Pass'', *FourFourTwo*, April 11, 2014

312 Sid Lowe, 'I'm a Romantic, Says Xavi, Heartbeat of Barcelona and Spain', *Guardian*, February 11, 2011

313 Schulze-Marmeling, *Der König und sein Spiel*, p.233

314 John Carlin, 'Nou sensation', *Guardian*, February 3, 2008

315 Xavier Ortuño, 'Revealed: The Secrets of the Barcelona Method Have Been Unveiled', *Sport*, October 7, 2014

316 Andrew Murray, 'Xavi'

317 NOS Studio Sport, 'Johan Cruijff: Een eerbetoon'

318 Schulze-Marmeling, *Der König und sein Spiel*, p.269

319 Mark Williams and Tim Wigmore, *The Best: How elite athletes ae made* (Nicholas Brealey, London, 2020), p.89

320 *So Foot*, issue 128: 'Johan Cruyff', p.43

321 Kok, *Johan Cruijff*, p.597

322 Llompart, *Barça Dreams*

323 Ronald Reng, *A Life Too Short: The tragedy of Robert Enke* (Yellow Jersey Press, London, 2011), p.163

324 Soriano, *Goal*, pp.134~136

325 Rakuten, *Matchday*, Episode 3

326 Reng, *Barça*, p.27

327 Alexandre Gonzalez, 'Iniesta, le gentil fantôme', *So Foot* 62, February 2009

328 Andrés Iniesta, *The Artist: Being Iniesta* (Headline, London, 2016), p.99

329 *Voetbal International*, 'Podcast over eeuwige voetbalvader'

330 Wilson, *The Barcelona Legacy*, p.53

331 Raffaele Poli, Loïc Ravenel and Roger Besson, 'Historical Analysis of Compositional Strategies for Squads (2010s)', CIES Football

Observatory *Monthly Report 50*, December 2019

332 Cox, *Zonal Marking*, pp.245~248

333 Kuper, *Football Against the Enemy*, p.150

334 Elberse, 'Futbol Club Barcelona'

335 Elberse, 'Futbol Club Barcelona'

336 Reng, *Barça*, p.39 and p.123

337 Gonzalez, 'Iniesta, le gentil fantôme'

338 Zlatan Ibrahimović, *I Am Zlatan Ibrahimović* (Penguin, London, 2013), Kindle edition pp.1~2 and p.10

339 Schulze–Marmeling, *Der König und sein Spiel*, p.262

340 Oriol Bosch Castellet, *Andrés Iniesta: The unexpected hero* (2020)

341 Wilson, *The Barcelona Legacy*, p.149

342 Mark Hyland, *Until It Hurts: America's obsession with youth sports and how it harms our kids*(Beacon Press, Boston, 2009)

343 Simon Kuper, 'Pushy Parents and Fantasies that Last for Life', *Financial Times*, March 13, 2009

344 'Michiel de Hoog interviewt Michael Lewis', podcast, *De Correspondent*, June 17, 2020

345 'Michiel de Hoog interviewt Michael Lewis', *De Correspondent*

346 James Erskine, *This is Football*, episode six: 'Wonder', Starbucks Production, 2019

347 John Carlin, 'Peter Pan en el olimpo del fútbol', *El Pais*, May 24, 2009

348 Jordi Puntí, *Messi: Lessons in style* (Short Books, London, 2018), pp.37~39

349 Transversales, Leo, le film (RMC Films, 2021)

350 Rakuten, *Matchday*, episode six

351 Dermot Corrigan and Adam Crafton, 'Jorge Messi: The agent father behind Leo's fortunes', *The Athletic*, September 1, 2020

352 Andy Mitten, 'Introducing the Messiah', *FourFourTwo*, January 2006

353 Jimmy Burns, *Cristiano & Leo* (Macmillan, London, 2018), p.99

354 Cox, *Zonal Marking*, p.276

355 Ronald Reng, *Barça, die Entdeckung des schönen Fussballs*, p.100 and p.104 and Luis Martín, 'La proyección Messi' in *El Pais*, February 5,

2006

356 Soriano, *Goal*, p.53 and p.87

357 Soriano, *Goal*, p.96

358 Unsigned, 'Toen Rijkaard de voetbalwereld kennis liet maken met het fenomeen Messi', *Voetbal International*, October 16, 2019; 행크 텐 카터가 언급한 다른 내용들은 더블린 웹 서밋(Doublin Web Summit)에서 그가 발표를 인용한 것이다.

359 Reng, *Barça*, pp.104-105 and Carlin, 'Peter Pan en el olimpo del fútbol'

360 Justin Webster, *FC Barcelona Confidential* (JWP-Alea, 2004)

361 Ballús and Martín, *Pep's City*, pp.6~7

362 Reng, *Barça*, p.103

363 Mitten, 'Introducing the Messiah'

364 Reng, *Barça*, pp.106~107

365 Mitten, 'Introducing the Messiah'

366 Burns, *Cristiano & Leo*, p.134

367 Mitten, 'Introducing the Messiah'

368 Reng, *Barça*, p.89

369 Reng, *Barça*, p.95

370 Unsigned, 'Barça: l'anecdote étonnante sur le départ de Ronaldo en 1997', *RMC Sport*, November 7, 2018

371 Soriano, *Goal*, p.77

372 Transversales, Leo, le film

373 James Yorke, 'Messi Data Biography Analysis: Young Messi 2004-05 to 2007-08', *Statsbomb.com*, July 12, 2019

374 Alana Fisher, 'Lionel Messi Joins Facebook, Reaches 6.7 Million Fans, Gains 40,000 Interactions in a Few Hours,' *Brand New Directions*, April 7, 2011

375 De Vos, *Nummer 14*

376 Erskine, 'Wonder'

377 Unsigned, 'Leo Messi: 'I've Learned to Read the Games Better'', *FCBarcelona.com*, October 28, 2019

378 McMath, *Take the Ball, Pass the Ball*

379 Transversales, Leo, le film

380 McMath, *Take the Ball, Pass the Ball*

381 Cox, *Zonal Marking*, p.271

382 Transversales, Leo, le film

383 I. Trujillo, "Así es Pepe Costa, el escudero de Messi, que llega al PSG donde su hijo se forra como 'toiss' de Neymar", *La Razón*, August 11, 2021

384 Carlin, 'Peter Pan en el olimpo del fútbol'

385 Reng, *Barça: Die Entdeckung des schönen Fussballs*, p.110

386 Burns, *Cristiano & Leo*, p.178

387 Ferran Soriano, *Goal*, p.126

388 Burns, *Cristiano & Leo*, p.169

389 Burns, *Cristiano & Leo*, p.178

390 Cox, *Zonal Marking*, p.283

391 Dermot Corrigan, 'How Much Power Does Messi Really Hold at Barcelona?', *The Athletic*, July 9, 2020

392 Leplat, *Guardiola*, p.197

393 Unsigned, 'Afellay: "Ik kreeg de maaltijden niet door mijn keel, Messi moest vaak overgeven", *Voetbalprimeur.nl*, June 16, 2021

394 Leplat, *Guardiola*, p.198

395 Ghemmour, *Johan Cruyff*, p.372

396 McMath, *Take the Ball, Pass the Ball*

397 Unsigned, 'Lionel Messi: entretien exclusif avec le meilleur joueur du monde', *So Foot*, issue 62, February 2009

398 Unsigned, 'Jerzy Dudek no se corta un pelo: "Leo Messi es falso y provocador, y Cristiano Ronaldo, arrogante"', *Lasexta.com*, April 23, 2020

399 Unsigned, 'Messi's Stern Telling-off from Champions League Referee: "Show some respect!"', *AS*, November 12, 2020

400 Roberto Palomar, 'The Psychologist that Messi Never Visited', *Marca*, January 3, 2021

401 Transversales, Leo, le film

402 Puntí, *Messi*, p.111

403 Transversales, Leo, le film

404 R. Bx, 'Neymar, Messi, les JO: les confidences de Kylian Mbappé', *Le Parisien*, December 23, 2019

405 Transversales, Leo, le film

406 Transversales, Leo, le film

407 Winkels, *Johan Cruijff in Barcelona*, p.250

408 Marcos, *L'últim parti*t

409 Lineker and Baker, *Life, Laughs and Football*, p.178

410 Mitten, 'Introducing the Messiah'

411 Marcos, *L'últim partit*

412 Wilson, *The Barcelona Legacy*, p.245

413 Carlos Silva Rojas, 'El día en que Messi vio todo negro y casi golpea a compañero de la selección en Argentina', *Redgol.cl*, April 5, 2020

414 Van Os, *Johan Cruijff*, p.271

415 Cristina Cubero and Fernando Polo, 'Entrevista a Messi: "Amo Barcelona, ésta es mi casa"', *El Mundo Deportivo*, February 20, 2020

416 Carlin, 'Peter Pan en el olimpo del fútbol'

417 Puntí, *Messi*, p.95

418 Erkelens and Marks, *Schijnbewegingen*

419 데이터 제공: John Burn-Murdoch, *Financial Times*

420 데이터 제공: John Burn-Murdoch

421 Erskine, 'Wonder'

422 Perarnau, *Pep Confidential*, p.336

423 Erskine, 'Wonder'

424 Lineker and Baker, *Life, Laughs and Football*

425 Murad Ahmed, 'Marcus Rashford: "The System is Broken—and It Needs to Change"', *Financial Times*, September 18, 2020

426 Erskine, 'Wonder'

427 Lineker and Baker, *Life, Laughs and Football*, p.281

428 Schulze-Marmeling, *Der König und sein Spiel*, p.268

429 Erskine, 'Wonder'

430 Erskine, 'Wonder'

431 Benjamin Morris, 'Lionel Messi's Majestic Season', *Fivethirtyeight*.

com, June 5, 2015

432 Benjamin Morris, 'Lionel Messi is Impossible', *Fivethirtyeight.com*, July 1, 2014

433 Bosch Castellet, *Andrés Iniesta*

434 Transversales, Leo, le film

435 Soriano, *Goal*, p.4 and pp.46~47

436 Transversales, Leo, le film

437 Unsigned, 'The Day that Manchester City Accidentally Bid 80 Million for Messi', *Marca*, December 26, 2019

438 Rafael Buschmann et al, 'FC Barcelona Star Lionel Messi: Tax troubles, an audit and a 100-million-Euro contract', *Der Spiegel*, January 15, 2018

439 Corrigan, 'How Much Power Does Messi Really Hold at Barcelona?'

440 Buschmann et al, 'FC Barcelona Star Lionel Messi'

441 Josep Guardiola, 'J'ai fini par me fatiguer de moi-même', *So Foot*, October 2012

442 Michel Bezbakh, 'Sur RMC Sport, les "monstres" Messi et Ronaldo racontés par ceux qu'ils ont traumatisés', *Telerama*, March 23, 2020

443 McMath, *Take the Ball, Pass the Ball*

444 Marcos, *L'últim partit*

445 Leplat, *Guardiola*, p.237 and pp.242~243

446 Elmar Neveling, *Jürgen Klopp: The biography* (Ebury Press, London, 2020), p.142

447 Llompart, *Barça Dreams*

448 Lowe, *Fear and Loathing in La Liga*, p.369

449 Soriano, *Goal*, pp.127~132

450 Xavier Sala i Martín email, July 10, 2019

451 Wilson, *The Barcelona Legacy*, p.119

452 Donald McRae, 'Pep Guardiola: "I Would Not be Here Without Johan Cruyff. He was unique"', *Guardian*, October 7, 2016

453 Marcos, *L'últim partit*

454 Unsigned, 'Menotti y una entrevista a fondo: Guardiola, Messi, Pelé, Agüero, Simeone, la Selección del 78', *El Grafico*, December 2, 2014

455 Simon Kuper, 'Spain's New Nationalism', *Financial Times*, September 5, 2008

456 Leplat, *Guardiola*

457 Reng, *Barça*, pp.34~36

458 Leplat, *Guardiola*, pp.153~155

459 Leplat, *Guardiola*, pp.243~244

460 McMath, *Take the Ball, Pass the Ball*

461 Iniesta, *The Artist*, pp.124~125

462 Leplat, *Guardiola*, p.230 and p.233

463 Leplat, *Guardiola*, pp.142~143

464 Pieter Zwart, 'Via Michels en Cruyff naar Van Gaal en Guardiola: het geheim van Juego de Posición', *Voetbal International*, November 29, 2019

465 Simon Kuper, 'Pep's Four Golden Rules', *The Blizzard*, June 1, 2013

466 Bosch Castellet, *Andrés Iniesta*

467 Eamon Dunphy, *Only A Game?* (Penguin, London, 1987), p.30

468 Leplat, *Guardiola*, p.236

469 Simon Kuper, 'What's Going On at Barça?', *Financial Times*, February 6, 2015

470 Leplat, *Guardiola*, pp.241~242

471 See also Paul Bradley, 'FC Barcelona: How Our New Research Helped Unlock the "Barça Way"', *The Conversation*, September 19, 2018

472 Reng, *Barça*, p.222

473 Unsigned, 'Las frases más geniales de Johan Cruyff'

474 Oliver Kay, 'How to Mark Lionel Messi, by the Defenders Who Kept Him Quiet', *The Times*, April 30, 2019

475 *So Foot*, issue 128: 'Johan Cruyff', p.82

476 Schulze-Marmeling, *Der König und sein Spiel*, p.273

477 Iniesta, *The Artist*, p.130

478 Perarnau, *Pep Confidential*, p.208

479 Michiel de Hoog, 'De uitvinder van tiki-taka haat tiki-taka, onthult dit geweldige boek over Pep Guardiola', *De Correspondent*, January 30, 2015

480 Neveling, *Jurgen Klopp*, p.141

481 Leplat, *Guardiola*, p.156

482 Kuper, 'Pep's Four Golden Rules'

483 Leplat, *Guardiola*, pp.166~167

484 Perarnau, *Pep Confidential*, p.161

485 'Discurso subtitulado (español/english) de Pep Guardiola en la Medalla de Honor del Parlament', *YouTube.com*, September 8, 2011

486 Reng, *Barça*, pp.128~129

487 Cox, *Zonal Marking*, p.308

488 Leplat, *Guardiola*, p.235

489 Reng, *Barça*, p.210

490 Reng, *Barça*, p.172

491 McMath, *Take the Ball, Pass the Ball*

492 Perarnau, *Pep Confidential*, p.139

493 Leplat, *Guardiola*, p.150 and p.241

494 Jesus Montesinos et al, 'Barcelona Baby Boom: Does sporting success affect birth rate?', *British Medical Journal*, December 2013

495 McMath, *Take the Ball, Pass the Ball*

496 Iniesta, *The Artist*, pp.152~153

497 Reng, *Barça*, p.198

498 Cox, *Zonal Marking*, p.301

499 Lowe, *Fear and Loathing in La Liga*, p.385

500 Leplat, *Guardiola*, pp.236~237 and p.248

501 McMath, *Take the Ball, Pass the Ball*

502 Leplat, *Guardiola*, pp.237~238

503 Unsigned, 'Barcelona Gave Us a Hiding, Says Man Utd Boss Ferguson', *BBC Sport*, May 29, 2011

504 Perarnau, *Pep Confidential*, p.15 and p.243

505 Silvia Taulés, 'La mujer de Tito Vilanova "vetó" a Guardiola en su funeral', *El Mundo*, June 5, 2014

506 Webster, *FC Barcelona Confidential*

507 Lowe, *Fear and Loathing in La Liga*, p.403

508 Guardiola, 'J'ai fini par me fatiguer de moi-même'

509 *Voetbal International*, 'Johan Cruijff 50'

510 Rakuten, *Matchday*, Episode 4

511 John Carlin, *White Angels: Beckham, Real Madrid & the new football* (Bloomsbury, London, 2004), p.194

512 Simon Callow, 'A Taste for the Difficult', *New York Review of Books*, February 11, 2021

513 Meg Rapinoe with Emma Brockes, *One Life* (Penguin Press, New York, 2020), p.14

514 Maarten Wijffels, 'Barça-assistent Schreuder: "Ze slaan Messi neer, gewoon met de vlakke hand,"' *Algemeen Dagblad*, March 6, 2021

515 Mike Forde and Simon Kuper, 'Game of Talents: Management lessons from top football coaches', *Financial Times*, May 15, 2015

516 Pernarnau, *Pep Confidential*, p.302

517 Leplat, *Guardiola*, p.197

518 Carlin, *White Angels*, p.194

519 Leplat, *Guardiola*, p.191

520 Rivea Ruff, 'Allen Iverson Says He Didn't Lift Weights in NBA Because They Were "Too Heavy"', *Bleacher Report*, December 17, 2016

521 *Voetbal International*, 'Johan Cruijff 50'

522 히바우두와의 인터뷰 내용은 필자의 다음 책에 게재된 적이 있다. Simon Kuper, *Soccer Men* (Nation Books, New York, 2014), pp.15 ff.

523 Wilson, *The Barcelona Legacy*, p.56

524 Kok, *Johan Cruijff*, p.562

525 Elberse, 'Futbol Club Barcelona'

526 Reng, *Barça*, p.107

527 Pablo Polo, 'El universo Vinícius', *Marca*, October 6, 2021

528 Simon Kuper, 'The Sage of Real Madrid', *Financial Times*, January 21, 2011

529 Arsène Wenger, *My Life in Red and White: My autobiography* (Weidenfeld & Nicholson, London, 2020), p.78

530 Reng, *Barça*, p.218

531 Soriano, *Goal*, pp.120~122 and p.158

532 Soriano, *Goal*, pp.121~122

533 Escofet, 'Francisco "Paco" Seirul·Lo'

534 McMath, *Take the Ball, Pass the Ball*

535 Barend and Van Dorp, *Ajax, Barcelona, Cruyff*, p.229

536 Robert Pickering, 'Death Spiral is a Myth to Perpetuate High Pay', *Financial Times*, April 28, 2014

537 Rakuten, *Matchday*, Episode 1

538 Winkels, 'De eenzame kampioen', p.63

539 De Vos, *Nummer 14*

540 Rakuten, *Matchday*, Episode 4

541 Barend and Van Dorp, *Ajax, Barcelona, Cruyff*, p.133

542 Arthur Renard, 'You Ask the Questions: Boudewijn Zenden', *FourFourTwo*, April 6, 2020

543 Kuper, 'The Sage of Real Madrid'

544 Leplat, *Guardiola*, p.139

545 Barend and Van Dorp, *Ajax, Barcelona, Cruyff*, p.186

546 Ronald Reng, *A Life Too Short: The tragedy of Robert Enke* (Yellow Jersey Press, London, 2012) p.187

547 Bosch Castellet, *Andrés Iniesta*

548 Unsigned, 'The Maradona I Knew the Year He Discovered Cocaine', *Sport*, November 26, 2020

549 Burns, *Barça*, p.251 and p.254

550 Daniel Geey, *Done Deal: An insider's guide to football contracts, multi-million pound transfers and Premier League big business* (Bloomsbury, London, 2019), p.39

551 Jesús Ruiz Mantilla, 'Gerard Piqué: "Sé cuándo la voy a liar y lo hago porque me apetece"', *El País*, November 11, 2019

552 Rakuten, *Matchday*, Episode 7

553 Mantilla, 'Gerard Piqué'

554 *Voetbal International*, 'Johan Cruijff 50',

555 Unsigned, 'Alex Song: I made 15,000 pounds per week and saved nothing', *Marca*, May 18, 2020

556 Ben Morse, 'Barcelona Remains Best Paid Sports Team, Ronaldo's Juventus Up to Third', *CNN*, December 23, 2019

557 Albert Masnou, 'Ramos Couldn't Believe How Much Pique was Earning at Barça', *Sport*, February 21, 2022

558 Mantilla, 'Gerard Piqué'

559 Rakuten, *Matchday*, Episode 4

560 *Voetbal International*, 'Johan Cruyff, 50'

561 Soriano, *Goal*, p.139

562 Rakuten, *Matchday*, Episode 1

563 Unsigned, 'Frenkie de Jong on Ronald Koeman and Life at Barcelona', *UEFA.com*, October 26, 2020

564 Congreso de los Diputados, 'Boletín Oficial de las Cortes Generales', *Congreso.es*, September 26, 2013, p.63

565 Lowe, *Fear and Loathing in La Liga*, pp.104~105

566 Winkels, *Johan Cruijff in Barcelona*, pp.123~126

567 Lineker and Baker, *Life, Laughs and Football*, p.217

568 Edwin Winkels, 'Vis, vlees en voetbal', *Hard Gras*, issue 29, p.91

569 Kok, *Johan Cruijff*, p.452

570 Marerlma, 'Football and Wine: a passionate combination', *Drinks & Co.*, May 4, 2020

571 Ian Rollo and Asker Jeukendrup, *Sports Nutrition for Football: An evidence-based guide for nutrition practice at FC Barcelona* (Barça Innovation Hub, 2018), p.88

572 Stéphane Mandard, 'Le Real Madrid et le Barça liés au docteur Fuentes', *Le Monde*, December 7, 2006

573 McMath, *Take the Ball, Pass the Ball*

574 Rollo and Jeukendrup, *Sports Nutrition for Football*, pp.74~75

575 Isabel Arquero, 'La nutricionista del Barça: brócoli sí, pizza no tanto', *El País*, March 12, 2019

576 Unsigned, 'Foods that Are Very Healthy but Are Not Recommended During Exercise', Barça Innovation Hub, August 5, 2019

577 François David, 'Dans l'intimité d'Ousmane Dembélé: "Il n'y a pas de structure de haut niveau autour de lui"', *Le Parisien*, August 20, 2019

578 David, 'Dans l'intimité d'Ousmane Dembélé'

579 Rollo and Jeukendrup, *Sports Nutrition for Football*, p.27

580 Forde and Kuper, 'Game of Talents'

581 Fernando Polo and Roger Torelló, 'Messi trabaja con una dietista que es una crack del triathlon', *El Mundo Deportivo*, November 9, 2013

582 Unsigned, 'Me inyectaba las hormonas solo y lo tomaba como algo rutinario', *TyC Sports*, March 18, 2018

583 Arquero, 'La nutricionista del Barça'

584 Unsigned, 'Leo Messi: "Barça is My Home, I Don't Want to Leave but I Want to Play in a Winning Team"', *Sport*, September 12, 2019

585 Unsigned, '¿Qué come cada jugador del Barça tras los partidos?', *Sport*, September 25, 2014

586 Hugo Guillemet, 'Dembélé, les raisons de sa fragilité', *L'Èquipe*, March 3, 2020

587 Carlos Lago Peñas, 'Half-time Strategies to Improve Player Performance in the Second Half of the Game', Barça Innovation Hub, October 19, 2019

588 Baxter Holmes, 'NBA exec: "It's the Dirty Little Secret that Everybody Knows About"', *ESPN.com*, October 14, 2019

589 Mitten, 'Introducing the Messiah'

590 Ruiz Mantilla, 'Gerard Piqué'

591 Luis Martín, 'Sergio Busquets: "Yo estoy para dar soluciones"', *El País*, June 18, 2015

592 François David and Yves Leroy, 'Ousmane Dembélé, dernier avertissement?', *Le Parisien*, November 12, 2018

593 David, 'Dans l'intimité d'Ousmane Dembélé'

594 Holmes, 'NBA Exec: "It's the Dirty Little Secret that Everybody Knows About"'

595 Peter Crouch with Tom Fordyce, *How to be a Footballer* (Ebury Press, London, 2019), p.180

596 Peter Crouch with Tom Fordyce, *I Robot: How to be a Footballer 2* (Ebury Press, London, 2019), p.146

597 Montse Illan and Xavier Torrado, *High-Performance Nutritional Cuisine: Practical recipes for football* (Barça Innovation Hub, 2019)

598 Martijn Krabbendam, 'Frenkie de Jong over Messi, zijn eerste Barçarondo en de snelle aanpassing', *Voetbal International*, November 25, 2019

599 Unsigned, 'Frenkie de Jong begrijpt dat hij kerel moet worden: "Zoiets vertelde Koeman al"', *NOS Voetbal*, October 13, 2019

600 Fifpro, *At the Limit: Player workload in elite professional men's football* (Fifpro, Hoofddorp, 2019)

601 Unsigned, 'Neymar Gives Messi and Mascherano Lift on Private Jet', *AFP*, November 8, 2016

602 Unsigned, 'Our Brain Hinders Sleep the First Night Away from Home, but We Can Stop This From Happening,' Barcelona Innovation Hub, July 26, 2019

603 Carlos Lago Peñas, 'Happiness Versus Wellness in Elite Sport', Barcelona Innovation Hub, February 11, 2020

604 Carlos Lago Peñas, 'Are Football Players Getting Older?', Barcelona Innovation Hub, October 1, 2019

605 Reng, *A Life Too Short*, p.119

606 Edwin Winkels, 'Johan Cruyff en de kritiek', *Voetbal International*, March 10, 1990

607 Reng, *A Life Too Short*, p.120

608 Trailer of the *Força Koeman documentary*, Videoland.com

609 Transversales, *Leo, le film*

610 Unsigned, 'No "bite" clause in Luis Suárez contract', *PA Sport*, August 5, 2014

611 Wilson, *The Barcelona Legacy*, p.240

612 Bjorn Goorden, 'Hoezo Grote Twee? Neymar is Messi en Ronaldo zelfs al voorbij', *Voetbal International*, December 28, 2020

613 Goorden, 'Hoezo Grote Twee?'

614 Aymeric Le Gall, 'Barça–PSG: "Oui, le Barça a bien refusé Mbappé pour prendre Dembélé," raconte un agent espagnol proche des Blaugranas', *20 minutes*, February 17, 2021

615 Fernando Polo, 'Bordas lo cuenta todo sobre Morata, Courtois, Haaland y Monchi', *El Mundo Deportivo*, November 15, 2020

616 Fernando Polo, 'Bordas: "Mbappé pudo venir por 100 milliones"', *El*

Mundo Deportivo, November 15, 2020

617 Tariq Panja and Rory Smith, 'Barcelona and the Crippling Cost of Success', *New York Times*, February 12, 2021

618 Danielle Pinedo, 'Frenkie de Jong: "Ikga liever anoniem door het leven"', *NRC Handelsblad*, November 1, 2020

619 Wenger, *My Life in Red and White*, p.160

620 Unsigned, 'De Jong doet onthulling over transfer: "Daarom twijfelde ik over Barcelona"', *Voetbalprimeur*, February 3, 2021

621 Edwin Winkels, 'Familie van Frenkie de Jong geniet mee in Barcelona: "Is dit de winter hier?"', *Algemeen Dagblad*, December 25, 2019

622 Sam France, 'De Jong Agent Reveals How He Doubled Ajax's Asking Price for Barcelona Star', *Goal.com*, September 28, 2019

623 Matt Law, 'Eric Abidal Exclusive: Quitting Barcelona, Courting Pochettino, Talks with Messi – and the Future', *Daily Telegraph*, March 22, 2021

624 Juan Jiménez, 'La noche antes de fichar a Griezmann no lo podían pagar', *AS.com*, October 6, 2021

625 Panja and Rory Smith, 'Barcelona and the Crippling Cost of Success'

626 Unsigned, 'Griezmann: I Spoke with Messi When I Arrived. He Told Me He was Screwed When I First Turned Barcelona Down', *Marca*, November 24, 2020

627 Ernest Folch, 'Entrevista exclusiva a Leo Messi', *Sport*, September 12, 2020

628 Transversales, *Leo*, le film

629 Unsigned, 'Big spender Barcelona troeft Premier League–elite af: één miljard in vijf jaar', *Voetbal International*, July 12, 2019

630 Juan Jiménez, 'Piqué: El club está como está', *AS*, November 4, 2020

631 Unsigned, 'Bakambu a failli signer à Barcelone', *L'Équipe*, January 30, 2020

632 Jordi Quixano, 'Matheus Fernandes, el futbolista invisible', *El País*, November 17, 2020

633 Robin Bairner, '"They Called me Crazy": Palmeiras director talks selling Matheus Fernandes to Barca', *Goal.com*, April 19, 2020

634 Sid Lowe, 'Barcelona Swapping Arthur for Pjanić was a Business Move but for All the Wrong Reasons', *ESPN.com*, June 29, 2020

635 Zwartkruis, 'Koopclub Barcelona verlangt terug naar talentenvisie Cruijff'

636 Perarnau, *Pep Confidential*, p.400

637 Wilson, *The Barcelona Legacy*, p.253

638 이 에피소드는 2021년 9월 1일, 로저 벤넷(Roger Bennett)이 트위터에 올린 내용이다. https://twitter.com/rogbennett/status/1433084585642954752

639 Ángel Pérez, 'El infierno de Sandro Rosell', *El Mundo Deportivo*, February 8, 2018

640 Luz Sánchez-Mellado, 'Sandro Rosell: "La cárcel huele a rancio"', *El País*, July 19, 2020

641 Sergi Font, 'La pesadilla de 643 días de Sandro Rosell en la cárcel', *ABC*, April 25, 2019

642 Lowe, *Fear and Loathing in La Liga*, pp.232~233

643 Burns, Barça, p.355 and Soriano, *Goal*, pp.17~18

644 Soriano, *Goal*, p.178

645 Soriano, *Goal*, pp.67~69

646 Schulze-Marmeling, *Der König und sein Spiel*, pp.279~280

647 Schulze-Marmeling, *Der König und sein Spiel*, p.281

648 Unsigned, 'Twinning Project: 32 football clubs join prison scheme to help tackle reoffending', *BBC.com*, January 23, 2019

649 Wenger, *My Life in Red and White*, p.212

650 Unsigned, 'Miami Barcelona MLS Campaign Is Dead', *Goal.com*, March 3, 2009

651 Diego Martín, 'Real Madrid Lead the World in Social Media Followers', AS, December 29, 2019 and Kurt Badenhausen, 'FC Barcelona Ranks As The Top Sports Team on Social Media', *Forbes.com*, July 14, 2016

652 Soriano, *Goal*, p.64

653 Bobby McMahon, 'Barcelona Estimates That Espai Barça Project Will Now Cost Almost $1.5 Billion', *Forbes.com*, October 8, 2020

654 Colm Tóibín, *Homage to Barcelona* (Simon & Schuster, London, 1990), p.77

655 Gijs van Hensbergen, *The Sagrada Família: Gaudí's Heaven on Earth* (Bloomsbury, London, 2018), pp.106~107

656 Van Hensbergen, *The Sagrada Família*, p.5

657 Hughes, *Barcelona*, pp.538~539

658 Van Hensbergen, *The Sagrada Família*, p.110

659 Van Hensbergen, *The Sagrada Família*, p.42, p.106 and pp.129~130, and Hughes, *Barcelona*, p.538

660 Minder, *The Struggle for Catalonia*, p.186

661 Minder, *The Struggle for Catalonia*, p.3, p.6, p.11 and p.233

662 Albert Masnou, 'Exclusive: How Bartomeu Took the Decision to Play Behind Closed Doors', *Sport*, October 3, 2017

663 Unsigned, 'Las relaciones peligrosas entre el Barça y el "procés"', *El Mundo*, January 18, 2022

664 Marlene Wind, *The Tribalization of Europe: A defence of our liberal values* (Polity Press, Cambridge, 2020)

665 Rodríguez–Pose and Hardy, 'Reversal of Economic Fortunes'

666 Michael Stothard, 'Barcelona Brand Suffers After Independence Turmoil', *Financial Times*, November 30, 2017

667 Rodríguez–Pose and Hardy, 'Reversal of Economic Fortunes'

668 Minder, *The Struggle for Catalonia*, p.12 and p.124

669 Thomas Piketty, *Capital and Ideology* (Harvard University Press, Cambridge, MA, 2020), p.919

670 Simon Kuper, 'Us and Them: Catalonia and the problem with separatism', *Financial Times*, November 9, 2017

671 José M. Oller, Albert Satorra and Adolf Tobeña, 'Unveiling Pathways for the Fissure Among Secessionists and Unionists in Catalonia: identities, family language, and media influence', *Nature*, November 26, 2019

672 Rodríguez–Pose and Hardy, 'Reversal of Economic Fortunes'

673 Buschmann et al, 'FC Barcelona Star Lionel Messi'

674 Andrew Davis and David Hellier, 'Lionel Messi's Contract With Barcelona Worth $674 Million: Mundo', *Bloomberg*, January 31, 2021

675 Christoph Nesshöver, 'Wirtschaftswunder', *Manager Magazin*,

February 2022

676 Unsigned, 'Messi slaat hard terug en klaagt vijf Barça bobo's aan na lekken supercontract', *Voetbalprimeur*, February 3, 2021

677 Unsigned, 'Vorstandsboss Karl-Heinz Rummenigge vom FC Bayern: Lionel Messi? "Musste lachen"', *Goal.com*, February 16, 2021

678 Nesshöver, 'Wirtschaftswunder'

679 Unsigned, 'Griezmann: I Spoke with Messi when I Arrived'

680 Jordi Quixano, 'Gerard Piqué: "Anfield fue una pesadilla que perdurará en el tiempo"', *El País*, May 25, 2019

681 Michael Cox, 'It's Time for Barcelona to Stop Obsessing Over "The Guardiola Way"', *The Athletic*, September 24, 2020

682 Unsigned, 'UEFA Champions League Technical Report 2019/20', *UEFA.com*, retrieved October 26, 2020

683 Michael Cox, 'The Bielsa Paradox: How can someone so influential also be so unique?', *The Athletic*, November 24, 2020

684 Simon Kuper, 'At Barcelona it's Lionel Messi, Piqué and the Players Who Hold the Power, Not the Manager', *ESPN.com*, January 22, 2020

685 Rakuten, *Matchday*, Episode 5

686 Rakuten, *Matchday*, Episode 6

687 Neveling, *Jurgen Klopp*, pp.308~309

688 Ken Early, 'Did Lionel Messi's Team Talk Help Liverpool Beat Barcelona?', *Irish Times*, December 2, 2019

689 Rakuten, *Matchday*, Episode 7

690 Rakuten, *Matchday*, Episode 6

691 Martijn Krabbendam, 'Ronald Koeman: het jaar van corona, een hartinfarct, en de hoofdrol in een Barça-storm', *Voetbal International*, December 17, 2020

692 Unsigned, 'Monsterklus Koeman: Frenkie's rol, Messi's onvrede en vernieuwen zonder geld', *Voetbalprimeur.nl*, August 19, 2020

693 Rakuten, *Matchday*, Episode 7

694 Sid Lowe, 'Barcelona in Meltdown After Lionel Messi Hits Back at Eric Abidal', *Guardian*, February 4, 2020

695 Law, 'Eric Abidal Exclusive'

696 José Sámano and Enrique Ortego, 'Quique Setién: "En el Barça no fui yo, no pude o no supe"', *El País*, October 31, 2020

697 Sam Marsden, 'Setién on Barcelona job: beyond my "wildest dreams" to go from cows to Camp Nou', *ESPN.com*, January 14, 2020

698 Tom Sanderson, 'FC Barcelona Contract Social Media Firm To Attack Messi, Piqué And Others, Claims Scandalous Report', *Forbes.com*, February 17, 2020; Sid Lowe, 'Messi: Barcelona Not in Shape to Win Champions League but I Want to Stay', *Guardian*, February 20, 2020; Santi Giménez, 'Barcelona: Piqué Makes it Clear that Bartomeu Not Believed', *AS*, February 19, 2020; Javier Miguel, 'Audit Company Points Finger at Barcelona Over i3 Ventures affair', *AS*, April 11, 2020; Sid Lowe, 'Carry on Barcelona: the comic tale of tragedy and drama that keeps on giving', *Guardian*, April 11, 2020; Cillian Shields, 'Barça President Accused of Corruption in Catalan Police Investigation', *Catalannews.com*, September 4, 2020

699 Unsigned, 'Monsterklus Koeman'

700 Cristina Cubero and Fernando Polo, 'Messi: "Hoy no nos alcanza para pelear por la Champions"', *El Mundo Deportivo*, February 20, 2020

701 John Burn-Murdoch and Chris Giles, 'UK Suffers Second-highest Death Rate from Coronavirus', *Financial Times*, May 28, 2020

702 Sam Carp, 'Barcelona Profits Down Despite Hitting Record €990m Revenue', *Sportspromedia.com*, July 25, 2019

703 Nate Scott, 'Leo Messi Says Barcelona Players will Take 70-percent Pay Cut to Help Club Employees During COVID-19", *USA Today*, March 30, 2020

704 Rapinoe, *One Life*, p.211

705 Sámano and Enrique Ortego, 'Quique Setién: "En el Barça no fui yo, no pude o no supe"'

706 Jop Goslinga, *Força Koeman* (Videoland, 2021), Season 1, Episode 1

707 Krabbendam, 'Ronald Koeman: het jaar van corona, een hartinfarct, en de hoofdrol in een Barça-storm'

708 Goslinga, *Força Koeman*, Season 1, Episode 2

709 Goslinga, *Força Koeman*, Season 1, Episode 2

710 Trailer of the *Força Koeman* documentary

711 Martijn Krabbendam, 'Het beste uit 2021: een openhartig gesprek met Koeman over het gemis van Messi', *Voetbal International*, December 27, 2021

712 Goslinga, *Força Koeman*, Season 1, Episode 1

713 Javier Miguel, 'Cumbre inminente entre Koeman y Messi', *AS*, August 20, 2020

714 Unsigned, 'Koeman Tells Messi: "Your Privileges are Over" as Captain Demands Barcelona Exit', *AS.com*, August 26, 2020

715 Unsigned, 'Luis Suárez: "La llamada de Koeman para decirme que no contaba conmigo duró 40 segundos', *Marca*, October 6, 2021

716 Rubén Uría, 'Exclu – Lionel Messi reste au Barça et brise le silence!', *Goal.com*, September 4, 2020

717 Ortego, 'El gran problema de Messi es que compite consigo mismo'

718 Uría, 'Exclu – Lionel Messi reste au Barça et brise le silence!'

719 Uría, 'Exclu – Lionel Messi reste au Barça et brise le silence!'

720 Cristina Navarro, 'Elena Fort: "Hay operarios vigilando que no salten los plomos durante los partidos"', *Marca*, October 17, 2021

721 Murad Ahmed, 'Fire Sale at Spain's Top Football Clubs Forced by Lower Spending Limit', *Financial Times*, November 17, 2020

722 Tom Knipping, 'Zwarte cijfers Real Madrid pijnlijk voor Barça', *Voetbal International*, January 5, 2021

723 Sid Lowe, 'La Liga Kept Messi at Barcelona, but the Talent Drain to the Premier League is a Concern', *ESPN.com*, October 16, 2020

724 Unsigned, 'Cinto Ajram: "La incertidumbre de Messi ha afectado al acuerdo con Rakuten"', *EFE*, November 13, 2020

725 Javier Miguel, 'Barcelona Captains Issue Scathing Letter to Board', *AS.com*, October 22, 2020

726 Unsigned, 'Neymar entra en la lista de morosos de Hacienda con una deuda de 34 millones', *El Español*, September 30, 2020

727 Goslinga, *Força Koeman*, Season 2, Episode 2

728 Yanick Vos, 'Ronald Koeman: "Ik zie wel parallellen met Frenkie en Mikky"', *Voetbalzone.nl*, February 18, 2021

729 Goslinga, *Força Koeman*, Season 2, Episode 2

730 Krabbendam, 'Ronald Koeman: het jaar van corona, een hartinfarct, en de hoofdrol in een Barça-storm'

731 Martijn Krabbendam, 'Club Brugge krijgt de beste versie van Alfred Schreuder', *Voetbal International*, January 12, 2022

732 Goslinga, *Força Koeman*, Season 2, Episode 3

733 Panja and Smith, 'Barcelona and the Crippling Cost of Success'

734 스위스 램블(Ths Swiss Ramble) 트위터에서 이를 확인했다. https://twitter.com/SwissRamble/status/1358675740145950720?s=20, February 8, 2021

735 Unsigned 'El Barça, en bus a Huesca para ahorrar', *El Mundo* Deportivo, January 5, 2021

736 Wijffels, 'Barça-assistent Schreuder'

737 Wijffels, 'Barça-assistent Schreuder'

738 Krabbendam, 'Het beste uit 2021'

739 Jordi Blanco, 'El Barcelona da inicio a su carrera electoral con la entrega de papeletas a precandidatos', *ESPN Deportes*, December 23, 2020

740 Roger Pascual and Albert Guasch, 'Laporta consigue al fin el aval', *El Periódico*, March 16, 2021

741 Unsigned, 'José Elías, el nuevo socio de Laporta: ingeniero, emprendedor y una de las grandes fortunas de España', *Marca*, March 17, 2021

742 Dermot Corrigan, 'Inside the First 12 Months of Laporta's Barcelona Presidency', *The Athletic*, March 27, 2022

743 Nesshöver, 'Wirtschaftswunder'

744 Goslinga, *Força Koeman*, Season 2, Episode 3

745 John Carlin, 'Inside the Mind of Lionel Messi – and What Next for Barcelona?' *Times*, September 10, 2021

746 Robin Bairner, 'Messi to PSG: transfer 10 years in the making and completed in a matter of days', *Goal.com*, August 14, 2021

747 Florent Torchut, 'Lionel Messi sur son arrivée au PSG: "Je ne me suis pas trompé"', *L'Equipe*, October 18, 2021

748 Carlin, 'Inside the Mind of Lionel Messi'

749 Dermot Corrigan, 'Life After Messi for Barcelona: More cuts, more anger, more drama', *The Athletic*, August 11, 2021

750 Corrigan, 'Life After Messi for Barcelona'

751 Goslinga, Força Koeman, Season 2, Episode 3

752 Lluís Mascaró and Albert Masnou, 'Messi, a Sport: "Me gustaría volver al Barça para ayudar, de secretario técnico"', *Sport*, November 1, 2021

753 Unsigned, 'Luuk de Jong recupère le casier de Lionel Messi', *SoFoot.com*, September 10, 2021

754 AP, 'Barcelona's Finances Holding Up New Messi Contract', *Euronews.com*, July 1, 2021

755 Agence France-Presse, 'Barcelona's Spending Limit Slashed by La Liga as Real Madrid Tower Ahead', *France24.com*, September 29, 2021

756 Sid Lowe, 'Jordi Cruyff: "Barcelona is still special, players will lose money to be here"', *Guardian*, March 23, 2022

757 Fernando Kallas, 'Barcelona approves debt plan for stadium renovation', *Reuters*, December 20, 2021

758 Alex Kirkland and Moises Llorens, 'Barcelona add Spotify to Camp Nou name in new sponsorship deal', *ESPN*, March 15, 2022

759 Dermot Corrigan, 'Aubameyang at Barcelona: The "gift from heaven" that perfectly fits', *The Athletic*, March 14, 2022

760 Lowe, 'Jordi Cruyff'

761 Corrigan, 'Aubameyang at Barcelona'

762 Lowe, 'Jordi Cruyff'

763 G. García, 'How Does Barcelona's Negative Salary Limit Affect Possible Future Signings Such as Haaland?', *Marca*, March 14, 2022

764 Tomasz Sobura, 'Madrid: "Additional funds for renovation of Bernabéu"', *Stadiumdb.com*, November 21, 2021